Inhaltsverzeichnis

Bearbeiter: Dr. E. E. Lange-Kowal

Auflage: 17. 16. 15. 14. | *Letzte Zahlen*
Jahr: 1990 89 88 | *maßgeblich*

© *1970 Langenscheidt KG, Berlin und München*
Druck: Druckhaus Langenscheidt, Berlin-Schöneberg
Printed in Germany
ISBN 3-468-18200-7

LANGENSCHEIDTS
UNIVERSAL-WÖRTERBUCH

LATEINISCH

LATEINISCH-DEUTSCH
DEUTSCH-LATEINISCH

LANGENSCHEIDT
BERLIN · MÜNCHEN · WIEN · ZÜRICH

Vorbemerkungen

Die langen Vokale sind stets bezeichnet (-), die kurzen (˘) sowie die Betonung (') nur dann, wenn es aus besonderen Gründen nötig ist.

Die Ziffern hinter den Verben bedeuten die 1.—4. Konjugation, die hinter den Adjektiven und Pronomina geben die Anzahl der Geschlechtsendungen an.

Die Tilde (~) wiederholt das fettgedruckte Stichwort, die Tilde mit Kreis (⊘) wiederholt das Stichwort mit veränderter Groß- bzw. Kleinschreibung.

Erklärung der im Wörterbuch
angewendeten Abkürzungen

a. auch.
Abk. Abkürzung.
abl. Ablativ.
abs. absolut gebraucht.
acc. Akkusativ.
adi. Adjektiv.
adi./f Adjektiv femininum.
adi./m Adjektiv masculinum.
adv. Adverb.
alci alicui.
alcs alicuius.

b. beim.
b. abl. beim Ablativ.

b. acc. beim Akkusativ.
bsd. besonders.
bzw. beziehungsweise.

ci. Konjunktion.
comp. Komparativ.
coni. Konjunktiv.

dat. Dativ.
dir. direkt.

e-e eine.
e-m einem.
e-n einen.
enklit. enklitisch, angehängt.
etw. etwas.

4

f Femininum.
fig. figürlich.
f/pl. Femininum pluralis.

gen. Genitiv.

i.d. in dem, in der.
ind. indirekt.
indecl. nicht deklinierbar.
int. Interjektion, Ausruf.
intens. intensiv, verstärkt.
interr. interrogativ, fragend.
intr. intransitiv.
iron. ironisch.

j-m jemandem.
j-n jemanden.
j-s jemandes.
jur. juristisch.

m Masculinum.
mil. militärisch.
m/pl. Masculinum pluralis.
mst. meist.

n Neutrum.
nachgest. nachgestellt.
nachkl. nachklassisch.
n/pl. Neutrum pluralis.

od. oder.

P. Passiv.
partit. partitiv.
pf. Perfekt.
pl. Plural.

poet. dichterisch.
postp. Postposition.
P.P.P. Partizip Perfekt Passiv.
prp. b. abl. Präposition beim Ablativ.
prp. b. acc. Präposition beim Akkusativ.

räuml. räumlich.
refl. reflexiv.
rel. relativisch.
rhet. Rhetorik.
röm. römisch.

s. siehe.
s. a. siehe auch.
sc. scilicet ergänze.
sg. Singular.
spätkl. spätklassisch.
subst. Substantiv.
sup. Superlativ.

trans. transitiv.

u. und.
umschr. umschrieben.
umschr. fut. umschriebenes Futurum.
unkl. unklassisch.
urspr. ursprünglich.

v. von.
voc. Vokativ.

z. B. zum Beispiel.
zeitl. zeitlich.

A

A *Abk.* 1. = Aulus; 2. a. Chr. nat. = ante Christum nātum; 3. a.d. = ante diem; 4. A.D. = annō Dominī; 5. a.u.c. = annō urbis conditae

ā, āh *int.* ach!, wehe!

ā, ab *prp. b. abl.* räuml. von ... her, von ... aus, in einer Entfernung von; *zeitl.* von ... an, seit; *im Passiv zur Angabe des Urhebers:* von; *bei Verben des Schützens u. Verteidigens:* vor, gegen; *Beweggrund, Ursache:* wegen, aus

abacus, ī *m* Prunktisch, Spielbrett

ab-aliēnō 1 entfremden; veräußern, abtreten; berauben

ab-dīcō 1 sich lossagen von; verleugnen; niederlegen; abdanken

ab-dīdī *s.* ab-dō

ab-ditus 3 verborgen; geheim

ab-dō, dīdī, ditus 3 entfernen, beiseite schaffen, verbergen, verstecken; sē abdere sich verbergen; entweichen

abdōmen, inis *n* Unterleib

ab-dūcō 3 weg-, entführen, rauben; abbringen, trennen; erniedrigen

ab-ēgī *s.* ab-igō

ab-eō, iī, ītum, īre weggehen; vergehen, schwinden; (aus)scheiden; davonkommen

ab-errō 1 sich verirren; abschweifen; sich *in etw.* irren

ab-hinc *adv.* von jetzt ab; vor nunmehr

ab-horreō, uī, - 2 zurückschrecken vor; abgeneigt sein; abweichen von, nicht passen zu

ab-iciō, iēcī, iectus 3 wegwerfen; auf-, preisgeben, verzichten; verschleudern; erniedrigen; sē abicere sich erniedrigen

ab-iectus *s.* ab-iciō

ab-iectus 3 weggeworfen; mutlos; niedrig, gemein; verworfen

abiēs, etis *f* Tanne; Schiff; Speer

ab-igō, ēgī, āctus 3 ab-, vertreiben; verstoßen; Leibesfrucht abtreiben

ab-iī *s.* ab-eō

ab-itus, ūs *m* Weggang, Abreise; Ausgang

ab-iungō, iūnxī, iūnctus 3 ab-, ausspannen; trennen

ab-iūrō 1 abschwören

ab-lēgō 1 wegsenden; abkommandieren

ab-luō, uī, ūtus 3 abwaschen; beseitigen

ab-negō 1 verweigern; ableugnen

ab-nuō, nuī, (nuitūrus) 3 abwinken, abschlagen, verweigern; leugnen

ab-oleō, ēvī, itus 2 vernichten; abschaffen; aberkennen

ab-olēscō, ēvī, - 3 dahinschwinden, erlöschen

ab-olitiō, ōnis f Abschaffung; Amnestie

ab-ōminor 1 verwünschen, verabscheuen

ab-rādō, rāsī, rāsus 3 abscheren; *j-n um etw.* bringen

ab-ripiō, ripuī, reptus 3 wegreisen; entführen

ab-rogō 1 abschaffen; entziehen

ab-rumpō, rūpī, ruptus 3 abbrechen; zerreißen; vorzeitig beenden; verletzen

ab-rūpī *s.* ab-rumpō

abs-cēdō, cessī, cessum 3 weggehen; sich zurückziehen; ablassen *von*; vergehen

abs-cessī *s.* abs-cēdō

abs-cessus, ūs m Weggang, Abzug; Abwesenheit

abs-cīdī *s.* abs-cīdō

abs-cidī *s.* abs-cīdō

abs-scidī *s.* ab-scindō

abs-cīdō, cīdī, cīsus 3 abschneiden; trennen

ab-scindō, scidī, scissus 3 losreißen; öffnen; trennen

abs-cīsus 3 abgeschnitten; steil; kurz angebunden

abs-condī *od.* abs-condidī *s.* abs-condō

abs-condō, con(di)dī, conditus 3 verbergen

ab-sēns, sentis abwesend, entfernt

ab-sentia, ae f Abwesenheit; Mangel

absinthium, ī n Wermut

ab-stitī *s.* ab-sistō

ab-sistō, stitī, - 3 weggehen, sich entfernen; ablassen *von*

ab-solūtiō, ōnis f Freisprechung; Vollkommenheit

ab-solūtus 3 vollkommen; unbedingt

ab-solvī *s.* ab-solvō

ab-solvō 3 loslösen; befreien; beenden; erzählen, darstellen

ab-sonus 3 mißtönend; unvereinbar *mit*

ab-sorbeō, uī, - 2 verschlingen

absque *prp. c. abl.* ohne

abs-tergeō, tersī, tersus 2 abwischen; beseitigen

abs-terreō, terruī, territus 3 verscheuchen; abschrecken; abhalten *von*

abs-tinēns, entis enthaltsam

abs-tinentia, ae f Enthaltsamkeit

abs-tineō, tinuī, (tentum) 2 zurückhalten; sich enthalten, fernbleiben *von*

abs-trahō, trāxī, tractus 3 fortschleppen; hindern, abbringen; abspenstig machen (dat.)

abs-trūdō, trūsī, trūsus 3 verstecken

abs-tulī s. au-ferō

ab-sum, ā-fuī, (ā-futūrus) 3, ab-esse wegsein, entfernt sein; nicht teilnehmen; nicht helfen; frei sein von; verschieden sein

ab-sūmō 3 verbrauchen; vernichten; P. sterben, vergehen, verkommen

ab-sūmpsī s. ab-sūmō

ab-surdus 3 grell, mißtönend; sinnlos; unbegabt

ab-undantia, ae f Überfluß, Fülle, Reichtum

ab-undē adv. im Überfluß

ab-undō 1 überfließen; überreich sein an; im Überfluß vorhanden sein

ab-ūsus s. ab-ūtor

ab-ūtor 3 auf-, mißbrauchen

ac = atque

acanthus, ī m Bärenklau; f ägyptischer Schotendorn (Akazienart)

ac-cēdō 3 herankommen, sich nähern; als Feind heranrücken; sich befassen mit; beipflichten; ac-cēdit hinzukommt, daß

ac-celerō 1 beschleunigen; herbeieilen

ac-cendō, cendī, cēnsus 3 anzünden; entflammen, erregen

ac-cēnsus, ī m Amtsdiener

ac-cēpī s. ac-cipiō

ac-ceptus 3 willkommen; beliebt

ac-cersō 3 = accessō

ac-cessī s. ac-cēdō

ac-cessiō, ōnis f Herantreten; Annäherung; Audienz; Zunahme; Zusatz

ac-cidō[1], cidī, - 3 hinfallen; hingelangen; sich ereignen

ac-cīdō[2], cīdī, cīsus 3 anhauen, schwächen, entkräften, zerrütten

ac-cingō 3 umgürten; ausrüsten

ac-cīnxī s. ac-cingō

ac-ciō, cīvī od. ciī, cītus 3 herbeirufen

ac-cipiō, cēpī, ceptus 3 annehmen; auf sich nehmen; erleiden; empfangen; billigen; vernehmen, hören, erfahren

accipiter, tris m Habicht, Falke

ac-cītū nur abl. auf die Vorladung

ac-cīvī s. ac-ciō

ac-clāmātiō, ōnis f Zuruf

ac-clāmō 1 zurufen; applaudieren

ac-clīnis, e sich anlehnend; geneigt zu

ac-clīnō 1 anlehnen

ac-clīvis, e ansteigend

ac-cola, ae m Anwohner, Nachbar

ac-colō 3 an od. bei etw. wohnen

ac-comodātiō, ōnis f Anpassung; Rücksichtnahme

ac-comodō 1 anpassen; widmen, anwenden *auf*

ac-commodus 3 passend

ac-crēscō 3 anwachsen; als Zuwachs hinzukommen

ac-crēvī *s.* **ac-crēscō**

ac-cubitiō, ōnis *f* das Liegen bei Tische

ac-cubō, buī, cubitum 1 bei Tische liegen

ac-cubuō *adv.* dabei liegend

ac-cubuī *s.* **ac-cubō** *bzw.* **ac-cumbō**

ac-cumbō, cubuī, cubitum 3 sich zu Tisch legen

ac-cumulō 1 an-, überhäufen

ac-curō 1 sorgfältig betreiben

ac-currō, (cu)currī, cursum 3 herbeilaufen, herbeieilen

ac-cursus, ūs *m das* Herbeilaufen

ac-cūsātiō, ōnis *f* Anklage (-schrift)

ac-cūsātor, ōris *m* Ankläger

ac-cūsātōrius 3 anklagend

ac-cūsō 1 gerichtlich belangen, anklagen; sich beklagen *über*

ācer, ācris, ācre scharf; spitz; beißend; gellend; scharfsinnig; mutig, heftig, leidenschaftlich; energisch

acerbitās, ātis *f* Herbheit, Säure, Bitterkeit; Härte, Strenge; Elend

acerbus 3 herb, sauer, bitter; unfreundlich, rücksichtslos, grob; betrübend

acernus 3 aus Ahornholz

acerra, ae *f* Weihrauchkästchen

acervātim *adv.* haufenweise; kurz zusammengefaßt

acervus, ī *m* Haufen; Masse, Menge

acētum, ī *n* Essig; beißender Witz

acidus 3 sauer; widerlich

aciēs, ēī *f* Schärfe; Spitze; Scharfsinn; Schlachtordnung; Heer; Schlacht

acipēnser, eris *m* Stör

aconītum, ī *n* Eisenhut (-gift)

ac-quiēscō 3 zur Ruhe kommen; sterben; Trost finden; zustimmen

ac-quiēvī *s.* **ac-quiēscō**

ac-quirō, quīsīvī, quīsītus (hinzu-)erwerben; gewinnen

ācrimōnia, ae *f* Schärfe; Energie; Schneid

ācriter *adv.* zu **ācer**

acroāma, atis *n* musikalischer Vortrag; Musiker, Vorleser

acta[1], ae *f* Seegestade

ācta[2], ōrum *n/pl.* (Amts-) Handlungen, Taten; Prozeß; öffentliche Rede; Gerichtsakten; amtliche Protokolle; Zeitung

āctiō, ōnis *f* Verrichtung, (Amts-)Handlung, Tätigkeit; Gerichtshandlung, Prozeß; Gerichtstermin; Klageschrift; Anklagerede

āctitō 1 gewöhnlich betreiben; als Schauspieler auftreten

āctor, ōris *m* Hirt; Vollzieher; Vermittler; Kläger; Rechtsbeistand; Darsteller, Schauspieler

āctuāria 3 schnellsegelnd

āctum, ī *n* s. **ācta²**, ōrum

āctus, ūs *m* Treiben; Bewegung, Schwung; Vortrag; Akt, Aufzug

āctūtum *adv.* sofort

aculī s. **acuō**

aculeus, ī *m* Stachel; Schärfe; Spitzfindigkeit

acūmen, inis *n* (Lanzen-) Spitze; Scharfsinn; Witz; *pl.* Kniffe

acuō, uī, ūtus 3 spitzen, schärfen; üben; anspornen; steigern

acus, ūs *m* Nadel

acūtus 3 spitz, scharf; schneidend; gellend; scharfsinnig, geistreich, witzig

ad *prp. b. acc. räuml.* zu, bis zu, nach ... hin, gegen; *zeitl.* bis zu, auf, für; *bei Zahlen* gegen, ungefähr; *Beziehung* in bezug auf; im Vergleich mit, neben; hinzufügend zu, außer

ad-aequē *adv.* auf gleiche Weise

ad-aequō 1 gleichmachen; gleichstellen; gleichkommen

adamanteus 3 **-tinus** 3 stählern; stahlhart

adamās, antis *m* Stahl; Unerbittlichkeit

ad-amō 1 liebgewinnen, *an etw.* Gefallen finden

ad-aperiō 4 aufdecken

ad-aperuī s. **ad-aperiō**

ad-augeō 2 noch vergrößern

ad-auxī s. **ad-augeō**

ad-bibō, bibī, - 3 sich antrinken; sich zu Herzen nehmen

adc ... s. **acc ...**

ad-dīcō 3 *Auguralsprache* zusagen, günstig sein; *Rechtsleben* zusprechen; zuschlagen; verkaufen; **sē addīcere** sich ganz hingeben

addictus, ī *m* Schuldknecht

ad-didī s. **ad-dō**

ad-didicī s. **ad-discō**

ad-discō 3 hinzulernen

ad-dō, didī, ditus 3 dazutun; hinzufügen; mitbedenken

ad-dubitō 1 Zweifel hegen; bezweifeln

ad-dūcō 3 straff anziehen; heranführen; in e-n Zustand versetzen; veranlassen

ad-ductus 3 gerunzelt; ernst, streng

ad-edō, ēdī, ēsus 3 anfressen; aufzehren

ad-ēgī s. **ad-igō**

ad-ēmī s. **ad-imō**

ad-emptiō, ōnis *f* Entziehung; Konfiszierung

ad-eō¹, iī, itus, īre herangehen, sich nähern, sich *an j-n* wenden; bes. angreifen; *etw.* übernehmen; sich unterziehen

ad-eō² *adv.* bis zu zum

adeptiō   10

Punkte; bis zu der Zeit, so lange; so sehr, in dem Maße; sogar; gerade; besonders; **atque adeō** und sogar; oder vielmehr

adeptiō, ōnis *f* Erlangung

adeptus sum *s.* **ad-ipīscor**

ad-equitō 1 heranreiten

adf ... *s.* **aff ...**

ad-fuī *s.* **ad-sum**

adg... *s.* **agg...**

ad-haereō 2 *an etw.* anhängen; sich *an etw.* anschließen; *an etw.* haften; angrenzen

ad-haerēscō, haesī, haesum 3 sich anhängen, hängen (*od.* haften) bleiben; stekken bleiben

ad-haesī *s.* **ad-haereō** *bzw.* **ad-haerēscō**

ad-hibeō, uī, itus 2 *an etw.* legen; anlegen; hinzunehmen; anwenden; hinzuziehen; behandeln

ad-hinniō 4 zuwiehern; sich sehnen nach

ad-hortātiō, ōnis *f* Aufmunterung

ad-hortor 1 aufmuntern, anfeuern

ad-hūc *adv.* bisher, bis jetzt; noch immer; noch mehr; außerdem

ad-iaceō 2 bei *etw.* liegen, angrenzen

ad-iacuī, *s.* **ad-iaceō**

ad-iciō, iēcī, iectus 3 zu *etw.* werfen (*od.* setzen); auf *etw.* lenken; hinzutun, hinzufügen; vermehren, vergrößern

ad-iēcī *s.* **ad-iciō**

ad-igō, ēgī, āctus 3 herantreiben; zu *etw.* drängen, zwingen; **alqm ad iūs iūrandum adigere** j-n vereidigen

ad-imō, ēmī, emptus 3 wegnehmen

adipātus 3 fettig; schwülstig

ad-ipīscor, adeptus sum 3 erreichen, einholen; erlangen

ad-itus, ūs *m* Herangehen; Zutritt; Audienz; Zugang; Anfang; Möglichkeit

ad-iūdicō 1 zuerkennen, zusprechen

ad-iūmentum *n* Hilfe, Unterstützung

ad-iūnctiō, ōnis *f* Anschluß; Zusatz

ad-iūnctum, ī *n* charakteristisches Merkmal; *pl.* Nebenumstände

ad-iūnctus 3 eng verbunden, angrenzend; wesentlich, charakteristisch

ad-iungō 3 anfügen; hinzufügen; verbinden; j-n gewinnen; beimessen

ad-iūnxī *s.* **ad-iungō**

ad-iūrō 1 dazu schwören; beschwören

ad-iūtō 1 helfen

ad-iūtor, ōris *m* Gehilfe, Helfer(shelfer); Unterbeamter; Nebenperson

ad-iūtrīx, īcis Helferin

ad-iūvī *s.* **ad-iūvō**

ad-iūvō, iūvī, iūtus 1 helfen, unterstützen; ermutigen; fördern; nützlich sein

adl... s. all...   [tior}
ad-mēnsus sum s. ad-mē-)
ad-mētior 4 zumessen
adminiculum, ī n Rebpfahl; Stütze; Beistand
ad-minister, trī m Mitarbeiter, Diener, Gehilfe; Helfershelfer
ad-ministra, ae f Gehilfin
ad-ministrātiō, ōnis Hilfeleistung; Lenkung; Verrichtung; Verwaltung; (Kriegs-)Führung
ad-ministrō 1 leiten, lenken; befehligen; verwalten; verrichten, ausführen; tätig sein
ad-mīrābilis, e bewundernswert, wundervoll; seltsam
ad-mīrābilitās, ātis f Bewunderungswürdigkeit
ad-mīrandus 3 bewundernswert
ad-mīrātiō, ōnis f Bewunderung, Interesse; Staunen
ad-mīrātus sum s. ad-mīror
ad-mīror 1 bewundern, staunen
ad-mīsceō 2 beimischen; vermischen; bei-fügen, -geben
ad-mīscuī s. ad-mīsceō
ad-mīsī s. ad-mittō
ad-mīssārius, ī m Zuchthengst
ad-missum, ī n Vergehen, Schuld
ad-mittō 3 in Bewegung

setzen; zu-, ein-, vorlassen; zugeben, gestatten; verschulden, begehen
ad-mixtiō, ōnis f Beimischung
ad-modum adv. bei Maß u. Zeitangaben genau, gerade; bei Zahlen im ganzen, volle, ganze; bei Gradangaben völlig, äußerst; in Antworten ja, gewiß, allerdings
ad-moneō 2 erinnern; ermahnen; warnen
ad-monitiō, ōnis f Erinnerung; Mahnung; Aufforderung; Warnung; Zurechtweisung
ad-monitor, ōris m Erinnerer; Mahner
ad-monitus, ūs (nur im abl.) = ad-monitiō
ad-monuī s. ad-moneō
ad-mordeō, mordī, morsus 2 anbeißen, annagen
ad-moveō, mōvī, mōtus 2 heranbewegen; zeitl. nahebringen; anlegen; heranziehen; anwenden; gelangen lassen, führen; mil. anrücken lassen
ad-murmurātiō, ōnis f Gemurmel; Murren
ad-murmurō 1 murmeln
adn... s. ann...
ad-oleō, uī, - 2 Brandopfer darbringen; verbrennen
ad-olēscentia, ae f = adulescentia
ad-olēscō, olēvī, (ultum) 3 heranwachsen; wachsen, zunehmen

ad-operiō   12

ad-operiō 4 bedecken; schließen

ad-opertī s. ad-operiō

ad-optātiō, ōnis f = adoptiō

ad-optiō, ōnis f Adoption, Annahme an Kindes Statt

ad-optīvus 3 Adoptiv...

ad-optō 1 auserwählen; adoptieren

ador, ōris n Spelt (*Weizen-art*)

adōrea, ae f Ehrengabe von Getreide für Tapferkeit; Ruhm, Sieg

adōreus 3 aus Spelt

ad-orior, adortus sum, adorīrī 4 angreifen; mit Bitten angehen; sich machen an, beginnen

ad-ōrnō 1 ausstatten, versehen; schmücken

ad-ōrō 1 anflehen, anbeten; erflehen; verehren

adp... s. app...; adqu... s. acqu...; adr... s. arr...

ad-rādō 3 ankratzen; stutzen

ads..., adsc..., adsp..., adst..., adt... s. ass..., asc..., asp..., ast..., att...

ad-sum, ad-fuī, ad-esse dat. dabei (od. anwesend) sein; vor Gericht erscheinen; an e-r Schlacht, an e-m Begräbnis teilnehmen; helfen, Beistand leisten

adūlātiō, ōnis f das Anwedeln; Kriecherei, Schmeichelei

adulēscēns, entis m Jüngling, junger Mann; f junges Mädchen, junge Frau

adulescentia, ae f Jugendzeit (*etwa von 17 bis 30 Jahren*)

adulescentulus, ī m, -ula, ae f Junge; Mädchen

adūlor 1 anwedeln; schmeicheln, kriechen

adulter, erī m Ehebrecher, Buhler; adi. 3 ehebrecherisch

adultera, ae f Ehebrecherin

adulterīnus 3 nachgemacht, unecht, falsch

adulterium, ī n Ehebruch

adulterō 1 verfälschen; Ehebruch treiben, zum Ehebruch verführen

adultus 3 erwachsen

ad-umbrātus 3 erdichtet; undeutlich

ad-umbrō 1 skizzieren; andeuten

ad-uncus 3 einwärts gekrümmt; krummschnäbelig

ad-ūrō, ussī, ūstus 3 anbrennen; entflammen; erfrieren machen

ad-usque prp. b. acc. = usque ad bis zu; adv. überall

ad-vehō, vēxī, vectus 3 herbei-bringen, -fahren; P. heranfahren, -fahren

ad-vēlō 1 umhüllen; bekränzen

ad-vena, ae m Ankömmling, Fremdling; Neuling

ad-vēnī s. ad-veniō

ad-veniō 4 herankommen; nahen, ausbrechen; zufallen

adventícius 3 ausländisch, fremd

adventō 1 immer näher kommen, heranrücken

ad-ventor, ōris *m* Besucher

ad-versārius 3 entgegenstehend; feindlich; *subst.* ~, ī *m* Gegner, Feind

ad-versor 1 sich widersetzen

ad-versus¹ 3 zugewandt; gegenüberliegend; feindlich; unglücklich; *subst.* adversa, ōrum *n/pl.* Unglück, Mißgeschick

ad-versus² *od.* -um 1. *adv.* *freundlich od. feindlich* entgegen; 2. gegen(über), nach ... hin; im Hinblick auf; im Vergleich zu

ad-vertī *s.* ad-vertō

ad-vertō 3 hinwenden; hinsteuern; bemerken; strafen, ahnden; *animum advertere* achtgeben auf

ad-vesperāscit, āvit, - 3 es wird Abend

ad-vigilō 1 wachen bei; wachsam sein

ad-vocātiō, ōnis *f* juristische Beratung; Beistand vor Gericht; juristische Ratgeber; Frist zur Beratung; *i. d. Kaiserzeit* Prozeßführung

ad-vocātus, ī *m* Rechtsbeistand; *i. d. Kaiserzeit* Rechtsanwalt

ad-vocō 1 herbeirufen; anrufen

ad-volō 1 herbei-fliegen, -eilen

ad-volvō 3 heranwälzen; P. sich zu Boden werfen, niederknien

ad-vors-, -vort- *s.* ad-vers-, -vert-

adytum, ī *n (meist pl.)* Allerheiligste

aedēs (*od.* aedis), is *f* Gemach, Zimmer; Tempel; *pl.* Haus

aedicula, ae *f* kleines Zimmer; kleiner Tempel, Kapelle

aedificātiō, ōnis *f* das Bauen; Bauwerk

aedificātor, ōris *m* Erbauer

aedificium, ī *n* Gebäude

aedi-ficō 1 (er)bauen; gründen

aedilícius 3 Ädilen ...; *subst.* ~, ī *m* gewesener Ädil

aedīlis, is *m* Ädil, Aufsichtsbeamter der öffentlichen Bauten

aedīlitās, ātis *f* Amt des Ädilen

aeditu(m)us, ī *m* Tempelhüter

aeger, gra, grum krank; zerrüttet; verstimmt, traurig; schmerzlich

aegis, idis *f* Schild Jupiters

aegrē *adv.* schmerzlich, unangenehm; ungern; mit Mühe, kaum

aegrēscō, -, - 3 erkranken; schlimmer werden

aegrimōnia, ae *f* Betrübnis, Kummer

aegritūdō, inis *f* Unwohlsein; Kummer

aegrōtātiō, ōnis f Kranksein, Siechtum

aegrōtō 1 krank sein; leiden

aegrōtus 3 krank, leidend

aemulātiō, ōnis f Nacheiferung; Rivalität, Eifersucht

aemulātor, ōris m Nacheiferer; Nachahmer

aemulor 1 nach-, wetteifern; neidisch sein

aemulus 3 nach-, wetteifernd; neidisch

aēneus 3 ehern, kupfern, bronzen

aēnum, ī n (eherner) Kessel

aequābilis, e gleichmäßig; unparteiisch, gerecht

aequābilitās, ātis f Gleichmäßigkeit; Unparteilichkeit

aequaevus 3 gleichalterig

aequālis, e eben, flach; gleich; gleichmäßig; gleichförmig, gleichalterig

aequālitās, ātis f Gleichheit

aequanimitās, ātis f Nachsicht, Geneigtheit; Gelassenheit, Gleichmut, Geduld

aequē adv. gleich, in gleicher Weise; gerecht

aequi-noctium, ī n Tag- u. Nachtgleiche

aequi-perō 1 gleichsetzen; gleichkommen

aequitās, ātis f Gleichheit; Gleichmut, Gelassenheit; Ruhe, Geduld; Gerechtigkeit

aequō 1 gleichmachen, ebnen; auf e-e gleiche Stufe stellen, vergleichen

aequor, oris n Ebene; Meeresfläche

aequoreus 3 Meeres...

aequus 3 eben; gleich; günstig; wohlwollend; ruhig, gelassen; gerecht, unparteiisch; unentschieden

āēr, āeris m Luft; Nebel

aerārius 3 Erz...; Geld...; subst. aerārius, ī m Ärarier (Bürger der untersten Schicht); aerāria, ae f Erzgrube; **aerārium, ī** n Staatsschatz

aerātus 3 erzbeschlagen

aereus = **aēneus**; = **aerātus**

aeri-pēs, pedis erzfüßig

āērius Luft...; luftig, hoch

aerūgō, inis f Grünspan; Mißgunst; Habgier

aerumna, ae f Mühsal; Kummer

aerumnōsus 3 mühselig; kummervoll

aes, aeris n Kupfer; Bronze; ehernes Gefäß, Erzbild, -tafel; Geld, Münze, As; **aes aliēnum** Schuld

aesculētum n Eichenwald

aesculeus 3 eichen

aetās, ātis f Sommer

aesti-fer 3 Hitze bringend, heiß

aestimābilis, e schätzbar; beachtenswert

aestimātiō, ōnis f Schätzung; Würdigung

aestimātor, ōris m Schätzer

aestimō 1 ab-, ein-schätzen;

würdigen; glauben, meinen

aestīvus 3 sommerlich; *subst.* aestīva, ōrum *n/pl.* Sommerweide, -lager; Feldzug; Herde

aestuārium, ī *n* Lagune; Bucht, Bai

aestumō = aestimō

aestuō 1 auflodern; erhitzt sein; schäumen, branden; sehr erregt sein; unschlüssig sein

aestuōsus 3 glühend, schwül; brandend, wogend

aestus, ūs *m* Hitze, Glut; Fieberhitze; Brandung, Flut; Leidenschaft; Schwanken, Unruhe

aetās, ātis *f* (Lebens-)Alter, Leben; Zeitalter

aeternitās, -ātis *f* Ewigkeit; Unsterblichkeit

aeternus 3 ewig; unsterblich

aethēr, eris *m* obere Luftschicht, Äther; Himmel(sraum)

aetherius 3 himmlisch, ätherisch; durch die Luft

aethra, ae *f* Himmelsglanz

aevum, ī *n* Ewigkeit; Lebenszeit, -alter; Greisenalter

af-fābilis, e leutselig, umgänglich

af-fatim *adv.* zur Genüge, reichlich

af-fātus, ūs *m* Anrede

af-fēcī *s.* af-ficiō

af-fectātiō, ōnis *f das* Streben

af-fectiō, ōnis *f* Zustand; Stimmung, Zuneigung

af-fectō 1 sich machen an; einschlagen (*Weg*); eifrig streben nach; hegen

affectus[1], ūs *m* (Gemüts-)Zustand; Gefühl; Zuneigung

affectus[2] versehen mit; gestimmt, gesinnt; erschöpft, geschwächt

af-ferō, attulī, allātus, afferre herbei-bringen, -tragen; überbringen; melden; hinzufügen; verursachen; beitragen

af-ficiō, fēcī, fectus 3 versehen, erfüllen mit; in e-n Zustand versetzen; schwächen

af-fīgō, affīxī, affīxus 3 anheften, befestigen

af-fingō 3 bildend anfügen; hinzulügen; hinzudichten

af-fīnis, e angrenzend, benachbart; mitwissend; verschwägert [schaft]

af-fīnitās, ātis *f* Verwandt-

af-firmātiō, ōnis *f* Beteuerung, Behauptung

af-firmō 1 bekräftigen, befestigen; bestätigen; versichern, behaupten

af-fīxī *s.* af-fīgō

af-flātus, ūs *m das* Anwehen; Luftzug

af-flīctātiō, ōnis *f* Pein, Qual

af-flīctō 1 wiederholt schlagen; beschädigen; heimsuchen; sē afflīctāre sich abhärmen

af-flīctus 3 zerschlagen; zerrüttet, unglücklich, betrübt; verworfen

af-flīgō, flīxī, flīctus 3 schlagen *od.* schmettern an; zu Boden werfen; umstürzen; ins Verderben stürzen; niederschlagen, entmutigen; schwer heimsuchen

af-flō 1 anhauchen; zutragen (*Gerücht*); entgegenwehen; hold sein

af-fluēns, entis reichlich vorhanden, reichlich versehen mit

af-fluentia, ae *f* Überfluß, Fülle

af-fluō 3 heranfließen, herbeiströmen; im Überfluß vorhanden sein

af-for, affātus sum, affārī ansprechen; anflehen

af-fulgeō, affulsī, - 2 entgegenstrahlen

af-fundō, fūdī, fūsus 3 hinzugießen; **affūsus** hingeworfen

ā-fuī *s.* ab-sum

agāsō, ōnis *m* Pferdeknecht; Tölpel

agellus, ī *m* kleines Grundstück

ager, grī *m* Acker; Gebiet

agger, eris *m* herbeigeschaffte Erde; Erdwall; Stadtmauer

aggerō 1 dammartig aufschütten; steigern

ag-glomerō 1 anschließen

ag-glūtinō 1 anleimen; ankleben

ag-gravēscō, -, -, 3 sich verschlimmern

ag-gravō 1 schwerer machen; verschlimmern; steigern; heimsuchen (*v. e-r Krankheit*)

ag-gredior, gressus sum 3 heranschreiten; sich wenden an; angreifen; unternehmen, beginnen

ag-gregō 1 zugesellen

ag-gressiō, ōnis *f* einführende Worte (*e-s Redners*)

agilis, e leicht beweglich; leicht zu handhaben; schnell; rührig

agilitās, ātis *f* Beweglichkeit

agitātiō, ōnis *f* Bewegung; Betreiben; Regsamkeit

agitātor, ōris *m* Treiber; Wagenlenker

agitō 1 heftig bewegen; treiben; hetzen; beunruhigen, aufregen, verfolgen; betreiben, ausüben; zubringen; wiederholt besprechen; bedenken; P. herrschen

āgmen, inis *n* Schar, Haufe, Trupp, Heereszug, Marschkolonne

āgna, ae *f* weibliches Lamm

ā-gnāscor, agnātus sum 3 hinzugeboren werden

ā-gnātiō, ōnis *f* Blutsverwandtschaft von väterlicher Seite

ā-gnātus, ī *m* nachgeborener Sohn; Blutsverwandter väterlicherseits

ā-gnōscō, agnōvī, agnitus 3 erkennen, wahrnehmen

wieder erkennen; anerkennen

āgnus, ī m Lamm

agō, ēgī, āctus 3 treiben, führen; forttreiben; plündern; hetzen; jagen; beunruhigen; anlegen, ziehen; betreiben; verrichten, zustande bringen; verleben, zubringen; leben, sich aufhalten, wohnen; veranstalten; *thea.* aufführen; verhandeln, besprechen; e-n Prozeß führen; **id agere, ut** sich bemühen, daß; dahin arbeiten, daß; **sē agere** sich verhalten

agrārius 3 die Staatsländereien betreffend

agrestis, e auf dem Felde befindlich; wild wachsend; ländlich; bäurisch, ungebildet; *subst.* ~, is m Bauer

agri-cola, ae m Bauer

agri-cultiō, -cultor, -cultūra *s.* **cultiō** *etc.*

āh, ā *int.* ach!, ah!

ahēn(e)us *s.* **aēn(e)us**

āiō ich bejahe; ich sage, ich versichere

āla, ae f Flügel; Achsel, Schulter; Reiterschar

alacer, cris, cre lebhaft, freudig, munter

alacritās, ātis f Lebhaftigkeit; Eifer; Fröhlichkeit

alapa, ae f Ohrfeige

ālārius 3 Flügel...; **alāriī, ōrum** m/pl. Hilfstruppen der Bundesgenossen

ālātus 3 geflügelt

albātus 3 weißgekleidet

albeō, uī, - 2 weiß sein

albēscō, uī, - 3 weiß werden

albus 3 weiß; weißgekleidet; blaß; günstig; **album, ī** n das Weiße, weiße Farbe; weiße Tafel; Liste

alcyōn, onis m Eisvogel

ālea, ae f Würfel; Würfelspiel; Wagnis, Risiko, Gefahr

āleātor, ōris m Würfel-, Glücks-spieler

āles, itis geflügelt; schnell; *subst.* m, f Weissagevogel; Vorzeichen

alga, ae f Seegras

algeō, alsī, - 2 frieren

algor, ōris m Frost

aliās *adv.* ein anderes Mal, sonst; **aliās ... aliās** bald ... bald

alibī *adv.* anderswo; **alibī ... alibī** hier ... dort

alicunde *adv.* irgendwoher

aliēnātiō, ōnis f das Weggeben, Veräußerung, Abtretung; Entfremdung, Abfall

aliēni-gena, ae m Ausländer

aliēnō 1 weggeben, veräußern, abtreten, verstoßen; entfremden, verfeinden; **aliēnāre mentem** wahnsinnig machen; **aliēnārī** abfallen

aliēnus 3 fremd; fernstehend, nicht verwandt; feindlich; *subst.* **aliēnus, ī** m Fremder, Ausländer; **aliēnum, ī** n fremdes

Eigentum, fremde Angelegenheit

āli-ger, era, erum 3 geflügelt

alimentārius 3 Lebensmittel...; unterhaltsberechtigt

alimentum, ī *n* Nahrungsmittel; *pl.* Proviant, Nahrung; Erzieherlohn

aliō *adv.* anderswohin; zu einem anderen Zweck

aliō-quī(n) *adv.* in anderer Hinsicht, sonst, im übrigen; überhaupt, an sich (schon), ohnehin; andernfalls

āli-pēs, pedis mit geflügelten Füßen; schnellfüßig

āli-pilus *m* Sklave, der die Achselhaare entfernt

aliquā *adv.* (*sc.* viā) auf irgendeinem Wege; irgendwie

aliquam-diū *adv.* eine Zeitlang

aliquandō *adv.* irgendeinmal, einst; endlich; manchmal, bisweilen

aliquantisper *adv.* eine Weile

aliquantulus 3 ziemlich klein (*od.* wenig)

aliquantus 3 ziemlich viel, groß, bedeutend; *subst.* **aliquantum, ī** *n* ein gut Teil, ein Bedeutendes; **~ itineris e-e** (beträchtliche) Strecke

ali-quī, a, od irgendein

ali-quis, a, ī irgend jemand, ein beliebiger; *pl.*

einige, manche; *n* etwas; *n adv.* einigermaßen

ali-quō *adv.* irgendwohin

ali-quot einige, ein paar

ali-quotie(n)s *adv.* einigemal

aliter *adv.* anders, auf andere Weise; sonst

ālium, ī *n* Knoblauch

ali-unde *adv.* anderswoher

alius, a, ud ein anderer; **alius ... alius** der eine ... der andere

al-lābor 3 herangleiten

al-lābōrō 1 mühsam erstreben; unter Mühen hinzufügen

al-lēgō¹ 1 abordnen, absenden; vorbringen

al-lēgō², lēgī, lēctus 3 hinzuwählen, aufnehmen

al-levātiō, ōnis *f* das Aufheben; Erleichterung

al-levō 1 emporheben, aufrichten; erleichtern

al-liciō, lēxī, lectus 3 anlocken; für sich gewinnen

al-līdō, sī, sus 3 heranschleudern; werfen *gegen*

al-ligō 1 an-, verbinden; fesseln; verpflichten

al-linō, lēvī, litus 3 anstreichen

ālium *n* Knoblauch

al-loquium, ī *n* Anrede; Gespräch; Trost

al-loquor 3 anreden; ermahnen; trösten

al-lūdō 3 sich spielend herbewegen; scherzen *mit*

al-luō, luī, - 3 bespülen

almus 3 nährend; gütig, hold

alnus, ī *f* Erle; Kahn

alō, aluī, altus 3 ernähren; fördern, pflegen

altāria, ium *n/pl.* Altar

alter, era, erum der eine, der andere von beiden; *der* Mitmensch

altercātiō, ōnis *f* Wortwechsel, Streit

altercor 1 einen Wortwechsel führen

alternō 1 abwechseln lassen; abwechselnd erwägen

alternus 3 abwechselnd, gegenseitig; **alternīs** *adv.* abwechselnd

alter-uter, utra, utrum einer von beiden

altilis, e gemästet; *subst. f/pl.* **altilēs, ium** Mastgeflügel

altitūdō, inis *f* Höhe, Tiefe; Erhabenheit, Größe

altor, ōris *m* Ernährer

altus 3 hoch; tief; geheim, versteckt; weit; weit zurückliegend; **altum, ī** *n das* Meer, *die* hohe See

aluī *s.* **alō**

alumnus 3 erzogen; *subst.* **~, ī** *m* Zögling, Pflegling

alv(e)ārium, ī *n* Bienenkorb

alveolus, ī *m* Mulde, Wanne; Spielbrett; Würfelspiel; Flußbett

alveus, ī *m* Höhlung; Bauch; Mulde, Wanne, Kahn; Bienenkorb; Flußbett

alvus, ī *f* Bauch; Magen; Schiffsbauch; Bienenstock

amābilis, e liebenswürdig

a-mandō 1 entfernen, verbannen

amāns, antis liebend; liebevoll; *subst. m, f* der, die Liebende

amāritūdō, inis *f* Bitterkeit

amārus 3 bitter; beißend; herb, widerlich, unangenehm; scharf, verletzend

amātor, ōris *m* Liebhaber

ambāgēs, is *f* Irrweg; *pl.* Umschweife, Zweideutigkeit; Ausflüchte

ambigō 3 (be)zweifeln

ambiguitās, ātis *f* Zweideutigkeit

ambiguus 3 schwankend, veränderlich; zweideutig, dunkel, unklar; strittig. **ambiguum, ī** *n* Zweideutigkeit

amb-iō, ambīvī, ambitus 4 herumgehen; umgehen; sich bewerben um; ersuchen

ambitiō, ōnis *f* Aufzug, Gepränge; Bewerbung; Parteilichkeit; Ehrgeiz

ambitiōsus 3 ehrgeizig

ambitus, ūs *m* Umlauf; Umweg; Amtserschleichung; Gunstbuhlerei

ambō, ambae, ambō beide

ambrosius 3 unsterblich, göttlich; *subst.* **ambrosia, ae** *f* Götterspeise

ambulō 1 spazieren gehen, lustwandeln; gehen, reisen, marschieren

amb-ūrō 3 ringsum anbrennen

ā-mēns, entis sinnlos, kopflos

āmentia, ae f Sinnlosigkeit; Wahnsinn

amīca, ae f Freundin

amiciō, icuī u. **ixī, ictus** 4 umhüllen

amīcitia, ae f Freundschaft

amictus, ūs m Tracht; Mantel

amiculum, ī n Umwurf, Mantel

amīcus 3 freundlich; günstig, geneigt; **amīcus, ī** m Freund; Gönner

ā-migrō 1 fortwandern

ā-missiō, ōnis f Verlust

amita, ae f Tante

ā-mittō 3 fortschicken, loslassen; aufgeben; verlieren

amnis, is m Strom

amō 1 lieben; verliebt sein in

amoenitās, ātis f Annehmlichkeit, Lieblichkeit; reizende Lage

amoenus 3 lieblich, angenehm; reizend gelegen

ā-mōlior 4 (*mit Anstrengung*) beiseiteschaffen; beseitigen, aus dem Wege räumen

amor, ōris m Liebe; Liebschaft; Liebling; *pl.* Liebesverhältnis

ā-moveō 2 wegschaffen,

entfernen; entwenden, stehlen; verbannen

amphi-theātrum n Amphitheater

amphora, ae f Amphore, zweihenkliger Krug; Flüssigkeitsmaß *von etwa 20 Litern*

am-plector, plexus sum 3 umschlingen, umarmen; umgeben; lieben; hegen und pflegen; erwägen, besprechen; kurz zusammenfassen

amplexus, ūs m Umschlingung, Umarmung

ampli-ficātiō, ōnis f Vergrößerung; Steigerung

ampli-ficō 1 erweitern, vergrößern, steigern

ampliō 1 = amplificō; aufschieben, vertagen

ampliter *adv.* reichlich; großartig; sehr

amplitūdō, inis f großer Umfang; Größe; Großartigkeit; Ansehen, Würde

amplius *adv. zeitl.* weiter, länger; in höherem Grade; mehr als; außerdem

amplus 3 geräumig, umfangreich; viel, bedeutend; glänzend, prächtig, herrlich; stark, heftig

ampulla, ae f Salbenfläschchen

am-putō 1 ringsum abschneiden; beschneiden

an ci. 1. *in disjunktiven Fragen* oder; utrum ... an ob ... oder; an nōn oder nicht; 2. *in indirekten ein-*

fachen Fragen ob; **3.** *in einfachen direkten Fragen* oder ... etwa

anas, atis *f* Ente

an-ceps, cipitis doppelköpfig; doppelseitig; zweideutig, unentschieden; gefährlich

ancīle, is *n* der heilige Schild *des Königs Numa*

ancilla, ae *f* Magd

ancillula, ae *f* junge Magd

ancora, ae *f* Anker

ancorāle, is *n* Ankertau

androgynus, ī *m* Zwitter

ān-frāctus, ūs *m* Biegung, Krümmung; Weitschweifigkeit; Kreislauf, -bahn; Winkelzüge

angi-portus, ūs *m od.* **-um, ī** *n* Gäßchen, Seitengasse

angō, (anxī), - 3 beengen, beklemmen, ängstigen, beunruhigen, quälen

angor, ōris *m* Beklemmung; Angst

anguis, is *m*, *f* Schlange

angulus, ī *m* Ecke; Winkel; Bucht; Schlupfwinkel

angustiae, ārum *f/pl.* Enge; Land-, Meerenge; Engpaß; *zeitl.* Kürze; Knappheit; Mangel, Not, Schwierigkeit; Engherzigkeit

angustus 3 eng; kurz; beschränkt, kärglich; schwierig; kleinlich

an-hēlitus, ūs *m* Keuchen; Atem, Hauch

an-hēlō 1 keuchen; *trans.* herausschnauben; lechzen *nach*

an-hēlus 3 keuchend; Keuchen verursachend

anicula, ae *f* altes Mütterchen

anīlis, e altweiberhaft

anima, ae *f* Lufthauch, Wind; Atem; Seele, Leben; abgeschiedene Seele

anim-adversiō, ōnis *f* Wahrnehmung; Tadel, Bestrafung

anim-advertō, tī, sus 3 wahrnehmen; tadeln; bestrafen, vorgehen gegen

animal, ālis *n* lebendes Wesen, Geschöpf; Tier

animālis, e luftig; lebend; lebendig

animāns, tis beseelt; lebend; *subst.* ~, **tis** *m u. f* = animal

animātus 3 beseelt; gesonnen; mutig, beherzt

animō 1 beseelen, beleben; ermutigen

animōsus 3 beherzt; mutig; heftig, leidenschaftlich

animus, ī *m* **1.** *poet.* = anima; **2.** Seele, Geist; Bewußtsein, Gedächtnis; Urteil, Ansicht; Gefühl, Gemüt, Herz; Charakter, Sinnesart; Mut; Übermut, Trotz; Leidenschaft; Verlangen; Neigung, Lust

annālis, e Jahres...; *subst.* **annāles, ium** *m/pl.* Annalen, Jahrbücher

an-ne = an

an-nectō, nexuī, nexus 3 anknüpfen, anbinden; vereinigen *mit*, hinzufügen *zu*

an-nitor, **nisus** *od.* **nixus sum** 3 sich anstemmen, sich anlehnen; sich anstrengen, sich Mühe geben

anni-versárius 3 jährlich

an-nō 1 heranschwimmen

annóna, ae *f* Jahresertrag *an Kornfrüchten*; Getreide, Nahrungsmittel; hohe Marktpreise, Teuerung; Getreideversorgung

annōsus 3 (hoch)bejahrt, alt

an-nōtō 1 schriftlich vermerken; bemerken, wahrnehmen

an-numerō 1 aufzählen, auszählen; hinzurechnen

an-nuō, **uī**, - 3 zunicken; zustimmen

annus, **ī** *m* Jahr; Jahreszeit; Ernte

annuus 3 das ganze Jahr dauernd; jährlich

an-quīrō, **sīvī**, **situs** 3 aufsuchen, suchen nach; untersuchen; *e-e Strafe* beantragen

ānsa, ae *f* Griff, Henkel; Anlaß, Gelegenheit

ānser, **eris** *m* Gans

ante 1. *adv.* vorn, vorwärts; *zeitl.* vorher, früher; 2. *prp. b. acc. räuml.*, *zeitl.* vor

anteā *adv.* vorher, früher

ante-capiō 3 vorwegnehmen, im voraus besetzen; im voraus besorgen; im voraus erregen

ante-cēdēns, **entis** vorhergehend

ante-cēdō 3 vorangehen; den Vortrab bilden; übertreffen

ante-cellō, -, - 3 hervorragen; sich auszeichnen

ante-cessiō, **ōnis** *f* das Vorauseilen, Vorsprung; Vorbedingung

ante-cursōrēs, **ōrum** *m/pl.* Vortrab

ante-eō, **iī**, -, **īre** vorangehen; übertreffen

ante-ferō, **tulī**, **lātus**, **ferre** vorantragen; vorziehen

ante-hāc *adv.* bisher, früher

ante-lūcánus 3 vor Tagesanbruch

ante-meridiánus 3 Vormittags...

ante-mittō 3 vorausschicken

antenna (**-mna**), ae *f* Segelstange

ante-pīlánus, **ī** *m* Soldat, der vor den mit Pilen (Wurfspießen) bewaffneten Triariern kämpfte

ante-pōnō 3 voranstellen; vorziehen

ante-quam *ci.* bevor

ante-signánus, **ī** *m* Vorkämpfer; Soldat des Elitekorps

an-testor 1 als Zeugen anrufen

ante-veniō 4 zuvorkommen; übertreffen

ante-vertō 3 vorangehen; zuvorkommen, übertreffen, vorziehen

anticipō 1 vorwegnehmen; früher zurücklegen

antīquitās, ātis *f* Altertum; hohes Alter

antīquitus *adv.* seit alters her, in alter Zeit

antīquō 1 verwerfen

antīquus 3 alt; früher; altertümlich; althehrwürdig; *subst.* antīquī, ōrum *m/pl.* *die* Alten, *die* alten Schriftsteller

anti-stes, itis *m*, *f* Tempelvorsteher, Oberpriester

antrum, ī *n* Grotte, Höhle

ānulus, ī *m* Finger-, Siegelring

anus[1], ūs *f* alte Frau, Greisin

anus[2], ī *m* After

anxietās, ātis *f* Ängstlichkeit

anxius 3 ängstlich, besorgt; beunruhigend

aper, prī *m* Eber

aperiō, ruī, rtus 4 öffnen; erschließen; aufdecken; erklären

apertus 3 offen; ungeschützt; unbedeckt, klar

apex, icis *m* Spitze; Kuppe; Helm; Priestermütze; Krone

apis, is *f* Biene

apium, ī *n* Sellerie

aplustra, ōrum *n/pl.* Schiffsheck mit seinen Verzierungen

apo-thēca, ae *f* Vorratskammer; Weinlager

ap-parātus[1], ūs *m* Vorbereitung; Kriegsrüstung; Werkzeug; Pomp

ap-parātus[2] ausgerüstet;

pompös ausgestattet, glänzend

ap-pāreō 2 zum Vorschein kommen, sich zeigen; offenkundig sein

ap-pāritor, ōris *m* Amtsdiener   [rüsten]

ap-pārō 1 vorbereiten, zu-

appellātiō, ōnis *f* Anrede; Berufung; Benennung; Name, Titel; Aussprache

ap-pellō[1] 1 ansprechen, anreden; auffordern; *jur.* anrufen, appellieren an; nennen, bezeichnen; P. heißen

ap-pellō[2], pulī, pulsus 3 herantreiben, ans Land treiben, landen lassen; *abs. u.* P. landen

ap-pendix, icis *f* Anhang, Zugabe

ap-pendō, pendī, pēnsus 3 *etw.* mit abwiegen

ap-petēns, tis trachtend, gierig *nach*; habgierig

appetentia, ae *f* = appetītiō

appetītiō, ōnis *f das* Greifen *nach*; Trachten, Streben, Neigung

appetītus, ūs *m* = appetītiō

ap-petō 3 greifen *nach*; streben, trachten *nach*; aufsuchen, ziehen *nach*; angreifen, losgehen *auf*

ap-plicātiō, ōnis *f* Anschluß, Zuneigung

ap-plicō, cāvī, cātus (*od.* uī, citus) 1 heranbringen, nähern anfügen, anschließen; landen lassen; *abs. u.* P. landen

ap-pōnō 3 hinzutun; hinstellen; vorsetzen, auftragen

ap-portō 1 herzutragen; verursachen

appositus 3 naheliegend, benachbart; geeignet, brauchbar

apposuī s. **ap-pōnō**

ap-prehendō 3 anfassen, ergreifen, festnehmen

ap-primē adv. besonders

ap-probātiō, ōnis f Billigung, Zustimmung; Beweis

ap-probō 1 billigen, zustimmen; beweisen

ap-properō 1 beschleunigen; sich beeilen

ap-propinquō 1 sich nähern

ap-pulsus, ūs m Annäherung; Landung; Einwirkung

aprīcus 3 sonnig

Aprīlis, e zum April gehörig; subst. ., is m April

aps... s. abs...

aptō 1 genau anpassen; zurechtmachen; ausrüsten; versehen

aptus 3 angepaßt, fest anschließend; verknüpft; wohlgeordnet; passend

apud prp. b. acc. bei, in der Nähe von

aqua, ae f Wasser; Fluß; Regen

aquātiō, ōnis f das Wasserholen

aquila, ae f Adler; Legionsadler

aquili-fer, erī m Adlerträger

aquilīnus 3 Adler...

aquilō, ōnis m Nordwind, Norden

aquor 1 Wasser holen

aquōsus 3 regnerisch

āra, ae f Altar; Zufluchtsstätte

arānea, ae f Spinne; Spinngewebe

arātiō, ōnis f das Pflügen; Ackerbau; Ackerland

arātor, ōris m Pflüger, Bauer; Domänenpächter

arātrum, ī n Pflug

arbiter, rī m Augenzeuge; Schiedsrichter; Gebieter; Präside

arbitrātus, ūs m freier Wille, Belieben Ermessen

arbitrium, ī n Schiedsspruch; Herrschaft, Willkür

arbor (u. -ōs), oris f Baum; Mast, Ruder; Schiff

arboreus 3 Baum...

arbustum, ī n Baumpflanzung; Weingarten

arbuteus 3 vom Erdbeerbaum

arbutum, ī n Frucht des Erdbeerbaums, Meerkirsche

arca, ae f (Geld-)Kasten, Lade; Sarg; Gefängnis

arcānus 3 geheim (nisvoll)

arceō, uī, - 2 eindämmen; fernhalten von, bewahren vor

arcessō, īvī, ītus 3 herbeirufen, -holen; anklagen; belangen

archi-pīrāta, ae *m* Seeräuberhauptmann

architectus, ī *m* Baumeister; Erfinder; Anstifter

Arctos, ī *f* Bär, Bärin *als Sternbild*; Norden, Nacht

Arctūrus, ī *m* Bärenhüter *als Sternbild*

arcus, ūs *m* Bogen; Regenbogen; Schwibbogen; Triumphbogen; Wölbung

ārdēns, entis brennend, glühend, heiß; leidenschaftlich

ārdeō, ārsī, ārsum 2 brennen, in Flammen aufgehen; entbrannt sein

ārdēscō, ārsī, - 3 entbrennen, in Brand geraten; entflammt werden; auflodern

ārdor, ōris *m* Brand, Glut; *das* Leuchten, Begierde, Liebesglut

arduus 3 steil; schwierig; beschwerlich

ārea, ae *f* freier Platz; Bauplatz; Tenne; Spielplatz

arēna, ae *f* Sand; Sandwüste, -strand; Arena, Kampfplatz

arēnōsus 3 sandig

ārēns, entis trocken, dürr

āreō, uī, - 2 trocken, dürr sein

argentāria 3 Silber...., Geld...; *subst.* argentāria, ae *f* Wechsel-bude, -geschäft, Bank; Silbergrube

argenteus 3 silbern; versilbert; silberweiß; *subst.*

~, ī *m* Silberdenar

argentum, ī *n* Silber; Silbergeschirr; Silbergeld, Geld

argīlla, ae *f* weißer Ton

argūmentātiō, ōnis *f* Beweisführung

argūmentor 1 Beweise (*od.* als Beweis) anführen

argūmentum, ī *n* Geschichte, Fabel; Thema; Stoff; Darstellung, Erzählung; Theaterstück; Beweis; Kennzeichen

arguō, uī, ūtus 3 klar darstellen, kennzeichnen, beschuldigen, anklagen

argūtiae, ārum *f/pl.* die Ausdrucksvolle; Scharfsinn; Schlauheit, Spitzfindigkeit

argūtus 3 scharf ausgeprägt; ausdrucksvoll, lebhaft; helltönend; scharfsinnig, geistreich; spitzfindig, durchtrieben

āridus 3 trocken; mager

ariēs, etis *m* Widder; Sturmbock, Mauerbrecher

arietō 1 niederstoßen; anstürmen *gegen*

arista, ae *f* Spitze der Ähre, Granne

arma, ōrum *n/pl.* Geräte; Rüstzeug; Kriegsgerät, (Schutz-)Waffen; Krieg, Kampf; Heeresmacht, Truppen

armāmenta, ōrum *n/pl.* Schiffsgeräte; Takelwerk

armāmentārium, ī *n* Zeughaus, Rüstkammer, Arsenal

armārium, ĭ *n* Schrank

armātūra, ae *f* Waffengattung; Bewaffnete

armātus¹, ūs *m* = armātūra

armātus² 3 bewaffnet; gerüstet; *subst.* armātī, ōrum *m/pl.* Bewaffnete, Soldaten

armentārius, ī *m* Rinderhirt

armentum, ī *n* Großvieh; Rinder (u. Pferde); Viehherde

armi-fer 3 waffentragend

armi-ger 3 waffentragend; *subst.* ~, ī *m* Waffenträger; Leibwächter

armilla, ae *f* Armband

armi-potēns, entis waffenmächtig, kriegerisch

armō 1 mit dem Takelwerk versehen; zum Kriege rüsten, bewaffnen

armus, ī *m* Oberarm; Vorderbug

arō 1 pflügen, beackern; durchfurchen, durchfahren

ar-rēpō 3 heran-kriechen, -schleichen

ar-rēpsī *s.* ar-rēpō

ar-rēxī *s.* ar-rigō

ar-rīdeō 2 mitlächeln; anlächeln; gefallen

ar-rigō, rēxī, rēctus 3 emporrichten; in Spannung versetzen; anfeuern

ar-ripiō, ripuī, reptus 3 an sich reißen; angreifen; schnell benutzen; geistig erfassen

arrogāns, tis anmaßend, hochmütig

arrogantia, ae *f* Anmaßung, Hochmut

ar-rogō 1 noch einmal anfragen; sibi arrogāre für sich in Anspruch nehmen, sich anmaßen

ars, artis *f* Geschicklichkeit; Kunst; erworbenes Können; Handwerk, Gewerbe; wissenschaftliches System, Methode, Theorie; Kunstwerk; *pl.* Mittel, Wege; Kunstgriffe

artē *adv.* zu artus

articulus, ī *m* Gelenk; Teil, Abschnitt; entscheidender Augenblick, Wendepunkt

arti-fex, icis *m* 1. *adi.* kunstfertig, geschickt; kunstgerecht; 2. *m.* *f* Künstler(in), Meister; Schöpfer; Urheber

artificiōsus 3 kunstfertig; kunstgerecht

artificium, ī *n* Kunstfertigkeit, Geschicklichkeit; Kunstwerk; Kunstgriff, Trick [Glieder]

artus¹, ūs *m* Gelenk; *pl.*]

artus² 3 eng zusammengedrängt; dicht, fest; innig; knapp, barsch; ungeschliffen; mißlich, schwierig

arundō *s.* harundō

aruspex *s.* haruspex

arvum, ī *n* Ackerland; Flur, Gefilde

arx, cis *f* Burg; Anhöhe; Zuflucht; Höhepunkt

as, assis *m* As, römisches Pfund

a-scendō, ndī, ēnsum 3 hin-
auf-, emporsteigen; er-
steigen; erreichen

a-scēnsus, ūs *m das* Hin-
aufsteigen, Emporklim-
men; Aufstieg

a-sciō, -, - 4 auf-, annehmen

a-scīscō, scīvī, ītus 3 heranziehen; an-, auf-nehmen;
für sich beanspruchen;
sich aneignen; billigen,
gutheißen

ā-scrībō 3 dazuschreiben;
(in civitatem) in die Bürgerliste eintragen, als
Bürger aufnehmen;
(schriftlich) bestellen *zu*;
zurechnen *zu*

asellus, ī *m* kleiner Esel

asinus, ī *m* Esel; Einfalts-
pinsel

a-spectō 1 (aufmerksam)
anschauen, anblicken; liegen *nach*

aspectus, ūs *m* Anblick;
Blick; Aussehen

asper, era, erum rauh, uneben, holperig; barsch;
ungeschliffen; mißlich,
schwierig

a-spergō[1], rsī, rsus 3 hin-
spritzen, hinstreuen; be-
spritzen

a-spergō[2], inis *f* Bespit-
zung; Spritzer; Gischt

asperitās, ātis *f* Rauhheit,
Unebenheit; Kälte, Schär-
fe, Härte; Bitterkeit,
Strenge; Schwierigkeit

a-spernor 1 zurückweisen;
verschmähen

asperō 1 rauh machen; aufreizen

a-spiciō, spexī, spectus 3
anblicken; liegen *nach*;
betrachten; beherzigen

a-spīrō 1 wehen; günstig
sein; trachten *nach*; *trans.*
einhauchen, einflößen

as-portō 1 wegführen, -brin-
gen

asprētum, ī *n* rauher, steini-
ger Ort

assecla, ae *m* = assectātor

as-sectātiō, ōnis *f* beständige Begleitung

as-sectātor, ōris *m* bestän-
diger Begleiter; Anhän-
ger; Freier

as-sector 1 beständig be-
gleiten   [tor]

as-secula, ae *m* = assectātor

assecūtus sum *s.* as-sequor

as-sēnsiō, ōnis *f* Zustimmung, Beifall

as-sēnsus, ūs *m* Beifall;
Echo

assēnsus sum *s.* as-sentior

assentātiō, ōnis *f* Schmeichelei, Speichelleckerei

assentātor, ōris *m* Schmeichler, Speichellecker

as-sentior, sēnsus sum (*u.*
as-sentiō) 4 zustimmen

as-sentor 1 nach dem
Munde reden, schmeicheln

as-sequor 3 einholen, er-
reichen; erlangen; ver-
stehen

asser, eris *m* Stange, Latte,
Bohle

as-serō, sēvī, situs 3 daneben pflanzen

as-serō, seruī, sertus 3 hinzufügen; zusprechen; für frei erklären; sibi alqd ~ für sich in Anspruch nehmen

as-servō 1 (auf-)bewahren; bewachen

as-sevērātiō, ōnis *f* ernste Behauptung; Ernst, Nachdruck, Hartnäckigkeit

as-sevērō 1 ernstlich behaupten

as-sideō, sēdī, sessum 2 bei *j-m* sitzen; verpflegen, betreuen; belagern

as-sīdō, sēdī, sessum 3 sich hinsetzen

assiduitās, ātis *f* beständige Begleitung, Ausdauer

assiduus 3 fleißig, unermüdlich; andauernd, unablässig

assignātiō, ōnis *f* Anweisung (*von Land*); *pl.* angewiesene Ländereien

as-signō 1 an-, zuweisen; zuschreiben

as-siliō, siluī, (sultum) 4 heranspringen; heranstürmen

as-similis, e ziemlich ähnlich

as-simulō 1 ähnlich machen; nachbilden; vergleichen; vortäuschen, heucheln

as-sistō, stitī, - 3 dabeistehen; ~ alci *j-m* beistehen, helfen

as-soleō, -, - 2 pflegen

as-suēfaciō 3 gewöhnen an

as-suēscō 3 (sich) gewöhnen *an*; assuētus 3 gewöhnt; vertraut

assuētūdō, inis *f* Gewöhnung *an*, Umgang *mit*

as-sum, affuī, adesse *s.* ad-sum

as-sūmō 3 an sich nehmen, annehmen; sich anmaßen

as-surgō 3 sich erheben; steigen

as-surrēxī *s.* as-surgō

assus 3 trocken, warm; gebraten

ast = at

a-stipulātor, ōris *m* Vertragszeuge

a-stō, stitī, - 1 *dat.* dabeistehen; helfen

a-strictus 3 straff angezogen; knapp

a-stringō 3 straff anziehen; zusammendrängen; verpflichten

astro-logia, ae *f* Astronomie

astro-logus, ī *m* Astronom, Astrologe

astrum, ī *n* Sternbild, Gestirn; *pl.* Himmel, Unsterblichkeit

a-struō 3 anbauen; hinzufügen

astus, ūs *m* List, Finte

astūtia, ae *f* Schlauheit, List

astūtus 3 schlau, listig

asȳlum, ī *n* Zufluchtsort

at *ci.* aber dagegen, jedoch

at-avus, ī *m* Ahnherr, Vorfahr

āter, ātra, ātrum schwarz; unheilbringend

āthlēta, ae *m* Athlet, Wettkämpfer

a-tomus, ī *f* Atom

atque (*vor Kons. außer c, g, qu, h auch* **ac**) und noch; und sogar; und besonders; und doch; (*nach Wörtern der Gleichheit u. Ungleichheit*) wie; als; (*nach negativen Begriffen*) und vielmehr, sondern

at-quī *ci.* gleichwohl, trotzdem; ja, aber doch

ātrāmentum, ī *n* schwarze Farbe; Tinte

ātriēnsis, is *m* Hausmeister

ātrium, ī *n* Atrium; Saal, Halle; Palast

atrōcitas, ātis *f* Abscheulichkeit; Härte, Wildheit

atrōx, ōcis abscheulich; hart; streng

at-tāctus, ūs *m* Berührung

at-tamen *ci.* aber dennoch

at-temptō 1 angreifen, anfechten

at-tendō, dī, tus 3 spannen, richten; **animum attendere** achtgeben, beachten

at-tentō = **at-temptō**

at-tentus 3 aufmerksam; bedacht auf

at-tenuō 1 dünn machen; schwächen, vermindern

at-terō, trīvī, trītus 3 reiben *an*; abnutzen; aufreiben, erschöpfen

at-tineō, tinuī, (tentus) zurückhalten; sich erstrecken; betreffen

at-tollō, -, - 3 emporheben; erheben; auszeichnen

at-tondeō, tondī, tōnsus 2 scheren, beschneiden; benagen; schmälern

at-tonitus 3 gelähmt; bestürzt; begeistert

at-trahō 3 heranziehen; herschleppen; anlocken

at-trectō 1 berühren; in die Hand nehmen; sich anzueignen suchen

at-tribuō 3 zuerteilen; übertragen; anweisen; zuschreiben

at-trītus 3 abgerieben; matt

au-ceps, cupis *m* Vogelfänger; Geflügelhändler

auctiō, ōnis *f* Auktion

auctiōnārius 3 Versteigerungs...

auctiōnor 1 e-e Versteigerung vornehmen

auctor, ōris *m* Autor, Verfasser; Vorbild, Lehrer; Bürge; Ratgeber; Urheber, Anstifter

auctōritās, ātis *f* Sicherheit, Bürgschaft; Eigentumsrecht; Vollmacht; Beispiel, Vorbild; Ansehen, gebieterische Kraft, Bedeutung; Willensäußerung, Erklärung, Geheiß; **senātūs ~** Senatsgutachten

auctumnus, ī *m* = **autumnus**

auctus¹, ūs *m* Vergrößerung, Zunahme; Anwachsen

auctus² 3 vermehrt, vergrößert, erhöht, gesteigert

aucupium, ī *n* Vogel-, Geflügel-fang; Haschen, Jagen *nach*

aucupor 1 jagen, haschen *nach*

audācia, ae *f* Verwegenheit, Mut, Tollkühnheit; Frechheit

audāx, ācis (*adv.* **audācter**) verwegen, mutig, tollkühn; frech

audēns, entis kühn, wagemutig

audeō, ausus sum 2 wagen, riskieren

audiēns, entis *m* Hörer, Zuhörer

audientia, ae *f* Aufmerksamkeit, Gehör

audiō 4 (zu-)hören; erfahren; gehorchen; sich nennen hören, wofür gelten, in e-m Rufe stehen

audītiō, ōnis *f das* Hören, Anhören, Hörensagen, Gerücht

audītor, ōris *m* Zuhörer, Hörer; Schüler

au-ferō, abstulī, ablātus, **auferre** weg-tragen, -bringen; stehlen; beseitigen; zerstören; töten; vertreiben; erhalten, erlangen, gewinnen

au-fugiō 3 entfliehen

augeō, xī, ctus 2 wachsen lassen, vermehren; verherrlichen, übertreiben; reichlich versehen

augēscō, -, - 3 wachsen, zunehmen

augur, uris *m* Augur, Vogelschauer; Weissager

augurālis, e Auguren...

augurātus, ūs *m* Augurenamt

augurium, ī *n* Wahr-, Vorzeichen; Weissagekunst

augurō (*u.* **auguror**) 1 Wahrzeichen deuten; weissagen, ahnen, vermuten

augustus 3 hochheilig, ehrwürdig, erhaben; **Augustus, ī** *m* August

aula, ae *f* Hof; Palast

aulaeum, ī *n* Teppich, Decke; Baldachin; Theatervorhang

aura, ae *f* Lufthauch; Luft; Wind; Duft; Gunst; *pl.* Oberwelt, Tageslicht

aurātus 3 vergoldet, golddurchwebt

aureolus 3 = aureus

aureus 3 golden; vergoldet; goldfarbig; herrlich, prächtig

auricula, ae *f* Öhrchen; Ohr(läppchen)

auri-fex, ficis *m* Goldschmied

aurīga, ae *m* Wagenlenker; Fuhrmann

auris, is *f* Ohr; *pl.* Gehör; (kritisches) Urteil

aurītus 3 langohrig; lauschend

aurōra, ae *f* Morgenröte; Osten

aurum, ī *n* Gold; Goldschmuck; Geld; Goldglanz

auscultō 1 zuhören; gehorchen

au-spex, icis *m* Vogelschauer; Weissager; Führer, Beschützer; Ehezeuge

auspicium, î *n* Vogelschau; Vorzeichen; Oberbefehl; Macht, Wille

auspicor 1 Auspizien anstellen; unter e-m guten Vorzeichen beginnen; auspicātus 3 unter günstigem Vorzeichen; glücklich

auster, strî *m* Südwind; Süden

austērus 3 herb; ernst, streng

austrālis, e südlich

ausum, î *n* Wagnis

ausus sum *s.* audeō

aut *ci.* oder; oder sogar; oder doch wenigstens; aut ... aut entweder ... oder

autem *ci.* aber, jedoch, andererseits; aber auch

autumnālis, e herbstlich, Herbst...

autumnus, î *m* Herbst

autumō 1 behaupten

auxî *s.* augeō

auxiliāris, e, -ārius 3 Hilfe leistend, hilfreich; *subst.* auxiliāres, ium *m/pl.* Hilfstruppen

auxilior 1 helfen, Hilfe bringen

auxilium, î *n* Hilfe, Unterstützung; *pl.* Hilfstruppen

avāritia, ae *f* Geiz, Habsucht

avārus 3 geizig, habsüchtig; *adv.* avārē

ā-vehō 3 wegführen, -schaf-

fen; P. wegfahren, -reiten, sich entfernen

ā-vellō, vellî *od.* vulsî, vulsus 3 los-, ab-, ent-reißen

avēna, ae *f* wilder Hafer

aveō[1], **-, -** 2 begierig sein

aveō[2], **-, -** 2 sich wohl befinden; avē, avēte; sei *bzw.* seid gegrüßt!

ā-verruncō 1 abwenden (*Unheil*)

ā-versus 3 abgewandt; von hinten, im Rücken; feindlich, ungünstig

ā-vertō 3 abwenden, ablenken; entwenden, stehlen; entfremden; P. sich abwenden

avicula, ae *f* kleine Biene

aviditās, ātis *f* Begierde; Habsucht

avidus 3 begierig; habsüchtig; herrschsüchtig

avis, is *f* Vogel; Wahrzeichen

avītus 3 großväterlich, -mütterlich; ererbt

āvius 3 vom Wege abliegend, entlegen

āvocō 1 ab(be)rufen, wegrufen; ablenken

ā-volō 1 wegfliegen; schnell dahinschwinden

ā-vors, -vort- *s.* ā-vers-, -vert-

avunculus, î *m* Onkel (*mütterlicherseits*)

avus, î *m* Großvater; Vorfahre

axis, is *m* Wagenachse; Wagen; Erdachse; Nordpol; Himmel

B

bāca (bacca), ae *f* Beere;
runde Baumfrucht, Olive;
Perle

Bacchānālia, ium *n/pl.*
Bacchusfest

bacchor 1 das Bacchusfest
feiern; Orgien feiern

baculum, ī *n* Stock

bālātus, ūs *m* das Blöken

balbus 3 stammelnd

balbūtiō 4 stammeln, stot-
tern

balineum, ī *n* = balneum

ballaena, ae *f* Walfisch

ballista, ae *f* Wurf-ma-
schine, -geschoß

balneāria, ōrum *n/pl.* Badezimmer

balneātor, ōris *m* Bademei-
ster

balneum, ī *n* Badezimmer;
Bad; balnea, ōrum *n/pl.*
od. balneae, ārum *f/pl.*
Badeanstalt

bālō 1 blöken

balsamum, ī *n* Balsam-
(staude)

balteus, ī *m* (*u.* -um, ī *n*)
Gürtel; Koppel, Wehr-
gehenk

barathrum, ī *n* Abgrund,
Schlund

barba, ae *f* Bart

barbaria, ae (*u.* barbariēs,
ēī) *f* Ausland; Barbarei, Roh-
baren; Barbarei, Rohheit

barbaricus 3 = barbarus

barbarus 3 ausländisch,
fremd; ungebildet; wild,

grausam; *subst.* ∼, ī *m*
Barbar, Ausländer

barbātus 3 bärtig; *subst.* ∼, ī
m ein Philosoph; ein Römer der alten Zeit

barbitos, ī *m* Laute, Leier

bārō, ōnis *m* Dummkopf

basilicus 3 königlich, fürst-
lich; *subst.* basilica, ae *f*
Börsen-, Gerichtshalle

basis, is *f* Sockel, Basis;
Fußgestell

bāsium, ī *n* Kuß

beātus 3 glücklich; wohl-
habend; selig

bellātor, ōris *m* Krieger;
adi. kriegerisch

bellātrix, īcis *f* Kriegerin;
adi. kriegerisch

bellē *adv. zu* bellus

bellicōsus 3 kriegerisch

bellicus 3 Kriegs...; *subst.*
bellicum, ī *n* Angriffssignal

belli-ger 3 kriegführend

belli-gerō 1 Krieg führen

bellō 1 *u.* bellor 1 Krieg
führen

bellum, ī *n* Krieg

bellus 3 hübsch, niedlich

bēlua, ae *f* großes *od.* wildes
Tier

bene *adv.* (melius, optimē)
gut (besser, am besten);
richtig, genau

bene-ficentia, ae *f* Wohl-
tätigkeit

bene-ficiārius, ī *m* von niedrigen Arbeiten befreiter
Soldat

bene-ficium, ī *n* Wohltat; Auszeichnung

bene-ficus 3 wohltätig; freundlich

bene-volēns, entis = bene-volus

bene-volentia, ae *f* Wohlwollen, Zuneigung, Sympathie

benevolus 3 wohlwollend, gewogen, freundlich

benignitās, ātis *f* Güte, Freundlichkeit, Wohlwollen

benignus 3 gütig, freundlich, wohlwollend; freigebig; reichlich

beō 1 beglücken, erfreuen

bēstia, ae *f* Tier; Raubtier

bēstiārius, ī *m* Tierkämpfer

biblio-thēca *f* Bücherei

bibō, bibī, - 3 trinken; in sich aufnehmen

bibulus 3 gern trinkend; leicht einsaugend

bi-color, ōris zweifarbig

bi-cornis, e zweihörnig

bi-dēns, entis mit zwei Zähnen; *subst.* ~ *m* zwei-zinkige Hacke; *f* Schaf

bīduum, ī *n* Zeitraum von zwei Tagen

bi-ennium, ī *n* Zeitraum von zwei Jahren

bi-fāriam *adv.* zweifach, nach zwei Seiten hin

bi-foris, e zweitürig

bi-fōrmis, e zweigestaltig

bīgae, ārum *f/pl.* Zweigespann

bīgātus 3 mit e-m Zweigespann versehen; *subst.* ~, ī

m Silberdenar mit aufgeprägtem Zweigespann

bi-iugis, e *u.* bi-iugus 3 zweispännig; *subst.* biiugī, ōrum *m/pl.* = bīgae

bi-linguis, e zweisprachig, doppelzüngig

bīlis, is *f* Galle

bi-maris, e an zwei Meeren gelegen

bi-membris, e zweigliedrig

bīmus 3 zweijährig

bīnī, ae, a je zwei; bīna castra zwei Lager

bi-partītus, bi-pertītus 3 (*adv.* -ō) in zwei Teile(n)

bi-pedālis, e zwei Fuß lang

bi-pennis, e zweischneidig; *subst.* ~, is *f* Doppelaxt

bi-pēs, edis zweibeinig

bi-rēmis, e zweiruderig; *subst.* ~, is *f* Schiff mit zwei Reihen Ruderbänken, Zweideckschiff

bis *adv.* zweimal

bitūmen, inis *n* Asphalt

bi-vius 3 mit zwei Wegen; *subst.* bivium, ī *n* Scheideweg, Wegkreuzung

blaesus 3 lispelnd, lallend

blandīmentum, ī *n* = blanditia

blandior 4 schmeicheln; begünstigen; gefallen

blanditia, ae *f* Schmeichelei; Liebkosung

blandus 3 schmeichelnd; liebkosend; höflich

blatta, ae *f* Motte, Schabe

boārius, *u.* bovārius 3 Rinder-, Ochsen...

bōlētus, ī *m* Pilz

bonitās, ātis f gute Beschaffenheit; Herzensgüte

bonus 3 (comp. melior, us, sup. optimus 3, adv. bene) gut; vornehm; rechtschaffen; gütig; (kriegs-)tüchtig; patriotisch

boreās, ae m Nordwind; Norden

bōs, bovis m Rind, Ochse

brācae, ārum f/pl. weite Hosen

brācātus 3 Hosen tragend; transalpinisch [Arm; bracchium, ī n Unterarm;/

brevis, e kurz; klein; schmal; knapp; brevī adv. kurz; in kurzem

brevitās, ātis f Kürze; Knappheit

breviter adv. zu brevis

brūma, ae f Wintersonnenwende; Winterkälte, Winterszeit

brūmālis, e Winter...

būbō, ōnis m Uhu

bubulcus, ī m Ochsenknecht

bucca, ae f Backe; Mundvoll

būcina, ae f gewundenes Blechhorn, Signalhorn

būcula, ae f junge Kuh, Färse

bulla, ae f Wasserblase; Gürtelknopf; Goldkapsel mit Amulett

bustum, ī n Leichenbrandstätte; Grabhügel, Grabmal

buxus, ī u. buxum, ī n (Gegenstand aus) Buchsbaum(holz)

C

C. Abk. 1. = Gaius; 2. = condemnō; 3. = centum

caballus, ī m Zugpferd

cachinnus, ī m lautes Lachen

cacūmen, inis n Spitze; Gipfel, Wipfel

cadāver, eris n Leiche

cadō, cecidī, (cāsūrus) 3 fallen; niederstürzen; sich ergießen; abnehmen, schwinden; erobert werden; unterliegen; anheimfallen; hineingeraten; sich schicken; sich ereignen

cādūceātor, ōris m Herold, Unterhändler

cādūceus, ī m Heroldstab

cadūcus 3 fallend, gefallen; zum Fallen geneigt; vergänglich; jur. verfallen

cadus, ī m Weinkrug

caecitās, ātis f Blindheit

caecō 1 blenden; trüben

caecus 3 blind; verblendet; dunkel, finster; unergründlich; ungewiß

caedēs, is f Mord, Gemetzel

caedō, cecīdī, caesus 3 fällen, hauen, schlagen; niederhauen, töten; schlachten

caelātor, ōris m Reliefkünstler

caelebs, ibis unvermählt, ehelos; einsam

calleō

caeles, itis himmlisch; *subst. m/pl.* Götter

caelestis, e himmlisch; göttlich; ausgezeichnet, herrlich; *subst. m/pl.* Götter

caeli-cola, ae *m* Himmelsbewohner, Gott

caelō 1 ziselieren; mit Bildwerk verzieren; schnitzen

caelum, ī *n* Himmel; Wohnsitz der Götter; Luft, Witterung, Klima; höchstes Glück; Unsterblichkeit

caementum, ī *n* Bruchstein

caenum, ī *n* Schmutz

caepa, ae *f u.* **caepe, is** *n* Zwiebel

caeri- u. caeremōnia, ae *f* Ehrfurcht *vor,* heilige Verehrung *od.* Handlung; Feierlichkeit [farbig]

caeruleus 3 blau; dunkel-]

caesariēs, ēī *f* langes Haupthaar

caesim *adv.* mit einem Hieb, mit Hieben

caesius 3 blaugrau

caespes, itis *m* Rasen-stück, -altar

caestus, ūs *m* Boxhandschuh *aus* Riemen

caetra, ae *f* leichter Lederschild

caetrātus 3 mit leichtem Lederschild bewaffnet

calamister, trī *m* Brenneisen *zum Kräuseln der Haare;* rhetorische Verzierung

calamistrātus 3 gekräuselt (*Haar*)

calamitās, ātis *f* Schaden, Unglück; Niederlage

calamitōsus 3 schädlich, unheilvoll; schwer geschädigt; unglücklich

calamus, ī *n* Schilfrohr; Schreibrohr; Schilfflöte; Pfeil

calathus, ī *m* Korb; Napf; Schale

calcar, āris *n* Sporn, Stachel; Ansporn

calceus, ī *m* Schuh, Halbstiefel [schimpfen]

calcō 1 treten *auf;* be-]

calculus, ī *m* Steinchen; Stimm-, Rechenstein

caldus 3 = **calidus**

cale-faciō 3 erwärmen; aufreizen

Calendae, ārum *f/pl. der* Monatserste

caleō, uī, (calitūrus) 2 warm, heiß sein; in Liebe entbrannt sein; emsig betrieben werden

calēscō, luī, - 3 warm, heiß werden; erglühen

cal-faciō = **cale-faciō**

calidus 3 warm, heiß; feurig, ungestüm, leidenschaftlich

cālīginōsus 3 finster, neblig, dunstig

cālīgō¹, inis *f* Finsternis, Nebel, Dunst; Trübsal

cālīgō² 1 in Dunkel hüllen; finster sein, im Finstern tappen

calix, icis *m* Kelch, Becher

calleō, uī, - 2 geübt *od.* erfahren sein

2*

callidītās, ātis f (Lebens-) Klugheit, Gewandtheit; Schlauheit, List

callidus 3 gewandt, praktisch; schlau; bewandert in

callis, is m, f Bergpfad; pl. Bergtriften

callum, ī n Schwiele; Gefühllosigkeit

cālō, ōnis m Troßknecht

calor, ōris m Wärme, Hitze; Leidenschaft

calumnia, ae f Rechtsverdrehung; falsche Anklage, böswilliges Verfahren, Verleumdung

calumniātor, ōris m Rechtsverdreher, Ränkeschmied

calumnior 1 fälschlich anklagen, böswillig angreifen; bekritteln

calvus 3 kahl(köpfig)

calx¹, cis f Kalkstein; Ziel der Rennbahn

calx², cis f Ferse, Huf

camēlus, ī m (u. f) Kamel

camera, ae f Gewölbe, Wölbung

camīnus, ī m Feuerstätte; Kamin(feuer)

campester, stris, stre in der Ebene; flach, eben; zum Marsfeld gehörig; turnerisch, gymnastisch; die Komitien od. Wahlen betreffend

campus, ī m freies Feld, Ebene; Marsfeld

canālis, is m Röhre, Rinne; Kanal

cancellī, ōrum m/pl. Umfriedigung, Gitter, Schranken; Grenzen

cancer, crī m Krebs (auch 2 als Sternbild); Süden; Sommerhitze

candidātus, ī m Amtsbewerber

candidus 3 glänzend weiß, schneeweiß; glänzend, strahlend; redlich, anständig; glücklich, froh

candor, ōris m glänzendweiße Farbe, heller Glanz; Aufrichtigkeit, Redlichkeit

cāneō, uī, - 2 grau, weiß sein

cānēscō, -, - 3 grau werden, altern

Canīcula, ae f Hundsstern, Sirius

canis, is m, f Hund, Hündin; unverschämter Kerl; der kleine Hund (Stern)

canistra, ōrum n/pl. geflochtener Korb

cānitiēs, ēī f graue Farbe; graues Haar

canna, ae f Rohr, Schilf

canō, cecinī, cantātus 3 singen; krähen; auf e-m Instrument spielen; verherrlichen; weissagen

canor, ōris m Klang, Gesang

canōrus 3 singend, klingend, harmonisch

cantharus, ī m Humpen, Kanne

canticum, ī n Gesangpartie in der röm. Komödie; Gesang, Lied cantilēna, ae *f* Singsang, alte Leier

cantō 1 1. = canō; 2. Zauberformeln hersagen, bezaubern

cantor, ōris *m* Sänger; Schauspieler; Lobredner

cantus, ūs *m* Gesang, Musik, Klang; Zauberspruch

cānus 3 grau, weiß; hochbetagt

capāx, ācis geräumig; empfänglich, geeignet

capella, ae *f* kleine Ziege

caper, prī *m* Ziegenbock

capessō, sīvī, situs 3 eifrig ergreifen, packen; übernehmen, einschlagen; streben *nach*; hineilen

capillus, ī *m* Haupthaar

capiō, cēpī, captus 3 fassen, ergreifen, (ein-)nehmen; besetzen; erobern; fangen; gewinnen; übernehmen; verlocken, verleiten; wählen; *räuml.* fassen; *für etw.* passen; verstehen

capistrum, ī *n* Halfter, Maulkorb

capital, ālis *n* Kapitalverbrechen

capitālis, e das Leben betreffend; tödlich; Haupt-..., hervorragend

capra, ae *f* Ziege

capri-ficus, ī *f* wilder Feigenbaum [gehörig]

caprīnus 3 zu den Ziegen

capsa, ae *f* Kapsel, Kästchen

captātor, ōris *m* Häscher, Jäger; Erbschleicher

captiō, ōnis *f* Betrug, Täuschung; Trugschluß

captiōsus 3 betrügerisch, täuschend

captīvus 3 kriegsgefangen; *subst.* captīvus, ī *m* Gefangener

captō 1 *nach etw.* greifen *od.* trachten, zu erlangen suchen

captus, ūs *m* Auffassungsgabe

capulus, ī *m* Griff

caput, itis *n* Kopf; Mensch, Mann; äußerstes Ende; Spitze, Kuppe; Ursprung, Quelle; bürgerliche Existenz; Hauptanstifter, Urheber; Hauptsache, Hauptpunkt; Kapitel; Hauptstadt; Kapital

carbaseus 3 aus feiner Leinwand

carbasus, ī *f* feine Leinwand, Batist; carbasa, ōrum *n/pl.* Batistgewänder; Segel

carbō, ōnis *m* Kohle

carcer, eris *m* Umfriedigung; Gefängnis, Kerker; *pl.* Startpunkt *der Rennbahn*

carchēsium, ī *n* Trinkbe-*f*

cardiacus 3 magenkrank

cardō, inis *m* Türangel; Wendepunkt

carduus, ī *m* Distel

careō, uī, - 2 *etw.* nicht haben; entbehren; entsagen; fernbleiben

carīna, ae *f* Schiffskiel; Schiff

cāritās, ātis *f* hoher Wert
  od. Preis; Hochschätzung,
  Verehrung, Liebe

carmen, inis *n* Gesang,
  Lied; Gedicht; Gesetzes-
  formel; Weissagung, Orakelspruch

carni-fex, icis *m* Henker,
  Scharfrichter; Peiniger,
  Folterer; gemeiner Kerl,
  Schurke

carnificīna, ae *f* Folterung;
  Qual

carnu- *s.* carni-

caro, carnis *f* Fleisch

carpentum, ī *n* Kutsche;
  Karren

carpō, psī, ptus 3 pflücken;
  abweiden; genießen; zersplittern; verkleinern; fort-
  dauernd beunruhigen

carptim *adv.* stückweise;
  vereinzelt, teilweise

carrus, ī *m* Fuhrwagen

cārus 3 teuer; wertvoll;
  lieb

casa, ae *f* Hütte, Häuschen

cāseus, ī *m* Käse

casia, ae *f* wilder Zimt

cassis¹, idis *f* (Metall-)Helm

cassis², is *m* (*meist pl.*) Jä-
  gernetz

cassus 3 leer, hohl; be-
  raubt, ohne; erfolglos

castanea, ae *f* Kastanie(n-
  baum)

castellānus 3 zu e-m Kastell
  gehörig

castellum, ī *n* Kastell; Zufluchtsort

castigātiō, ōnis *f* Zurechtweisung, Tadel; Strafe

castigō 1 züchtigen; tadeln;
  strafen

castimōnia, ae *f* Enthaltsamkeit; Keuschheit

castra, ōrum *n/pl.* Lager;
  Tagesmarsch

castrēnsis, e zum Lager
  gehörig

castus 3 sittenrein, keusch;
  fromm; heilig; uneigen-
  nützig

cāsus, ūs *m* Fall, Sturz;
  Verfall; Vorfall, Gelegenheit; Unglücksfall, Tod

cata-phractus 3 gepanzert

cata-pulta, ae *f* Wurfmaschine

catellus, ī *m* (*u.* catella, ae *f*)
  Hündchen

catēna, ae *f* Kette, Fessel;
  Zwang

catēnātus 3 gekettet, ge-
  fesselt

caterva, ae *f* Schar, Haufe,
  Trupp

catervātim *adv.* in Scharen

cathedra, ae *f* Lehnstuhl

catīnus, ī *m* Napf, Schüssel

catulus, ī *m* Junges *e-s*
  Tieres, Welpe, junger
  Hund

catus 3 gescheit, schlau

cauda, ae *f* Schwanz

caudex, icis *m* Baum-
  stamm, Klotz; Heft, No-
  tizbuch

caulae, ārum *f/pl.* Poren;
  Schafhürde

caulis, is *m* (Kohl-)Stengel,
  Strunk

caupō, ōnis *m* Krämer;
  Schenkwirt

caupōna, ae f Schenke, Wirtshaus, Kneipe

caurus, ī m Nordwestwind

causa, ae f Grund, Ursache, Anlaß; Vorwand; Rechtssache, Prozeß; Interesse; Lage, Umstände; (Freundschafts-)Verhältnis

causi-dicus, ī m Rechtsanwalt

causor 1 als Grund angeben

cautēs, is f Riff, Klippe

cautiō, ōnis f Vorsicht; Sicherheit, Bürgschaft

cautus 3 vorsichtig; gesichert, sicher

cavea, ae f Käfig, Gehege; Zuschauerraum, Theater; Zuschauer, Publikum

caveō, cāvī, cautum 2 sich hüten, sich in acht nehmen; sorgen für; Sicherheit stellen, Bürgschaft geben; verfügen, verordnen

caverna, ae f Höhle, Grotte

cavillor 1 necken, hänseln

cavō 1 aushöhlen

cavus 3 hohl; subst. cavum, ī n Loch

cedō[1] (pl. cette) her mit!, gib (gebt) her!

cēdō[2], cessī, cessum 3 gehen; anheimfallen; ablaufen; gelten für; weggehen, sich zurückziehen, weichen; abtreten, verzichten; verschwinden, vergehen; einräumen, zugestehen

cedrus, ī f Zeder(nholz)

celeber, bris, bre starkbe-

sucht, volkreich; festlich; allgemein verbreitet; berühmt

celebrātiō, ōn's f zahlreicher Besuch; glänzende Festlichkeit

celebrātus = celeber

celebritās, ātis f lebhafter Verkehr; Feierlichkeit; zahlreicher Besuch, Zulauf; Häufigkeit, große Zahl; Volksmenge; Berühmtheit

celebrō 1 oft u. zahlreich besuchen; feiern, festlich begehen; oft anwenden; allgemein bekannt machen; rühmen, preisen, verherrlichen; mit etw. erfüllen

celer, eris, ere schnell; gewandt; übereilt

celeritās, ātis f Schnelligkeit; Gewandtheit

celerō 1 beschleunigen; sich beeilen

cella, ae f Kammer; Wirtschaftskammer; Bienenzellen; Kapelle

cēlō 1 verheimlichen, verbergen

celsus 3 empor-gerichtet, -ragend; hoch; vornehm, erhaben; hochherzig, hochmütig

cēna, ae f Hauptmahlzeit, Mittagessen

cēnāculum, ī n Speisezimmer; oberes Stockwerk; Dachgeschoß

cēnō 1 zu Mittag essen; verspeisen

cēnseō   40

cēnseō, suī, sus 2 ab-, ein-
schätzen; das Vermögen
abschätzen; bewerten;
taxieren; meinen, dafür
halten; beschließen, ver-
ordnen

cēnsor, ōris *m* Zensor;
scharfer Kritiker

cēnsōrius 3 zensorisch;
streng richtend

cēnsūra, ae *f* Zensur, Zensoramt, -würde

cēnsus, ūs *m* Zensus, Ver-
mögensschätzung; Bür-
ger-, Steuerliste; Vermö-
gen, Besitz

centaurus, ī *m* Kentaur
(*Zwitter v. Mensch u.
Pferd*)

centēnī 3 je hundert

centēsimus 3 hundertster

centiē(n)s *adv.* hundertmal

centi-manus 3 hundertar-
mig

centō, ōnis *m* zusammenge-
flickte Decke; Lumpen-
rock

centum hundert; sehr viele

centum-virī, ōrum *m/pl.*
Hundertmänner (*Richter-
kollegium in Privatsachen*)

centuria, ae *f* Hundert-
schaft, Zenturie

centuriātim *adv.* zenturien-
weise

centuriātus, ūs *m* Zentu-
rien-, Hauptmanns-stelle;
Einteilung in Zenturien

centuriō[1], ōnis *m* Anführer
e-r Zenturie, Hauptmann

centuriō[2] 1 in Zenturien
einteilen

cepa, ae *f* = caepa

cēra, ae *f* Wachs(tafel)

cerasus, ī *f* Kirschbaum;
Kirsche

cērātus 3 mit Wachs über-
zogen

cerdō, ōnis *m* einfacher
Handwerker

Cereālis, e der Ceres heilig,
Getreide..., Brot...

cerebrum, ī *n* Gehirn;
Schädel; Verstand

cereus 3 aus Wachs; wachs-
gelb; geschmeidig

cernō, crēvī, crētus 3 scheiden, sondern; klar sehen
od. erkennen; einsehen;
entscheiden

certāmen, inis *n* Kampf;
Wettstreit

certātim *adv.* um die Wette

certātiō, ōnis *f* Wettstreit

certē *adv.* sicherlich, bestimmt; doch wenigstens;
jedenfalls

certō[1] *adv.* genau, mit Gewißheit

certō[2] 1 kämpfen; wett-
eifern

certus 3 entschieden; festgesetzt; zuverlässig, si-
cher, glaubwürdig

cerva, ae *f* Hirschkuh

cervīnus 3 vom Hirsch

cervus, ī *m* Hirsch

cessātor, ōris *m* Müßig-
gänger

cessō 1 zögern, säumen;
aufhören; untätig sein

cēterō-quī(n) im übrigen,
sonst

cēterus 3 der übrige; *pl.* die

übrigen; *adv.* a) **cēterum**
u. cētera übrigens; in sonstiger Hinsicht; b) **cēterum** aber, doch

cētus, ī *m* (*pl.* **cētē** *n indekl.*) großer Seefisch, Thunfisch

ceu *adv.* so wie, gleichwie

chalybs, ybis *m* Stahl

chaos, *nur acc. ., ābl.* **chaō** *n* Chaos, finsterer Weltraum; Unterwelt

charta, ae *f* Papyrusblatt, Papier; Schrift, Buch

chelys, yos *f* Lyra *aus der Schale der Schildkröte*

chīragra, ae *f* Handgicht

chīro-graphum, ī *n* (eigene) Handschrift; Schriftstück

chlamys, ydis *f* Kriegsmantel

chorda, ae *f* Saite

chorēa (*u.* **chorēa**), **ae** *f* Chortanz, Reigen

chorus, ī *m* Reigen; Chor; Schar, Haufe, Menge

cibāria, ōrum *n/pl.* Lebensmittel

cibus, ī *m* Speise; Nahrung

cicāda, ae *f* Baumgrille, Zikade

cicātrīx, īcis *f* Narbe

cicer, eris *n* Kichererbse

cicōnia, ae *f* Storch

cicūta, ae *f* Schierling; Hirten-, Rohr-pfeife

cieō, cīvī, citus 2 in Bewegung setzen; rufen, nennen; hervorrufen, anstiften

cinaedus, ī *m* Wüstling

cincinnātus 3 gelockt

cinctus, ūs *m* Gürtung; Gurt, Schurz

cingō, cīnxī, cīnctus 3 (um-)gürten; umgeben; umzingeln

cingulum, ī *n* Gürtel; Wehrgehenk

cinis, eris *m* (*u.* *f*) Asche; Zerstörung

cinnamum, ī *n* Zimt

cippus, ī *m* Spitzpfahl; Grabstein

circā *adv.* ringsherum, in der Umgebung; *prp.* um ... her, um; bei, in der Nähe von; *zeitl.* um, gegen; *bei Zahlen* ungefähr

circēnsis, e Zirkus...; *subst.* (ludī) **circēnsēs** *m/pl.* Zirkusspiele

circiter *adv.* ungefähr; *prp. b. acc.* = **circā**

circu-itiō, ōnis *f das* Patrouillieren, Runde; Umschreibung

circu-itus, ūs *m das* Herumgehen; Umweg; Umfang

circulor 1 e-n Kreis um sich bilden

circulus, ī *m* Kreis(-bahn); Umfang; Versammlung

circum *adv. u. prp. b. acc.* ringsumher; um ... her; bei

circum-agō 3 im Kreise herumführen; umdrehen; P. ablaufen, verfließen

circum-cīdō, cīdī, cīsus 3 abschneiden; vermindern

circum-cīsus 3 abschüssig

circum-clūdō, sī, sus 3 rings umschließen; umzingeln

circum-dō, dedī, datus 1 um etw. legen, stellen; umzingeln

circum-dūcō 3 herumführen

circum-eō, iī, itus, īre um etw. herumgehen; umgeben; umzingeln; bereisen

circum-ferō, tulī, lātus, ferre herumtragen; umherschweifen lassen; herumreichen

circum-fluō 3 rings umfließen

circum-fluus 3 umfließend; umflossen

circum-fundō 3 herumgießen; übergießen mit; umfließen; umgeben

circum-iciō, iēcī, iectus 3 werfen, stellen, legen um; umgeben

circum-itiō, -itus = circuitiō, -itus

circum-ligō 1 umbinden um, umwickeln

circum-linō, -, litus 3 herumschmieren; bestreichen

circum-mittō 3 überall herumschicken

circum-mūniō 4 rings ummauern

circum-plector, plexus sum 3 umfassen, umgeben

circum-saepiō 4 umzäunen; umgeben

circum-scrībō 3 mit e-m Kreise umschreiben; beschreiben; begrenzen; übervorteilen, täuschen; etw. als ungültig streichen

circum-scrīptiō, ōnis f umschriebener Kreis; Begrenzung, Umfang; rhet. Periode; Betrügerei

circum-sedeō 2 umlagern, belagern, einschließen

circum-sīdō, sēdī, - 3 umlagern, umzingeln

circum-siliō, siluī, - 4 herumhüpfen

circum-sonō 1 ringsum ertönen; umrauschen

circum-spectō 1 = circum-spiciō

circum-spectus, ūs m Umschau; allseitige Betrachtung

circum-spiciō, spexī, spectus 3 sich umblicken; ringsum betrachten; überblicken; ausfindig zu machen suchen; genau überdenken

circum-stō, stetī, - 1 herumstehen; umgeben; umlagern, bedrängen

circum-tulī s. circum-ferō

circum-vādō, sī, - 3 umringen, überfallen

circum-vallō 1 rings (mit einem Wall) einschließen

circum-vehor 3 umfahren, umreiten, umsegeln

circum-veniō 4 umringen; umzingeln; unterdrücken; überlisten

circum-volitō 1 um(her)fliegen

circum-volō 1 umfliegen

circum-volvor 3: annum circumvolvī das Jahr im Kreislauf vollenden

circus, ī m Kreis; Zirkus

cis prp. b. acc. diesseits

cis-alpīnus 3 diesseits der Alpen

cista, ae f Kiste

citerior, ius diesseitig; näherliegend

cithara, ae f Zither

citharista, ae m Zitherspieler; **citharistria, ae** f Zitherspielerin

cithar-oedus, ī m Zithersänger

citō¹ adv. schnell; **nōn citō** nicht leicht

citō² in schnelle Bewegung setzen; hervorrufen; vor Gericht laden; namentlich anführen, namen, zitieren

citrā adv., prp. b. acc. diesseits

citreus 3 aus Zitrusholz

citrō adv. hierher; **ultrō et citrō** hin und her

citus 3 schnell = **cīvīlis**

cīvicus 3 = **cīvīlis**

cīvīlis, e bürgerlich, Bürger...; patriotisch; leutselig

cīvis, is m u. f Bürger(in)

cīvitās, ātis f Bürgerrecht; Bürgerschaft; Staat, Stadt; Gallien, Germanien usw.: Stamm

clādēs, is f Niederlage, Unglück

clam adv. heimlich; prp. b. abl. u. acc. heimlich vor; ohne Wissen

clāmitō 1 laut schreien od. nennen

clāmō 1 schreien; laut ausrufen; deutlich zeigen

clāmor, ōris m Geschrei; Lärm

clamōsus 3 laut schreiend

clanculum adv. heimlich

clandestīnus 3 (adv. -ō) heimlich

clangor, ōris m Klang; lautes Geschrei

clārēscō, ruī, – 3 ertönen, erschallen; erglänzen

clāritās, ātis f Klarheit; Berühmtheit

clāritūdō, inis f = **clāritās**

clārus 3 laut; hell; deutlich; klar; glänzend; berühmt

classiārius 3 Flotten...; subst. **..,** ī m Matrose, Marinesoldat

classicum, ī n Trompetensignal; Kriegstrompete

classicus 3 Flotten...

classis, is f Klasse, Abteilung; Schulklasse; Flotte

claudeō, -, - 2 = **claudicō**

claudicō 1 hinken; wanken

claudō, sī, sus 3 schließen; umzingeln; beendigen

claudus 3 lahm; mangelhaft

clausī s. **claudō**

claustra, ōrum n/pl. Verschluß, Riegel; Sperre; Schutzwehr

clausula, ae f Schluß, Ende

clāva, ae f Knüppel, Keule; geheime Depesche

clāvi-ger, ī m Keulenträger

clāvis, is f Schlüssel

clāvus, ī m Nagel; Purpursaum an der Tunika

clēmēns, entis mild, sanftmütig

clēmentia, ae f Milde, Sanftmut

cleps-ydra, ae *f* Wasseruhr

clepta, ae *m* Dieb

cliēns, entis *m* Höriger; Lehns-, Gefolgs-mann

clientēla, ae *f* Schutzverwandtschaft; Gefolgschaft

clipeātus 3 schildtragend

clipeus, ī *m* (*u*. **clipeum, ī** *n*) Rundschild

clītellae, ārum *f/pl*. Packsattel [schüssig]

clīvōsus 3 hügelig; ab-

clīvus, ī *m* Abhang; Hügelstraße

cloāca, ae *f* Abzugskanal

clūdō *s*. **claudō**

clueō, -, - 2 genannt *od*. gepriesen werden

clūnis, is *m*, *f* Steiß

clupeus = **clipeus**

Cn. *Abk*. = **Gnaeus**

co-acervō 1 anhäufen

coāctor, ōris *m* Einkassierer

coāctus, ūs *m* Zwang

co-aedificō 1 be-, erbauen

co-aequō 1 gleichmachen

co-āgmentō 1 zusammenfügen

co-alēscō, aluī, alitum 3 zusammenwachsen; verschmelzen; erstarken

co-arguō 3 deutlich beweisen; *j-n* überführen; als unbrauchbar feststellen *od*. nachweisen

co-artō 1 zusammendrängen, abkürzen

coccum, ī *n* Scharlach (*Farbe*)

coc(h)lea, ae *f* Schnecke

cocus, ī *m* = **coquus**

cōda, ae *f* = **cauda**

cōdex, icis *m* = **caudex**

cōdicillī, ōrum *m/pl*. Schreibtafel; Brief; Bittschrift

co-ēgī *s*. **cōgere**

co-emō 3 aufkaufen

co-ēmptiō, ōnis *f* Kauf-, Schein-ehe

co-eō, iī, itum, īre zusammen-kommen, -stoßen; sich vereinigen, sich sammeln .

coepī = **coeptus sum**, **coepisse** *intr*. angefangen haben; *s*. *a*. **incipere**

coeptō 1 = **incipiō**

co-erceō, cuī, citus 2 zusammenpferchen; in Schranken halten; zügeln; in Schach halten

co-ercitiō, ōnis *f* Einschränkung, Strafe

coetus, ūs *m* Versammlung

cōgitātiō, ōnis *f* Überlegung; Gedanken; Plan

cōgitō 1 (nach-)denken; überlegen; *subst*. **cōgitātum, ī** *n* Gedanke; Plan

cōgnātiō, ōnis *f* Blutsverwandtschaft; Ähnlichkeit

cō-gnātus 3 blutsverwandt; ähnlich; *subst*. **~, ī** *m* (Bluts-)Verwandter

cōgnitiō, ōnis *f* nähere Bekanntschaft; gerichtliche Untersuchung

cōgnitor, ōris *m* Sachwalter, Rechtsanwalt; Identitätszeuge

cōgnōmen, inis *n* Familien-, Bei-name; Bezeichnung

cō-gnōscō, gnōvī, gnitus 3 kennenlernen, erkennen; auskundschaften; untersuchen, prüfen; *pf.* kennen

cōgō, coēgī, coāctus 3 zusammentreiben; versammeln; zwingen; *(Geld)* eintreiben

co-haereō, haesī, (haesūrus) 2 zusammenhängen; Bestand haben

co-hērēs, ēdis *m* Miterbe

co-hibeō, buī, bitus 2 zusammenhalten; fest umschließen; zurückhalten; zügeln, bändigen

co-honestō 1 mit anderen ehren; verherrlichen

co-hors, tis *f* Kohorte *(10. Teil e-r Legion)*; Haufe, Schar

cohortātiō, ōnis *f* Aufmunterung, Ermahnung

co-hortor 1 ermuntern, antreiben, ermutigen

cō-iciō = **con-iciō**

co-itiō, ōnis *f* feindliches Zusammentreffen; Komplott

coitus, ūs *m* Begattung, Beischlaf

colaphus, ī *m* Faustschlag

col-lābor, lāpsus sum 3 zusammenstürzen

col-lacrimō 1 beweinen

collāpsus sum *s.* **col-lābor**

col-lātiō, ōnis *f das* Zusammentragen; Geldbeitrag; Vergleichung

col-laudō 1 sehr loben

col-lēctiō, ōnis *f das* Sammeln

collēga, ae *m* Kollege

collēgium, ī *n* Kollegium; Innung, Zunft

col-libet, libuit 2 es beliebt, es gefällt

col-līdō, sī, sus 3 zusammenschlagen; P. zusammenstoßen

col-ligō¹ 1 zusammenbinden; zurückhalten

col-ligō², lēgī, lēctus 3 sammeln; erwerben; überdenken

collis, is *m* Hügel

col-locātiō, ōnis *f* Anordnung; Verheiratung

col-locō 1 auf-, hinstellen; unterbringen; *(Tochter)* verheiraten; *(Geld)* anlegen; verwenden *auf*

col-locūtiō, ōnis *f* Unterredung

colloquium, ī *n* Unterredung; Gespräch

col-loquor, locūtus sum 3 sich unterhalten; verhandeln mit

col-lubet = **col-libet**

col-lūceō, -, - 2 von allen Seiten leuchten

collum, ī *n* Hals

col-lūsor, ōris *m* Spielgefährte

col-lūstrō 1 hell erleuchten

col-luviēs, ēī *f* = **col-luviō**

col-luviō, ōnis *f* Unrat, Schlamm; hergelaufenes Pack, Gesindel

colō, coluī, cultus 3 bebau-

en, bestellen; hegen u.
pflegen; verehren

colōnia, ae f Pflanzstadt;
Kolonie

colōnus, ī m Landwirt,
Pächter, Kolonist, Siedler

color (u. colōs), ōris m
Farbe; Gesichtsfarbe; An-
strich, Kolorit; Charakter

colōrō 1 färben

coluber, brī m (kleine)
Schlange

colubra, ae f Schlange(n-
weibchen)

coluī s. colō

columba, ae f Taube

columen, inis n Spitze,
Gipfel; Giebel; Stütze,
Pfeiler

columna, ae f Säule

colus, ūs u. ī f Spinn-
rocken

coma, ae f Haupthaar;
Blätter, Laub

comāns, antis behaart, belaubt

comātus 3 langhaarig

com-bibō, bibī, - 3 ein-
saugen, verschlucken

comb-ūrō, ussī, ūstus 3 verbrennen, vernichten

comb-ussī s. comb-ūrō

com-edō 3 aufessen; ver-
prassen

comes, itis m, f Beglei-
ter(in); Gefährte; Erzie-
her; pl. Gefolge

comētēs, ae m Komet

cōmicus 3 zum Lustspiel
gehörig, komisch

cōmis, e leutselig, freundlich

cōmissātiō, ōnis f Trink-
gelage

cōmissātor, ōris m Zech-
genosse

cōmitās, ātis f Freundlichkeit; Heiterkeit

comitātus, ūs m Beglei-
tung, Geleit, Gefolge;
Reisegesellschaft

comitiālis, e Wahl ...

com-itium, ī n Versamm-
lungsplatz; comitia, iōrum
n/pl. Volksversammlung

com-itor (u. -ō) 1 begleiten

com-meātus, ūs m das Ge-
hen u. Kommen; Urlaub;
Zufuhr, Proviant

com-meminī, isse sich er-
innern

com-memorātiō, ōnis f Er-
innerung; Erwähnung

com-memorō 1 sich erin-
nern; jd. erinnern an

commendātiō, ōnis f Emp-
fehlung; Wert

com-mendō 1 anvertrauen,
übergeben; empfehlen

commentārius, ī m (u.
-um, ī n) schriftlicher Ent-
wurf; Chronik; pl. Me-
moiren

commentātiō, ōnis f sorg-
fältiges Studium; Vorbe-
reitung (des Redners), ge-
lehrte Abhandlung

commentīcius 3 erfunden,
fingiert, erlogen

commentor 1 sorgfältig
überlegen; sich einüben,
entwerfen

commentum, ī n Erfindung,
Lüge

com-meō 1 hin und her gehen, fahren, verkehren

com-mercium, ī *n* Handel, Geschäftsverkehr; Verkehr, Umgang; Gemeinschaft

com-mereō 2 verdienen, auf sich laden [ziehen\

com-migrō 1 wandern\

com-mīlitō, ōnis *m* Kriegskamerad

com-mīniscor, mentus sum 3 ersinnen, erdichten, fingieren

com-minor 1 drohen

com-minuō 3 vermindern, verringern; schwächen

cóm-minus *adv.* in der Nähe; Mann gegen Mann

com-misceō 2 vermischen

com-missum, ī *n* Vergehen, Schuld; *das* Anvertraute, Geheimnis

com-mittō 3 aneinanderfügen; beginnen (*Schlacht*); verüben, begehen; anvertrauen; preisgeben

commoditās, ātis *f* Zweckmäßigkeit; Annehmlichkeit; Zuvorkommenheit

commodō 1 sich gefällig erweisen; leihen; widmen

commodum[1] *adv.* gerade, eben

commodum[2], ī *n* Bequemlichkeit; Vorteil, Nutzen

com-modus 3 zweckmäßig, bequem; zuvorkommend

com-monefaciō 3 = com-moneō

com-mōnstrō 1 deutlich zeigen

com-moror 1 (sich) aufhalten; verweilen

com-mōtiō, ōnis *f* Aufregung

com-moveō 2 fortschaffen, erregen, veranlassen

commūnicātiō, ōnis *f* Mitteilung

commūniciō 1 gemeinsam machen, vereinigen; teilen (*Geldbeträge*); gewähren; sich besprechen *mit*

com-mūniō[1] 4 befestigen; stärken [meinsamkeit\

com-mūniō[2], ōnis *f* Ge-\

com-mūnis, e gemeinsam; allgemein üblich; rücksichtsvoll; *subst.* commūne, is *n* Gemeingut; Gemeinwesen, Staat

commūnitās, ātis *f* Gemeinschaft; Gemeinsinn

com-mūtābilis, e veränderlich

commūtātiō, ōnis *f* Veränderung, Wechsel

com-mūtō 1 verändern, umwandeln

cōmō, cōmpsī, cōmptus 3 ordnen; kämmen

cōmoedia, ae *f* Lustspiel

cōmoedus, ī *m* Komiker

compāgēs, is *f* Zusammenfügung, Fuge; Organismus; Aufbau

com-pār, aris gleich, ebenbürtig

comparātiō, ōnis *f* Vergleich; Verhältnis; Herbeischaffen

com-pāreō, ruī, - 2 erscheinen; sichtbar werden

cóm-parō¹ 1 paaren; feindlich gegenüberstellen; vergleichen

cóm-parō² 1 bereiten, be-, ver-schaffen; ausrüsten, anordnen, einrichten

com-pēgī s. com-pingō

com-pellō¹ 1 anreden; tadeln; anklagen

com-pellō² , puli, pulsus 3 zusammentreiben; antreiben, drängen, zwingen

compendium, ī n Ersparnis; Abkürzung (e-s Weges); Vorteil, Gewinn

com-pēnsō 1 gegeneinander abwägen; ausgleichen

com-perendinō 1 den Urteilsspruch auf den drittnächsten Gerichtstag vertagen

com-periō, perī, pertus 4 zuverlässig erfahren

com-pēs, edis f Fußfessel

compescō, uī, - 3 in Schach halten, unterdrücken; beschneiden (Zweige)

com-petitor, ōris m Mitbewerber

com-plō 1 (aus-)plündern

com-pingō, pēgī, pāctus 2 zusammenfügen; drängen, stoßen; verstecken

compitum, ī n Scheideweg

com-plector, plexus sum 3 umarmen; umgeben; zusammenfassen; begreifen; sich ganz hingeben; sich aneignen

com-pleō, ēvī, ētus 2 ausan-, er-füllen; bemannen; vollenden; zurücklegen

complexiō, ōnis f Verknüpfung; Satzperiode

complexus, ūs m Umarmung; Wohlwollen, Liebe

com-plōrātiō, ōnis f lautes Wehklagen

com-plūrēs, plūra mehrere, ziemlich viele

com-pōnō, posuī, positus 3 zusammenstellen; bilden, gestalten; vereinigen; (Truppen) aufstellen; beisetzen (Toten); beruhigen; beilegen, schlichten; einrichten; vergleichen; feindlich gegenüberstellen

com-portō 1 zusammentragen; liefern

com-pos, otis völlig mächtig; im Besitz von

com-positiō, ōnis f Zusammenstellung; Anordnung, Gestaltung; Einigung, Aussöhnung; Satzaufbau

compositus 3 zusammengesetzt; wohlgeordnet; geschult, geeignet; ruhig

com-posuī s. com-pōnō

com-prehendō 3 beschreiben, ausdrücken, erfassen, begreifen; wahrnehmen

com-prehēnsiō, ōnis f das Begreifen; Begriff

com-prēndō = com-prehendō

com-pressī s. com-primō

com-primō, pressī, pressus 3 zusammendrücken; dämpfen, hemmen; geheimhalten

com-probō 1 billigen, genehmigen; anerkennen, bestätigen

com-pulī s. **com-pellō**[2]

com-putō 1 zusammenrechnen, (be)rechnen

cōnāmen, inis n Versuch, Bemühung

cōnātum, ī n Versuch, Unternehmen; Anstrengung

cōnātus, ūs m = **cōnātum**

con-cavus 3 hohl, gekrümmt

con-cēdō 3 *intr.* fortgehen, sich entfernen; beipflichten; nachgeben, sich fügen; *trans.* überlassen, zugestehen; erlauben; begnadigen

con-celebrō 1 festlich begehen; bekannt machen; rühmen

con-centus, ūs m Harmonie; Musik; Übereinstimmung, Einmütigkeit

con-cēpī s. **con-cipiō**

con-certō 1 streiten, kämpfen; disputieren

con-cessū *abl.* mit Erlaubnis

concha, ae f Muschel

conchȳlium, ī n Auster; Purpur-farbe, -gewand

con-cīdī[1], **cīdī, - 3** zusammenfallen, einstürzen; (*im Kampfe*) fallen

con-cīdō[2], **cīdī, cīsus 3** niederhauen; zu Boden schlagen, vernichten; durchprügeln

con-cieō, cīvī, citus 2 = **con-ciō**

conciliābulum, ī n Versammlungs-, Markt-platz

conciliātiō, ōnis f Gewinnung der Herzen; Hinneigung *zu*

conciliō 1 aufspeichern (*Neid*); befreunden, geneigt machen; zustandebringen, vermitteln; erwerben, gewinnen

concilium, ī n Versammlung; Landtag

con-cinnus 3 kunstgerecht, zierlich, hübsch; gefällig

con-cinō, cinuī, (centum) 3 zusammen singen; übereinstimmen; besingen, preisen

con-ciō, cīvī, citus 4 versammeln; in Bewegung setzen, antreiben; erregen, hervorrufen

con-cipiō, cēpī, ceptus 3 zusammenfassen; auf-, erfassen, begreifen; sich vorstellen, empfinden; sich zuziehen; feierlich ansagen

con-citātiō, ōnis f rasche Bewegung; Auflauf; Erregung

con-citō 1 zusammentreiben, aufbieten; erbittern; erregen; hervorrufen

con-clāmō (*u. -mitō*) 1 zusammenrufen, alarmieren; bejammern

con-clāve, is n Zimmer, Gemach

con-clūdō, sī, sus 3 einschließen; zum Abschluß bringen; folgern

con-clūsiō, ōnis f Einschließung; Abschluß; Folgerung

con-color, ōris gleichfarbig
con-coquō 3 gar kochen;
reiflich überlegen
concordia, ae f Eintracht
concordō 1 übereinstimmen
con-cors, dis einträchtig
con-crēdō 3 anvertrauen
con-cremō 1 verbrennen
con-crepō, uī, - 1 dröhnen,
rasseln; digitīs concrepāre
mit den Fingern knipsen
con-crēscō 3 zusammen-
wachsen; gerinnen, er-
starren; sich bilden, entstehen
con-cubīna, ae f Zuhälterin
con-cubitus, ūs m Beischlaf
con-culcō 1 niedertreten;
mißachten
concumbō, cubuī, cubitum
3 sich zu j-m legen
con-cupīscō, pīvī u. piī,
pītus 3 eifrig begehren
con-currō, (cu)currī, cursum 3 zusammenlaufen,
von allen Seiten herbei-
eilen; zusammenstoßen;
zugleich stattfinden
con-cursātiō, ōnis f Herum-
laufen; Geplänkel
con-cursō 1 hin und her
laufen; wiederholt angreifen; besuchen
con-cursus, ūs m Zusam-
menlaufen; Auflauf; Zu-
sammenstoß
con-cutiō, cussī, cussus 3
zusammenschlagen, schüt-
teln, erschüttern; zerrütten, schwächen
con-demnō 1 verurteilen;
tadeln

con-dēnsus 3 dichtgedrängt
con-diciō, ōnis f Übereinkunft; Heiratsvertrag; Bedingung; Stellung, Lage,
Zustand
con-didī s. con-dō
condīmentum, ī n Gewürz
condiō 4 würzen; mildern
con-discō 3 sorgfältig lernen
con-ditor, ōris m Gründer
con-dō, didī, ditus 3 gründen; verfassen; verbergen,
verstecken; zubringen
con-dolēscō, luī, - 3
Schmerz(en) empfinden
con-dōnō 1 schenken; er-
lassen; überlassen; ver-
geben
con-dūcō 3 zusammenzie-
hen; versammeln; mieten,
pachten; dingen; condū-
cit es nützt, es ist zuträglich
cō-nectō, nex(u)ī, nexus 3
verknüpfen, verbinden
cōn-fēcī s. cōn-ficiō
cōn-fectiō, ōnis f Anferti-
gung; Abfassung
cōn-ferciō, rsī, rtus 4 zusammendrängen; cōnfer-
tus 3 dicht gedrängt
cōn-ferō, tulī, collātus, cōnferre zusammenbringen,
vereinigen; besprechen, erörtern; zum Kampfe brin-
gen; vergleichen; sam-
meln; verlegen, verschie-
ben; zuschreiben, beimes-
sen; sē cōnferre sich be-
geben
cōn-fessiō, ōnis f Geständnis, Bekenntnis

cŏn-fessus sum *s.* cŏn-fĭteor

cŏn-festim *adv.* eilig, sogleich

cŏn-fĭciŏ, fēcī, fectus 3 zusammenbringen; zustande bringen; zurücklegen, vollenden; zubringen; vergeuden, verprassen; erschöpfen, schwächen; töten; besiegen

cŏn-fīdēns, entis zuversichtlich; verwegen

cŏn-fīdentia, ae *f* Selbstvertrauen, Zuversicht; Frechheit

cŏn-fīdŏ, fīsus sum 3 vertrauen, sich verlassen *auf*

cŏn-fīgŏ 3 durchbohren

cŏn-fingŏ 3 aushecken, ersinnen

cŏn-fīnis, e benachbart

cŏn-fīnium, ī *n* Grenzgebiet; Grenze

cŏn-fīŏ, -, fĭerī zustande kommen

cŏn-fīrmātiŏ, ōnis *f* Befestigung; Beruhigung, Trost; Bestätigung

cŏn-fīrmŏ 1 befestigen, verstärken; bekräftigen; ermutigen; versichern; beteuern

cŏn-fīsus sum *s.* cŏn-fīdŏ

cŏn-fĭteor, fessus sum 2 zugestehen [aufgehen]

cŏn-flagrŏ 1 in Flammen]

cŏn-flīctŏ 1 niederschlagen; P. zu kämpfen haben; schwer heimgesucht werden

cŏn-flīgŏ, xī, ctum 3 kämpfen

cŏn-flŏ 1 anfachen; zusammenbringen, vereinigen; anstiften

cŏn-fluŏ, flūxī, - 3 zusammenfließen; *subst.* cŏn-fluēns, entis *m* Zusammenfluß

cŏn-fodiŏ 3 niederstechen

cŏn-fōrmātiŏ, ōnis *f* Gestalt(ung), Bildung; Ausbildung; Vorstellung, Begriff

cŏn-fōrmŏ 1 formen, gestalten; ausbilden, schulen

cŏn-frag(ōs)us 3 uneben

cŏn-fringŏ, frēgī, frāctus 3 zerbrechen; zunichte machen

cŏnfūdī *s.* cŏn-fundŏ

cŏn-fugiŏ 3 fliehen

cŏn-fundŏ, fūdī, fūsus 3 zusammengießen, vermischen, vereinigen; in Unordnung bringen, verwirren

cŏn-fūsiŏ, ōnis *f* Vermischung; Verwirrung

cŏn-fūtŏ 1 zum Schweigen bringen; Einhalt tun; widerlegen

con-gelŏ 1 zum Gefrieren bringen; verhärten

con-geminŏ 1 (sich) verdoppeln

congeriēs, ēī *f* Haufen; Masse

con-gerŏ 3 zusammenbringen, sammeln; aufhäufen; erbauen; aufbürden

congiārium, ī *n* Geschenk, Spende

con-globō 1 zusammenballen, -drängen

con-glūtinō 1 zusammenleimen; eng verbinden

con-gredior, gressus sum 3 zusammenkommen; kämpfen, zusammenstoßen, handgemein werden

con-gregō 1 zusammenscharen; vereinigen

con-gressiō, ōnis f = con-gressus

con-gressus[1], ūs m Zusammenkunft; Gesellschaft, Verkehr; Angriff, Zusammenstoß

con-gressus[2] sum s. con-gredior

con-gruēns, entis übereinstimmend mit, passend zu; angemessen; einstimmig; harmonisch

con-gruō, uī, - 3 zusammentreffen; zeitl. zusammenfallen; übereinstimmen; harmonisieren

cōn-iciō (u. cōn-), iēcī, iectus 3 vermuten, schließen; hinwerfen, schleudern; irgendwohin treiben

con-iectō 1 vermuten, erraten

coniectūra, ae f Mutmaßung; Deutung; Wahrsagung

con-iectus, ūs m das Hineinwerfen; Abschießen; Richtung

cō-nītor 3 sich anstrengen, sich bemühen

coniug(i)ālis, e ehelich

con-iugium, ī n Ehe; Liebschaft; Gatte, Gattin

con-iūnctiō, ōnis f Verbindung; Freundschaft; Verwandtschaft; gramm. Konjunktion

con-iūnctus 3 verbunden, vereinigt; befreundet; verwandt; übereinstimmend

con-iungō 3 verbinden, vereinigen [(-in)]

coniux, iugis m/f Gemahl ∫

cō-nīveō, nīvī od. nīxī 2 die Augen schließen

conl... s. coll...

cō-nor 1 versuchen, wagen

con-queror 3 laut (be)klagen, sich beschweren

con-quiēscō 3 (aus)ruhen, rasten

con-quīrō, sīvī, sītus 3 zusammenbringen; eifrig suchen

con-quīsītiō, ōnis f das Sammeln; Aushebung, Werbung

conquīsītor, ōris m Anwerber, Aushebungsoffizier

conr... s. corr...

cōn-saepiō 4 umzäunen

cōn-salūtō 1 laut begrüßen

cōn-sanguineus 3 blutsverwandt; subst. ∼, ī m Blutsverwandter

cōn-sanguinitās, ātis f Blutsverwandtschaft

cōn-scelerātus 3 frevelhaft

cōn-scendō, ī, sum 3 besteigen; navem cōnscendere an Bord e-s Schiffes

cōn-scientia, ae f das Mit

cōn-spiciō

wissen; Einverständnis; Bewußtsein; Gewissen

cōn-sciscō 3 gemeinsam beschließen; **mortem sibi cōnscīscere** sich töten, Selbstmord begehen

cōn-scius 3 mitwissend; **sibi ~** selbstbewußt

cōn-scrībō 3 in e-e Liste eintragen; abfassen, schreiben; ausheben, anwerben

cōn-secrō 1 weihen; vergöttern; verfluchen

cōn-sector 1 begleiten; verfolgen; streben *nach*

cōn-secūtiō, ōnis *f* Folge

cōn-senēscō, senuī, – 3 alt (*od.* schwach) werden; an Einfluß verlieren

cōn-sēnsiō, ōnis *f* = cōn-sēnsus

cōn-sēnsus, ūs *m* Übereinstimmung; Einmütigkeit; Verschwörung

cōnsentāneus 3 übereinstimmend; folgerichtig

cōnsentiō 4 übereinstimmen; sich verschwören

cōn-sequor 3 verfolgen; einholen; erlangen, erreichen; gleichkommen; begreifen

cōn-serō[1], sēvī, situs 3 besäen; bepflanzen

cōn-serō[2], seruī, sertus 3 aneinanderreihen; verknüpfen; **manūs cōnserere** handgemein werden

cōn-servātor, ōris *m* Bewahrer

cōn-servō 1 bewahren

cōn-servus, ī *m* Mitsklave

cōn-sessus, ūs *m* Versammlung

cōnsiderātus 3 überlegt; besonnen [überlegen]

cōn-sīderō 1 betrachten;

cōn-sīdō 3 sich setzen; sich lagern; sich niederlassen; sich legen, nachlassen

cōn-sīgnō 1 (ver)siegeln; bestätigen; aufzeichnen

cōnsiliārius, ī *m* Ratgeber

cōnsilior 1 sich beraten, beratschlagen

cōnsilium, ī *n* Beratung, Sitzung; Rat; Überlegung; Einsicht; Plan, Absicht; Beschluß, Entschließung

cōn-similis, e ganz ähnlich

cōn-sistō, stitī, – 3 sich aufstellen; sich ansiedeln; haltmachen; bestehen; verweilen

cōn-sociō 1 vereinigen; gemeinsam teilen

cōn-sōlātiō, ōnis *f* Trost (-rede, -schrift)

cōn-sōlor 1 trösten, ermutigen; lindern

cōn-sonō 1 widerhallen

cōn-sors, tis gleichen Anteil habend; *subst.* ~, tis *m* Teilnehmer; Gefährte; Teilhaber

cōn-spectus, ūs *m* (An-) Blick; Betrachtung

cōn-spergō, sī, sus 3 bespritzen; überschütten

cōn-spiciō, spexī, spectus 3 anblicken; erblicken; einsehen, begreifen; P. in die Augen fallen cōn-spicor 1 erblicken

cōn-spicuus 3 sichtbar; in die Augen fallend

cōn-spīrātiō, ōnis f Einklang; Verschwörung

cōn-spīrō 1 übereinstimmen; sich verschwören

cōn-stāns, antis feststehend; regelmäßig; beständig, charakterfest

cōn-stantia, ae f Festigkeit; Übereinstimmung; Beständigkeit, Charakterfestigkeit

cōnsternātiō, ōnis f Bestürzung; Aufruhr

cōn-sternō[1] 1 scheu machen; erschrecken

cōn-sternō[2], strāvī, strātus 3 bestreuen; überdecken

cōn-stituō, uī, ūtus 3 aufstellen; stationieren; ansiedeln; errichten; anlegen; stiften; festsetzen, bestimmen, beschließen

cōnstitūtiō, ōnis f Einrichtung; Verfassung

cōnstitūtum, ī n Verfügung; Verabredung; Vorsatz

cōn-stō, stitī, stātūrus 1 feststehen; stille stehen; übereinstimmen; vorhanden sein, existieren; bestehen in, beruhen auf; kosten (*Preis*)

cōn-stringō 3 zusammenbinden, fesseln; einschränken [struktion, Bau]

cōnstrūctiō, ōnis f Kon-

cōn-struō 3 aufhäufen; bauen, konstruieren

cōn-suēfaciō 3 gewöhnen an

cōnsuēscō, suēvī, suētum 3 sich gewöhnen an; *pf.* pflegen, gewöhnt sein

cōnsuētūdō, inis f Gewohnheit, Brauch; Verkehr, Umgang

cōn-suēvī *s.* cōn-suēscō

cōn-sul, is m Konsul

cōnsulāris, e Konsul..., konsularisch; *subst.* ~, is m gewesener Konsul

cōnsulātus, ūs m Konsulat

cōnsulō, luī, ultum 3 *intr.* beratschlagen; Maßregeln treffen; beschließen; Sorge tragen *für*, sorgen *für*; *trans.* um Rat fragen

cōnsultātiō, ōnis f Beratung

cōnsultō 1 reiflich überlegen

cōnsultor, ōris m Ratgeber; Ratsuchender

cōnsultum, ī n Beschluß, Plan

cōnsultus 3 (wohl)bedacht; kundig, erfahren; *adv.* cōnsultē mit Überlegung; cōnsultō absichtlich, planmäßig

cōn-summō 1 vollbringen, vollenden

cōn-sūmō 3 ge-, verbrauchen, verwenden; aufbrauchen, verprassen

cōn-surgō, surrēxī, surrēctum 3 sich erheben, aufstehen

con-tabulō 1 mit Brettern belegen; mit mehrstöckigen Türmen versehen

con-tāctus, ūs m = con-
-tāgiō
con-tāgiō, ōnis f (auch:
-gium, ī n) Berührung;
Einfluß; Ansteckung,
Seuche
con-tāminō 1 besudeln, entweihen
con-tegō 3 (be)decken; begraben
con-temnō, psī, ptus 3 verachten
con-templātiō, ōnis f Be-
trachtung
contemplor 1 beschauen,
betrachten
contemptim adv. verächt-
lich
contemptiō, ōnis f Verach-
tung
                        [ächter]
contemptor, ōris m Ver-
contemptus, ūs m = con-
temptiō
con-tendō, tendī, tentum 3
anspannen; sich messen
mit; wetteifern; kämpfen;
sich anstrengen; streben
eilen; eifrig fordern; fest
behaupten
con-tentē adv. eifrig
contentiō, ōnis f Vergleich,
Wettstreit, Kampf; An-
spannung; eifriges Stre-
ben
contentus¹ 3 [contendo] gespannt; eifrig
contentus² 3 [contineo] sich
beschränkend, zufrieden
con-terminus 3 angren-
zend, benachbart
con-terō 3 zerreiben; aufreiben, vernichten

con-terreō 2 erschrecken,
einschüchtern
con-testor 1 als Zeugen anrufen
con-texō, xuī, xtus 3 zu-
sammen-,   verflechten,
verbinden
con-ticēscō, ticuī, - 3 verstummen
con-tignātiō, ōnis f Stockwerk
contiguus 3 angrenzend
con-tinēns, entis angren-
zend;   ununterbrochen;
enthaltsam; subst. ~, entis
f Kontinent, Festland
continentia, ae f Enthaltsamkeit;   Selbstbeherrschung
con-tineō, tinuī, tentus 2
zusammenhalten; verbin-
den; bewahren; um-, ein-
schließen; umfassen; ent-
halten; zurückhalten; in
Schach halten, zügeln
con-tingō, tigī, tāctus 3 berühren; ergreifen; gelan-
gen nach; grenzen an; be-
treffen; beflecken, an-
stecken; contingit es ge-
lingt, es glückt
continuātiō, ōnis f ununter-
brochene Reihe; Fort-
dauer
continuō¹ adv. unterbro-
chen; sofort
continuō² 1 anschließen,
verbinden;   fortsetzen;
verlängern
continuus 3 ununterbro-
chen, fortlaufend, aufein-
anderfolgend

contiō, ōnis f Volksversammlung; Rede an die Versammlung

contiōnālis, e zur Volksversammlung gehörig

contiōnor 1 öffentlich erklären

con-torqueō 2 herumdrehen; schleudern

contrā adv. gegenüber; andererseits; im Gegenteil; dagegen; prp. b. acc. gegenüber; gegen; im Widerspruch zu

contractiō, ōnis f Zusammenziehen; Verkürzung

contrā-dīcō 3 widersprechen

con-trahō 3 zusammenziehen; ver-, abkürzen, einschränken; bewirken; abschließen (Geschäfte)

contrārius 3 gegenüberliegend; feindlich

con-trectō 1 betasten; streicheln; erfassen

con-tremīscō, muī, - 3 erbeben, (er)zittern

con-tribuō 3 vereinigen, zugesellen, einverleiben; beisteuern

con-trīstō 1 verdüstern, betrüben

contrōversia, ae f Streit; Debatte

contubernālis, is m Zelt-, Kriegskamerad; Gefährte; Hausfreund

contubernium, i n Kameradschaft; gemeinsame Wohnung; Zusammenleben; Gefolgschaft

con-tueor, tuitus sum 2 betrachten

con-tulī s. cōn-ferō

contumācia, ae f Trotz, Eigensinn

contumāx, ācis trotzig, eigensinnig

con-tumēlia, ae f Beleidigung; Schande

contumēliōsus 3 beleidigend; schmachvoll

con-tundō, tudī, tūsus 3 zer-, niederschlagen, vernichten; brechen, beugen

con-turbō 1 verwirren; Bankrott machen

contus, ī m (Ruder-)Stange; Wurfspieß

cō-nūbium (und -nūb-), ī n Ehe

cōnus, ī m Kegel; Helmspitze

con-valēscō, luī, - 3 erstarken; sich erholen

con-vallis, is f Talkessel

con-vehō 3 zusammenfahren, -bringen

con-vellō, vulsī u. **vellī, vulsus** 3 herausreißen; erschüttern

con-venientia, ae f Übereinstimmung, Harmonie

con-veniō 4 zusammenkommen; sich versammeln; sich einigen; übereinstimmen; besuchen; treffen; passen; convenit es ziemt sich

con-ventiō, ōnis f (und con-ventum, ī n) Übereinkunft, Vertrag

con-ventus, ūs m Zusammenkunft; Versammlung; Gerichts-, Landtag

con-versiō, ōnis *f* Umdrehung; Umwälzung, Umwandlung

con-vertō 3 umwenden; verwandeln; hinwenden; sich (um)wenden

convexus 3 gewölbt; abschüssig

convīcium, ī *n* lautes Schreien; Gezänk; Schimpfwort

convīctor, ōris *m* Hausfreund

con-vīctus, ūs *m* geselliger Umgang; Tischgesellschaft

con-vincō 3 widerlegen; überführen; unwiderleglich beweisen

convīva, ae *m* Tischgenosse, Gast

convīvium, ī *n* Gastmahl

con-vocō 1 zusammenrufen, versammeln

con-volvō 3 zusammenrollen

con-vulsī s. con-vellō

co-operiō, ruī, rtus 4 ganz bedecken

co-optātiō, ōnis *f* Ergänzungswahl

co-optō 1 hinzuwählen

co-orior 4 entstehen

cōpia, ae *f* Vorrat, Fülle; Reichtum; Masse; Möglichkeit; Erlaubnis; *pl.* Truppen

cōpiōsus 3 wohlhabend; reich versehen *mit*; beredt

cōpula, ae *f* Band, Leine

cōpulō 1 zusammenbinden; verbinden

coquō, xī, ctus 3 kochen; backen; reifmachen; dörren; ersinnen

coquus, ī *m* Koch

cor, cordis *n* Herz; Gemüt; Mut; Einsicht; Magen

cōram *adv.* öffentlich; persönlich, an Ort u. Stelle; *prp. b. abl.* angesichts, vor

corbis, is *f* Korb

corium, ī *n* Haut; Leder

corneus 3 aus Horn; aus Kornelkirschholz

corni-cen, inis *m* Hornist

corni-ger 3 gehörnt

corni-pēs, pedis behuft

cornīx, īcis *f* Krähe

cornū, ūs *n* Horn; Heeresflügel; Blashorn; *pl.* Geweih

cornum, ī *n* Kornelkirsche

cornus, ī *f* Kornelkirschbaum

corōllārium, ī *n* Geschenk

corōna, ae *f* Kranz; Krone; Versammlung; Umzinglungstruppe

corōnō 1 bekränzen; umgeben

corporeus 3 körperlich; fleischlich

corpus, oris *n* Körper; Leiche; Person; Hauptsache; Gesamtheit; *das* Ganze

corpusculum, ī *n* kleiner Körper

cor-rādō 3 zusammenkratzen

cor-rēctor, ōris *m* Verbesserer; Sittenprediger

cor-rigō, rēxī, rēctus 3 geraderichten; berichtigen, verbessern; zurechtweisen

cor-ripiō, ripuī, reptus 3 zusammenraffen; an sich reißen; ergreifen, befallen; dahinraffen; vor Gericht bringen, anklagen; beschleunigen

cor-rōborō 1 stärken

cor-rogō 1 betteln

cor-rumpō, rūpī, ruptus 3 vernichten; verderben; entstellen, beschädigen; verleiten; verfälschen

cor-ruō 3 einstürzen; zugrunde gehen

cor-ruptēla, ae *f* Verderbnis *f*; Verführung; Bestechung

cor-ruptor, ōris *m* Verderber; Verführer

cortex, icis *m* (u. *f*) Baumrinde

cortīna, ae *f* Kessel

corulus, ī *f* Haselstaude

corus, ī *m* = caurus

coruscō 1 *trans.* schnell schwingen; *intr.* sich zitternd bewegen; blinken

coruscus 3 zitternd; zuckend; blinkend

corvus, ī *m* Rabe

corylus, ī *f* = corulus

corymbus, ī *m* Blütentraube des Efeus

cōrȳtus, ī *m* Köcher

cōs, cōtis *f* Schleif-, Wetzstein

costa, ea *f* Rippe

costum, ī *n* indische Gewürzstaude; Balsam, Staude

cothurnus, ī *m* Kothurn *m*, Hochschuh (*der tragischen Schauspieler*)

cot(t)īdiānus 3 täglich

cot(t)īdiē *adv.* täglich

coxī *s.* coquō

crābrō, ōnis *m* Hornisse

crāpula, ae *f* Trunkenheit

crās *adv.* morgen

crassitūdō, inis *f* Dicke; Dichte

crassus 3 dick; dicht

crāstinus 3 morgig

crātēr, ēris *m* (*und* crātēra, ae *f*) Misch-gefäß, -krug

crātēs, ium *f/pl.* Flechtwerk, Geflecht

creātrīx, īcis *f* Mutter

crēber, bra, brum dicht wachsend; gedrängt, zahlreich; häufig; *adv.* crēbrō häufig

crēb(r)ēscō, b(r)uī, - 3 zunehmen, sich vermehren; sich verbreiten

crēdibilis, e glaubwürdig

crēditor, ōris *m* Gläubiger

crēdō, didī, ditus 3 anvertrauen; Vertrauen schenken; glauben; halten für

crēdulitās, ātis *f* Leichtgläubigkeit

crēdulus 3 leichtgläubig

cremō 1 *trans.* verbrennen

creō 1 (er)schaffen; erzeugen; verursachen; (er-)wählen, ernennen

crepida, ae *f* Sandale

crepīdō, inis *f* Uferrand, Kai

crepitō 1 schallen; knistern; rasseln; rauschen

crepitus, ūs *m* Schall; Rasseln *usw.*

crepō, uī, itum 1 *intr.* schallen; knistern; rasseln; rauschen; *trans.* erschallen lassen; immer im Munde führen

crepundia, ōrum *n/pl.* Kinderklapper

crepusculum, ī *n* Abenddämmerung

crēscō, crēvī, (crētum) 3 wachsen, werden, entstehen; zunehmen, größer werden

crēta, ae *f* Kreide

crēvī *s.* cernō *bzw.* crēscō

crīmen, inis *n* Anklage, Beschuldigung; Verbrechen

crīminātiō, ōnis *f* Anschuldigung

crīminor 1 verklagen, beschuldigen; verleumden

crīminōsus 3 beschuldigend, vorwurfsvoll

crīnālis, e Haar...

crīnis, is *m* Haar

crīnītus 3 langhaarig

crispō 1 schwingen; kräuseln

crispus 3 kraus

crista, ae *f* (Feder-)Kamm

cristātus 3 kammtragend

croceus 3 Safran...

crocus, ī *m* Safrangelb

cruciātus, ūs *m* Marter *f*, Folterung

cruciō 1 martern, foltern; quälen

crūdēlis, e grausam

crūdēlitās, ātis *f* Grausamkeit

crūdēscō, -, - 3 heftiger werden

crūditās, ātis *f* verdorbener Magen

crūdus 3 roh, unreif; blutig; gefühllos, grausam

cruentō 1 mit Blut bespritzen

cruentus 3 blutig; blutdürstig

crumēna (*und* -mina), ae *f* Geldbeutel

cruor, ōris *m* geronnenes Blut, Mord

crūs, ūris *n* (Unter-)Schenkel

crūsta, ae *f* Rinde, Kruste, Schale; Reliefarbeit

crūstulum, ī *n* Zuckerplätzchen

crux, crucis *f* Kreuz, Marterpfahl; Qual, Unglück

cubiculārius, ī *m* Kammerdiener

cubiculum, ī *n* Schlafzimmer

cubīle, is *n* Lagerstätte, Bett

cubitum, ī *n* Ellbogen; Elle

cubō, uī, itum 1 liegen, ruhen, schlafen; bei Tische liegen

cucūlus, ī *m* Kuckuck

cucullus, ī *m* Kapuze

cucumis, (er)is *m* Gurke

cui wem?; welchem, dem; welcher, der

cūiās, ātis *m, f, n* woher gebürtig?

cūius 3 wessen?; dessen; deren

cūius-modī von welcher Art?

culcita, ae f Kissen, Polster

culex, icis m Mücke

culīna, ae f Küche; Kost

culleus, ī m (Leder-)Sack

culmen, inis n Gipfel; First, Dach

culmus, ī m Strohhalm

culpa, ae f Schuld; Fehler; Unzucht

culpō 1 beschuldigen, anklagen; tadeln

culter, trī m Messer; Bart-, Schermesser

cultiō, ōnis f Bebauung

cultor, ōris m Bebauer; Landmann; Verehrer

cultrīx, īcis f zu cultor

cultūra, ae f = cultus

cultus, ūs m Bearbeitung, Anbau; Pflege; Kleidung; Bildung; Kultur; Verfeinerung; Verehrung

culullus, ī m Pokal

cum¹ prp. b. abl. mit; gegen (feindlich)

cum² ci. als; immer wenn; nachdem; da; obwohl; während (adversativ)

cumba, ae f Nachen, Kahn

cumera, ae f Korb; Getreidebehälter

cumulō 1 (auf)häufen; überschütten; steigern; vollenden

cumulus, ī m Haufe; Übermaß; Gipfel

cūnābula, ōrum n/pl. Wiege; Heimat

cūnae, ārum f/pl. Wiege; Nest

cūnctātiō, ōnis f Zögern

cūnctātor, ōris m Zögerer

cūnctor 1 zögern

cūnctus 3 gesamt; pl. alle

cuneātus 3 keilförmig

cuneus, ī m Keil; keilförmige Schlachtordnung

cunīculus, ī m Kaninchen; unterirdischer Gang

cunnus, ī m weibliche Scham; Weib

cūpa, ae f Tonne, Faß

cupidītās, ātis f Begierde, Verlangen

cupīdō, inis f = cupidītās

cupidus 3 begierig; leidenschaftlich

cupiō, īvī (u. iī), ītus 3 begehren, verlangen; gewogen sein

cupressus, ī (u. ūs) f Zypresse

cūr adv. warum?

cūra, ae f (Für-)Sorge; Pflege; Interesse; Kur; Verwaltung; Aufseher; Schützling; Geliebte(r)

cūrātiō, ōnis f Wartung, Pflege; Behandlung

cūrātor, ōris m Wärter; Verwalter; Vormund

cūria, ae f Senatsgebäude, Rathaus; Senatsversammlung; Volksabteilung, Kurie

cūriātus 3 zu den Kurien gehörig

cūriōsus 3 sorgfältig, eifrig; wißbegierig, neugierig

cūrō 1 sorgen für, sich

kümmern _um_; besorgen,
ausführen; verpflegen
curriculum, ī _n_ Wettlauf;
Rennbahn; Lebenslauf
currō, cucurrī, cursum 3
rennen, laufen; eilen
currus, ūs _m_ Wagen
cursim _adv._ eilends
cursitō _und_ **cursō** 1 hin und
her laufen
cursor, ōris _m_ Läufer
cursus, ūs _m_ Lauf; Reise,
Fahrt; Laufbahn
curtus 3 verkürzt; verstümmelt
curūlis, e Wagen..., Renn...;
kurulisch   [mung]
curvāmen, inis _n_ Krüm- }
curvō 1 krümmen
curvus 3 gekrümmt;
krumm, gebogen
cuspis, idis _f_ Spitze, Stachel
custōdia, ae _f_ Wache;
Schutz; Haft

custōdiō 4 bewachen; aufbewahren; gefangen hal-
ten
custōs, ōdis _m u. f_ Wäch-
ter(in); Behüter(in); Auf-
passer(in)
cutis, is _f_ Haut
cyathus, ī _m_ Schöpflöffel;
Becher (_auch als Maß_)
cybaea, ae _f_ Transport-
schiff
cycnēus (_und_ cyg-) 3 adi.
des Schwans, Schwanen...
cycnus (_und_ cyg-), ī _m_
Schwan
cylindrus, ī _m_ Walze, Zy-
linder
cymba, ae _f_ = cumba
cymbalum, ī _n_ Zimbel _f_
cymbium, ī _n_ Trinkgefäß
cynicus 3 hündisch; zynisch
cyparissus = cupressus
cytisus, ī _f u. m_ Schnecken-
klee

D

Dacī, ōrum _m/pl._ Dakier
(_thrakischer Volksstamm
beiderseits der Donau_)
daedalus 3 kunstvoll
damma, ae _f_ Reh   [lung]
damnātiō, ōnis _f_ Verurtei-}
damnō 1 verurteilen; mißbilligen, verwerfen
damnōsus 3 schädlich; verderbenbringend
damnum, ī _n_ Schaden, Verlust; Geldstrafe
Dānuvius, ī _m_ Donau
dapēs, dapum _f/pl._ Opfer-
mahl; Speise

datiō, ōnis _f_ Geben; Ver-
äußerungsrecht
dator, ōris _m_ Geber; Spender
dē _prp. b. abl._ _räuml._ von ...
herab; von ... her; _zeitl._
unmittelbar nach; noch
während; _partit._ von, unter; _Verhältnis_ über, hinsichtlich; nach, gemäß;
wegen
dea, ae _f_ Göttin
dē-bacchor 1 sich austoben
dē-bellō 1 niederkämpfen;
den Krieg beenden

dēbeō, uī, itus 2 schulden; verdanken; müssen, sollen; zu etw. bestimmt sein; *subst.* dēbitum, ī *n* Schuld

dēbilis, e gebrechlich; schwach

dēbilitās, ātis *f* Gebrechlichkeit; Schwäche

dēbilitō 1 lähmen; schwächen

dēbitor, ōris *m* Schuldner

dē-cantō 1 hersingen; herunterleiern

dē-cēdō 3 sich entfernen; abziehen; (dē) vītā dēcēdere aus dem Leben scheiden

decem zehn

December, bris *m* Dezember

decem-virālis, e *der* Dezemvirn (*gen.*)

decem-virī, ōrum *m/pl.* Dezemvirn, Zehnmännerkollegium

decemvirātus, ūs *m* Dezemvirat *n*, Zehnmänneramt

decēns, entis schicklich, geziemend; anmutig

deceō, uī, - 2 sich ziemen

dē-cepī *s.* dē-cipiō

dē-cernō, crēvī, crētus 3 entscheiden; beschließen; festsetzen; durch Krieg entscheiden; kämpfen

dē-cerpō, psī, ptus 3 abpflücken; genießen

dē-certō 1 um die Entscheidung kämpfen

dē-cessiō, ōnis *f* Weggang; Rücktritt; Abnahme

dēcessus, ūs *m* Weggang; Rücktritt; Tod

dē-cidō[1], cidī, - 3 herabfallen; verfallen; sterben

dē-cidō[2], cidī, cisus 3 abschneiden; kurz abschließen; ein Abkommen treffen *mit*

deciē(n)s *adv.* zehnmal

decima, ae *f s.* decuma

decimānus *s.* decumānus

decimus 3 zehnter

dē-cipiō, cēpī, ceptus 3 täuschen

dēcīsiō, ōnis *f* Abkommen

dē-clāmātiō, ōnis *f* Redeübung; leeres Deklamieren, Herunterleiern

dē-clāmātor, ōris *m* Redekünstler

dē-clāmitō 1 *intens. zu* dē-clāmō

dē-clāmō 1 klar machen; erklären; öffentlich ausrufen

dēclīnātiō, ōnis *f* das Abbiegen; Vermeidung

dē-clīnō 1 abbiegen; vermeiden

dē-clīvis, e abgedacht; abschüssig

dē-coctor, ōris *m* Verschwender

dē-color, ōris entfärbt; trübe; entartet

dē-coquō 3 abkochen

decor, ōris *m* Anstand, Schicklichkeit; Anmut; Schönheit

decorō 1 schmücken, zieren; ehren

decōrus 3 schicklich, geziemend; schön, graziös

dē-crepitus 3 abgelebt; alterschwach, alt

dē-crēscō, crēvī, - 3 kleiner werden, abnehmen

dēcrētum, ī n Beschluß, Entscheidung, Verordnung [dē-crēscō]

dē-crēvī s. dē-cernō bzw.

decuma, ae f das Zehntel (der Beute); der Zehnte (als Abgabe)

decumānus 3 zehntpflichtig; subst. ~, ī m Zehntpächter

dē-cumbō, cubuī, cubitum 3 sich niederlegen; niedersinken

decuria, ae f Abteilung von zehn, Dekurie; Abteilung, Klasse

decuriō[1] 1 in Zehnergruppen abteilen

decuriō[2], ōnis m Dekurio, Anführer einer Zehnergruppe; Ratsherr

dē-currō, (cu)currī, cursum 3 herabeilen; eilen, reisen; vorbeimarschieren; s-e Zuflucht nehmen; zurücklegen

dē-cursus, ūs m das Herablaufen; Überfall; Parade; Verlauf

decus, oris n Zierde, Schmuck; Schönheit; Ehre, äußere Würde; Heldentat

dē-cutiō, cussī, cussus 3 abschütteln

dē-deceō 2 nicht ziemen

dē-decus, oris n Schande, Schmach, Schandtat

dēdī s. dō

dē-dicātiō, ōnis f Einweihung

dē-dicō 1 weihen; widmen

dē-didī s. dē-dō

dē-didicī s. dē-discō

dē-dīgnor 1 verschmähen

dē-discō, didicī, - 3 verlernen

dēditicius 3 unterworfen; subst. ~, ī m Unterworfener, Untertan

dēditiō, ōnis f Übergabe, Unterwerfung, Kapitulation

dēditus 3 ergeben; hingegeben

dē-dō, didī, ditus 3 übergeben, -lassen; ausliefern; widmen

dē-doceō 2 verlernen machen

dē-dūcō 3 herabführen; wegführen; beseitigen; entführen, vertreiben; geleiten, begleiten; ansiedeln; verleiten, verführen

dē-ductiō, ōnis f Ab-, Weg-, Hinführung; Ansiedelung; Abzug (von e-m Betrag)

dē-errō 1 sich verirren

dē-fatīgātiō, ōnis f völlige Ermüdung

dē-fatīgō 1 völlig erschöpfen

dē-fēcī s. dē-ficiō

dēfectiō, ōnis f Abfall; das Schwinden; Ermüdung

dēfectus, ūs m = dēfectiō

dē-fendō, dī, sus 3 abwehren, fernhalten; verteidigen, schützen; verfechten, vertreten

dēfēnsiō, ōnis *f* Abwehr; Verteidigung; Ausrede

dēfēnsor, ōris *m* Verteidiger

dē-ferō, tulī, lātus, ferre hinabtragen, -bringen; vom rechten Wege abbringen; überbringen, berichten; anzeigen, anklagen; anmelden, angeben

dē-fervēscō, fervī *u.* **ferbuī, - 3** aufhören zu toben, nachlassen, abnehmen

dē-fessus 3 erschöpft

dē-fetīgō = dē-fatīgō

dē-fetīscor, fessus sum 3 ermüden

dē-ficiō, fēcī, fectum 3 abfallen; zu fehlen beginnen; ausgehen (*Kräfte*), schwinden; erlahmen, ermatten

dē-fīgō, fīxī, fīxus 3 hineinschlagen, -stoßen-, -bohren; fest richten *auf*; regungslos machen

dē-fīniō 4 abgrenzen; abschließen; einschränken; definieren

dē-fīnītiō, ōnis *f* bestimmte Angabe; Vorschrift; Definition [aufgehen]

dē-flagrō 1 in Flammen

dē-flectō, flexī, flexum 3 *trans.* abbiegen; ablenken; *intr.* abweichen

dē-fleō 2 beweinen

dē-flōrēscō, ruī, - 3 verblühen

dē-fluō 3 herabfließen; schlaff herabfallen; schwinden

dē-fodiō 3 auf-, be-graben

dē-fōrmis, e gestaltlos; häßlich

dē-fōrmitās, ātis *f* Verunstaltung, Häßlichkeit

dē-fōrmō 1 entstellen, verunstalten

dē-fraudō 1 betrügen

dē-fringō, frēgī, frāctus 3 abbrechen

dē-fugiō 3 entfliehen; vermeiden

dē-fundō 3 herab-, ausgießen

dē-fungor 3 völlig beenden; erledigen; sterben

dē-fuī *s.* **dē-sum**

dē-gener 3 ist entartet, unecht

dē-generō 1 entarten

dēgō, -, - 3 verbringen, leben

dē-gravō 1 niederdrücken; schwer lasten *auf*

dē-gredior, gressus sum 3 hinabmarschieren

dē-gustō 1 kosten *von*; versuchen [*auf*]

dehinc *von hier aus*; hier-

de-hīscō, -, - 3 sich klaffend auftun

de-honestō 1 entehren

de-hortor 1 abraten

dē-iciō, iēcī, iectus 3 zu Boden werfen, zerstören, töten; verdrängen; in die Flucht schlagen

dē-iectus, ūs *m das* Herabwerfen; Abhang

dein *adv.* = **deinde**

deinceps *adv.* nacheinander; zunächst

deinde *adv. räuml.* von da ab; *zeitl.* darauf

dē-lābor 3 herabsinken

dē-lātor, ōris *m* Denunziant

dēlectāmentum, ī *n* Belustigung

dēlectātiō, ōnis *f* Vergnügen

dēlectō 1 erfreuen

dē-lēctus, ūs *m* Auswahl

dē-lēgī *s.* dē-ligō[1]

dē-lēgō 1 hinschicken; zuweisen, übertragen, anvertrauen; zuschreiben, beimessen

dē-lēnīmentum, ī *n* Linderungsmittel; Reiz

dē-lēniō 4 beschwichtigen; für sich einnehmen

dēleō, ēvī, ētus 2 (weg-)streichen; zerstören

dēlīberātiō, ōnis *f* Erwägung, Überlegung

dē-līberō 1 erwägen, überlegen; beschließen

dē-lībō 1 entnehmen; genießen

dē-libūtus 3 (ein-)gesalbt

dēlicātus 3 köstlich; genußsüchtig; verwöhnt

dēliciae, ārum *f/pl.* Wonne, Genuß, Vergnügen; Liebling

dēlictum, ī *n* Vergehen

dē-ligō[1], lēgī, lēctus 3 (aus-)wählen

dē-ligō[2] 1 anbinden, befestigen

dē-linquō, līquī, lictum 3 *intr.* versagen, sich vergehen, verschulden

dē-līrō 1 wahnsinnig sein

dē-līrus 3 wahnsinnig

dē-litēscō, lituī, - 3 sich verstecken

delphīnus, ī *m* Delphin

dēlūbrum, ī *n* Tempel

dē-lūdō, sī, sus 3 zum besten haben, hintergehen

dē-mandō 1 anvertrauen

dē-mēns, entis unsinnig, verrückt

dēmentia, ae *f* Unsinn, Wahnsinn

dē-mergō, sī, sus 3 versenken, zu Fall bringen; (ins Verderben) stürzen; unterdrücken

dē-metō, messuī, messus 3 abmähen

dē-migrō 1 auswandern, wegziehen

dē-minuō 3 vermindern; schmälern

dē-minūtiō, ōnis *f* Verminderung

dē-mīror 1 sich sehr wundern

dē-mittō 3 hinab-lassen, -führen; senken; dēmissus 3 gesenkt; niedrig; bescheiden, kleinmütig

dēmō, dēmpsī, dēmptus 3 wegnehmen; beseitigen

dē-mōlior 4 niederreißen; zerstören

dē-mōnstrātiō, ōnis *f* das Hinweisen; Nachweis, Darlegung

dē-mōnstrō 1 bezeichnen; darlegen

dē-morior 3 wegsterben

dē-moror 1 aufhalten

dē-moveō 2 entfernen; vertreiben

dēmpsī s. dēmō

dēmum *adv.* endlich; erst; gerade; vollends

dēnārius, ī *m* Denar *m* (*Silbermünze*)

dē-negō 1 völlig verneinen

dēnī, ae, a je zehn

dēnique *adv.* endlich; kurz; außerdem noch; wenigstens

dē-notō 1 bezeichnen

dēns, dentis *m* Zahn

dēnseō, -, - 2 *und* **dēnso** 1 dicht machen

dēnsus 3 dicht; gedrängt; häufig

dē-nūdō 1 offenbaren

dē-nuō *adv.* von neuem

de-orsum *adv.* abwärts

dē-pāscō 3 abweiden

dē-pectō, -, xus 3 abkämmen

dē-pecūlātor, ōris *m* Plünderer

dē-pecūlor 1 plündern

dē-pellō, pulī, pulsus 3 hinab-, wegtreiben; abhalten; abbringen *von*

dē-pendeō, -, - 2 herab-, abhängen

dē-perdō, didī, ditus ganz verlieren

dē-pereō, iī, itum 4 zugrunde gehen

dē-pingō 3 abmalen; schildern

dē-plōrō 1 laut weinen; beweinen, beklagen; verzweifeln *an*

dē-pōnō 3 niederlegen; anvertrauen; aufgeben, ablehnen

dē-populātiō, ōnis *f* Verwüstung, Plünderung

dē-populor 1 (völlig) verwüsten

dē-portō 1 hinabbringen; übersetzen (*Heer*); heimführen (*aus dem Krieg*); verbannen

dē-pōscō, popōscī, - 3 dringend verlangen

dē-prāvātiō, ōnis *f* Entstellung; Verschlechterung

dē-prāvō 1 entstellen; verderben, verschlechtern, verführen

dē-precātor, ōris *m* Fürsprecher

dē-precor 1 durch Bitten abzuwenden suchen; um Gnade bitten; inständig bitten

dē-prehendō 3 in Beschlag nehmen; überraschen, ertappen; erkennen, entdecken

dē-prēndō = dē-prehendō

dē-primō, pressī, pressus 3 niederdrücken; versenken (*Schiffe*); (*mit Worten*) herabsetzen; unterdrücken

dē-pūgnō 1 bis zur Entscheidung kämpfen

dēpulsiō, ōnis *f* Ab-, Zurückstoßen; Abwehr

dē-putō 1 halten *für*

dērēctus = dīrēctus

dē-relinquō 3 völlig aufgeben, im Stiche lassen

dē-rīdeō, sī, sus 3 verlachen, verspotten

dēstinō

dē-rigēscō, riguī, - 3 völlig erstarren

dē-rigō = dī-rigō

dē-ripiō, ripuī, reptus 3 nieder-, entreißen

dē-rīsī s. dē-rīdeō

dē-rīsor, ōris m Spötter; Witzbold

dē-rīvō 1 ab-, wegleiten

dē-rogō 1 wegnehmen, entziehen; teilweise abschaffen [steil]

dē-ruptus 3 abschüssig,

dē-saeviō 4 sich austoben

dē-scendō, scendī, scēnsum 3 herabsteigen; sich senken; sich entschließen zu; sich hergeben zu

dēscēnsus, ūs m das Hinabsteigen; Abstieg

dē-sciscō, scīvī u. sciī, scītum 3 abfallen; sich lossagen von

dē-scrībō, scrīpsī, scrīptus 3 abschreiben; beschreiben; schildern; bestimmen, anordnen, zuschreiben

dē-scrīptiō, ōnis f Abschrift; Beschreibung, Schilderung; Einteilung, Anordnung

dē-secō, cuī, ctus 1 abschneiden

dē-serō, seruī, sertus 3 verlassen, im Stiche lassen, preisgeben; desertieren; dēsertus 3 verlassen, öde, unbewohnt, einsam

dēsertor, ōris m Deserteur, Flüchtling, Ausreißer

dē-serviō 4 eifrig dienen

dēses, idis untätig, müßig

dēsīderium, ī n Sehnsucht; Wunsch, Anliegen, Bitte

dē-sīderō 1 sich sehnen, wünschen, verlangen, begehren; vermissen

dēsidia, ae f Untätigkeit, Müßiggang

dēsidiōsus 3 müßig, träge, faul; zur Trägheit verführend

dē-sīdō, sēdī u. sīdī, - 3 sich senken

dē-sīgnō 1 bezeichnen; zu e-m Amt ernennen od. bestimmen; andeuten

dē-sipiō, -, - 3 töricht, unsinnig sein

dē-sistō, stitī, - 3 ablassen von etw., aufhören

dē-sōlō 1 verlassen

dē-spectō 1 = dē-spiciō

dēspectus, ūs m Aussicht

dē-spērātiō, ōnis f Hoffnungslosigkeit, Verzweiflung

dē-spērō 1 verzweifeln

dē-spexī s. dē-spiciō

dēspicātus 3 verachtet

dē-spiciō, spexī, spectus 3 herabsehen auf j-n, verachten; von etw. herabblicken

dē-spoliō 1 ausplündern

dē-spondeō, spondī, spōnsus 2 förmlich versprechen; verloben (alicui filiam)

dēstinō 1 festmachen, festbinden; festsetzen, bestimmen; fest beschließen, sich fest vornehmen; (zu e-m Amt) ausersehen

dēstiti 68

dēstitī s. **dē-sistō**

dē-stituō, tuī, tūtus 3 hinstellen; verlassen, im Stich lassen; hintergehen

dē-stringō, strīnxī, strictus 3 (*das Schwert*) zücken

dē-struō, strūxī, strūctus 3 niederreißen; zugrunde richten

dēsuētūdō, inis *f* Entwöhnung

dē-suētus 3 ungewohnt; entwöhnt

dē-sum, fuī, esse nicht da sein, nicht anwesend sein; nicht helfen; versäumen, verpassen

dē-sūmō 3 sich ausersehen; aussuchen

dē-super *adv.* von oben her(ab)

dē-tegō, tēxī, tēctus 3 abdecken; aufdecken, enthüllen

dē-tergeō, tersī, tersus 2 abwischen; abbrechen

dēterior, ius *comp.* schlechter; tieferstehend; schwächer

dē-terō, trīvī, trītus 3 abreiben; vermindern, schwächen

dē-terreō, uī, itus 2 abschrecken; abhalten

dētestābilis, e verabscheuenswert

dē-testātiō, ōnis *f* Verwünschung; Fluch

dē-testor 1 verwünschen, verfluchen, verabscheuen

dē-tēxī s. **dē-tegō**

dē-tineō, tinuī, tentus 2

zurückhalten; festhalten, beschäftigen

dē-tondeō, tondī, tōnsus 2 abscheren

dē-tonō, uī, - 1 losdonnern; zu donnern aufhören

dē-torqueō, torsī, tortus 2 abwenden; verrenken; verdrehen

dē-tractiō, ōnis *f* Wegnahme, Entziehung

dē-trahō, trāxī, tractus 3 herabziehen; weg-, entziehen; abziehen (*von e-m Betrag*); fortschleppen; entfernen; Abbruch tun, schmälern

dē-trectō 1 verweigern, ablehnen; heruntermachen, in den Schatten stellen, schmälern

dētrīmentum, ī *n* Schaden, Nachteil; Niederlage, Schlappe

dē-trīvī s. **dē-terō**

dē-trūdō, sī, sus 3 wegstoßen; vertreiben, wegdrängen; drängen, nötigen; verschieben

dē-truncō 1 abhauen (*Kopf*)

dē-turbō 1 herabwerfen; verjagen, verdrängen

de-ūrō, ussī, ūstus 3 niederbrennen

deus, ī *m* Gott; Gottheit

dē-vāstō 1 völlig verwüsten

dē-vehō 3 hinabfahren, -schaffen

dē-veniō 4 wohin kommen, gelangen

dē-versor 1 eingekehrt sein, logieren

dēversōrium, ī *n* Herberge, Gasthaus

dēverticulum, ī *n* Seitenweg; Gasthaus

dē-vertō(r) 3 sich abwenden; einkehren

dēvexus 3 abwärts gehend, sich senkend

dē-vicī *s.* dē-vincō

dē-vinciō, vinxī, vinctus 4 festbinden, fesseln; an sich binden

dē-vincō, vīcī, victus 3 völlig besiegen

dē-vinxī *s.* dē-vinciō

dē-vītō 1 vermeiden

dē-vius 3 abseits liegend; unstet, unberechenbar; töricht

dē-vocō 1 wegrufen; weglocken, verleiten

dē-volō 1 herabfliegen; davoneilen

dē-volvō 3 herabwälzen

dē-vorō 1 verschlingen; vergeuden; geduldig ertragen

dē-vors, -vort- *s.* dē-vers-, -vert-

dē-võtiō, õnis *f* Weihe; Verwünschung

dē-voveō 2 geloben; zum Tode weihen; verfluchen; aufopfern

dexter, t(e)ra, t(e)rum rechts; glückbringend; geschickt; *subst.* dext(e)ra, ae *f* rechte Hand; *adv.* dext(e)r(a) rechts

dext(e)rē *adv.* geschickt

dextrōrsum (*od.* -sus) *adv.* nach rechts

dia-dēma, atis *n* Diadem *n*, Königskrone

dia-lecticus 3 dialektisch

Diālis, e zu Jupiter gehörig

diārium, ī *n* tägliche Ration

dica, ae *f* Prozeß, Klage

dicāx, acis satirisch, beißend, witzig

diciō, ōnis *f* Gewalt, Macht

dicō[1] 1 weihen, widmen

dicō[2], dīxī, dictus 3 festsetzen, bestimmen; sagen, nennen, erwähnen; reden

dictamnus, ī *f* Diptam *m* (*Strauch mit ölhaltigen Blättern*)

dictātor, ōris *m* Diktator

dictātōrius 3 diktatorisch

dictātūra, ae *f* Diktatur

dictiō, ōnis *f* das Sprechen; rednerischer Vortrag, Rede, Stil, Vortragsweise

dictitō 1 oft sagen, nachdrücklich erklären, unterstreichen

dictō 1 diktieren

dictum, ī *n* Äußerung, Wort, Ausspruch; Befehl

didicī *s.* discō

dī-dō, dīdidī, dīditus 3 verteilen

dī-dūcō, dūxī, ductus 3 auseinanderziehen; weit aufsperren; trennen; zerstreuen

diēs, ēī *m* Tag; Tagesmarsch; *f* Termin, Frist

differentia, ae *f* Verschiedenheit

dif-ferō, distulī, dīlātus 3 differre *trans.* verbreiten, zerstreuen; überall bekannt machen; aufschieben; *intr.* (*nur im Präsensstamm!*) sich unterscheiden, verschieden sein

dif-fertus 3 vollgestopft

dif-ficilis, e schwer, schwierig; gefährlich; mürrisch; *adv.* **difficulter**

difficultās, ātis *f* Schwierigkeit; Not, schwierige Lage

dif-fidentia, ae *f* Mißtrauen

dif-fīdō, fīsus sum, fīdere mißtrauen

dif-findō, fidī, fissus 3 (zer-) spalten

dif-fluō 3 auseinanderfließen; sich auflösen

dif-fugiō 3 auseinanderfliehen; entfliehen; sich zerstreuen

dif-fundō 3 ausgießen; ausbreiten; erheitern, zerstreuen

dī-gerō 3 einteilen; ordnen

digitus, ī *m* Finger; Fingerbreite; Zoll *m*

dī-gladior 1 erbittert kämpfen

dignātiō, ōnis *f* Würdigung; Hochachtung, Ehre

dignitās, ātis *f* Verdienst *n*, Tüchtigkeit; Würde, Ehrenhaftigkeit; Ansehen, Achtung; (Ehren-)Amt; Würdenträger

dignor 1 würdigen, für würdig halten

dī-gnōscō (*ohne pf. u. part.*) **3** unterscheiden

dignus 3 würdig, wert; passend

dī-gredior, gressus sum 3 sich trennen, weggehen; abschweifen

digressus, ūs *m* Weggehen, Trennung

dī-iūdicō 1 ent-, unterscheiden

dī-iungō, dī-iūnctiō = disiungō, dis-iūnctiō

dī-lābor, lāpsus sum 3 zerverfallen; sich auflösen; sich zerstreuen, desertieren; entschwinden (*dem Gedächtnis*)

dī-lacerō 1 zerfleischen, zerreißen

dī-laniō 4 zerfleischen, zerreißen

dī-lātiō, ōnis *f* Aufschub

dī-lātō 1 ausbreiten; ausdehnen

dī-lēctus, ūs *m* Aushebung, Rekrutierung; Auswahl

dī-lēxī *s.* **dī-ligō**

dīligēns, entis aufmerksam; sorgfältig, gewissenhaft, pünktlich, eifrig; *adv.* **dīligenter** peinlich(st)

dīligentia, ae *f* Aufmerksamkeit; Sorgfalt, Gewissenhaftigkeit, Genauigkeit, Eifer

dī-ligō, lēxī, lēctus 3 hochschätzen, verehren, lieben

dī-lūcēscō, lūxī, - 3 hell werden

dī-luō 3 (*durch Wasser*) erweichen; auflösen; entkräften

dīluviēs, ēī *f* Überschwemmung; Sintflut

dī-mētior, mēnsus sum 4 ausmessen

dīmicātiō, ōnis f Kampf

dī-micō 1 kämpfen

dīmidiātus 3 halb

dīmidius 3 halb; subst. dīmidium, ī n Hälfte

dī-mittō, mīsī, missus 3
ausschicken, entsenden;
entlassen; verabschieden;
auf etw. verzichten

dī-moveō 2 trennen; ent-
fernen

dī-nōscō s. dī-gnōscō

dī-numerō 1 aufzählen

dī-rēctus 3 gerade; schlicht,
einfach

dīreptiō, ōnis f (Aus-)Plün-
derung

dīreptor, ōris m Plünderer

dī-rigō, rēxī, rēctus 3 gerade
richten; hinlenken, hin-
wenden; einrichten

dīr-imō, ēmī, ēmptus 3
trennen; unterbrechen;
abbrechen, beenden

dī-ripiō, ripuī, reptus 3
(aus)plündern

dīritās, ātis f Grausamkeit

dī-rumpō 3 zer-brechen,
-schlagen [stören]

dī-ruō 3 niederreißen, zer-]

dīrus 3 unheilverkündend;
gräßlich; grauenvoll; subst.
dīrae, ārum f/pl. Furien,
Rachegöttinnen

dīs, dītis s. dīves

dis-cēdō 3 auseinanderge-
hen, sich trennen, sich entfernen; abmarschieren,
aufbrechen; von etw. ab-
lassen

disceptātiō, ōnis f Debatte,
Erörterung

disceptātor, ōris m Schiedsrichter

dis-ceptō 1 erörtern, debat-
tieren; entscheiden

dis-cernō, crēvī, crētus 3
trennen; unterscheiden

dis-cerpō, psī, ptus 3 zer-
pflücken, zerstückeln, zerreißen

dis-cessiō, ōnis f und -sus,
-ūs m Trennung, Weg-
gehen, Abmarsch; disces-
sus auch: Senatsferien

discidium, ī n Trennung;
Zerwürfnis

dī-scindō 3 zerreißen

dis-cingō 3 losgürten

disciplīna, ae f Unterricht;
Kenntnis, Wissen; Lehr-
methode, System; Fach-
gebiet, Gebiet; Schule;
Erziehung, Zucht; Diszi-
plin, Mannszucht; Ord-
nung, Übung; Einrich-
tung, Gewohnheit

discipula, ae f Schülerin

discipulus, ī m Schüler

dis-clūdō, sī, sus 3 trennen

discō, didicī, - 3 lernen;
etw. studieren

dis-color, ōris verschieden-
farbig, bunt

dis-cordia, ae f Zwietracht

dis-cordō 1 uneinig sein

dis-cors, dis uneinig; verschieden, ungleich

dis-crepō, āvī, - 1 nicht
übereinstimmen, verschie-
den sein

dis-crēvī s. dis-cernō

dī-scrībō 3 einteilen; zuschreiben, zuteilen

dis-crīmen, inis n Entfernung; Zwischenraum; Unterschied; Entscheidung, entscheidender Augenblick, Wendepunkt; (höchste) Gefahr, Krise

dis-crīminō 1 trennen, scheiden; unterscheiden

dī-scrīptiō, ōnis f Einteilung

dis-cruciō 1 martern, quälen

dis-cumbō, cubuī, cubitum 3 sich niederlegen; sich zu Tisch (od. zu Bett) legen

dis-currō, (cu)currī, cursum 3 auseinanderlaufen

dis-cursus, ūs m Umherlaufen

discus, ī m Wurfscheibe

dis-cutiō, cussī, cussum 3 zerschlagen; vernichten, vertreiben; beseitigen

disertus 3 redegewandt; klar, deutlich

dis-iciō, iēcī, iectum 3 auseinandertreiben, zerstreuen; vereiteln

dis-iūnctiō (od. **dī-iūnctiō**), **ōnis** f Trennung; rhet. Gegensatz

dis-iungō (od. **dī-iungō**) 3 trennen; entfernen

dis-pār, aris ungleich, verschieden   [nen]

dis-parō 1 absondern, tren-

dis-pellō, pulī, pulsus 3 auseinandertreiben, zerstreuen

dis-pendium, ī n Verlust, Schaden

dis-pēnsātiō, ōnis f Verwaltung

dispēnsātor, ōris m Verwalter; Schatzmeister

dis-pēnsō 1 verteilen; ordnen; verwalten

dis-perdō 3 völlig zugrunde richten

dis-pereō, iī, - 4 völlig zugrunde gehen

dis-pertiō 4 zer-, ver-, zuteilen

dis-pōnō, posuī, situs 3 auseinanderstellen; (in Schlachtordnung) aufstellen; ordnen, gut einrichten

dis-pulī s. **dis-pellō**

disputātiō, ōnis f wissenschaftliche Erörterung, Untersuchung; philosophisches Gespräch

dis-putō 1 wissenschaftlich erörtern, untersuchen; sich unterhalten, disputieren *über*

dis-quīsītiō, ōnis f Untersuchung

dis-rumpō = dī-rumpō

dis-sēminō 1 aussäen; verbreiten

dis-sēnsiō, ōnis f (und **-sus, ūs** m) Meinungsverschiedenheit; Streit

dis-sentiō, sēnsī, sēnsum 4 verschiedener Meinung sein; abweichen

dis-serō, ruī, rtus 3 erörtern, diskutieren

dis-sideō, sēdī, sessum 2 nicht übereinstimmen; widersprechen

dis-signō 1 anordnen

diū

dis-siliō, luī, - 4 zersprin-
gen, bersten

dis-similis, e unähnlich,
verschieden

dis-similitūdō, inis f Un-
ähnlichkeit, Verschieden-
heit

dis-simulanter adv. insgeheim, unbemerkt

dis-simulātiō, ōnis f Verstellung; Verheimlichung

dis-simulātor, ōris m Ver-
leugner, Verheimlicher,
Meister der Verstellung

dis-simulō 1 sich verstellen;
verbergen, verhehlen, verheimlichen

dissipātiō, ōnis f Zerstreu-
ung; Vergeudung, Ver-
schleuderung, Verschwen-
dung

dis-sipō 1 auseinandertreiben, zerstreuen; zerstö-
ren, vernichten; ver-
schwenden

dis-sociābilis, e unvereinbar; ungesellig

dis-sociō 1 trennen; ent-
zweien

dis-solūtiō, ōnis f Auflö-
sung;   Abschaffung;
Schwäche

dis-solūtus 3 aufgelöst;
fahrlässig, leichtsinnig

dis-solvō 3 auflösen; ab-
schaffen; widerlegen; be-
zahlen

dis-sonus 3 mißtönend; verschieden

dis-suādeō 2 abraten

dis-sultō 1 auseinander-
springen, bersten

dis-tendō, tendī, tentus 3
ausdehnen;   vollfüllen;
zerstreuen,   auseinander-
halten, teilen

distinctiō, ōnis f Unter-
scheidung; Unterschied

distinctus 3 unterschieden;
verschiedenartig, bunt;
geschmückt; gesondert;
bestimmt, klar

dis-tineō, uī, tentus 2 aus-
einanderhalten, trennen;
zersplittern; j-n in Atem
halten, nicht zur Ruhe
kommen lassen, beschäf-
tigen; verhindern

di-stinguō, īnxī, īnctus 3
verzieren, ausschmücken;
unterscheiden; trennen

di-stō, -, - 1 entfernt sein;
sich unterscheiden

dis-torqueō, torsī, tortus 2
verdrehen, verzerren

dis-trahō 3 auseinanderziehen; zerreißen; auflösen;
einzeln verkaufen

dis-tribuō 3 ver-, einteilen

dis-tribūtiō, ōnis f Vertei-
lung

di-stringō 3 vielseitig beschäftigen, in Anspruch
nehmen

dis-tulī s. dif-ferō

dis-turbō 1 zertrümmern,
zerstören,   vernichten;
hintertreiben

dītēscō, -, - 3 reich werden

dithyrambus, ī m Dithy-
rambus, Lob-lied, -ge-
sang

dītō 1 bereichern

diū adv. lange

diurnus 3 Tages ...; täglich

dius 3 = divus

diūtinus 3 langwierig

diuturnitās, ātis *f* lange Dauer

diuturnus 3 lange dauernd, anhaltend

di-vellō, velli *od.* vulsī, vulsus 3 zerreißen, losreißen

di-vendō 3 einzeln verkaufen

di-verberō 1 auseinanderschlagen, teilen

diversitās, ātis *f* Verschiedenheit; Widerspruch

di-versus 3 entgegengesetzt; gegnerisch, feindlich; völlig verschieden; abgelegen

dives, itis reich; fruchtbar; kostbar

di-vidō, vīsī, vīsus 3 trennen, scheiden; (ein-, ver-) teilen

dividuus 3 teilbar

divinātiō, ōnis *f* Weissagung

divinitās, ātis *f* Göttlichkeit; Unübertrefflichkeit

divinitus *adv.* durch göttliche Fügung

divinō 1 weissagen, prophezeien

divinus 3 göttlich; gotterfüllt, prophetisch; unübertrefflich

di-vīsī *s.* di-vidō

divīsiō, ōnis *f* (Ein-)Teilung

divisor, ōris *m* Verteiler; Austeiler von Wahlbestechungsgeldern

divitiae, ārum *f/pl.* Reichtum

di-vors- *s.* di-vers-

di-vortium, ī *n* Trennung; Ehescheidung

di-vulgō 1 bekannt machen, verbreiten

divus 3 göttlich; vergöttert; *subst.* 2, ī *m* Gott

dīxī *s.* dīcō

dō, dedī, datus, dare geben, übergeben, darbringen; übertragen; widmen; gewähren, gestatten; angeben, bezeichnen; berichten, verursachen; *irgendwohin* bringen; sagen, melden, nennen

doceō, cuī, ctus 2 (be)lehren, unterrichten, (aus-) bilden; benachrichtigen

docilis, e gelehrig

doctor, ōris *m* Lehrer

doctrīna, ae *f* Unterricht; Wissenschaft, Fach(gebiet); Gelehrsamkeit, Bildung, Kenntnisse

doctus 3 gelehrt, gebildet; geübt

documentum, ī *n* (warnendes) Beispiel; Beweis

dōdrāns, antis *m* drei Viertel

dolābra, ae *f* Hacke

dolenter *adv.* schmerzlich

doleō, luī, litūrus 2 weh tun; Schmerz empfinden, bedauern, leid tun

dōlium, ī *n* Faß, Weinfaß

dolō[1] 1 mit der Axt bearbeiten

dolō[2], ōnis *m* Dolch; Vordersegel

dolor, ōris *m* Schmerz, Betrübnis, Kummer, Ärger

dum-taxat

dolōsus 3 betrügerisch, hinterlistig

dolus, ī m List, Betrug

domesticus 3 Haus...; privat, persönlich; einheimisch

domicilium, ī n Wohnung, Wohnsitz; Sitz

domina, ae f Herrin

dominātiō, ōnis f (Gewalt-)Herrschaft

dominātus, ūs m = dominātiō [schen]

dominor 1 Herr sein, herr-

dominus, ī m Hausherr; Eigentümer, Besitzer; Herr, Herrscher

domitor, ōris m Zähmer, Bezwinger

domō, uī, itus 1 zähmen; überwältigen, bezwingen

domus, ūs f Haus; Wohnung; Familie

dōnātiō, ōnis f Schenkung; Gabe

dōnec ci. solange (bis)

dōnō 1 schenken (e-e Schuld) erlassen

dōnum, ī n Geschenk; Opfer, Weihgeschenk

dormiō 4 schlafen; untätig sein

dormitō 1 schläfrig sein; gerade einschlafen

dorsum, ī n (und -us, ī m) (Tier-, Berg-) Rücken

dōs, dōtis f Mitgift f

dōtālis, e zur Mitgift gehörig

dōtō 1 aussteuern

drachma, ae f Drachme f (griechische Silbermünze)

dracō, ōnis m Drache; Schlange

dubitātiō, ōnis f Zweifel; Bedenken

dubitō 1 (be-)zweifeln; Bedenken tragen

dubius 3 unsicher, zweifelhaft; gefährlich, kritisch, bedenklich

ducēnī 3 je zweihundert

du-centī 3 zweihundert

dūcō, dūxī, ductus 3 ziehen; in die Länge ziehen; bekommen, annehmen; verlocken, reizen; ziehend bilden, machen, gestalten; dichten; führen, leiten; heiraten (e-e Frau); den Schluß ziehen, glauben, meinen, halten für

ductō 1 intens. zu dūcō

ductor, ōris m (An-)Führer

ductus, ūs m (Schrift-, Gesichts-)Zug; Führung, Kommando

dūdum adv. seit einer Weile; längst; iam ~ schon längst

duellum, ī n = bellum

dulcēdō, inis f Süßigkeit; Lieblichkeit, Wonne

dulcis, e süß; lieblich

dum ci. während; wenn nur

dūmētum, ī n Dickicht, Gebüsch

dum-modo ci. wenn nur

dūmōsus 3 mit Gebüsch bewachsen

dum-taxat adv. genaugenommen; höchstens; lediglich; wenigstens; natürlich

dūmus, ī *m* Gebüsch, Gestrüpp

duo, duae, duo zwei; beide

duo-decim zwölf

duo-dēnī je zwölf

duo-virī = duum-virī

du-plex, icis doppelt

duplicō 1 verdoppeln

duplus 3 doppelt

dūrēscō, ruī, - 3 hart werden

dūritia, ae *f* Härte, Hartherzigkeit; Strenge; Last, Druck

dūrō 1 *trans.* (ab-)härten;

stählen, an Strapazen gewöhnen; *intr.* hart werden; (fort-)dauern

dūrus 3 hart; hartklingend; rauh; schwerfällig; ungebildet; abgehärtet; hartherzig; beschwerlich

duum-virī, ōrum *m/pl.* Duumvirn *pl.*, Kommission von zwei Männern

dux, ducis *m* Führer, Anführer, Feldherr

duxī *s.* **dūcō**

dynastēs, ae *m* Machthaber, Herrscher

E

ē, ex *prp. b. abl. räuml.* aus, aus ... heraus, von ... her; *zeitl.* seit, gleich nach; *Herkunft:* von seiten; *partit.* von, unter; *Stoff, Grund:* aus; *fig.* im Interesse; vereinbar mit; gemäß; mit Rücksicht auf

eā (*sc. parte*) *adv.* dort, da

eādem *adv.* ebenda; ebenso

ē-bibō 3 austrinken

ē-blandior 4 erschmeicheln

ēbrietās, ātis *f* Trunkenheit

ēbriōsus 3 getrunken

ēbrius 3 (be)trunken

ebur, oris *n* Elfenbein

eburneus 3 elfenbeinern

ē-castor *int.* bei Kastor!

ec-ce *adv.* sieh' da!

echidna, ae *f* Natter, Schlange

echīnus, ī *m* Seeigel

ec-quandō *adv.* wohl jemals?

ecquis, ecquī, ecqua(e), ecquid, ecquod wohl irgendein?, etwa jemand?; *adv.* ecquid etwa?, wohl?; ecquō wohin wohl?

eculeus, ī *m* Pferdchen; Füllen, Folter

edāx, ācis gefräßig

ede-pol *int.* bei Pollux!

ēdī *s.* **edō**[1]

e-dīcō 3 ansagen; bekanntmachen, verkünden; verordnen, befehlen

ē-dictum, ī *n* Bekanntmachung, Verordnung, prätorisches Edikt

ē-didī *s.* **ēdō**[2]

ē-discō, didicī, - 3 auswendig lernen

ē-disserō, ruī, rtus 3 ausführlich erörtern

ēditicius 3 vorgeschlagen

ēditus 3 hoch

edō[1], ēdī, ēsus 3 essen, verzehren

ē-dō[2], didī, ditus herausgeben; von sich geben; zur Welt bringen; veröffentlichen; verbreiten; (*Befehle*) ergehen lassen; äußern, nennen; hervorbringen, verursachen, bewirken

ē-doceō 2 gründlich lehren; genau berichten

ē-domō, uī, itus 1 völlig bezwingen

ē-dormiō 4 ausschlafen

ēducātiō, ōnis *f* Erziehung

ē-ducō[1] 1 auf-, erziehen

ē-dūcō[2] (heraus-)ziehen; hinausführen; vor Gericht ziehen; errichten; erziehen

ef-fātus sum *s.* ef-for

effectus, ūs *m* Ausführung; Wirkung, Erfolg

ef-fēminō 1 verweichlichen

ef-ferō[1] 1 wild machen, verwildern lassen

ef-ferō[2], extulī, ēlātus, efferre hinaustragen, wegtragen; zu Grabe tragen; tragen, hervorbringen; aussprechen, ausplaudern, verbreiten; hinreißen, fortreißen; erheben, erhöhen; hochmütig machen; rühmen, preisen

ef-ferus 3 sehr wild

ef-fervēscō, ferbuī (*od.* fervī), - 3 aufwallen, sieden; aufbrausen, aufleuchten

ef-fervō, -, - 3 = ef-fervēscō

ef-fētus 3 erschöpft; unempfänglich *für*

efficāx, ācis wirksam, tätig, erfolgreich

ef-ficiō, fēcī, fectus 3 hervorbringen; herstellen, schaffen; auftreiben, zustande bringen, veranlassen, bewirken; beweisen

effigiēs, ēī *f* Bild; Gestalt; Traumbild; Ideal

ef-fingō 3 nachbilden; ausdrücken, darstellen

ef-flāgitō 1 dringend verlangen, auffordern

ef-flō 1 ausblasen, -hauchen

ef-flōrēscō, ruī, - 3 aufblühen

ef-fluō, flūxī, - 3 ausfließen, entströmen; entgleiten; verschwinden, vergehen; bekannt werden

ef-fodiō 3 ausgraben; durchwühlen; ausstechen, aushacken

ef-for, fātus sum 1 aussprechen; sagen; weihen

ef-frēnātus 3 zügellos, unbändig

effrēnus 3 = ef-frēnātus

ef-fringō, frēgī, frāctus 3 aufbrechen

ef-fūdī *s.* ef-fundō

ef-fugiō, fūgī, fugitūrus 3 entfliehen, entkommen

effugium, ī *n* Flucht; Ausweg

ef-fulgeō, lsī, - 2 hervorleuchten

ef-fultus 3 gestützt, liegend auf

ef-fundō, fūdī, fūsus 3 aus-

gießen; vergeuden; los-
lassen

ef-fūsiō, ōnis *f das* Ausgießen; Verschwendung, Aus-
gelassenheit

ef-fūsus 3 weit ausgedehnt;
losgelassen, aufgelöst; verschwenderisch

ef-fūtiō 4 herplappern

egēns, entis entbehrend,
bedürftig, arm

egēnus 3 bedürftig, arm

egeō, uī, - 2 entbehren,
Not leiden; nötig haben

ē-gerō 3 hinausbringen;
ausspeien

egestās, ātis *f* Not, Armut

ēgī *s.* agō

egō ich

ē-gredior, gressus sum 3
hinausgehen; ausmarschie-
ren; aussteigen, landen;
absegeln; überschreiten

ē-gregius 3 vorzüglich, ausgezeichnet, außerordent-
lich; ehrenvoll

ē-gressus, ūs *m das* Ausgehen; Landung, Mün-
dung

ē-gressus sum *s.* **ē-gredior**

ehem *int.* sieh' da!

eheu *int.* wehe!

eho *int.* heda!

ei *int.* wehe!

ēia *int.* ei!; wohlan!

ē-iciō, iēcī, iectus 3 hinauswerfen; ausstoßen; landen
lassen; verwerfen; P.
stranden

ēiectō 1 herauswerfen; ausspeien

ē-ierō 1 = ē-iurō

ē-iūrō 1 abschwören; feierlich niederlegen

ē-lābor 3 entgleiten; davonkommen

ē-labōrō 1 sorgfältig aus-
arbeiten; sich anstrengen

ē-languēscō, guī, - 3 erschlaffen

ē-lātiō, ōnis *f* Schwung,
Überschwenglichkeit

ē-lātus 3 erhaben; über-
schwenglich; pathetisch;
hochfahrend, übermütig

ēlectrum, ī *n* Bernstein;
Elektron *n*, Gold-Silber-
Legierung

ēlegāns, antis geschmackvoll, fein, elegant

ēlegantia, ae *f* Feinheit,
Geschmack, Anstand, Ele-
ganz

elegī, ōrum *m/pl.* elegische
Verse

ēlēgī *s.* **ē-ligō**

elementum, ī *n* Grundstoff,
Element; *pl.* Anfangs-
gründe, Grundkenntnisse

elephantus, ī (*und* elephās,
antis) *m* Elefant; Elfenbein

ē-levō 1 mindern; herabsetzen

ē-liciō, cuī, citus 3 hervorlocken; herausholen

ē-līdō, sī, sus 3 heraussto-
ßen; zerschlagen, zer-
schmettern

ē-ligō, lēgī, lēctus 3 auswählen

ē-linguis, e sprachlos,
stumm

ē-lixus 3 gesotten, gekocht

elleborum *u.* -us = hell ...

ēlogium, ī *n* Grabinschrift

ē-loquēns, entis beredt

ēloquentia, ae *f* Beredsamkeit

ēloquium, ī *n* = eloquentia

ē-loquor 3 aussprechen; äußern; vortragen; ausdrücken

ē-lūceō, xī, - 2 hervorleuchten; in die Augen fallen

ē-luctor 1 sich hervorringen; mit Mühe überwinden

ē-lūdō 3 ausweichen; verspotten, zum besten haben

ē-luō, luī, lūtus 3 auswaschen; entfernen; allmählich auflösen

ēluviēs, ēī *u.* -viō, ōnis *f* Überschwemmung

em *int.* da!; sieh' da!

ē-mancipō 1 aus der väterlichen Gewalt entlassen; abtreten, überlassen

ē-mānō 1 entspringen; sich verbreiten, bekannt werden

ēmendātiō, ōnis *f* Verbesserung

ēmendātor, ōris *m* Verbesserer, Sittenrichter

ē-mendō 1 (ver)bessern

ē-mentior 4 (er)lügen; vortäuschen

ē-mereō(r) 2 verdienen; abdienen

ē-mergō 3 auftauchen lassen; auftauchen, emporkommen; sich herausarbeiten

ē-mētior, mēnsus sum 4 durchwandern, zurücklegen

ē-micō, uī, ātum 1 hervorspringen; emporragen

ē-migrō 1 auswandern

ēminēns, entis hervorragend; ausgezeichnet

ē-mineō, uī, - 2 hervorragen, -treten; sich auszeichnen

ē-minus *adv.* von fern

ēmissārius, ī *m* Sendbote; Spion

ē-mittō 3 herausschicken; loslassen; (*Worte*) von sich geben; laufen lassen, freilassen

emō, ēmī, ēmptus 3 kaufen; pachten

ē-molliō 4 erweichen; mildern

ēmolumentum, ī *n* Vorteil, Nutzen

ē-morior 3 hinsterben

ē-moveō 2 wegschaffen; vertreiben

emporium, ī *n* Handelsplatz

ēmptiō, ōnis *f* Kauf

emptor, ōris *m* Käufer

ē-mungō, mūnxī, mūnctus 3: sē ēmungere sich die Nase putzen; ēmungere aliquem in betrügen

ē-mūniō 4 stark befestigen

ēn *int.* siehe!; sieh' da!; da ist; wohlan!

ē-narrō 1 vollständig erzählen

ē-nāscor 3 hervorwachsen, entstehen

ē-necō, necuī *u.* necāvī,

nectus 1 umbringen, erwürgen

ē-nervō 1 entnerven; schwächen

ē-nicō 1 = ē-necō

enim *ci.* nämlich; denn; zum Beispiel; sicherlich, fürwahr, in der Tat

enim-vērō *adv.* fürwahr, in der Tat; aber freilich

ē-niteō, tuī, - 2 hervorleuchten [leuchten]

ē-nitēscō, tuī, - 3 hervorleuchten

ē-nitor, nīxus *od.* nīsus sum 3 *intr.* sich anstrengen; *trans.* gebären; ersteigen, erstreben

ē-nīxus 3 eifrig

ē-nō 1 herausschwimmen

ē-nōdis, e kotenlos, glatt

ē-normis, e übermäßig groß, ungeheuer, enorm

ēnsis, is *m* Schwert

ē-nūbō 3 *(e-e Frau) aus e-m Stande, aus e-r Stadt* herausheiraten

ē-numerātiō, ōnis *f* Aufzählung

ē-numerō 1 aufzählen

ē-nūntiō 1 aussprechen; verraten

eō[1] *adv.* dorthin; bis zu dem Punkte; so lange; dazu; deshalb; um so

eō[2], iī, itum, īre gehen

eōdem *adv.* an dieselbe Stelle, ebendorthin

Eōus 3 morgenländisch, östlich

ephēbus, ī *m* Jüngling

ephēmeris, idis *f* Tagebuch

ephippium, ī *n* Reitdecke, Sattel

epi-gramma, atis *n* In-, Aufschrift

epi-logus, ī *m* Epilog *m*, Schlußrede

epi-stula, ae *f* Brief

epos *n (indecl.)* Heldengedicht, Epos *n*

ē-pōtō 1 austrinken

epulae, ārum *f/pl.* Speisen, Gerichte; Mahlzeit

epulāris, e beim Festmahl

epulō, ōnis *m* Ordner des Festmahls; Fresser

epulor 1 speisen, schmausen

epulum, ī *n* Festmahl

equa, ae *f* Stute

eques, itis *m* Reiter; Ritter(stand)

equester, tris, tre Reiter..., Ritter...

e-quidem allerdings, in der Tat; freilich; ich meinerseits

equīnus 3 Pferde...

equitātus, ūs *m* Reiterei; Reiterschar; Ritterstand

equitō 1 reiten

equuleus, ī *m* = eculeus

equus, ī *m* Pferd

era, ae *f* Hausfrau, Herrin

ē-rādō 3 abkratzen; in Vergessenheit bringen

ē-rēctus 3 aufrecht; gerade; erhaben; hochmütig

ēreptor, ōris *m* Räuber

ē-rēxī *s.* ē-rigō

erga *prp. b. acc.* gegenüber, gegen *(freundlich)*, zu

ergastulum, ī *n* Arbeits-, Zuchthaus

ergō *adv.* folglich, daher

ē-rigō, rēxī, rēctus 3 errichten; erregen; ermutigen

erīlis, e des Herrn, der Herrin

Erīnys, yos f Rachegöttin, Erinnye, Furie

ē-ripiō, ripuī, reptus 3 herausreißen; entreißen, befreien [geben]

ē-rogō 1 verausgaben, aus-/ errābundus 3 umherirrend

errātiō, ōnis f Verirrung

errātum, ī n Irrtum, Fehler

errō¹ 1 umherirren; sich irren

errō², ōnis m Landstreicher

error, ōris m Irrfahrt; Ungewißheit; Irrtum, Fehler

ē-rubēscō, uī, - 3 erröten, rot werden, sich schämen

ē-rūctō 1 ausspucken; (Speisen) ausbrechen

ē-rudiō 4 unterrichten, ausbilden

ē-rumpō, rūpī, ruptum 3 intr. u. trans. hervorbrechen (lassen)

ē-ruō 3 ausgraben; ausfindig machen; zerstören

ē-rūpī s. ē-rumpō

ē-ruptiō, ōnis f Ausbruch, Ausfall

erus, ī m Hausherr, Herr

ervum, ī n Wicke

ēsca, ae f Essen, Speise; Futter; Köder

ē-scendō, ndī, ēnsum 3 intr. u. trans. empor-, besteigen

ē-scēnsiō, ōnis f Landung

essedārius, ī m Wagenkämpfer

essedum, ī n Streitwagen

ēs(s)uriō 4 hungrig sein

et ci. und; et ... et sowohl ... als auch

et-enim ci. denn, nämlich, allerdings

etēsiae, ārum f/pl. Passatwinde

etiam ci. noch (immer); auch; sogar; ja!, ach richtig!

etiam-sī ci. wenn auch, selbst wenn, obwohl

et-sī ci. wenn auch, obwohl

etymologia, ae f Ableitung e-s Wortes, Etymologie f

eu int. gut!; schön!

eunūchus, ī m Eunuch m, entmannter Haremswächter

eurus, ī m Südostwind

ē-vādō, vāsī, vāsum 3 herausgehen; entkommen; sich zu etw. entwickeln; trans. zurücklegen; erklimmen

ē-vagor 1 umherschweifen; schwenken (Truppen)

ē-valēscō, luī, - 3 erstarken; imstande sein

ē-vānēscō, nuī, - 3 verschwinden

ē-vāsī s. ē-vādō

ē-vāstō 1 völlig verwüsten

ē-vehō, vēxī, vectus 3 fortschaffen; emporführen; P. hinausfahren; sich emporschwingen

ē-vellō 3 herausreißen

ē-veniō 4 sich ereignen; zuteil werden; eintreffen, in Erfüllung gehen ēventum, ī n = eventus.

ēventus, ūs m Ausgang, Erfolg; Ereignis.

ē-verrō, verrī, versus 3 ausfegen; ausplündern.

ē-versiō, ōnis f Umwerfen, Zerstörung; Umsturz.

ēversor, ōris m Zerstörer.

ē-vertō 3 umdrehen; umwerfen; zerstören; vertreiben.

ē-vēxī s. ē-vehō.

ē-vinciō 4 fesseln; umbin-

ē-vīcī s. ē-vincō. [den.

ē-vincō, vīcī, victus 3 völlig besiegen.

ē-vītō 1 vermeiden; ausweichen.

ē-vocō 1 herausfordern; vorladen; aufbieten (Truppen); abbordern; erregen, hervorrufen.

ē-volō 1 herausfliegen; entfliehen.

ē-volvō 3 hinauswälzen; hinaustreiben; lesen; schildern.

ē-vomō 3 ausspucken; (Speisen) ausbrechen.

ē-vort- = ē-vert-.

ex, ē prp. b. abl. aus; von ... her; seit; von; wegen; zufolge; gemäß; s.a. unter ē.

ex-acerbō 1 erbittern.

ex-āctiō, ōnis f Vertreibung; Eintreibung; Erhebung; Einnahme, Abgabe.

ex-āctor, ōris m Steuereinzieher.

ex-āctus 3 genau, pünktlich.

ex-acuō 3 schärfen, wetzen; aufreizen.

ex-adversum (od. -adversus) und -sus adv. u. prp. b. acc. gegenüber.

ex-aedificō 1 aus-, aufbauen.

ex-aequō 1 gleichmachen.

ex-aestuō 1 aufwallen; aufbrausen; erglühen; entstehen (-Schmerz).

ex-aggerō 1 aufdämmen; steigern.

ex-agitō 1 aufscheuchen; beunruhigen; tadeln.

ex-āmen, inis n Schwarm, Haufe; Untersuchung, Prüfung.

exāminō 1 abwägen; untersuchen.

exanguis, e = exsanguis.

ex-animis, e u. -mus 3 leblos, tot; entsetzt.

ex-animō 1 betäuben, entsetzen, erschrecken; töten.

ex-ārdēscō, ārsī, - 3 sich entzünden; plötzlich ausbrechen (Krieg).

ex-ārēscō, āruī, - 3 vertrocknen.

ex-arō 1 umpflügen; durch Ackerbau gewinnen.

ex-asperō 1 völlig rauh machen; erbittern.

ex-auctōrō 1 verabschieden, entlassen.

ex-audiō 4 deutlich hören; erhören.

ex-cēdō, cessī, cessum 3 weggehen; auswandern; (aus dem Leben) scheiden; hervorragen; trans. Stadt

räumen; (*Grenze*) über-
schreiten.

ex-cellēns, entis ausgezeichnet, hervorragend.

ex-cellentia, ae *f* Erhabenheit; Vortrefflichkeit.

ex-cellō, -, - 3 hervorragen,
sich auszeichnen.

ex-celsus 3 hoch; erhaben;
ausgezeichnet.

ex-cēpī *s.* ex-cipiō.

ex-ceptiō, ōnis *f* Ausnahme.

ex-cernō, crēvī, crētus 3
aussondern.

ex-cerpō, psī, ptus 3 herausnehmen; auslesen; aus-
wählen; hervorheben; aus-
streichen.

ex-cessī *s.* ex-cēdō.

excidium, ī *n* Zerstörung,
Vernichtung.

ex-cidō¹, cidī, - 3 herabfallen; entschlüpfen; un-
tergehen.

ex-cīdō², cīdī, cīsus 3 ausschneiden; aushöhlen; zerstören, vernichten.

ex-cieō, cīvī, citus 2 und
exciō 4 aufscheuchen; aufwecken; aufbieten (*Trup-
pen*); aufregen; erregen.

ex-cipiō, cēpī, ceptus 3 befreien; gefangennehmen;
belauschen; empfangen;
aufnehmen; treffen; fort-
setzen; folgen.

ex-citō 1 aufscheuchen; aufschrecken; hervorrufen;
errichten; anfeuern, an-
treiben, begeistern.

ex-clāmō 1 aufschreiben;
ausrufen, laut nennen.

ex-clūdō, sī, sus 3 aus-
schließen; trennen; beseitigen; abschneiden.

ex-cōgitō 1 ausdenken.

ex-colō 3 sorgfältig bebau-
en, bearbeiten; vervoll-
kommnen.

ex-coquō 3 auskochen;
schmelzen.

ex-cors, dis einfältig, dumm.

excrēmentum, ī *n* Aus-
scheidung, Exkrement *n*.

ex-crēvī *s.* ex-cernō.

ex-cruciō 1 foltern; quälen.

ex-cubiae, -ārum *f/pl.* das
Wachen; Wachposten.

ex-cubō 1 Wache halten.

ex-cūdō, dī, sus 3 herausschlagen; schmieden;
schriftlich abfassen.

ex-currō, (cu)currī, cursum
3 hinauslaufen; e-n Ausfall
machen; sich erstrecken.

ex-cursiō, ōnis *f* Ausfall;
Angriff.

ex-cursus, ūs *m* = ex-cursiō.

excūsātiō, ōnis *f* Entschuldigung.

ex-cūsō 1 rechtfertigen,
entschuldigen.

ex-cutiō, cussī, cussus 3
herausschütteln; ausschlagen; vertreiben; durch-
stöbern.

exec... *s.* exsec...

ex-edō, ēdī, ēsus 3 aufessen,
verzehren; zerfressen; aufreiben, vernichten.

ex-ēgī *s.* ex-igō.

exemplar, āris *n* Abschrift;
Vorbild; Ideal.

exemplum, ī *n* Abschrift; Wortlaut, Inhalt; (warnendes) Beispiel.

ex-eō, iī, itum, īre herausgehen; verreisen; landen; (*aus dem Leben*) scheiden; hervorgehen; bekannt werden; *trans.* entgehen.

exequiae, exequor *s.* **exs ...**

ex-erceō, uī, itātus 2 unaufhörlich beschäftigen; beunruhigen; üben; stählen; einüben, ausbilden; betreiben, auslassen *an j-m.*

exercitātiō, ōnis *f* Übung; Training *n.*

exercitātus 3 eingeübt; geschult; wohlerfahren; heimgesucht, beunruhigt.

exercitus, ūs *m* Heer; Schar; Haufe.

ex-hālō 1 ausatmen, ausdünsten.

ex-hauriō 4 herausschöpfen; fortschaffen; aussaugen; durchführen; überstehen.

ex-hērēdō 1 enterben.

ex-hibeō, uī, itus 2 zur Stelle schaffen; ausliefern; darbieten, erkennen lassen; verursachen.

ex-horrēscō, ruī, - 3 erschaudern.

ex-hortor 1 ermahnen, ermutigen.

ex-igō, ēgī, āctus 3 heraustreiben, vertreiben; verkaufen; eintreiben, fordern; erfragen, wissen wollen; untersuchen, prüfen; zustande bringen;

vollenden; (*e-e Zeit*) verleben; bestimmen, festsetzen.

exiguitās, ātis *f* Kleinheit, Knappheit, Enge, Kürze.

exiguus 3 knapp, gering, spärlich.

ex-iī *s.* **ex-eō.**

ex-īlis, e mager, schmächtig; kraftlos, kümmerlich.

exiliō, exilium *s.* **exs...**

exim *adv.* = **exinde.**

eximius 3 ausgenommen; außerordentlich, besonderer, ausgezeichnet.

ex-imō, ēmī, emptus 3 herausnehmen; wegnehmen; ausscheiden; verbrauchen; befreien; beseitigen, entfernen, streichen; stillen (*Hunger*).

exin *adv.* = **exinde.**

ex-ināniō 4 ausleeren.

ex-inde *adv.* von da (her); hierauf, dann; seitdem, danach.

existimātiō, ōnis *f* Urteil, Meinung; guter Ruf, Achtung.

ex-īstimō 1 (ein)schätzen; beurteilen, halten; meinen, glauben.

existō = **exsistō.**

exitiā(bi)lis, e unheilvoll, verderblich, fatal.

exitiōsus 3 unheilvoll, verderblich, fatal.

ex-itium, ī *n* Verderben, Untergang.

ex-itus, ūs *m* Ausgang; Schluß, Ende; Untergang; Tod; Erfolg, Ergebnis.

ex-plicō

ex-lēx, lēgis an kein Gesetz gebunden.

ex-olēscō, lēvī, lētum 3 vergehen, veralten, aus der Mode kommen.

ex-onerō 1 entladen; fortschaffen; befreien.

ex-optō 1 auswählen; herbeiwünschen.

ex-ōrābilis, e leicht zu erbitten, nachgiebig.

ex-ōrdior 4 anfangen.

exōrdium, ī n Anfang; Einleitung.

ex-orior 4 zum Vorschein kommen, auftreten, erscheinen; entstehen, beginnen.

ex-ōrnō 1 versehen mit; anordnen; ausschmücken.

ex-ōrō 1 an-, erflehen, erbitten.

ex-ōrsum, ī n = exōrdium.

ex-ortus, ūs m Aufgang.

ex-ōsus 3 sehr hassend, verabscheuend.

ex-pavēscō, pāvī, - 3 sich entsetzen vor.

expectō 1 = expectō.

ex-pediō 4 losmachen; befreien; erledigen, besorgen; entwickeln, darlegen; schlagfertig machen; **expedit** es ist zuträglich (od. nützlich).

expedītiō, ōnis f Feldzug.

expedītus 3 frei, ungehindert; rüstig; leicht geleidet; kampfbereit; leicht bewaffnet; ohne Gepäck.

ex-pellō, pulī, pulsus 3 vertreiben; befreien.

ex-pendō, pendī, pēnsus 3 erwägen, prüfen; bezahlen, ausgeben.

expergīscor, perrēctus sum 3 aufwachen.

experientia, ae f Versuch, Probe; Erfahrung.

experimentum, ī n Probe, Versuch; Beweis.

experior, pertus sum 4 e-n Versuch machen; auf die Probe stellen, versuchen, prüfen; sich gegen etw. zum Spiel setzen; sich messen mit; erfahren, erleben.

ex-perrēctus sum s. **ex-pergīscor**.

ex-pers, tis unteilhaftig; ermangelnd; frei von.

ex-pertus sum s. **experior**.

ex-petō 3 erstreben; begehren, trachten nach; widerfahren.

ex-pīlātiō, ōnis f Ausplünderung.

ex-pīlō 1 ausplündern.

ex-plānō 1 ebenen; erklären.

ex-pleō, plēvī, plētus 2 (an)füllen; vervollständigen, ergänzen; zustande bringen, ausführen; (Pflicht) erfüllen.

explicātiō, ōnis f Auseinandersetzung, Deutung, Erklärung.

ex-plicō, cāvī u. cuī, cātus u. citus 1 entfalten; entwirren; in Ordnung bringen; ausführen; befreien, retten; entwickeln, erklären.

ex-plōdō, sī, sus 3 auspfeifen; verwerfen.

explōrātor, ōris *m* Kundschafter; Spion.

ex-plōrō 1 aus-, erforschen; auskundschaften; ausspionieren; **ex-plōrātus** 3 feststehend, sicher.

ex-poliō 4 glätten; ausbilden, verfeinern; ausschmücken.

ex-pōnō 3 aussetzen; an Land setzen; öffentlich zur Schau tragen; ausstellen; auseinandersetzen, erklären, darlegen.

ex-portō 1 fortschaffen; ausführen, exportieren.

ex-poscō, poposcī, - 3 erbitten, fordern, verlangen.

ex-postulō 1 dringend fordern; sich beschweren *bei*.

ex-primō, pressī, pressus 3 auspressen; erpressen, abnötigen; nachbilden; übersetzen; schildern, darstellen; **expressus** 3 ausdrucksvoll, deutlich.

ex-probrō 1 Vorwürfe machen, vorwerfen.

ex-prōmo, prōmpsī, prōmptus 3 an den Tag legen, zeigen; darlegen.

expūgnātiō, ōnis *f* Eroberung, Erstürmung.

ex-pūgnō 1 erstürmen, erobern; bezwingen, vernichten.

ex-pūrgō 1 rechtfertigen, entschuldigen.

ex-quīrō, sīvī, sītus 3 aus-, aufsuchen; durchsuchen;

untersuchen, prüfen; erforschen, ergründen; sich erkundigen, fragen *nach*; **exquīsītus** 3 auserlesen.

ex-sanguis, e blutlos; leblos, ohnmächtig; kraftlos, matt, blaß.

ex-satiō 1 = ex-saturō.

ex-saturō 1 völlig sättigen; befriedigen.

exscēnsiō *und* **escēnsiō**, ōnis *f* = escendō *und* escēnsiō.

ex-scindō 3 zerstören.

ex-secō 1 ausschneiden.

exsecrātiō, ōnis *f* Verwünschung, Verfluchung; feierlicher Schwur.

ex-secror 1 verfluchen, verwünschen.

exsequiae, ārum *f/pl.* Leichenbegängnis.

ex-sequor 3 verfolgen; erforschen; durchführen; rächen, strafen; beschreiben.

ex-serō, seruī, sertus 3 herausstrecken; ziehen; entblößen.

ex-siliō, luī, - 4 heraus-, hervorspringen.

exsilium, ī *n* Verbannung, Exil *n*.

ex-sistō, stitī, - 3 zum Vorschein kommen, sich zeigen; werden, entstehen.

ex-solvō 3 auflösen; öffnen; erlösen; leisten, erweisen, bezahlen.

ex-somnis, e schlaflos.

ex-sorbeō, uī, - 2 ausschlürfen, einsaugen; verschlingen.

ex-sors, tis frei *von*; außergewöhnlich.

ex-spatior 1 von der Bahn abschweifen; übertreten (*Flüsse*).

ex-spectātiō, ōnis *f* Erwartung.

ex-spectō 1 warten; abwarten; erwarten, vermuten, befürchten, hoffen.

ex-spīrō 1 aushauchen; sterben.

ex-spoliō 1 ausplündern.

ex-spuō 3 ausspucken.

ex-stimulō 1 aufstacheln.

ex-(s)tīnctor, ōris *m* Vernichter.

ex-(s)tinguō, tīnxī, tīnctus 3 auslöschen; töten, vernichten.

ex-stirpō 1 ausrotten.

ex-stō, -, - 1 hervorragen; sich zeigen, in die Augen fallen; noch vorhanden sein, noch existieren.

ex-struō 3 aufschichten, aufbauen.

ex-sūcus 3 saftlos.

ex-sūdō 1 ausschwitzen; im Schweiße s-s Angesichts durchführen.

ex-sul, ulis *m u. f der, die* Verbannte; *adj.* verbannt.

ex-sulō 1 verbannt sein.

ex-sultō 1 hoch aufspringen; sich ausgelassen tummeln; frohlocken.

ex-superō 1 emporragen *über*; überschreiten; übertreffen.

ex-surgō 3 sich erheben, aufstehen.

ex-suscitō 1 aufwecken; anfachen; erregen.

exta, ōrum *n/pl.* Eingeweide der *Opfertiere*; Opferschmaus.

ex-templō *adv.* sogleich.

ex-tendō, tendī, tentus *u.* **tēnsus** 3 ausdehnen, ausstrecken; vergrößern; hinziehen.

ex-tenuō 1 verdünnen, zerkleinern, schwächen.

exter, a, um auswärtig; ausländisch; *comp.* **exterior, ius** äußerer; *sup.* **extrēmus** 3 äußerster; entferntester; letzter; größter; geringster; schlimmster, gefährlichster.

ex-terminō 1 vertreiben, verbannen; entfernen, beseitigen.

externus äußerer, äußerlich; auswärtig, ausländisch, fremd.

ex-terreō 2 aufschrecken, einschüchtern.

exterus 3 = **exter**.

ex-timēscō, muī, - 3 in Furcht geraten; sehr fürchten.

ex-tinguō 3 = **ex-(s)tinguō**.

extō, -, - 1 = **ex-stō**.

ex-tollō, -, - 3 emporheben; preisen; ermutigen.

ex-torqueō 2 herausdrehen; verrenken; entreißen, erpressen.   [bannt.\]

ex-torris, e heimatlos, ver-

exträ *adv. u. prp. b. acc.* außerhalb; außer; über ... hinaus.

ex-trahŏ 3 herausziehen; herauslocken; in die Länge ziehen.

extrāneus 3 außen befindlich; auswärtig, fremd, ausländisch.

extra-ōrdinārius 3 außergewöhnlich.

extrēmus 3 *sup. v.* **exter**.

ex-tricō 1 herauswickeln.

extrīn-secus *adv.* von außen (her). [zurückdrängen.]

ex-trūdō 3 hinausstoßen;]

extrūd 3 = **ex-struō**.

ex-tulī *s.* **ef-ferō**.

ex-trudō, tudī, - 3 herausschlagen; in erhabener Arbeit bilden; mit Mühe zustande bringen, erringen.

ex-turbō 1 vertreiben, verstoßen.

ex-ūberō 1 reichlich hervorströmen; Überfluß haben *an*.

exul, ulis = **ex-sul**.

ex-ulcerō 1 zum Eitern bringen; verschlimmern.

ex-undō 1 überfluten; überströmen.

ex-uō, uī, ūtus 3 (*Kleidung*) ausziehen; aufgeben; berauben.

ex-ūrō, ussī, ūstus 3 verbrennen, einäschern.

ex-uviae, ārum *f/pl.* abgezogene (Tier-)Haut; (abgelegte) Kleidung; abgenommene Waffenrüstung; Beute.

F

faba, ae *f* Bohne.

fābella, ae *f* kleine Erzählung; Fabel.

faber, brī *m* Handwerker; Schmied; Zimmermann.

fabrica, ae *f* Werkstätte; Baukunst; kunstvoller Bau; Trick.

fabricātor, ōris *m* kunstfertiger Bildner.

fabricor *u.* **-cō** 1 bauen, schmieden.

fabrīlis, e des Handwerkers.

fābula, ae *f* Erzählung; Fabel, Märchen; Bühnenstück.

fābulor 1 plaudern.

fābulōsus 3 sagenreich.

facessō, īvī *und* **iī, ītum** 3

ausrichten, tun; sich entfernen, sich fortmachen.

facētiae, ārum *f/pl.* Scherz, Witz.

facētus 3 anmutig, elegant; witzig, scherzhaft.

faciēs, ēī *f* Gestalt, Ansehen Antlitz, Gesicht.

facilis, e leicht (zu tun); willig, freundlich, gefällig; *adv.* **facile** leicht; sicher; willig, gern.

facilitās, ātis *f* Leichtigkeit; Leutseligkeit, Umgänglichkeit.

facinorōsus 3 verbrecherisch.

facinus, oris *n* Handlung, Tat; Verbrechen.

faciō, fēci, factus 3 machen, tun, anfertigen, ausführen, verrichten; (*Brücke*) schlagen; (*Lager*) aufschlagen; (*Schlacht*) liefern; (*Bücher*) abfassen; verursachen, bewirken, anstiften; *zu etw.* machen, ernennen; schätzen, achten; den Fall setzen, voraussetzen; nützen, geeignet sein.

factiō, ōnis *f das* Tun, Handeln; politische Umtriebe; Partei, Clique, Anhang.

factiōsus 3 parteisüchtig, zu politischen Machenschaften neigend.

factitō 1 gewöhnlich machen, gewerbsmäßig betreiben.

factum, ī *n* Tat, Handlung.

facultās, ātis *f* Möglichkeit, Gelegenheit; Fähigkeit, Geschicklichkeit; Vorrat, Menge, Fülle; *pl.* Mittel.

fācundia, ae *f* Beredsamkeit, Redegewandtheit.

fācundus 3 beredt, redegewandt.

faenerātiō, ōnis *f* Wucher.

faenerātor, ōris *m* Wucherer.

faeneror (*und* -rō) 1 auf Zinsen ausleihen; Wucher treiben.

faenum, ī *n* Heu; *s.* fēnum.

faenus, oris *n* Zinsen; Wucher.

faex, cis *f* Hefe; Bodensatz; Abschaum.

fāginus *und* fāginus 3 aus Buchenholz.

fāgus, ī *f* Buche.

falārica, ae *f* Wurfspeer; Brandpfeil.

falcātus 3 sichelförmig, Sichel...

fallācia, ae *f* Täuschung, Betrug.

fallāx, ācis betrügerisch.

fallō, fefellī, dēceptus 3 täuschen, betrügen; nicht erfüllen; verletzen, brechen; täuschend nachmachen.

falsus 3 falsch; gefälscht; unecht; betrügerisch; *subst.* falsum, ī *n* Lüge, Irrtum; *adv.* falsō.

falx, cis *f* Sichel; Sense.

fāma, ae *f* Gerücht, Sage; Überlieferung; öffentliche Meinung; Ruf, Leumund; Ruhm.

famēs, is *f* Hunger; Begierde.

familia, ae *f* Hausgenossenschaft; Sklaven-, Dienerschaft; Familie.

familiāris, e häuslich, Haus..., Familien...; vertraut, bekannt; freundlich; *subst.* familiāris, is *m* Diener, Sklave; Freund.

familiāritās, ātis *f* vertrauter Umgang, Freundschaft.

fāmōsus 3 berühmt; berüchtigt, ehrenrührig.

famula, ae *f* Dienerin, Sklavin.

famulātus, ūs *m* Dienstbarkeit, Knechtschaft.

famulus, ī *m* Diener, Sklave.

fānāticus 3 begeistert, rasend, fanatisch.

fānum, ī *n* Tempel, Heiligtum.

far, **farris** *n* Spelt (*Getreide-
art*); Brot.

farciō, **sī**, **tus** 4 (voll)stop-
fen, füllen.

farrāgō, **inis** *f* Mischfutter.

farsī *s.* **farciō**.

fās *n* *indecl.* göttliches
Recht; *das* sittliche Gute.

fascia, **ae** *f* Binde, Band.

fassus sum *s.* **fateor**.

fāstī, **ōrum** *m/pl.* Verzeichnis der Berichtstage; Ka-
lender; Jahrbücher der
Geschichte.

fastīdiō 4 sich ekeln; verschmähen.

fastīdiōsus 3 voller Ekel;
Ekel erregend, widerwär-
tig.

fastīdium, ī *n* Ekel, Überdruß; Dünkel.

fastīgātus 3 ansteigend; in
e-e Spitze auslaufend.

fastīgium, ī *n* Steigung, Erhebung; Neigung; Giebel;
Höhe, Rang, hohe Stel-
lung, Würde.

fastus, **ūs** *m* Stolz, Hochmut.

fātālis, **e** *das* Geschickes;
verhängnisvoll, schicksal-
haft, verderbnisbringend.

fateor, **fassus sum** 2 gestehen, bekennen.

fāti-dicus 3 weissagend.

fāti-fer 3 todbringend.

fatīgō 1 ermüden, abhetzen;
hart mitnehmen.

fatīscō, -, - 3 Risse bekommen, bersten.

fātum, ī *n* Götterspruch,
Weissagung; Götterwille;
Schicksal; Verhängnis;
[Tod.]

fātus sum *s.* **for.**

fatuus 3 albern, einfältig.

fauces, **ium** *f/pl.* Schlund,
Rachen; Engpaß; Meer-
enge.

Faunus, ī *m* Pan *m*, Wald-
gott.

faustus 3 gesegnet, günstig.

fautor, **ōris** *m* Gönner, Beschützer.

fautrīx, **īcis** *f* Gönnerin, Be-
schützerin.

faveō, **fāvī**, **fautum** 3 günstig (*od.* gewogen) sein;
begünstigen; andächtig
schweigen.

favilla, **ae** *f* glühende Asche.

favōnius, ī *m* Westwind.

favor, **ōris** *m* Gunst, Ge-
wogenheit; Beifall.

favus, ī *m* Honigwabe.

fax, **facis** *f* Fackel; Hoch-
zeits-, Leichenfackel; Licht
(*der Sterne*); Sternschnup-
pe; *oft pl.* Glut, Feuer.

febris, **is** *f* Fieber.

Februārius 3 zum Februar
gehörig; *subst.* **~**, ī *m*
Februar.

fēcī *s.* **faciō**.

fēcunditās, **ātis** *f* Fruchtbarkeit.

fēcundus 3 fruchtbar; er-
giebig, reich; üppig.

fefellī *s.* **fallō**.

fel, **fellis** *n* Galle; Zorn,
Gehässigkeit.

fēlēs *u.* **-lis, is** *f* Katze.

fēlīcitās, ātis *f* Glück; Erfolg.

fēlīx, īcis fruchtbar; glücklich; gesegnet, erfolgreich; glückbringend.

fēmina, ae *f* Frau; Weibchen (*v. Tieren*).

fēmineus 3 weiblich; weibisch.

femur, oris *od.* **inis** *n* Oberschenkel.

fēnerātiō, fēneror *s.* faen...

fenestra, ae *f* Maueröffnung, Fenster.

fēnum, ī *n* Heu; *s.* **faenum.**

fera, ae *f* wildes Tier.

fērālis, e Toten..., Leichen...

ferāx, ācis fruchtbar.

ferbuī *s.* **ferveō.**

ferculum, ī *n* Traggestell (*für Götterbilder od. Trophäen*); Gang, Gericht (*beim Essen*).

ferē *adv.* fast; meistens.

feretrum, ī *n* Totenbahre.

fēriae, ārum *f/pl.* Feiertage.

fēriātus 3 feiernd; festlich.

ferīnus 3 von wildem Tieren.

feriō, -, - 4 schlagen; töten.

feritās, ātis *f* Wildheit, Rohheit.

fermē *adv.* = **ferē.**

ferō, tulī, lātus, ferre tragen; bringen; ertragen, erdulden, aushalten; überall erzählen; rauben; davontragen, ernten, gewinnen; beantragen; mit sich bringen, erfordern, gestatten, in Bewegung setzen; rasch dahintreiben.

ferōcia, ae *f* wilder Mut, Verwegenheit; Wildheit.

ferōcitās, ātis *f* = **ferōcia.**

ferōx, ōcis wild, ungestüm; mutig, verwegen, unerschrocken.

ferrāmenta, ōrum *n/pl.* Eisengeräte.

ferrātus 3 eisenbeschlagen.

ferreus 3 aus Eisen, eisern; hartherzig; fest, stark, unabänderlich, unerschütterlich.

ferrūgin(e)us 3 dunkel(farbig), schwärzlich.

ferrūgō, inis *f* Eisenrost; dunkle Farbe.

ferrum, ī *n* Eisen; eisernes Gerät; Schwert.

fertilis, e fruchtbar.

fertilitās, ātis *f* Fruchtbarkeit.

ferula, ae *f* Rute. [keit.

ferus 3 wild, ungezähmt; grausam; *subst.* **fera, ae** *f* wildes Tier.

ferveō, ferbuī, - 2 sieden, kochen; hin- u. herwogen; glühen, brennen.

fervidus 3 glühend; hitzig, heftig.

fervor, ōris *m* glühende Hitze; Leidenschaft.

fessus 3 erschöpft, müde.

fēstīnātiō, ōnis *f* Eile, Hast.

fēstīnō 1 sich beeilen; beschleunigen.

fēstīnus 3 eilend, hastig.

fēstīvitās, ātis *f* Heiterkeit; Humor.

fēstīvus 3 heiter, fröhlich; witzig, scherzhaft; hübsch, gefällig.

fēstus 3 festlich; *subst.* **fēstum, ī** *n* Fest(tag), Feier.

fētiālis, is *m* Kriegsherold.

fētūra, ae *f* Zucht, Nachwuchs.

fētus[1] 3 trächtig; fruchtbar, reich *an*; was geworfen hat.

fētus[2]**, ūs** *m* Leibesfrucht, Kind, Junges (*v. Tieren u. Menschen*); Ertrag, Frucht.

fibra, ae *f* Faser; *pl.* Eingeweide.

fibula, ae *f* Spange.

fictilis, e tönern, irden.

fictor, ōris *m* Bildhauer; Urheber, Schöpfer.

fictus 3 erdichtet, erlogen.

ficus, ī *u.* **ūs** *f* Feigenbaum; Feige.

fidēlis, e treu, zuverlässig; fest, sicher.

fidēlitās, ātis *f* Treue, Zuverlässigkeit.

fidēns, entis getrost, zuversichtlich; mutig, entschlossen.

fidēs[1]**, eī** *f* Glaube, Vertrauen; Treue, Zuverlässigkeit, Ehrlichkeit; Ehrenwort, Versprechen; persönliche Sicherheit, freies Geleit.

fidēs[2]**, ium** *f/pl.* Saiteninstrument, -spiel, Lyra *f*, Laute.

fidī *s.* **findō**.

fidi-cen, inis *m* Lautenspieler.

fidi-cina, ae *f* Lautenspielerin.

fīdō, fīsus sum 3 vertrauen.

fīdūcia, ae *f* Vertrauen; Selbstvertrauen, Mut; Unterpfand.

fīdus 3 treu, zuverlässig.

fīgō, fīxī, fīxus 3 anheften, befestigen; durchbohren.

figūra, ae *f* äußere Gestalt, Figur, Form; Beschaffenheit, Art und Weise.

figūrō 1 gestalten, bilden, formen.

fīlia, ae *f* Tochter.

fīliola, ae *f* Töchterchen.

fīliolus, ī *m* Söhnchen.

fīlius, ī *m* Sohn.

filix, icis *f* Farnkraut.

fīlum, ī *n* Faden; Gewebe; Saite.

fimus, ī *m* Dünger.

findō, fidī, fissus 3 spalten; zerteilen.

fingō, fīnxī, fictus 3 bilden, gestalten; (*künstlerisch*) darstellen; ersinnen, erdichten, erheucheln.

fīniō 4 begrenzen; festsetzen, bestimmen; beenden.

fīnis, is *m* Grenze; Ziel, Zweck, Absicht; Äußerstes, Höchstes; *pl.* Gebiet.

fīnitimus 3 angrenzend, benachbart; verwandt.

fīnxī *s.* **fingō**.

fīō, factus sum, fierī werden, entstehen, geboren (*od.* geschaffen) werden; gemacht (*od.* ernannt) werden; geschehen.

firmāmentum, ī *n* Stütze.

firmitās, ātis u. **-tūdō, inis** f Festigkeit, Stärke, Ausdauer.

firmō 1 befestigen, stärken; ermutigen; bekräftigen.

firmus 3 fest, stark, kräftig; standhaft, zuverlässig, treu; adv. **firmē** (u. firmiter).

fiscina, ae f Korb.

fiscus, ī m Geldkorb, Kasse; Staatskasse. [ten.]

fissilis, e spaltbar; gespal-]

fistula, ae f Wasserleitungsrohr; Hirtenpfeife.

fīsus sum s. fīdō.

fīxī s. fīgō.

fīxus 3 fest, bleibend, unveränderlich.

flābellum, ī n Fächer.

flābra, ōrum n/pl. das Wehen (des Windes).

flagellum, ī n Peitsche, Geißel f.

flāgitiōsus 3 schändlich, niederträchtig.

flāgitium, ī n Schandtat, Niederträchtigkeit, Schande.

flāgitō 1 dringend fordern; zu wissen verlangen.

flagrāns, antis brennend; leidenschaftlich, heftig.

flagrō 1 brennen; entbrennen, beseelt sein.

flagrum, ī n Peitsche, Knute.

flāmen¹, inis n das Wehen; Brise f.

flāmen², inis m Flamen m, Opferpriester (bsd. der Priester Jupiters).

flamma, ae f Flamme; Feuer, Glut, Hitze; Liebesglut; Verderben.

flammeum, ī n Brautschleier.

flammeus 3 flammend, feurig.

flammō 1 brennen, lodern.

flātus, ūs m Hauch; das Atmen; Aufgeblasenheit, Hochmut.

flāvens, entis = flāvus.

flāvēscō 3 goldgelb (od. blond) werden.

flāvus 3 goldgelb, blond.

flēbilis, e beweinenswert; weinend; kläglich.

flectō, flexī, flexum 3 biegen; umstimmen; drehen, wenden; umkehren, sich wenden, marschieren.

fleō, flēvī, flētum 2 (be)-weinen.

flētus, ūs m das Weinen, Wehklagen.

flēvī s. fleō.

flexī s. flectō.

flexibilis, e biegsam; lenkbar; unbeständig.

flexilis, e biegsam.

flexus, ūs m Biegung; Seitenweg; Wendepunkt.

flō 1 blasen, wehen.

floccus, ī m Flocke, Faser; Kleinigkeit.

flōrēns, entis blühend.

flōreō, uī, - 2 blühen; in Blüte stehen; sich in glänzenden Verhältnissen befinden.

flōrēscō 3 aufblühen.

flōreus 3 aus Blumen.

flōridus 3 aus Blumen; blühend.

flōs, flōris *m* Blume; Blüte; Glanzzeit; junge Mannschaft, Jugend; Kleinod *n*.

flōsculus, ī *m* Floskel *f*, verschönernde Redewendung.

fluctuō (*u. -uor*) 1 hin- und herwogen; schwanken, unschlüssig sein.

fluctus, ūs *m* Strömung, Woge, Flut; *pl.* Erregung.

fluentum *n* Strömung.

fluidus 3 fließend, flüssig; kraftlos, schlaff.

fluitō 1 fließen; flattern.

flūmen, inis *n* Fluß, Strom.

flūmineus 3 Fluß..., Wasser...

fluō, flūxī, (flūxum) 3 fließen; sich ausbreiten; vergehen.

fluviā(ti)lis, e Fluß...

fluvius, ī *m* Fluß, Strom.

flūxus 3 fließend; schlaff; haltlos; zerrüttet.

foculus, ī *m* Opferpfanne; Herdfeuer.

focus, ī *m* Feuerstätte; Herd; Heim, Familie.

fodiō, fōdī, fossus 3 graben; durchbohren, -stechen.

foederātus 3 verbündet.

foedītās, ātis *f* Häßlichkeit.

foedō 1 verunstalten, besudeln; entehren.

foedus¹ 3 häßlich; abscheulich.

foedus², **eris** *n* Bündnis; Vertrag.

folium, ī *n* Blatt; *pl.* Laub.

follis, is *m* Blasebalg.

fōmentum, ī *n* Umschlag, Verband, Linderungsmittel.

fōns, fontis *m* Quelle.

for, fātus sum 1 sprechen, sagen.

forāmen, inis *n* Loch, Öffnung. [hinaus.]

forās *adv.* vor der Tür,

for-ceps, ipis *m, f* Zange.

forēnsis, e Markt...; gerichtlich; öffentlich.

foris¹, is *f* Türflügel.

forīs² *adv.* draußen, außerhalb.

fōrma, ae *f* Form, Gestalt; Schönheit.

formīca, ae *f* Ameise.

formīdābilis, e furchtbar.

formīdō¹ 1 sich fürchten.

formīdō², **inis** *f* Furcht, Grauen.

formīdolōsus 3 furchterregend; ängstlich.

fōrmō 1 formen, bilden; ausbilden, unterweisen.

fōrmōsus 3 formvollendet, schön.

fōrmula, ae *f* Norm, Regel; Vertrag; Tarif; Rechtsformel.

fornāx, ācis *f* (Back-)Ofen.

fornix, icis *m* Wölbung; Bordell *n.*

fors (*nur nom. u. abl. sg.*) **forte**) *f* Zufall; *adv.* **forte** zufällig; vielleicht.

fors-an, forsitan *adv.* vielleicht.

fortāsse (*u.* **fortassis**) *adv.* vielleicht, wohl.

fortis, e tapfer, mutig; stark.

fortitūdō, inis f Tapferkeit, Mut; Stärke.

fortuĭtus 3 (adv. -ō) zufällig.

fortūna, ae f Schicksal; Glück; Unglück; äußere Lage, Umstände; (mst. pl.) Vermögen.

fortūnō 1 beglücken, glücklich machen; **fortūnātus** 3 beglückt, selig; wohlhabend.

forum, ī n Markt(platz); öffentliches Leben, Gerichtswesen.

forus, ī m (mst. pl.) Schiffsgänge; Sitzplätze im Theater.

fossa, ae f Graben.

fossor, ōris m Landmann; Winzer; grober Mensch.

fovea, ae f Grube.

foveō, fōvī, fōtus 2 wärmen; liebkosen; hegen u. pflegen, fördern, begünstigen.

fragilis, e zerbrechlich; gebrechlich.

fragmen, inis n = **fragmentum.**

fragmentum, ī n Bruchstück, Splitter.

fragor, ōris m Krachen, Getöse.   [tosend.]

fragōsus 3 rauh; brüchig;

fragrō 1 duften.

frāgum, ī n Erdbeere.

frangō, frēgī, frāctus 3 zerbrechen; zermalmen; verletzen (die Treue); schwächen; überwinden; erschüttern.

frāter, tris m Bruder.

frāterculus, ī m Brüderchen.

frāternus 3 brüderlich; freundschaftlich, herzlich.

fraudō 1 betrügen; unterschlagen.

fraudulentus 3 betrügerisch.

fraus, dis f Betrug, Täuschung; Irrtum; Schaden, Nachteil; Verbrechen.

fraxineus 3 aus Eschenholz.

fraxinus, ī f Esche.

frēgī s. frangō.

fremitus, ūs m Getöse, Lärm, Gemurmel.

fremō, uī, (itum) 3 dumpf tosen, brausen, lärmen; murmeln.

frendō, -, frēsum 3 mit den Zähnen knirschen.

frēnō 1 zäumen; bändigen.

frēnum, ī n (pl. mst. **frēnī, ōrum** m) Zügel.

frequēns, entis zahlreich; häufig, üblich.

frequentia, ae f Häufigkeit; großer Andrang, Menge.

frequentō 1 häufig besuchen; in großer Menge versammeln; oft tun, wiederholen.

fretum, ī n Meerenge.

frētus 3 vertrauend auf.

fricō, cuī, (ā)tus 1 abreiben.

frīgeō, -, - 2 kalt sein; stocken, matt sein; unbeachtet bleiben.

frīgidus 3 kalt, kühl; schlapp, lässig; nichtssagend.

frīgus, oris n Kälte, Frost.

frondātor, ōris *m* Baumbeschneider, Weinlaubentferner (*damit die Reben mehr der Sonne ausgesetzt sind*).

frondeō, -, - 2 belaubt sein, grünen. [lauben.\

frondēscō, -, - 3 sich belauben. [laub.\

frondeus 3 belaubt.

frondōsus 3 laubreich.

frōns[1], frondis *f* Laub.

frōns[2], frontis *f* Stirn; Gesicht; Vorderseite, Front.

frūctuōsus 3 fruchtbar; einträglich.

frūctus, ūs *m* Frucht; Ertrag; Gewinn, Nutzen.

frūctus sum *s.* fruor.

frūgālitās, ātis *f* Wirtschaftlichkeit; Mäßigkeit.

frūgī *indecl., adi.* wirtschaftlich, sparsam; solide, überaus.

frūgi-fer 3 fruchtbar.

frūmentārius 3 Getreide..., Korn...

frūmentātiō, ōnis *f* das Getreideholen, Verpflegung, Verproviantieren.

frūmentātor, ōris *m* Getreidehändler, -holer.

frūmentum, ī *n* Getreide; Weizen.

fruor, ūsus sum, *selten* frūctus sum 3 genießen, sich erfreuen.

frūstrā *adv.* vergeblich; umsonst, nutzlos.

frustratio, ōnis *f* das Hinhalten, Täuschung.

frūstror 1 täuschen, hintergehen.

frūstum, ī *n* Bissen, Stückchen.

frutex, icis *m* Strauch, Busch.

frūx, frūgis *f* Feldfrucht; Ertrag.

fūcō 1 färben, schminken; fälschen. [echt.\

fūcōsus 3 verfälscht, unfūcus[1], ī** *m* Purpurfarbe; fūcus[2], ī** *m* Drohne.

fūdī *s.* fundō.

fuga, ae *f* Flucht; (freiwillige) Verbannung; Scheu; Schnelligkeit.

fugāx, ācis fliehend; fluchtbereit; schnell dahineilend; scheu.

fugiō, fūgī, fugitūrus 3 fliehen, entkommen; schwinden, vergehen; unbekannt bleiben.

fugitīvus 3 entflohen, entlaufen; *subst.* ~, ī *m* Flüchtling; entlaufener Sklave.

fugitō 1 vermeiden, scheuen.

fugō 1 in die Flucht schlagen, verjagen.

fulciō, lsī, ltus 4 stützen; befestigen.

fulcrum, ī *n* Sofa; Bett.

fulgeō, lsī, - 2 (*und* fulgō 3) blitzen; glänzen.

fulgor, ōris *m* Blitz, *das* Blitzen, Glanz, Schimmer.

fulgur, uris *n* Blitz, *das* Blitzen; Wetterleuchten.

fūlīgō, inis *f* Ruß.

fulmen, inis *n* Blitzschlag; unwiderstehliche Kraft.

fulmineus 3 zum Blitz gehörig; tödlich.

fulminō 1 blitzen.

fulsī *s.* fulciō *und* fulgeō.

fulvus 3 rotgelb, bräunlich.

fūmeus 3, **fūmidus** 3, **fūmifer** 3 rauchend, rauchig.

fūmō 1 rauchen, dampfen.

fūmōsus 3 voller Rauch.

fūmus, ī *m* Rauch; Dampf.

fūnāle, is *n* Strick; Wachsfackel.

fūnctus sum *s.* fungor.

funda, ae *f* Schleuder *f.*

fundāmentum, ī *n* Fundament *n*, Grundbau; Grundlage.

funditor, ōris *m* Schleuderer.

funditus *adv.* von Grund aus, gänzlich, völlig.

fundō[1] festigen, sichern.

fundō[2], fūdī, fūsus 3 ausgießen; ausschütten; ausbreiten; (*Feinde*) niederwerfen, zerschlagen; von sich geben, hören lassen, hervorbringen.

fundus, ī *m* Boden, Tiefe; Grundstück, Landgut.

fūnebris, e Leichen...; unheilvoll.

fūnereus 3 = fūnebris.

fūnestō 1 beflecken, besudeln.

fūnestus 3 in Trauer versetzt; tödlich, unheilvoll.

fungor, fūnctus sum 3 verwalten, ausführen.

fungus, ī *m* Pilz.

fūnis, is *m* Seil, Strick.

fūnus, eris *n* Begräbnis; Tod; Mord; Untergang.

fūr, fūris *m* u. *f* Dieb(in); Schurke.

furca, ae *f* Gabel; Stützpfahl.

furci-fer, ferī *m* Galgenstrick.

furia, ae *f* Wut, Raserei; ♀ Rachegöttin, Furie *f.*

furiālis, e wütend, tobend.

furibundus 3 wütend; begeistert.

furiō 1 in Wut versetzen.

furiōsus 3 rasend, wütend; besessen.

furnus, ī *m* Backofen.

furō, -, - 3 hin- u. herrasen; wüten, toben; ausgelassen sein.

furor[1], ōris *m* Wut; Wahnsinn; Leidenschaft; Begeisterung.

fūror[2] 1 stehlen.

fūrtim *adv.* verstohlen, heimlich.

fūrtīvus 3 gestohlen; heimlich, verstohlen.

fūrtum, ī *n* Diebstahl; gestohlene Sache; Kriegslist.

furvus 3 dunkel, finster.

fuscō 1 schwarz machen.

fuscus 3 dunkel, schwärzlich.

fūstis, is *m* Knüppel, Stock.

fūsus[1], ī *m* Spindel *f.*

fūsus[2] 3 ausgedehnt; ausführlich, weitläufig; herabwallend.

füt(t)ilis, e nichtig, wertlos; unzuverlässig.

G

gaesum, ī *n* schwerer Wurfspieß.

galea, ae *f* Helm.

galērus, ī *m* Pelzkappe.

gallīna, ae *f* Huhn.

gallus[1], ī *m* Hahn.

Gallus[2], ī *m* Priester der Kybele (*kleinasiat. Naturgottheit*).

Gallus[3], ī *m* Gallier *m*.

gānea, ae *f u.* -eum, ī *n* Kneipe; Bordell *n*.

gāneō, ōnis *m* Schlemmer, Wüstling.

ganniō 4 kläffen; keifen, geifern.

garriō 4 schwatzen, plappern, plaudern.

garrulus 3 geschwätzig.

gaudeō, gāvīsus sum 2 sich freuen. [nuß.]

gaudium, ī *n* Freude, Ge-

gaza, ae *f* Schatz; Vorrat.

gelidus 3 eiskalt.

gelō 1 zum Gefrieren bringen.

gelū, ūs *n u.* gelum, ī *n* Eiskälte, Frost.

gemellus 3 = geminus.

geminō 1 verdoppeln, wiederholen; vereinigen.

geminus 3 Zwillings...; doppelt; ähnlich, gleich.

gemitus, ūs *m* das Seufzen, Ächzen, Stöhnen; Getöse.

gemma, ae *f* Knospe; Edelstein; Perle.

gemmātus 3 mit Edelsteinen (*od.* Perlen) besetzt.

gemmeus 3 aus Edelstein; mit Edelsteinen geschmückt; glänzend.

gemō, uī, (itum) 3 stöhnen, ächzen, seufzen.

gena, ae *f* (*mst. pl.*) Backe.

gener, erī *m* Schwiegersohn.

generātim *adv.* klassenweise, nach Gattungen, Stämmen; allgemein.

generō 1 zeugen, erschaffen.

generōsus 3 adlig, edel(geboren); edelmütig, hochherzig.

genetrīx, īcis *f* Erzeugerin, Mutter.

geniālis, e Ehe..., ehelich; fröhlich, heiter.

genitālis, e zur Zeugung gehörig; Geburts...; (**membra**) **genitālia** *n/pl.* Geschlechtsteile.

genitor, ōris *m* Erzeuger, Vater.

genius, ī *m* (angeborener) Schutzgeist, Genius; Gönner.

gēns, gentis *f* Geschlecht, Familie, Sippe; Volksstamm; Völkerschaft.

gentīlis, e zu derselben gēns gehörig; national; *spätl.* nichtrömisch, barbarisch, heidnisch.

genū, ūs *n* Knie.

genuī *s.* gigno.

genus, eris *n* Geschlecht; Abstammung; Gattung, Klasse, Rasse; Art und

Weise, Beschaffenheit; ~ dicendī Ausdrucksweise.

Germanī, ōrum m/pl. Germanen.

Germania, ae f Germanien.

germānitās, ātis f Brüderschaft.

germānus 3 leiblich, echt, brüder-, schwesterlich; wahr, wirklich.

germen, inis n Keim; Sprößling.

gerō, gessī, gestus 3 tragen; hervorbringen; ausüben, verrichten, verwalten; betreiben; bellum gerere Krieg führen.

gessī s. gerō.

gestāmen, inis n Bürde, Last; Sänfte.

gestiō 4 vor Freude ausgelassen sein, frohlocken; heftig verlangen.

gestō 1 tragen.

gestus, ūs m Haltung; Gebärde; Feste f.

Getae, ārum m/pl. Geten pl. (thrakisches Volk beiderseits der unteren Donau).

gignō, genuī, genitus 3 zeugen, gebären; verursachen, hervorrufen.

gingīva, ae f Zahnfleisch.

glaciālis, e eisig, Eis...

glaciēs, ēī f Eis; Kälte.

gladiātor, ōris m Gladiator m, Fechter.

gladiātōrius 3 Gladiatoren...

gladius, ī m Schwert.

glaeba, ae f Erdscholle; Erdklumpen.

glāns, glandis f Eichel; Schleuderkugel.

glārea, ae f Kies m.

glaucus 3 graugrün.

glēba, ae f Erdscholle; Erdklumpen.

gliscō, -, - 3 sich steigern, überhandnehmen.

globōsus 3 kugelförmig.

globus, ī m Kugel; dichter Haufe, Bande.

glomerō 1 zusammenballen, -drängen.

glōria, ae f Ruhm, Anerkennung, Ehre, Stolz; Ruhmsucht.

glōrior 1 sich rühmen, prahlen.

glōriōsus 3 ruhmvoll; prahlerisch.

glūten, inis n Leim.

gnārus 3 kundig.

gnāvus s. nāvus.

gōrȳtus, ī m Köcher.

gracilis, e schlank, schmächtig.

gradātim adv. schritt-, stufenweise.

gradior, gressus sum 3 schreiten, gehen.

gradus, ūs m Schritt; das Herannahen; Stand, Stellung; Stufe, Rang, Grad; ~ imperiī der Schritt zur Herrschaft.

Graecia, ae f Griechenland.

Graecus 3 griechisch; subst. ~, ī m Grieche.

grāmen, inis n Gras; Pflanze, Kraut.

grāmineus 3 grasig.

grammaticus 3 grammatisch; *subst.* ~, I *m* Grammatiker, Sprachkundiger, Philologe *m*.

gränärium, I *n* Kornspeicher.

grand-aevus 3 hochbejahrt.

grandi-loquus 3 großsprecherisch, hochtrabend.

grandis, e erwachsen; bejahrt; groß; großartig, bedeutend.

grandō, inis *f* Hagel.

gränum, I *n* Korn, Kern.

grassātor, ōris *m* Wegelagerer.

grassor 1 schreiten; sich herumtreiben; vorgehen, verfahren; wüten *gegen*.

grātēs *f/pl.* (*nur nom.*, *acc. u. abl.*) Dank.

grātia, ae *f* Gunst, Gefälligkeit, Freundschaft; Beliebtheit, Ansehen, gute Beziehung; Anmut, Liebenswürdigkeit; Dank; *abl.* grātiā um ... willen, wegen; **grāt(i)īs** unentgeltlich, gratis, umsonst.

grātificor 1 einen Gefallen tun; *trans.* freudig darbringen, opfern.

grātiōsus 3 beliebt; gefällig, freundlich.

grātor 1 = grātulor.

grātuītus 3 unentgeltlich, freiwillig.

grātulātiō, ōnis *f* Glückwunsch; Danksagung(sfest); Freudentag; Jubel.

grātulor 1 Glück wünschen *zu*; freudig danken.

grātus 3 erwünscht, willkommen, angenehm; anmutig; beliebt; dankbar.

gravātē *adv.* ungern.

gravēscō, -, - 3 schwer werden; sich verschlimmern.

gravidus 3 schwanger; voll beladen.

gravis, e schwer (*Gewicht*); schwer zu ertragen, drückend, lästig; ernst, würdevoll; streng, hart (*Strafe*); widerlich, abstoßend (*Geruch*); beschwert; belastet.

gravitās, ātis *f* Schwere, Gewicht; Bedeutung, Größe; Nachdruck; Würde, Ernst; schwerer Druck; Ungesundheit; Beschwertsein, Bedrücktsein, Unannehmlichkeit; Gewalt, Strenge. [ken.]

gravō 1 beladen; bedrük-]

gravor 1 sich belästigt fühlen *durch*, Unlust empfinden an, ärgerlich sein *über*, zurückschrecken vor.

gregālis, e der einfachen Soldaten; *subst.* gregālēs, ium *m/pl.* Kameraden.

gregārius 3 einfach (*v. Soldaten*).

gremium, I *n* Schoß *m*.

gressus, ūs *m* Schritt.

gressus sum *s.* gradior.

grex, gregis *m* Herde; Schar, Schwarm.

grūs, is *f* (*u. m*) Kranich.

gubernāc(u)lum, I *n* Steuerruder *n*; *pl.* Lenkung, Leitung, Regierung.

gubernātiō, ōnis *f* das Steuern; Lenkung, Regierung.

gubernātor, ōris *m* Steuermann; Lenker, Regierender.

gubernō 1 steuern; lenken, regieren.

gula, ae *f* Kehle; Gefräßigkeit.

gurges, itis *m* Strudel, Wirbel; Abgrund, Schlund.

gustātus, ūs *m* Geschmack(sinn).

gustō 1 kosten, genießen.

gutta, ae *f* Tropfen; *ein* bißchen.

guttur, uris *n* Gurgel, Kehle.

gymnasium, ī *n* Turn-, Ringschule; Versammlungsplatz der Philosophen.

gynaecēum *u.* -īum, ī *n* Frauengemächer *pl.* (*bei den Griechen*).

gȳrus, ī *m* Kreis, Ring; Kreiswendung.

H

habēna, ae *f* Riemen; *pl.* Zügel; *pl.* Leitung, Regierung.

habeō, uī, itus 2 haben; halten; behandeln; ansehen *als*; zeigen, hegen (*Hoffnung*); erwecken, verursachen.

habilis, e handlich; bequem, passend.

habitābilis, e bewohnbar.

habitātiō, ōnis *f* Wohnung.

habitātor, ōris *m* Bewohner.

habitō 1 bewohnen; sich aufhalten.

habitus, ūs *m* äußere Erscheinung; Haltung; Kleidung; Beschaffenheit.

habuī *s.* habeō.

hāc *adv.* auf dieser Seite.

hāc-tenus *adv.* bis hierher; so weit; bis jetzt.

haedus, ī *m* junger Ziegenbock.

haereō, haesī, haesum 2

hängen; festsitzen; beharren *bei*; steckenbleiben; ratlos sein.

haesī *s.* haereō.

haesitō 1 festhängen; unentschlossen sein, zögern.

hālitus, ūs *m* Hauch; Dampf.

hālō 1 hauchen; duften.

hama-dryas, adis *f* Baumnymphe *f.*

hāmātus 3 mit Haken versehen; hakenförmig.

hāmus, ī *m* Haken.

harēna, ae *f* Sand; *s.* arēna.   [faseln.]

hariolor 1 prophezeien;

harpagō, ōnis *m* Enterhaken.

harundineus 3 aus Schilfrohr.

harundō, inis *f* Schilf; Rohr(stock).

haru-spex, icis *m* Eingeweideschauer, Seher.

hasta, ae f Stange; Speer, Lanze; Auktion.

hastātus 3 mit e-m Speer bewaffnet; subst. ~, ī m Legionssoldat des ersten Gliedes, Speerträger.

hastīle, is n Speerschaft.

haud adv. nicht.

haud-quāquam adv. keineswegs.

hauriō, hausī, haustus 4 schöpfen; vergießen; entnehmen, sammeln; austrinken, leeren; erdulden; aussagen.

hausī s. **hauriō.**

haustus, ūs m das Einatmen, Trinken, Schluck, Trunk.

hebeō, -, - 2 stumpf (träge, matt) sein.

hebes, etis stumpf; träge, schwach, matt.

hebēsco, -, - 3 matt werden.

hebetō 1 abstumpfen; schwächen, entkräften.

hedera, ae f Efeu.

hei int. wehe!, ach!

heia int. heda!, wohlan!

helleborus, ī m Nieswurz f.

hēlluō, ōnis m Schlemmer, Prasser.

hēlluor 1 schwelgen, prassen.

hem int. hm!, o!, so!

herba, ae f Gras; Kraut; Unkraut.

herbidus 3 grasreich, Gras...

herbi-fer 3 grasreich.

herbōsus 3 gras-, kräuterreich.

hercle int. beim Herkules!

here adv. gestern; mst. **herī.**

hērēditārius 3 Erbschafts...

hērēditās, ātis f Erbschaft.

hērēs, ēdis m u. f Erbe; Erbin.

herī adv. gestern.

hērōicus 3 mythisch; episch.

hērōis, idis f Halbgöttin, Heroine. [Heros.]

hērōs, ōis m Halbgott,}

hērōus 3 = **hērōicus.**

hesternus 3 gestrig.

heu int. o wehe!

heus int. he!, heda!

hiātus, ūs m Öffnung, Kluft.

hībernāculum, ī n Winterzelt.

hībernō 1 überwintern.

hībernus 3 winterlich; subst. **hīberna, ōrum** n/pl. Winterlager.

hibiscum, ī n Eibisch m.

hic¹ (und **hīc**), **haec, hoc** dieser, diese, dieses; derartiger, solcher.

hīc² adv. hier; hierbei.

hiemālis, e winterlich.

hiemō 1 überwintern; stürmisch sein.

hiems, emis f Winter; Sturm.

hilaris, e = **hilarus.**

hilaritās, ātis f Heiterkeit.

hilarō 1 erheitern.

hilarus 3 heiter, fröhlich.

hinc adv. von hier (aus); auf dieser Seite; daher.

hinnītus, ūs m das Wiehern.

hiō 1 klaffen, offen stehen; gähnen; staunen; nach etw. lechzen.

hircus, ī *m* Bock; Bocksgestank.

hirsūtus 3 borstig, struppig.

hirtus 3 = hirsūtus.

hirundō, inis *f* Schwalbe.

hīscō, -, - 3 sich öffnen; den Mund aufmachen, mucksen.

Hispānia, ae *f* Spanien.

hispidus 3 rauh, struppig.

Hister, trī *m untere* Donau.

historia, ae *f* Geschichtsforschung; Erzählung, Geschichte, Sage.

historicus 3 geschichtlich.

histriō, ōnis *m* Schauspieler.

hiulcus 3 klaffend.

ho-diē *adv.* heute.

hodiernus 3 heutig.

holus(culum), **holitor** *s.* ol...

homi-cīda, ae *m u. f* Mörder(in).

homō, inis *m* Mensch; Mann; *pl.* Leute.

homunciō, ōnis *m* Menschlein.

honestās, ātis *f* Ehre, Ansehen, Ehrbarkeit, Würde, Sittlichkeit, Integrität, Unbescholtenheit; Schönheit.   [nen.]

honestō 1 ehren, auszeich-∫

honestus 3 ehrenhaft, ehrbar, ansehnlich, vornehm, unbescholten, sittlich gut; schön.

honor *und* **-ōs**, ōris *m* Ehre; Ehrung; Ehrenstelle; Ansehen, Glanz.

honōrārius 3 ehrenhalber, Ehren...

honōri-ficus 3 ehrenvoll.

honōrō 1 ehren, auszeichnen.

honōs, ōris *m* = honor.

hōra, ae *f* Stunde; Zeit; Jahreszeit.

hordeum, ī *n* Gerste.

hōrnus 3 diesjährig.

horrendus 3 schrecklich; bewundernswert.

horreō, uī, - 2 sich sträuben; erschaudern, sich entsetzen.

horrēscō, ruī, - 3 sich sträuben; erschaudern vor.

horreum, ī *n* Vorratskammer; Scheune.

horribilis, e schrecklich, entsetzlich.

horridus 3 struppig; entsetzlich,   schrecklich; schaurig; wild, roh, ungebildet; einfach, schlicht.

horri-fer 3 schaurig, schrecklich.

horri-ficō 1 erschrecken.

horri-ficus 3 schrecklich.

horri-sonus 3 schrecklich tönend.

horror, ōris *m* Schauder, Entsetzen.

hortāmen, inis *n u.* **hortamentum**, ī *n* Ermunterung.

hortātiō, ōnis *f* Ermahnung, Ermunterung.

hortātor, ōris *m* Ermahner, Anreger.   [rung.]

hortātus, ūs *m* Ermunte-∫

hortor 1 ermuntern, antreiben, ermahnen.

hortulus, ī *m* Gärtchen.

hospes, itis *m* Gast; Wirt; Fremder.

hospita, ae f (weibl.) Gast; Wirtin.

hospitālis, e gastfreundlich, Gast..

hospitium, ī n Gastfreundschaft; gastfreundliche Aufnahme; Herberge, Quartier n.

hospitus 3 fremd; gastfreundlich.

hostia, ae f Opfertier.

hosticus 3 feindlich.

hostilis, e feindlich.

hostis, is m (Staats-, Kriegs-)Feind; Fremdling.

hūc adv. hierher; so weit.

hui int. nanu?!

hūmānitās, ātis f Menschentum; menschliche Natur; Menschenfreundlichkeit, Menschlichkeit, Menschenliebe; Freundlichkeit, Milde; feine Bildung, Anstand; gutes Auftreten, Höflichkeit.

hūmānus 3 menschlich; menschenwürdig, menschenfreundlich, höflich; gebildet; adv. hūmānē und hūmāniter.

humilis, e niedrig; klein; unbedeutend; ärmlich; schmucklos. [ben.]

humō 1 bestatten, begra-]

humus, ī f Erdboden; Erde; loc. humī auf dem Boden.

hyacinthus, ī m Hyazinthe f.

hydra, ae f Wasserschlange.

hydrus, ī m Wasserschlange.

Hymēn, enis m Hochzeitsgott.

hymenaeus, ī m Hochzeitslied; Hochzeit; Hochzeitsgott.

I

iaceō, iacuī, - 2 liegen; tot daliegen; flach liegen; daniederliegen.

iaciō, iēci, iactus 3 werfen, schleudern; errichten, bauen.

iactātiō, ōnis f das Hin- und Herwerfen, Schütteln; Prahlerei; Schwanken (e-s Schiffes); (seelische) Erregung; Wankelmut; Volksgunst.

iactō 1 intens. werfen, schleudern; verbreiten; ausstoßen, im Munde führen; hin und her werfen; sē iactāre sich brüsten.

iactūra, ae f Aufopferung, Schaden, Verlust; Aufwand, Geldopfer.

iactus, ūs m das Schleudern, Wurf.

iacuī s. iaceō.

iaculātor, ōris m Schleuderer, Speerschütze.

iaculor 1 werfen, schleudern; schießen, erlegen.

iaculum, ī n Wurfspieß.

iam adv. schon, bereits; ferner, außerdem; nōn ~ nicht mehr.

iambus, ī m Jambus m (-). jambisches Gedicht.

iānitor, ōris m Pförtner.

iānua, ae *f* Haustür, Eingang.

Iānuārius 3 zum Januar gehörig; *subst.* ~, ĭ *m* Januar.

iānus, ĭ *m* bedeckter Durchgang.

iaspis, idis *f* Jaspis *m* (*Halbedelstein*).

ibĭ (*und* **ibī**) *dort*; *zeitl.* dann, damals; darin, dabei.

ibī-dem *adv.* an der gleichen Stelle, ebendort; bei der gleichen Gelegenheit.

ibis, is *und* **idis** *f* Ibis *m* (*Storchvogel*).

īcō, īcĭ, ictus 3 treffen, schlagen.

ictus, ūs *m* Schlag, Stoß.

id-circŏ *adv.* deshalb.

ī-dem, eadem, idem der (die, das) gleiche; auch.

idéntidem wiederholt.

id-eō daher.

idiōta, ae *m* Laie, Stümper.

idōneus 3 geeignet.

Īdūs, uum *f/pl.* die Monatsmitte, Iden *pl.*

iēcī *s.* **iaciō.**

iecur, oris *n* Leber.

iēiūnium, ī *n das* Fasten.

iēiūnus 3 nüchtern, hungrig; armselig, dürftig.

ientō 1 frühstücken (*1. Frühstück*).

igitur *ci.* also, daher, folglich.

ī-gnārus 3 unkundig, unerfahren, unwissend.

ignāvia, ae *f* Trägheit, Faulheit; Feigheit.

ī-gnāvus 3 träge, faul; feige.

ignēscō, -, - 3 sich entzünden, in Brand geraten, Feuer fangen.

igneus 3 feurig; glühend.

igniculus, ī *m* Funke.

igni-fer 3 feurig.

igni-potēns, entis *m* Beherrscher des Feuers.

ignis, is *m* Feuer, Feuersbrunst; Feuerglanz, Schimmer; Glut, Wut, Liebesglut, Leidenschaft; Geliebte(r); Feuerprobe.

ī-gnōbilis, e unbekannt; von niedriger Herkunft.

ignōbilitās, ātis *f* Ruhmlosigkeit; niedere Herkunft.

ī-gnōminia, ae *f* Entehrung, Schande.

ignōminiōsus 3 entehrend, schadhaft; entehrt.

ignōrantia, ae *f* Unkenntnis, Unerfahrenheit.

ignōrātiō, ōnis *f* = **ignōrantia.**

ī-gnōrō 1 nicht wissen, nicht kennen.

ī-gnōscō, gnōvī, gnōtum 3 verzeihen.

ī-gnōtus 3 unbekannt; fremd; niedrig geboren.

ī-gnōvī *s.* **ī-gnōscō.**

īī *s.* **eō.**

īlex, icis *f* Steineiche.

īlia, ium *n/pl.* Eingeweide; Weichen *pl.*, Unterleib.

ī-licet *adv.* es ist aus!; sofort, sogleich.

i-lĭcō *adv.* auf der Stelle, sofort, sogleich.

ilignus 3 eichen.

il-lābor 3 unbemerkt *in etw.* gelangen.

illāc *adv.* auf jener Seite, dort.

il-lacrimābilis, e unbeweint; unerbittlich.

il-lacrimō *und* -mor 1 beweinen.

il-laesus 3 unverletzt.

il-laetābilis, e unerfreulich.

ille, illa, illud jener, jene, jenes; *der* berühmte, bekannte, berüchtigte; damalig, früher.

illecebra, ae *f* Lockung, Reiz.

il-lēxī *s.* il-liciō.

illī *adv.* dort.

il-lībātus 3 unvermindert.

il-līberālis, e eines freien Mannes unwürdig, unedel, gemein.

illīc¹, aec, uc jener da.

illīc(c)² *adv.* dort.

il-liciō, lēxī, lectus 3 anlocken; verführen.

il-līdō, sī, sus 3 hineinstoßen; anstoßen.

il-ligō 1 anbinden; fesseln.

illim *adv.* = illinc.

illinc *adv.* von dort.

il-linō 3 bestreichen.

il-litterātus 3 ungelehrt, unwissenschaftlich.

illō(c) = illūc.

il-lōtus 3 ungewaschen, schmutzig.

illūc *adv.* dorthin.

il-lūcēscō, lūxī, - 3 zu leuchten beginnen.

il-lūdō 3 verspotten; täu-

schen, betrügen; zugrunde richten.

il-lūminō 1 erleuchten; schmücken, verherrlichen.

il-lūstris, e erleuchtet, strahlend; klar, deutlich; berühmt, ausgezeichnet.

il-lūstrō 1 erleuchten; erklären; verherrlichen.

il-luviēs, ēī *f* Schmutz.

imāgō, inis *f* Bild, Portrait *n*; Ahnenbild; Ebenbild; Schattenbild, Schemen *m*; Echo, Trugbild, Vorspiegelung; Vorstellung, Idee, Gedanke.

imbēcillitās, ātis *f* Schwäche, Kränklichkeit.

im-bēcillus 3 schwächlich, kraftlos.

im-bellis, e unkriegerisch; friedlich.

imber, bris *m* Platzregen; Unwetter; Wasser.

im-berbis, e *und* -bus 3 bartlos.

im-bibō, bibī, - 3 sich aneignen; sich vornehmen.

imbrex, icis *f* Hohlziegel.

imbri-fer 3 Regen bringend.

im-buō, uī, ūtus 3 benetzen, anfeuchten; anstecken, vertraut machen *mit*, gewöhnen *an*.

imitābilis, e nachahmbar.

imitāmen, inis *n* Nachahmung. [mung.]

imitātiō, ōnis *f* Nachah-}

imitor 1 nachahmen, nachbilden; ähnlich sein.

im-mānis, e ungeheuer; schrecklich, furchtbar.

immānitās, ātis f Schrecklichkeit, Wildheit, Roheit; Scheusal.

im-mānsuētus 3 ungezähmt, wild.

im-mātūrus 3 unreif; verfrüht.

im-medicābilis, e unheilbar.

im-memor, oris 3 uneingedenk.

im-mēnsus 3 unermeßlich, ungeheuer.

im-merēns, entis unschuldig.

im-mergō 3 eintauchen, versenken.

im-meritus 3 unschuldig; unverschuldet.

im-migrō 1 einwandern.

im-mineō, -, - 2 hereinragen; sich neigen; bedrohen; bevorstehen; trachten *nach*.

im-minuō 3 vermindern, schmälern; schwächen, entkräften.

im-misceō 2 hineinmischen; verflechten *mit*.

im-mittō 3 hineinschicken; loslassen; abschießen; wachsen lassen.

immō *adv.* aber ja, allerdings; ja sogar; im Gegenteil, keineswegs.

im-mōbilis, e unbeweglich, unerschütterlich.

im-moderātus 3 maßlos.

im-modestus 3 unbescheiden.

im-modicus 3 übermäßig; zügellos.

im-molō 1 opfern.

im-morior 3 sterben *in, bei, auf.*

im-mortālis, e unsterblich.

im-mortālitās, ātis f Unsterblichkeit.

im-mōtus 3 unbewegt; unbeweglich, unerschütterlich; unveränderlich.

im-mūgiō 4 dazu erdröhnen.

im-mundus 3 unrein, schmutzig.

im-mūnis, e frei von Leistungen; vom Kriegsdienst befreit; steuerfrei; frei *von etw.*

immūnitās, ātis f Abgabenfreiheit, Vergünstigung, Privileg *n, das* Freisein *von.*

im-mūnitus 3 unbefestigt.

im-murmurō 1 zumurmeln; gegen *etw.* murmeln.

im-mūtābilis, e unveränderlich.

im-mūtātiō, ōnis f Veränderung; *s.* mūtātiō.

im-mūtō 1 verändern.

im-pācātus 3 unruhig (*v. Völkern*).

im-pār, aris ungleich; unterlegen.

im-parātus 3 unvorbereitet.

im-pāstus 3 ungefüttert, hungrig.

im-patiēns, entis unfähig zu ertragen; ungeduldig.

im-pavidus 3 unerschrokken.

impedīmentum, I n Hindernis; *pl.* Gepäck, Troß *m.*

im-pediō 4 festhalten; un

zugänglich machen; auf-
halten, hindern; verwirren
(Gemüter).

impeditus 3 gehindert; unwegsam, unzugänglich;
schwerbepackt; schwierig.

im-pēgī s. im-pingō.

im-pellō, pulī, pulsus 3
schlagen, anstoßen; nie-
derwerfen; bewegen, an-
treiben, verleiten zu.

im-pendeō, -, - 2 über etw.
hängen; drohen, drohend
bevorstehen.

impendium, ī n Aufwand,
Kosten.

im-pendō, ndī, ēnsus 3 aufwenden, ausgeben; ver-
wenden; **impēnsus** 3 teuer,
kostspielig; groß, bedeu-
tend, ernst.

impēnsa, ae f Aufwand,
Kosten.

imperātor, ōris m Herrscher; Feldherr, Befehls-
haber; Kaiser.

imperātōrius 3 des Herr-
schers (od. Feldherrn);
kaiserlich.

imperditus 3 nicht getötet.

im-perfectus 3 unvollendet.

imperiōsus 3 mächtig; tyrannisch.

im-peritia, ae f Unerfahrenheit.

imperitō 1 beherrschen, befehligen.

imperītus 3 unerfahren,
unkundig.

imperium, ī n Befehl; Gewalt, Herrschergewalt;
Herrschaft, Regierung;

Oberbefehl, Kommando
n; Reich; Amtsgewalt.

imperō 1 befehlen; herrschen, regieren über; auferlegen.

im-pertiō 4 zuteilen; ausrüsten, versehen mit.

im-pervius 3 unwegsam.

impetrābilis, e erreichbar.

im-petrō 1 (durch Bitten)
erreichen, erlangen.

impetus, ūs m Ungestüm n,
Andrang; Angriff, Über-
fall; Schwung, Begeiste-
rung.

im-pexus 3 ungekämmt.

im-pietās, ātis f Mangel an
Ehrfurcht; Pflichtverges-
senheit; Gottlosigkeit.

im-piger 3 unermüdlich,
aktiv, sehr tätig (od.
rege).

im-pingō, pēgī, pāctus 3
schlagen, stoßen, treiben,
drängen; aufdrängen.

im-pius 3 pflichtvergessen;
unehrerbietig; gottlos,
ruchlos, frevelhaft.

im-plācābilis, e unversöhnlich.

im-plācātus 3 unversöhnlich; grausam.

im-placidus 3 unsanft, kriegerisch, wild.

im-pleō, ēvī, ētus 2 anfüllen; ergänzen.

im-plexus 3 eingeflochten.

implicātiō, ōnis f Verflech-
tung; Verworrenheit.

im-plicō, uī (und āvī), ātus
und itus 1 verwickeln;
verknüpfen; verwirren;

im-plōrātiō, ōnis f das Anflehen.

im-plōrō 1 anflehen; erflehen.

im-plūmis, e ungefiedert.

im-pluvium, ī n (dachloser) Hofraum. (gebildet.)

im-politus 3 ungefeilt; un-)

im-pōnō 3 hineinsetzen, auflegen; auferlegen; täuschen; anlegen, ansetzen.

im-portō 1 einführen; zufügen.

importūnitās, ātis f Rücksichtslosigkeit.

im-portūnus 3 ungünstig gelegen; beschwerlich; rücksichtslos, brutal.

im-portuōsus 3 hafenlos.

im-potēns, entis ohnmächtig; nicht mächtig, nicht Herr; zügellos, maßlos.

im-potentia, ae f Ohnmacht; Zügellosigkeit.

im-prānsus 3 nüchtern, ohne Frühstück.

im-precor 1 j-m etw. Schlechtes anwünschen.

im-pressiō, ōnis f Angriff.

im-prīmis adv. besonders.

im-prīmō, pressī, pressus 3 aufdrücken.

im-probitās, ātis f Schlechtigkeit, Unredlichkeit, Verworfenheit.

im-probō 1 mißbilligen, verwerfen.

im-probus 3 schlecht, unredlich, böse, ruchlos, schamlos.

im-prōvidus 3 ahnungslos, unbekümmert.

im-prōvīsus 3 unvermutet, unvorhergesehen.

im-prūdēns, entis ahnungslos; unabsichtlich; unkundig; unklug.

im-prūdentia, ae f Unabsichtlichkeit; Unkenntnis; Unklugheit.

im-pūbēs, eris (und impūbis, e) unerwachsen, unreif.

im-pudēns, entis schamlos.

im-pudentia, ae f Schamlosigkeit.

im-pudīcitia, ae f Unkeuschheit, Unzucht.

im-pudīcus 3 unkeusch, unzüchtig.

im-pūgnō 1 angreifen, bekämpfen.

impulī s. im-pellō.

impulsor, ōris m Anreger.

impulsus, ūs m Anregung, Initiative, Anstoß.

impūne adv. straflos; ohne Gefahr.

impūnitās, ātis f Straflosigkeit.

im-pūnītus 3 straflos; zügellos.

im-pūrātus 3 schuftig, gemein, niederträchtig.

impūritās, ātis f Lasterhaftigkeit; Gemeinheit.

im-pūrus 3 unsauber; lasterhaft.

im-putō 1 anrechnen, zuschreiben.

īmus 3 s. īnferus.

in prp. 1. b. abl. in, an, auf; innerhalb von; im Verlauf von, während; 2. b. acc.

in ... hinein, in, auf, nach; bis in; für, auf; gegen- (über).

in-accessus 3 unzugänglich.

in-aedificō 1 anbauen; verbarrikadieren.

in-aequālis, e uneben; ungleich; unbeständig.

in-aestimābilis, e unberechenbar; unschätzbar.

in-amābilis, e unfreundlich.

in-ambulō 1 spazierengehen.

in-animus 3 leblos; unbeseelt.

in-ānis, e leer; ausgeplündert; vergeblich, erfolglos; prahlerisch, geckenhaft; *subst.* **ināne**, is *n die* Leere.

in-arātus 3 ungepflügt.

in-ārdēscō, ārsī, - 3 sich entzünden.

in-assuētus 3 ungewöhnt.

in-audiō 4 insgeheim erfahren.

in-audītus 3 unerhört.

in-augurō 1 Augurien (Weissagungen durch Vogelschau) anstellen; einweihen.

in-aurō 1 vergolden.

in-ausus 3 ungewagt.

inb... *s.* **imb...**

in-caeduus 3 ungehauen.

in-calēscō, luī, - 3 warm werden; entbrennen.

in-callidus 3 ungeschickt.

in-candēscō, duī, - 3 glühend heiß werden.

in-cānēscō, nuī, - 3 weißgrau schimmern.

in-cānus 3 ganz grau.

in-cassum *adv.* vergeblich.

in-cautus 3 unvorsichtig; unbewacht.

in-cēdō, ssī, ssum 3 einhergehen; heranrücken; hereinbrechen, um sich greifen; betreten; befallen.

incendium, ī *n* Brand, Feuersbrunst; Hitze, Glut.

in-cendō, ndī, ēnsus 3 anzünden, in Brand stecken; erleuchten; entflammen.

in-cēnsiō, ōnis *f* Brand(stiftung).

in-cēnsus 3 vom Zensor nicht abgeschätzt.

in-ceptō 1 anfangen.

inceptum, ī *n und* -tus, ūs *m* Anfang; Unternehmen.

in-certus 3 ungewiß, unsicher.

in-cessō, (īv)ī 3 losgehen *auf*, angreifen.

in-cessus, ūs *m* Gehen, Gang; Vorrücken, Einfall.

incestō 1 beflecken, schänden.

in-cestus¹ 3 befleckt, unzüchtig, unkeusch.

in-cestus², ūs *m* Unzucht, Blutschande.

in-cidō¹, cidī, cāsum 3 hineinfallen; überfallen, angreifen; stoßen *auf*; widerfahren.

in-cīdō², cīdī, cīsus 3 einschneiden; durchschneiden, unter-, abbrechen.

in-cingō 3 umgürten.

in-cipiō, *pf.* coepī, coeptus *u.* inceptus 3 anfangen; unternehmen.

incitāmentum, ī n Ansporn.

incitātiō, ōnis f das Anspornen; Erregung; Schwung; Antrieb.

in-citō 1 antreiben, anspornen; erregen.

in-citus 3 schnell.

in-clāmō 1 laut rufen; anschreien.

in-clēmēns, entis schonungslos, streng.

in-clēmentia, ae f Schonungslosigkeit, Härte, Strenge.

in-clīnātiō, ōnis f Neigung; Veränderung.

in-clīnō 1 (sich) neigen; wenden; zum Sinken bringen; entscheidend wenden; ins Wanken kommen.

inclitus 3 = inclutus.

in-clūdō, sī, sus 3 einschließen; einfügen; hemmen, zurückhalten.

in-clutus 3 berühmt, bekannt.   [dacht.]

in-cōgitāns, antis unbe-⌉

in-cognitus 3 unbekannt; unbedacht.

in-cohō 1 anfangen.

incola, ae m u. f Einwohner(in).

in-colō 3 bewohnen.

in-columis, e unverletzt, unversehrt.

incolumitās, ātis f Unverletztheit.

in-comitātus 3 unbegleitet.

in-commoditās, ātis f Ungunst, Bedrängnis.

in-commodō 1 beschwerlich fallen.

in-commodus 3 unbequem, beschwerlich; subst. in-commodum, ī n Unbequemlichkeit, Nachteil; Leiden.

in-compertus 3 unerforscht.

in-compositus 3 ungeordnet, ungeregelt.

in-cōmptus 3 ungekämmt; ungepflegt.

in-concessus 3 unerlaubt.

in-concinnus 3 unharmonisch; ungeschickt, plump.

in-conditus 3 ungeordnet; kunstlos.

in-cōnsīderātus 3 unbedacht; übereilt.

in-cōnstāns, antis unbeständig.

in-cōnstantia, ae f Unbeständigkeit.

in-cōnsultus 3 unüberlegt, unbesonnen.

in-cōnsūmptus 3 unverbraucht.

in-continēns, entis unmäßig, maßlos.

in-continentia, ae f Ungenügsamkeit, Maßlosigkeit.

in-coquō 3 kochen; färben.

in-corruptus 3 unverdorben; aufrichtig.

in-crēb(r)ēscō, b(r)uī, - 3 häufig werden, zunehmen.

in-crēdibilis, e unglaublich.

in-crēmentum, ī n Wachstum; Zunahme; Nachwuchs; Same.

in-crepitō 1 anfahren, schelten.

in-crepō, uī, itum 1 intr. rauschen; lärmen; rasseln;

laut werden; *trans.* ertönen lassen; schelten, ausschimpfen.

in-crēscō, crēvī, - 3 wachsen, zunehmen.

in-cruentus 3 unblutig.

in-cubō, uī, itum 1 liegen *auf*; brüten *über.*

in-culcō 1 einprägen; aufdrängen.

in-cultus¹ 3 unangebaut; ungeordnet; ungepflegt.

in-cultus², ūs *m* Verwahrlosung.

in-cumbō, cubuī, cubitum 3 sich legen *auf*; sich stürzen *auf*; sich widmen; sich zuwenden.

in-cūnābula, ōrum *n/pl.* Wiege; Geburtsort; Ursprung.

in-cūria, ae *f* Mangel an Sorgfalt; Vernachlässigung.

in-cūriōsus 3 nachlässig.

in-currō, (cu)currī, cursum 3 rennen *gegen*; anstürmen, angreifen; begegnen, stoßen *auf.*

in-cursiō, ōnis *f* Angriff, Invasion *f*, Einfall.

in-cursō 1 anstürmen *gegen*, angreifen.

in-cursus, ūs *m* = **incursiō.**

in-curvō 1 krümmen, beugen.

in-curvus 3 gekrümmt.

in-cūs, ūdis *f* Amboß *m.*

in-cūsō 1 beschuldigen, anklagen.

in-cūstōdītus 3 unbewacht.

in-cutiō, cussī, cussum 3 anschlagen, anstoßen; einflößen.

ind-āgō¹ 1 aufspüren; erforschen.

ind-āgō², inis *f* Umzingelung, Treibjagen.

in-de *adv.* von dort; von der Zeit ab; deshalb.

in-dēbitus 3 nicht gebührend, unverdient.

in-decoris, e schimpflich.

in-decōrus 3 häßlich; unschicklich, unehrenhaft.

in-dēfēnsus 3 unverteidigt.

in-dēfessus 3 unermüdlich.

in-dēmnātus 3 unverurteilt.

in-dēprēnsus 3 unbegreiflich.

in-dex, icis *m* (*und f*) Angeber(in); Spion, Verräter; Kennzeichen; Zeigefinger; Titel, Aufschrift.

indicium, ī *n* Anzeige, Verrat; Protokoll; Kennzeichen, Merkmal; Beweis.

in-dicō¹ 1 anzeigen, verraten; taxieren, angeben.

in-dīcō² 3 ankündigen, öffentlich bekanntgeben; (*Krieg*) erklären; auferlegen.

in-dictus 3 ungesagt; unbesungen.

ind-idem *adv.* ebendaher, aus dem gleichen Ort, ebenfalls aus.

indi-gena, ae *m und f* Inländer(in), Einheimische(r).

indigentia, ae *f* Bedürfnis; Unersättlichkeit.

ind-igeō, uī, - 2 Mangel haben, bedürftig sein, nötig haben, brauchen; verlangen *nach*.

indigĕs, etis *m* einheimischer Gott od. Heros.

in-dignāns, antis entrüstet, unwillig.

in-dignātiō, ōnis *f* Entrüstung, Unwille.

in-dignitās, ātis *f* Unwürdigkeit; Schmach; Entrüstung.

in-dignor 1 sich empören.

in-dignus 3 unwürdig; unschuldig; ungeziemend, empörend.

indigus 3 bedürftig.

in-dīligēns, entis nachlässig.

in-dīligentia, ae *f* Nachlässigkeit.

ind-ipiscor, deptus sum 3 erreichen, erlangen.

in-discrētus 3 ununterscheidbar.

in-dō, didī, ditus 3 hineintun; einflößen; beigeben.

in-docilis, e ungelehrig; ungebildet.

in-doctus 3 ungelehrt.

ind-olēs, is *f* natürliche Beschaffenheit; Begabung, Talent.

in-dolēscō, luī, - 3 Schmerz (Kummer) empfinden.

in-domitus 3 ungezähmt, wild.

in-dormiō 4 schlafen *auf*.

in-dōtātus 3 unausgesteuert.

in-dūcō 3 ziehen *über*; hin-

ein-, heimführen; veranlassen; verleiten.

in-ductiō, ōnis *f* Zuleitung; Neigung.

indulgēns, entis nachsichtig; gütig.

indulgentia, ae *f* Nachsicht; Güte.

in-dulgeō, lsī, ltum 2 nachsichtig sein; sich ganz hingeben.

ind-uō, uī, ūtus 3 anziehen; sich einwickeln.

in-dūrēscō, ruī, - 3 hart werden; sich abhärten.

in-dūrō 1 härten; stählen.

industria, ae *f* Fleiß, Energie; (**dē**) **industriā** absichtlich.

industrius 3 fleißig, aktiv, betriebsam.

indūtiae, ārum *f/pl.* Waffenstillstand.

in-edia, ae *f das* Fasten, Hungern.

in-ēluctābilis, e unabwendbar.

in-ēmptus 3 ungekauft.

in-eō, iī, itum, īre hineingehen; beginnen; anfangen; antreten, übernehmen.

ineptiae, ārum *f/pl.* Albernheiten.   [faseln.]

ineptiō 4 töricht reden,\

in-eptus 3 unbrauchbar; unpassend, unschicklich; töricht.

in-ermis, e *und* **-mus** 3 unbewaffnet, wehrlos.

in-ers, tis ungeschickt; untätig, faul.

inertia, ae f Ungeschicklichkeit; Trägheit, Faulheit.

in-esco 1 ködern.

in-ēvītābilis, e unvermeidbar.

in-exercitātus 3 ungeübt, ungeschult.

in-exhaustus 3 unerschöpft; unerschöpflich.

in-exōrābilis, e unerbittlich. [unerprobt.]

in-expertus 3 unerfahren;

in-expiābilis, e unsühnbar; unversöhnlich.

in-explēbilis, e unersättlich.

in-explētus 3 unersättlich.

in-explicābilis, e unentwirrbar; ungangbar; unerklärlich.

in-explōrātus 3 unerforscht.

in-expūgnābilis, e uneinnehmbar.

in-exstīnctus 3 ungelöscht; unersättlich.

in-exsuperābilis, e unüberwindlich.

in-extrīcābilis, e unentwirrbar.

in-fabrē adv. kunstlos.

in-facētus 3 unfein, plump, abgeschmackt.

in-fācundus 3 unberedt.

infāmia, ae f schlechter Ruf; Schande.

in-fāmis, e verrufen; schimpflich.

in-fāmō 1 in e-n schlechten Ruf bringen; verdächtigen.

in-fandus 3 unsagbar; abscheulich.

īn-fāns, antis noch nicht sprechend, sehr jung; subst. **īnfāns, antis** m und f kleines Kind, Baby.

īnfantia, ae f Mangel an Beredsamkeit; frühe Kindheit.

īn-fatuō 1 betören.

īn-faustus 3 unheilvoll, unglücklich.

īn-fectus 3 ungetan, unvollendet.

īn-fēcundus 3 unfruchtbar.

īn-fēlīcitās, ātis f Unfruchtbarkeit; Unglück.

īn-fēlīx, īcis unfruchtbar; unglücklich; unheilvoll.

īn-fēnsus 3 feindselig.

īnferiae, ārum f/pl. Totenopfer.

īnferior, ius s. **īnferus.**

īnfernus 3 unten befindlich, unterer; zur Unterwelt gehörig.

īn-ferō, intulī, illātum 3 **ferre** hineintragen, -bringen; antun, zufügen; darbringen; vorbringen; äußern; einflößen.

īnferus 3 der untere; subst. **īnferī, ōrum** m/pl. die Unterirdischen, Verstorbenen, Unterwelt; comp. **īnferior, ius** tiefer, niedriger; sup. **īnfimus** 3 und **īmus** 3 der unterste, niedrigste; zeitl. der letzte (Monat).

īn-festus 3 bedrohlich, feindlich; gefährdet.

īn-ficētus 3 = **īn-facētus.**

īn-ficiō, fēcī, fectus 3 färben, bemalen; verpesten, anstecken.

īn-fidēlis, e treulos.

īn-fidēlitās, ātis f Treulosigkeit.

īn-fidus 3 treulos, unzuverlässig.

īn-fīgō 3 hineinstoßen; fest richten *auf*; einprägen.

īnfimus 3 *s*. īnferus.

īn-findō 3 einschneiden.

īn-fīnītus 3 unbegrenzt, endlos; unbestimmt.

īn-firmitās, ātis f Schwäche.

īn-firmō 1 schwächen; ungültig machen.

īn-firmus 3 schwach; krank; kleinmütig; gering, wertlos.

īn-fit er (sie) fängt an (*zu reden*).

īnfitiae f/pl. nur: īnfitiās īre leugnen; *mit Negation*: zugestehen, anerkennen.

īnfitiātor, ōris m Ableugner.

īnfitior 1 leugnen.

īn-flammō 1 anzünden, in Brand setzen; entflammen, erregen, anfeuern.

īn-flātus 3 (an)geschwollen; aufgeblasen, stolz; aufgebracht; schwülstig.

īn-flectō 3 beugen; verändern; beeindrucken.

īn-flētus 3 unbeweint.

īn-flīgō, xī, ctus 3 stoßen *gegen*; zufügen.

īn-flō 1 aufblasen; ermutigen, anfeuern.

īn-fluō, ūxī, - 3 hineinfließen.

īn-fodiō 3 ein-, vergraben.

īn-fōrmis, e unförmlich, häßlich.

īn-fōrmō 1 bilden, formen; sich vorstellen; darstellen, schildern; ausbilden.

īn-fortūnātus 3 unglücklich.

īn-fortūnium, ī n Unglück; Züchtigung.

īnfrā 1. *adv.* unterhalb; 2. *prp. b. acc.* unterhalb; *zeitl.* nach, später als; geringer (*od.* weniger) als.

īn-frāctus 3 gebrochen; mutlos, niedergeschlagen, verzagt.

īn-frēgī *s*. īn-fringō.

īn-fremō 3 murren, grunzen; toben (*Krieg*).

īn-frenedō 2 knirschen.

īn-frēnis 3 (*und* -us 3) ungezäumt.

īn-frēnō 1 aufzäumen.

īn-frequēns, entis nicht zahlreich.

īn-frequentia, ae f geringe Anzahl.

īn-fringō, frēgī, frāctus 3 abbrechen; schwächen; abschlagen (*Angriff*).

īn-fuī *s*. īn-sum.

īnfula, ae f priesterliche Kopfbinde.

īnfumus = īnfimus.

īn-fundō 3 eingießen; überschütten *mit*.

īn-fuscō 1 dunkel färben; trüben.

īn-gemino 1 verdoppeln.

in-gemīscō, muī, - 3 stöhnen *über*.

in-gemō 3 = in-gemīscō.

in-generō 1 einpflanzen; schaffen.

in-geniōsus 3 geistreich, begabt, talentvoll.

in-genium, ī n Begabung, Talent, Genie; Charakter, Gemütsart, Temperament; Verstand, Scharfsinn, Geist.

in-gēns, entis ungeheuer, gewaltig, außerordentlich.

ingenuitās, ātis f edle Geburt; Aufrichtigkeit, offener Charakter, Freimut.

in-genuus 3 einheimisch; freigeboren; edelmütig, aufrichtig.

in-gerō 3 hinein-tun, -werfen; aufdrängen.

in-glōrius 3 unrühmlich.

in-gluviēs, ēī f Kropf; Schlund.

in-grāt(i)is adv. ungern.

in-grātus 3 unangenehm; undankbar; unersprießlich.

in-gravēscō, -, - 3 schwerer werden; sich verschlimmern.

in-gravō 1 beschweren; verschlimmern.

in-gredior, gressus sum 3 gehen, laufen, schreiten; hineingehen; anfangen.

in-gressiō, ōnis f = in-gressus.

in-gressus, ūs m das Gehen; das Hineingehen, Einzug; Anfang.

in-gruō, uī, - 3 befallen (Krankheit); hereinbrechen (Gefahr).

inguen, inis n Unterleib, die Weichen pl.

in-gurgitō 1 (mit se) sich stürzen; sich den Magen überladen.

in-habilis, e schwer zu handhaben; unhandlich; ungeschickt.

in-haereō, sī, - 2 festhängen, festsitzen.

in-haerēscō, haesī, - 3 = inhaereō.

in-hibeō, uī, itus 2 zurückhalten; rückwärts rudern; anwenden, gebrauchen.

in-hiō 1 den Mund aufsperren, gaffen; trachten nach. [ehrlos.)

in-honestus 3 unsittlich;)

in-honōrātus 3 ungeehrt, unangesehen; unbeschenkt.

in-horreō, -, - 2 starren.

in-horrēscō, uī, - 3 zu starren beginnen; aufwogen; erbeben.

in-hospitālis, e ungastlich.

in-hospitus 3 ungastlich.

in-hūmānitās, ātis f Unmenschlichkeit, Grausamkeit; Roheit, Mangel an Bildung, Unfreundlichkeit.

in-hūmānus 3 unmenschlich, grausam, roh, ungebildet, unhöflich, unfreundlich.

in-humātus 3 unbeerdigt.

in-iciō, iēcī, iectus 3 hineinwerfen, hineinbringen; einflößen; verursachen; erwähnen.

inimīcitiae, ārum *f/pl.* Feindschaft.

inimīcō 1 verfeinden.

in-imīcus 3 feindlich; *subst.* ~, ī m (persönlicher) Feind.

inīquitās, ātis *f* Unebenheit, Ungleichheit; Ungunst, Schwierigkeit; Ungerechtigkeit, übertriebene Strenge.

in-īquus 3 uneben; ungleich; ungünstig; übermäßig; ungerecht; abgeneigt, feindlich; unwillig.

in-itiō 1 einweihen; in die Bürgerliste aufnehmen.

initium *n* Anfang; *pl.* Elemente; Anfangsgründe, Grundlagen; Mysterien.

in-itus, ūs *m* Ankunft; Anfang.

in-iūcundus 3 unangenehm, unfreundlich.

in-iungō 3 anfügen; aufbürden.

in-iūrātus 3 nicht vereidigt.

iniūria, ae *f* Unrecht; Ungerechtigkeit; Rechtsverletzung; Gewalttat.

iniūriōsus 3 ungerecht; gewalttätig.

in-iūrius 3 ungerecht.

in-iussū ohne Befehl.

in-iussus 3 ungeheißen, von selbst, von sich aus.

in-iūstitia, ae *f* Ungerechtigkeit.

in-iūstus 3 ungerecht; hart, drückend, schwer.

inl..., inm... *s.* ill..., imm...

in-nāscor 3 entstehen, wachsen *auf*.

in-natō 1 hineinschwimmen; schwimmen *auf*.

in-nātus 3 angeboren.

in-nectō 3 umschlingen, umknüpfen.

in-nītor 3 sich stützen *auf*.

in-nō 1 hineinschwimmen.

in-nocēns, entis unschuldig; unbescholten; harmlos.

innocentia, ae *f* Unschuld; Unbescholtenheit.

in-nocuus 3 = in-noxius.

in-nōtēscō, tuī, - 3 bekannt werden.

in-noxius 3 unschädlich, harmlos; unschuldig; unverletzt.

in-nūbō 3 einheiraten.

in-nubus 3 = in-nuptus.

in-numerābilis, e unzählig.

in-numerus 3 zahllos.

in-nuō, uī, - 3 zuwinken.

in-nūptus 3 unverheiratet.

in-observātus 3 unbeobachtet.

in-offēnsus 3 unangestoßen; ungehindert, ungestört; klippenlos (*Meer*).

in-olēscō, lēvī, litum 3 hineinwachsen.

inopia, ae *f* Mangel, Armut, Not; Hilflosigkeit.

in-opīnāns, antis ahnungslos.

in-opīnātus (*und* in-opīnus) 3 unerwartet.

in-ops, opis hilflos, ratlos; mittellos, arm.

in-ōrdinātus 3 ungeordnet.

in-ōrnātus 3 schmucklos.

inp... *s.* imp...

inquam *def.* sagen.

in-quiĕtus 3 unruhig.

in-quinō 1 beflecken, verunreinigen *usw.*

in-quīrō, sīvī, sītus 3 aussuchen; untersuchen, erforschen.

in-quīsītiō, ōnis *f* Untersuchung; Erforschung.

in-quīsītor, ōris *m* Untersuchungsrichter.

inr... s. irr...

īn-sānābilis, e unheilbar.

īnsānia, ae *f* Wahnsinn; Begeisterung.

īn-sāniō 4 wahnsinnig sein, toben, außer sich sein.

īn-sānus 3 wahnsinnig, verrückt; tobend; übermäßig groß.

īn-satiābilis, e unersättlich.

īn-sciēns, entis nicht wissend.

īn-scientia, ae *f* Unwissenheit, Unkenntnis.

īnscītia, ae *f* Ungeschicklichkeit; Unverstand.

īn-scītus 3 ungeschickt, plump. [kundig.]

īn-scius 3 unwissend, un-|

īn-scrībō 3 aufschreiben; zuschreiben, beilegen (*e-n Namen*).

īn-scrīptiō, ōnis *f* Aufschrift, Titel.

īn-sculpō 3 einmeißeln, eingravieren.

īn-sectātiō, ōnis *f* Verfolgung; Verhöhnung.

īn-sector 1 verfolgen; verhöhnen.

īn-senēscō, nuī, - alt werden *bei.*

īn-sepultus 3 nicht begraben.

īn-sequor 3 auf dem Fuße folgen; verfolgen; tadeln.

īn-serō¹, sēvī, situs 3 einsäen, einpflanzen; *s.* **īn-situs.**

īn-serō², ruī, rtus 3 einfügen, hineinstecken; hineinbringen.

īn-sertō 3 hineinstecken.

īn-serviō 4 dienen; ergeben sein.

īn-sideō, sēdī, sessum 2 sitzen *in, auf;* seßhaft sein; besetzt halten.

īnsidiae, ārum *f/pl.* Hinterhalt; Nachstellungen, Attentat, Anschlag, Hinterlist; Tücke, Überlistung.

īnsidiātor, ōris *m* Wegelagerer, Bandit.

īnsidior 1 im Hinterhalt liegen; Nachstellungen bereiten, *j-m* auflauern.

īnsidiōsus 3 hinterlistig, gefährlich.

īn-sīdō, sēdī, sessum 3 sich (nieder)setzen; sich ansiedeln; sich festsetzen; sich einprägen.

īnsigne, is *n* Kenn-, Abzeichen; Wappen, Ehrenzeichen; Schiffsflagge.

īn-signiō 4 kenntlich machen, kennzeichnen.

īn-signis, e auffallend, ausgezeichnet, beachtenswert.

īnsignītus 3 ausgezeichnet, auffallend.

īn-siliō, luī, - 4 hinein-, hinaufspringen.

īn-simulātiō, ōnis f Beschuldigung, Anklage.

īn-simulō 1 beschuldigen, anklagen.

īn-sinuō 1 (sich) hineindrängen.

īn-sipiēns, entis unverständig, albern.

īn-sistō, stitī, - 3 sich hinstellen auf: (Weg) einschlagen; eifrig bei eiben; j-n verfolgen; haltmachen; bei etw. verweilen.

īnsitiō, ōnis f das Aufpfropfen. [unecht.]

īnsitīvus 3 aufgepfropft;

īn-situs 3 angeboren; s. īn-serō[1].

īn-sociābilis, e unverträglich, ungesellig.

īn-solēns, entis ungewohnt; ungewöhnlich; anmaßend, arrogant, frech; verwegen, übermütig.

īn-solentia, ae f Ungewöhnlichkeit; Anmaßung, Unverschämtheit.

īn-solitus 3 ungewohnt; ungewöhnlich.

īn-somnia, ae f Schlaflosigkeit.

īn-somnis, e schlaflos.

īn-somnium, ī n Traum.

īn-sonō, uī, - 1 ertönen, rauschen usw.

īn-sōns, ontis unschuldig.

īn-spectō 1 zuschauen.

īn-spērāns, antis wider Erwarten.

īn-spērātus 3 unverhofft.

īn-spergō, rsī, rsus 3 daraufstreuen.

īn-spexī s. īn-spiciō.

īn-spiciō, spexī, spectus 3 hineinblicken; (nach-) lesen; besichtigen; mustern; untersuchen.

īn-spīrō 1 hineinblasen; einhauchen; einflößen; begeistern.

īn-stabilis, e schwankend; unstet, unbeständig; haltlos.

īnstar n indecl. Ebenbild, gleiche Gestalt (od. Größe); mit gen. in der Art, wie.

īnstaurātiō, ōnis f Erneuerung.

īn-staurō 1 veranstalten; erneuern; wiederholen.

īn-sternō 3 darüberbreiten; überdecken.

īn-stīgō 1 aufhetzen.

īn-stīllō 1 einträufeln.

īn-stimulō 1 anstacheln.

īn-stīnctus, ūs m Anreiz, Antrieb.

īn-stinguō, īnxī, īnctus 3 anreizen.

īnstita, ae f Besatz (an der Frauentunika).

īn-stitī s. īn-stō.

īnstitor, ōris m Hausierer.

īn-stituō, uī, ūtus 3 hineinstellen; (Truppen) aufstellen; errichten, bauen; j-n einsetzen; anfangen, beginnen, sich vornehmen; einführen; festsetzen, verordnen; unterrichten, unterweisen.

īnstitūtiō, ōnis f Einrichtung; Unterricht.

īnstitūtum, ī n Brauch; Vorhaben; Plan.

īnstō, stitī, (statūrus) 3 stehen auf; hart zusetzen; in der Nähe sein, drohen; eifrig betreiben.

īn-strūctiō, ōnis f Aufstellung.

īnstrūctus 3 aufgestellt; ausgerüstet, versehen mit; unterwiesen in.

īnstrūmentum, ī n Gerät, Werkzeug; Ausstattung; (Hilfs-)Mittel.

īn-struō 3 hineinbauen; aufstellen; errichten; ausrüsten, versehen; unterrichten.

īn-suāvis, e unangenehm.

īn-suēscō 3 (sich) gewöhnen an.

īn-suētus 3 ungewohnt; ungewöhnlich. [haus.]

īnsula, ae f Insel; Miets-

īnsulsitās, ātis f Geschmacklosigkeit.

īn-sulsus 3 geschmacklos; albern.

īn-sultō 1 hineinspringen; verhöhnen.

īn-sum, īnfuī, inesse in (auf, bei, an etw.) sein; innewohnen.

īn-sūmō 3 aufwenden, verwenden auf.

īn-suō 3 einnähen.

īn-super adv. darüber; obendrein.

īn-superābilis, e unüberwindlich.

īn-surgō 3 sich erheben.

īn-susurrō 1 zuflüstern.

in-tābēscō, buī, - 3 schmelzen; sich verzehren.

in-tāctus 3 unberührt; unversehrt; unversucht.

in-tēctus 3 unbedeckt.

in-teger, gra, grum unberührt, ganz, vollständig; unverletzt; frisch, unverbraucht, gesund; unbescholten; vernünftig, vorurteilsfrei.

in-tegō 3 bedecken.

integritās, ātis f Unversehrtheit, Reinheit, Keuschheit; Lauterkeit, Redlichkeit, unbescholtener Charakter.

integrō 1 wiederherstellen; erneuern.

in-tegumentum, ī n Decke; Maske.

intellēctus, ūs m Verständnis; Sinn.

intellegēns, entis einsichtig, verständig.

intellegentia, ae f Einsicht, Verständnis; Kenntnis; Begriff, Idee. [lauter.]

in-temerātus 3 unverletzt;

in-temperāns, antis unbeherrscht, zügellos.

in-temperantia, ae f Unbeherrschtheit.

in-temperiēs, ēī f Übermaß; Zügellosigkeit; schlechtes Wetter.

in-tempestīvus 3 unangebracht, ungelegen.

in-tempestus 3: nox intempesta dunkle Nacht.

in-temptātus 3 unversucht.

in-tendō, ndī, ntus 3 anspannen; ausstrecken; zielen; wenden; erstreben, beabsichtigen.

in-tentiō, ōnis f Anstrengung; Aufmerksamkeit.

in-tentō 1 drohend ausstrecken; androhen.

in-tentus 3 angespannt; aufmerksam; eifrig beschäftigt *mit*; eifrig.

in-tepēscō, puī, - 3 warm werden.

inter *prp. b. acc.* zwischen; während; inter sē untereinander, gegenseitig.

inter-calāris, e eingeschaltet, Schalt...

inter-calō 1 (*e-n Tag, Monat*) einschalten; aufschieben.

inter-cēdō 3 dazwischengehen; dazwischentreten, Einspruch erheben; sich verbürgen; bestehen, herrschen.   [untreuer.\

interceptor, ōris *m* Ver-\

inter-cessiō, ōnis f Einspruch; Vermittlung.

inter-cessor, ōris *m* Einsprucherheber; Vermittler.

inter-cīdō¹, cīdī, cīsus 3 durchschneiden; (*Brücke*) abbrechen.

inter-cīdō², cidī, - 3 dazwischenfallen; zugrunde gehen; vergessen werden.

inter-clūdō, sī, sus 3 abschneiden, versperren, trennen von.

inter-currō, (cu)currī, cursum 3 dazwischentreten, sich einmischen.

inter-cursō 1 = inter--currō.

inter-cursus, ūs *m das* Dazwischeneilen; Einmischung.

inter-dīcō 3 verbieten, untersagen; *subst.* inter-dictum, ī *n* Verbot; prätorischer Bescheid.

inter-dictiō, ōnis f Verbot; ~ aquae et ignis Verbannung.

inter-diū *adv.* bei Tage.

inter-dum *adv.* manchmal, bisweilen, mitunter.

inter-eā *adv.* inzwischen; indessen, jedoch.

inter-ēmī *s.* inter-imō.

inter-eō, iī, itum, īre zugrunde gehen, untergehen, umkommen.

inter-equitō 1 dazwischenreiten.

inter-fēcī *s.* inter-ficiō.

inter-fector, ōris *m* Mörder.

inter-ficiō, fēcī, fectus 3 töten; vernichten.

inter-for 1 dazwischenreden.

inter-fūsus 3 dazwischenfließend.

inter-iaceō 2 dazwischenliegen.

inter-iciō, iēcī, iectus 3 dazwischenwerfen, -stellen.

inter-iī *s.* inter-eō.

interim *adv.* inzwischen.

inter-imō, ēmī, emptus 3 aus dem Wege räumen, beseitigen, umbringen.

inter·ior, ius innerer; binnenländisch; eng, vertraut.

inter·itus, ūs *m* Untergang, Vernichtung.

inter·linō 3 dazwischen bestreichen; durch Ausstreichen v. Wörtern fälschen.

inter·lūceō, xī, - 2 dazwischen hervorschimmern.

inter·luō, -, - 3 durchströmen.

inter·minor 1 unter Drohungen verbieten.

inter·misceō 2 dazumischen.

inter·missiō, ōnis *f* Unterlassung; Unterbrechung.

inter·mittō 3 dazwischentreten lassen; unterbrechen; verstreichen lassen.

inter·morior 3 unvermerkt sterben; ohnmächtig werden.

inter·necīvus 3 mörderisch.

inter·neciō, ōnis *f* Niedermetzelung; völlige Vernichtung.

inter·nōscō, nōvī, - 3 voneinander unterscheiden.

inter·nūntius, ī *m* und -tia, ae *f* Unterhändler(in), Parlamentär.

internus 3 einheimisch, inländisch, innerer.

interpellātiō, ōnis *f* Unterbrechung.

inter·pellō 1 in die Rede fallen, einwenden; hindern, unterbrechen.

interpolō 1 aufputzen; fälschen.

inter·pōnō 1 dazwischenstellen; einschieben, einschalten; dazwischen verstreichen lassen; geltend machen.

inter·pres, etis *m* u. *f* Vermittler; Erklärer; Dolmetscher; Übersetzer.

interpretātiō, ōnis *f* Auslegung, Erklärung; Übersetzung.

interpretor 1 erklären, deuten, übersetzen, verstehen.

inter·rēgnum, ī *n* Zwischenregierung.

inter·rēx, rēgis *m* Zwischenkönig, Reichsverweser.

in·territus 3 unerschrocken.

inter·rogātiō, ōnis *f* Frage, Befragung; Verhör.

inter·rogō 1 (be)fragen; verhören; anklagen.

inter·rumpō 3 unterbrechen.

inter·saepiō 4 absperren; abschneiden, trennen von.

inter·scindō 3 auseinanderreißen.

inter·sum, fuī, esse dazwischenliegen; sich unterscheiden; teilnehmen; *in*terest es besteht ein Unterschied; es ist von Wichtigkeit.

inter·texō 3 dazwischen einweben.

inter·trīmentum, ī *n* Abnutzung, Verlust.

inter·vallum, ī *n* Zwischenraum, Entfernung; Pause.

inter·veniō 4 dazwischentreten, sich einstellen; unterbrechen, stören.

in-ūtilis

inter-ventus, ūs *m* Dazwischenkommen; Eintreten; Vermittlung.

inter-vertō 3 unterschlagen.

inter-vīsō, sī, sus 3 von Zeit zu Zeit besuchen.

in-testābilis, e unfähig, vor Gericht Zeuge zu sein; ehrlos. [ment.]

in-testātus 3 ohne Testa-}

intestīnus 3 innerlich; *subst.*

intestīna, ōrum *n/pl.* Eingeweide. [geben.]

in-texō 3 einweben; um-}

intibum, ī *n* Endivie *f*.

intimus 3 innerster; tiefster. [lich.]

in-tolerābilis, e unerträg-}

in-tolerandus 3 unerträglich.

in-tolerāns, antis unfähig zu ertragen; unduldsam; *spätkl.* unerträglich.

in-tolerantia, ae *f* Unerträglichkeit, Unausstehlichkeit. [rauschen.]

in-tonō, uī, - 1 donnern;}

in-tōnsus 3 ungeschoren; dichtbewaldet.

in-torqueō 2 einflechten; schleudern.

intrā *prp. b. acc.* innerhalb; binnen, während.

in-tractābilis, e schwer zu behandeln, wild.

in-tractātus 3 unbehandelt; unversucht.

in-tremō, uī, - 3 erzittern; erbeben.

in-trepidus 3 unerschrokken.

intrō¹ *adv.* hinein.

intrō² 1 eintreten; betreten.

intrō-dūcō 3 (hin)einführen; (*Truppen*) einrücken lassen.

intro-eō, iī, itum, īre hineingehen.

intrō-ferō, tulī, lātus, ferre hineintragen.

intrō-gredior, gressus sum 3 hineingehen.

intro-iī *s.* **intro-eō**.

intro-itus, ūs *m* Eingang; Anfang.

intrō-mittō 3 hineinschikken, -lassen.

intrōrsum *und* **-sus** *adv.* nach innen; innerlich.

intrō-rumpō 3 einbrechen, eindringen.

intrō-spiciō, spexī, spectus 3 hineinschauen; betrachten. [rücksichtigen.]

in-tueor 2 anblicken; be-}

in-tulī *s.* **in-ferō**.

in-tumēscō, muī, - 3 anschwellen.

intumus 2 = **intimus**.

intus *adv.* innen.

in-tūtus 3 ungeschützt; unsicher. [bestraft.]

in-ultus 3 ungerächt; un-}

in-umbrō 1 beschatten.

in-undō 1 überschwemmen.

in-ung(u)ō 3 einsalben.

in-urbānus 3 unfein, ungebildet.

in-ūrō 3 einbrennen; kennzeichnen; brandmarken; einprägen.

in-ūsitātus 3 ungewöhnlich.

in-ūtilis, e unnütz; schädlich.

in-vādō 124

in-vādō, vāsī, vāsum 3 eindringen, losgehen, überfallen, angreifen; (*Schlacht*) beginnen; an sich reißen.

in-validus 3 kraftlos, schwach.

in-vāsī *s.* in-vādō.

in-vehō, vēxī, vectus 3 hineinbringen; mē invehō *od.* P. losgehen auf; hineinfahren.

in-veniō 4 *auf etw.* kommen; entdecken, finden; bewerkstelligen, schaffen.

inventor, ōris *m und* -trix, trīcis *f* Erfinder(in).

inventum, ī *n* Erfindung, Entdeckung.

in-venustus 3 ohne Anmut.

in-vergō, -, - 3 daraufgießen.

in-vertō 3 umwenden; umstürzen; verdrehen.

investīgātor, ōris *m* Erforscher. [forschen.]

in-vestīgō 1 aufspüren; er-]

in-veterāscō, āvī, - 3 alt werden; sich festsetzen (*od.* einnisten); sich einbürgern (*Sitte*); sich durchsetzen (*Meinung*).

īnveterātus 3 alt, alteingewohnt, fest verankert, althergebracht, eingefleischt, fest verwurzelt, tiefgreifend.

in-vēxī *s.* in-vehō.

in-vicem abwechselnd; auf beiden Seiten.

in-victus 3 unbesiegt; unüberwindlich.

in-videō 2 beneiden.

invidia, ae *f* Neid, Mißgunst, Haß; Anfeindung.

invidiōsus 3 neidisch; beneidenswert; verhaßt.

invidus 3 neidisch.

in-vigilō 1 wachen *bei.*

in-violābilis, e unverletzlich.

in-violātus 3 unverletzt; unverletzlich.

in-vīsitātus 3 ungesehen; neu.

in-vīsō, sī, sus 3 besuchen.

in-vīsus verhaßt.

invītāmentum, ī *n* Verlockung, Anreiz.

invītātiō, ōnis *f* Einladung; Aufforderung.

in-vītō 1 einladen; bewirten; auffordern; anreizen.

in-vītus 3 widerwillig.

in-vius 3 unwegsam.

invocātus 3 ungerufen.

in-vocō 1 anrufen.

in-volō 1 herfallen über.

involūcrum, ī *n* Hülle, Decke.

involvō 3 hinaufwälzen; einwickeln.

iō *int.* juchhe!

iocor 1 scherzen.

iocōsus 3 scherzhaft.

ioculāris, e = iocōsus.

iocus, ī *m* Scherz, Spaß.

ipse, a, um selbst, persönlich; gerade, genau; sogar.

īra, ae *f* Zorn, Erbitterung.

īrācundia, ae *f* Jähzorn.

īrācundus 3 jähzornig.

īrāscor, suscēnsuī, īrāscī in Zorn geraten, zürnen.

īrātus 3 zornig, erzürnt.

ir-remeābilis, e keine Rückkehr gewährend.

ir-reparābilis, e unwiederbringlich.

ir-rēpō, rēpsī, - 3 sich einschleichen.

ir-requiētus 3 rastlos.

ir-rētiō 4 im Netz fangen; verwirren, verstricken.

ir-revocābilis, e unwiderruflich.

ir-rīdeō, rīsī, rīsum 2 (ver-) spotten; auslachen.

ir-rigātiō, ōnis f Bewässerung.   [schwemmen.]

ir-rigō 1 bewässern; über-

irriguus 3 bewässernd; bewässert.

ir-rīsī s. ir-rīdeō.

ir-rīsiō, ōnis f = ir-rīsus.

ir-rīsus, ūs m Verhöhnung, Spott.

ir-ritābilis, e reizbar.

irritāmen, inis n u. -mentum, ī n Re.zmittel.

irritātiō, ōnis f Anreiz.

irrītō 1 erregen, reizen, erzürnen.   [geblich.]

ir-ritus 3 ungültig; ver-

ir-rogō 1 etw. gegen j-n beim Volke beantragen; auferlegen, zuerkennen.

ir-rōrō 1 betauen, benetzen.

ir-rumpō 3 eindringen, (hin)einbrechen.

ir-ruō, uī, - 3 hineinstürzen.

irruptiō, ōnis f das Eindringen, Einbruch.

is, ea, id er, sie, es; dieser; solcher; is quī derjenige, welcher; id temporis zu dieser Zeit.

iste, a, ud der (dieser, jener) da.

istic[1], aec, oc u. uc = iste.

istic[2] adv. dort, da.

istinc adv. von dort.

istō(c) adv. dorthin.

istūc adv. dahin, dorthin.

ita adv. (mst. bei Verben) so; folgendermaßen; unter solchen Umständen; ~ est ja!

Italī, ōrum m/pl. Italer, Italiker (frühe Volksstämme Italiens).

ita-que ci. daher, deshalb; itā-que und so.

item adv. ebenso.

iter, itineris n Weg, Reise, Marsch; Art und Weise, Verfahren.

iterō 1 wiederholen.

iterum adv. zum zweiten Male, wiederum.

itidem adv. ebenso, gleichfalls.

itiō, ōnis f das Gehen.

iuba, ae f Mähne.

iubar, aris n strahlendes Licht, Sonnenschein.

iubeō, iūssī, iussus 2 befehlen, auffordern; beschließen; zu etw. wählen.

iūcunditās, ātis f Annehmlichkeit; Liebenswürdigkeit.

iūcundus 3 erfreulich, angenehm; liebenswürdig.

iūdex, icis m Richter; Kritiker.

iūdiciātiō, ōnis f Urteil.

iūdiciālis, e und iūdiciārius 3 gerichtlich, Gericht...

iūdicium, ī *n* gerichtliche Untersuchung; Prozeß; Urteil; Meinung; Urteilskraft.

iūdicō 1 gerichtlich untersuchen; entscheiden; beurteilen; *für etw.* erklären.

iugālis, e ins Joch gespannt; ehelich.

iūgerum, ī *n* Morgen *m* Landes (= ¹/₄ ha).

iūgis, e beständig; nie versiegend.

iūgō 1 verbinden; verheiraten.

iugulō 1 die Kehle durchschneiden, ermorden; vernichten.

iugulum, ī *n* (*u.* -us, ī *m*) Kehle.

iugum, ī *n* Joch (*der Zugtiere*); Sklavenjoch; Gebirgszug, Bergrücken.

Iūlius 3 des Juli; *subst.* ~, ī *m* Juli.

iūmentum, ī *n* Zugtier.

iūnctūra, ae *f* Verbindung.

iuncus, ī *m* Binse *f*.

iungō, iūnxī, iūnctus 3 ins Joch spannen; verbinden, vereinigen.

iūnior, ōris jünger.

iūniperus, ī *m* Wacholderstrauch.

Iūnius 3 des Juni; *subst.* ~, ī *m* Juni.

iūrgium, ī *n* Wortwechsel, Streit.

iūrgō 1 in e-n Wortwechsel geraten, sich streiten.

iūris-dictiō, ōnis *f* Rechts-

sprechung; Gerichtsbezirk.

iūrō 1 schwören; **iūrātus** 3 vereidigt.

iūs¹, iūris *n* Brühe, Suppe.

iūs², iūris *n* Recht; Gewalt, Macht; Gericht(sstätte); **iūre** mit Recht.

iūs iūrandum, iūris iūrandī *n* Eid.

iussī *s.* iubeō.   [trag.]

iussū auf Befehl, im Auf-}

iussum, ī *n* Befehl.

iūstitia, ae *f* Gerechtigkeit.

iūstitium, ī *n* Einstellung aller Rechtsgeschäfte; Landestrauer.

iūstus 3 gerecht; rechtmäßig, gesetzlich; ehrlich; gebührend; *subst.* **iūsta**, ōrum *n/pl.* herkömmliche Gebräuche.

iuvenālis, e jugendlich.

iuvenca, ae *f* junge Kuh, Färse; junges Mädchen.

iuvencus, ī *m* junger Stier; junger Mann.

iuvenīlis, e jugendlich.

iuvenis, is jung; *subst.* ~, is *m* junger Menn (*etwa zwischen 20 u. 45 Jahren*).

iuventa, ae (*und* **iuventās**, ātis *f*) *f* Jugend(zeit); Jugendfrische; junge Leute.

iuventus, ūtis *f* Jugend(zeit); junge Leute.

iuvō, iūvī, iūtus 1 erfreuen; unterstützen, helfen.

iuxtā 1. *adv.* dicht daneben; in gleicher Weise; 2. *prp. b. acc.* neben, dicht neben

laesī

K

Kal. = **Kalendae** *f/pl.* die Kalenden, erster Tag des Monats.

L

labāscō, -, - 3 ins Wanken kommen.

labe-faciō 3 wankend machen, erschüttern.

labellum, ī *n* kleine (*od.* zarte) Lippe.

lābēs, is *f* Fall, Sturz; Untergang; Schandfleck.

labō 1 schwanken, wanken; unzuverlässig sein.

lābor¹, lāpsus sum 3 gleiten; irren.

labor², ōris *m* Arbeit, Mühe; Not; Strapaze.

labōri-fer 3 mühsam; arbeitsam.

labōriōsus 3 mühsam, beschwerlich.

labōrō 1 arbeiten, sich anstrengen; leiden, geplagt werden; verfertigen, anfertigen, herstellen.

labōs, ōris *m* = **labor²**.

labrum¹, ī *n* Lippe; Rand.

lābrum², ī *n* Badewanne; Kessel.

labyrinthus, ī *m* Labyrinth *n*.

lac, lactis *n* Milch.

lacer, era, erum zerrissen, zerfetzt.   [schung.

lacerātiō, ōnis *f* Zerflei-

lacerna, ae *f* mantelartiger Überwurf mit Kapuze.

lacerō 1 zerfetzen, zerfleischen; heruntermachen; zugrunde richten.

lacerta, ae *f* Eidechse.

lacertōsus 3 muskulös.

lacertus¹, ī *m* Eidechse.

lacertus², ī *m* Muskel; Oberarm; Kraft.

lacessō, īvī *u.* **iī, ītus** 3 reizen, herausfordern.

lacrima, ae *f* Träne.

lacrimābilis, e beweinenswert.

lacrimō 1 weinen.

lacrimōsus 3 tränenreich; kläglich.

lacrimula, ae *f* Tränchen.

lacruma, -mō = **lacrima, -mō**.

lactēns, entis saugend; saftig.

lacteus 3 milchig; milchweiß.

lactō 1 aus Milch bereitet sein.

lacūna, ae *f* Loch; Sumpf.

lacūnar, āris *n* getäfelte Decke.

lacus, ūs *m* Trog, Wanne; See.

laedō, sī, sus 3 verletzen.

laena, ae *f* langhaariger Wollmantel.

laesī *s.* **laedō**.

laetābilis, e erfreulich.

laetitia, ae f (*laute*) Freude, Fröhlichkeit.

laetor 1 sich freuen.

laetus 3 froh, fröhlich; erfreulich; üppig.

laevus 3 linker; ungeschickt; ungünstig; *subst.* laeva, ae f linke Seite.

lagoena, ae f Flasche.

lagōna, ae f = lagoena.

lambō 3 lecken.

lāmenta, ōrum n/pl. die Wehklagen.

lāmentābilis, e beklagenswert; klagend.

lāmentātiō, ōnis f das Wehklagen.

lāmentor 1 wehklagen, (be)jammern.

lām(i)na u. lammina, ae f Platte, Blech; Gold-, Silberbarren; Geld.

lampas, adis f Fackel, Kerze, Lampe; Licht.

lāna, ae f Wolle; Wollarbeit.

lancea, ae f Lanze, Spieß.

lāneus 3 wollen.

langueō, guī, - 2 kraftlos sein, erschlaffen.

languēscō, guī, - 3 kraftlos (*od.* matt) werden.

languor, ōris m Mattigkeit; Trägheit.

lāni-ficus 3 Wolle verarbeitend.

lāni-ger 3 Wolle tragend.

laniō 1 zerfleischen, zerfetzen, zerreißen.

lanista, ae m Gladiatorenmeister; Aufhetzer.

lanius, ī m Fleischer.

lanterna, ae f Laterne, Lampe.

lānūgō, inis f (Bart-)Flaum m. [schale.\]

lanx, cis f Schüssel; Waag-\]

lapidātiō, ōnis f Steinigung; Steinhagel.

lapideus 3 steinern.

lapidō 1 steinigen; lapidat es regnet Steine.

lapidōsus 3 steinig.

lapillus, ī m Steinchen; Edelstein.

lapis, idis m Stein; Meilenstein; Edelstein.

lāpsō 1 wanken.

lāpsus, ūs m das Gleiten; Flug; Fall; Verstoß, Fehltritt.

lāpsus sum s. lābor.

laqueāria, ium n/pl. = lacūnar.

laqueātus 3 getäfelt.

laqueus, ī m Strick, Schlinge.

lār, laris m Haus, Wohnung, Herd; Larēs, Larum m/pl. die Laren, Hausgötter.

lārdum, ī n Speck.

largior 4 reichlich schenken freigebig spenden.

largitās, ātis f Freigebigkeit.

largītiō, ōnis f das Schenken, Spenden, Freigebigkeit; Bestechung.

largītor, ōris m Spender; Bestecher.

largus 3 freigebig; reichlich; reich an; *adv.* largē u. largiter.

lāridum, ī n Speck.

lascīvia, ae f Lustigkeit, Ausgelassenheit; Zügellosigkeit, Ausschweifungen.

lascīviō 4 ausgelassen sein.

lascīvus 3 lustig, ausgelassen; zügellos.

lassitūdō, inis f Ermüdung.

lassō 1 müde machen.

lassus 3 müde, matt.

latebra, ae f Schlupfwinkel, Versteck n; Ausflucht f.

latebrōsus 3 voller Schlupfwinkel, versteckt.

lateō, uī, - 2 verborgen (bzw. unbekannt) sein; geborgen sein.

later, eris m Mauerstein.

laterīcius 3 aus Mauersteinen. |Wasser.|

latex, icis m Flüssigkeit;

latibulum, ī n Schlupfwinkel.

Latīnus 3 lat(e)inisch; subst. ~, ī m Latiner, Bewohner Latiums.

lātiō, ōnis f das Bringen.

latitō 1 sich versteckt halten.

lātor, ōris m Antragsteller.

lātrātor, ōris m Kläffer, Hund.

lātrātus, ūs m das Bellen.

latrō[1] bellen; schimpfen.

latrō[2], ōnis m Straßenräuber, Wegelagerer.

latrōcinium, ī n Räuberei, Straßenraub.

latrōcinor 1 Straßenraub betreiben.

lātus[1] 3 breit, weit, geräumig.

latus[2], eris n Seite; Lunge; Flanke.

laudābilis, e lobenswert.

laudātiō, ōnis f Lobrede.

laudātor, ōris m Lobredner.

laudō 1 loben, rühmen, preisen.

laurea, ae f = laurus.

laureātus 3 lorbeerbekränzt.

laureus 3 vom Lorbeerbaum, -kranz.

laurus, ī f Lorbeerbaum, -kranz.

laus, dis f Lob; ruhmvolle Tat, Verdienst n.

lautia, ōrum n/pl. Bewirtung (fremder Gesandter auf Staatskosten).

lautumiae, ārum f/pl. Steinbrüche; Kerker (in Rom).

lautus 3 sauber; stattlich, ansehnlich; elegant.

lavō, lāvī, lautus od. lavātus 1 waschen; j-n baden; befeuchten.

laxāmentum, ī n Erleichterung; Erholung.

laxō 1 lockern, lösen; ausdehnen, mildern, erleichtern.

laxus 3 lose, locker; weit, geräumig.

lea u. leaena, ae f Löwin.

lebēs, ētis m Becken, Kessel.

lectīca, ae f Sänfte.

lēctiō, ōnis f Auswahl; das Lesen, Lektüre f.

lecti-sternium, ī n Göttermahl.

lēctitō 1 oft lesen.

lēctor, ōris m Leser; Vorleser.

lectulus

lectulus, ī *m* Bett; Speisesofa.

lectus¹, ī *m* Bett; Speisesofa.

lēctus² 3 (aus)erlesen.

lēgātiō, ōnis *f* Gesandtschaft.

lēgātum, ī *n* Vermächtnis.

lēgātus, ī *m* Gesandter;
Legat, Unterfeldherr; Un-
terstatthalter (*e-r Pro-
vinz*).

lēgī *s.* lego.

lēgi-fer 3 gesetzgebend.

legiō, ōnis *f* römische Legion (*4200 bis 6000 Mann*);
Heer.

legiōnārius 3 zu e-r Legion
gehörig; *subst.* ~, **ī** *m* Legionssoldat.

lēgitimus 3 gesetzlich; gebührend.

lēgō¹ 1 als Gesandten (ab-)
schicken; zum Legaten
machen; testamentarisch
vermachen.

legō², lēgī, lēctus 3 zusam-
menlesen, sammeln; (vor-)
lesen; auslesen, wählen;
durchwandern, durchse-
geln.

legūmen, inis *n* Hülsen-
frucht.

lembus, ī *m* Fischerboot.

lemurēs, um *m/pl.* Geister
der Verstorbenen; Ge-
spenster.

lēna, ae *f* Kupplerin.

lēnīmen, inis *n* Linderung(s-
mittel).

lēniō 4 lindern, mildern.

lēnis, e lind, sanft, mild.

lēnitās, ātis *f* Milde, Sanftheit; Gelassenheit.

lēnō, ōnis *m* Kuppler.

lēnōcinium, ī *n* Kuppelei;
Lockmittel.

lentēscō 3 klebrig werden.

lentitūdō, inis *f* Langsamkeit.

lentō 1 biegen.

lentus 3 klebrig; langsam.

leō, ōnis *m* Löwe.

lepidus 3 zierlich, charmant, niedlich; geistreich.

lepōs, ōris *m* Anmut,
Charme *m*; Humor, geist-
voller Witz.

lepus, oris *m* Hase.

lētālis, e tödlich.

lēti-fer 3 = lētālis.

lētō 1 töten.

lētum, ī *n* Tod.

levāmen, inis *n* *und* -men-
tum, **ī** *n* Linderung(s-
mittel).

levātiō, ōnis *f* Erleichterung; Linderung.

lēvī *s.* linō.

lēvis¹, e glatt; bartlos;
jugendlich.

levis², e leicht (*Gewicht*);
beweglich; leichtsinnig,
unzuverlässig, charakter-
los; geringfügig, unbe-
deutend.

levitās, ātis *f* leichtes Gewicht; Beweglichkeit;
Leichtsinn, Charakterlo-
sigkeit, Unzuverlässigkeit;
Geringfügigkeit.

lēvō¹ 1 glätten.

levō² 1 leichter machen,
mindern, befreien *von*;

aufrichten, trösten, ermutigen.

lēx, lēgis f Gesetz; Vertrag; Bedingung; Regel, Vorschrift.

lībāmen, inis n Opfergabe.

lībella, ae f kleine Münze ($^1/_{10}$ Denar).

libellus, ī m Büchlein; Bittschreiben; Programm; öffentliche Bekanntgabe.

libēns, entis gern, willig; adv. libenter.

liber¹, brī m (Baum-)Bast; Buch, Schriftwerk.

līber², era, erum frei, ungebunden.

līberālis, e Freiheits...; edel, vornehm; gütig, höflich; freigebig.

līberālitās, ātis f edle Gesinnung; Freundlichkeit; Freigebigkeit.

līberātiō, ōnis f Befreiung; Freisprechung.

līberātor, ōris m Befreier.

līberī, ōrum m/pl. Kinder pl.

līberō 1 befreien; freilassen; freisprechen.

līberta, ae f die Freigelassene.

lībertās, ātis f Freiheit; Unabhängigkeit.

lībertīnus 3 freigelassen; subst. m, f Freigelassene(r).

lībertus, ī m Freigelassener.

libet, libuit u. **libitum est** 2 es beliebt, es gefällt.

lībīdinōsus 3 wollüstig, ausschweifend.

libīdō, inis f Begierde; Lust;

Genußsucht,   Wollust; Willkür.

lībō 1 von etw. kosten; ein Trankopfer spenden; als Opfergabe darbringen.

lībra, ae f Waage; röm. Pfund (327 g).

lībrāmentum, ī n Gewicht.

lībrārius 3 Bücher...; subst. ., ī m Bücherabschreiber; Schreiber.

lībrō 1 im Gleichgewicht halten; schwingen, schleudern.

lībum, ī n (Opfer-)Kuchen.

Liburna, ae f leichtes Kriegsschiff.

licentia, ae f Freiheit, Ungebundenheit; Willkür, Zügellosigkeit.

liceō, uī, - 2 zum Verkauf stehen.

liceor, itus sum 2 bieten auf.

licet, licuit u. **licitum est** 2 es ist erlaubt, es steht frei, man darf; mihi (ei) licet ich (er) darf.

licium, ī n Einschlagfaden (Weberei).

lictor, ōris m Liktor m (Diener der höheren Staatsbeamten).

lignātor, ōris m Holzhauer.

ligneus 3 hölzern.

lignor 1 Holz holen.

lignum, ī n Holz; Brennholz.

ligō¹, ōnis m Hacke.

ligō² 1 (an-, ver-)binden.

ligūr(r)iō 4 (be-)lecken; lüstern sein nach, erpicht sein auf.

ligustrum, ī *n* Rainweide, Liguster *m*.

līlium, ī *n* Lilie.

līma, ae *f* Feile; künstlerische Ausarbeitung.

limbus, ī *m* Besatz, Saum.

līmen, inis *n* Schwelle; Eingang; Wohnung.

līmes, itis *m* Grenzwall; Feldweg.

līmō 1 feilen; glätten; vermindern.

līmōsus 3 schlammig.

līmus[1], ī *m* Schlamm; Schmutz.

līmus[2] 3 schief; schielend.

līnea, ae *f* Richtschnur; Grenzlinie; Angelschnur.

līneāmentum, ī *n* Linie, Strich; *pl.* Umrisse, Konturen, Grundzüge.

līneus 3 aus Linen.

lingua, ae *f* Zunge; Sprache.

līniāmentum, ī *n* = līneāmentum.

līni-ger 3 in Leinen gekleidet.

linō, lēvī, litus 3 bestreichen.

linquō, līquī, - 3 zurücklassen.

linter, tris *f* Kahn.

linteus 3 aus Leinen; *subst.* **linteum**, ī *n* Leinwand; Segel.

līnum, ī *n* Leinen *m*, Flachs *m*; Schnur; Angelschnur; Netz.

lippus 3 triefäugig.

lique-faciō 3 schmelzen, auflösen, schwächen.

liquēns, entis flüssig.

liqueō, liquī *od.* **licuī**, - 2 klar sein.

liquēscō, -, - 3 flüssig werden.

liquī *s.* linquō.

liquidus 3 flüssig; klar; rein; *adv.* **liquidō** mit Gewißheit.

liquor[1], ōris *m* Flüssigkeit.

liquor[2], - 3 flüssig sein, fließen.

līs, lītis *f* Streit; Prozeß.

lītātiō, ōnis *f das* Opfern unter günstigen Vorzeichen.

litigiōsus 3 zänkisch, streitsüchtig.

lītigō 1 streiten, sich zanken.

litō 1 unter günstigen Vorzeichen opfern; (*vom Opfer*) gute Wahrzeichen geben.

lītoreus 3 Ufer..., Strand...

littera, ae *f* Buchstabe; *pl.* Brief; Schriftstück; Bericht; Wissenschaft(en); Gelehrsamkeit.

litterātus 3 gebildet, gelehrt.

litterula, ae *f* kleiner Buchstabe; *pl.* ein bißchen Literaturkunde *od.* Schriftstellerei.

litūra, ae *f* ausgestrichene Stelle; Fleck.

lītus, oris *n* Strand, Gestade *n*.

lituus, ī *m* Krummstab (*des Auguren*); Signalhorn.

līveō, -, - 2 bläulich sein.

lívidus 3 bläulich; neidisch.

lívor, **ōris** m blauer Fleck; Neid.

lixa, **ae** m Marketender m, Händler bei der Feldtruppe.

locátiō, **ōnis** f Verpachtung, Vermietung.

locṓ 1 stellen, legen; vermieten; verpachten; verdingen.

lóculī, **ōrum** m/pl. Kästchen, Büchse, Schränkchen.

lócuplēs, **ētis** reich, wohlhabend, begütert; zuverlässig.

locuplḗtō 1 bereichern.

locus, **ī** m 1. (pl. loca, ōrum n/pl.) Ort, Stelle, Platz; Posten, Stellung; Herkunft, Rang; günstiger Zeitpunkt, Gelegenheit; Lage; 2. (pl. locī, ōrum m/pl.) Stelle in e-m Buch; Abschnitt, Punkt; Gegenstand der Untersuchung, Thema, Materie.

locutūs sum s. loquor.

lolium, **ī** n Lolch m (Grasart).

long-aevus 3 hochbetagt.

longē adv. (räuml.) weit, fern; (zeitl.) lange, weit; (steigernd) bei weitem.

longinquitās, **ātis** f Länge, weite Entfernung; lange Dauer.

longinquus 3 weit entfernt; langdauernd; langwierig.

longitūdō, **inis** f Länge; lange Dauer.

longus 3 (räuml.) lang, weit, entfernt; (zeitl.) langdauernd, langwierig; chronisch.

loquācitās, **ātis** f Geschwätzigkeit.

loquāx, **ācis** geschwätzig, redselig.

loquēla, **ae** f Rede, Sprache.

loquor, **locūtus sum** 3 sprechen; sagen.

lōrīca, **ae** f Panzer; Brustwehr.

lōrīcātus 3 gepanzert.

lōrum, **ī** n Riemen; Zügel; Peitsche.

lōtos und **-us**, **ī** f Lotos (-frucht).

lubēns, **lubet**, **lubīdō** = **libēns**, **libet**, **libīdō**.

lūbricus 3 schlüpfrig; leicht beweglich (od. flüchtig); unsicher, gefährlich.

lucellum, **ī** n kleiner Gewinn.

lūceō, **xī**, **-** 2 leuchten; deutlich sein.

lucerna, **ae** f Lampe.

lūcēscō, **lūxī**, **-** 3 hell (od. Tag) werden.

lūcidus 3 hell; klar, deutlich.

lūci-fer 3 lichtbringend; **,.**, **ī** m Morgenstern; Tag.

lūciscō = **lūcēscō**.

lucrum, **ī** n Gewinn, Vorteil.

luctātiō, **ōnis** f das Ringen, Kampf; Wortstreit.

lūcti-ficus 3 Trauer bringend.

luctor 1 ringen, kämpfen.

lūctuōsus 3 jammervoll, sorgenvoll, traurig.

lūctus, ūs *m* Trauer.

lūcubrātiō, ōnis *f* Nachtarbeit.

lūcubrō 1 bei Licht arbeiten.

lūculentus 3 hell, glänzend; stattlich, ansehnlich.

lūcus, ī *m* Lichtung; Hain.

lūdibrium, ī *n* Spott.

lūdibundus 3 spielend; mühelos.

(lūdicer), cra, crum zum Spiel (*od.* Schauspiel) gehörig; *subst.* **lūdicrum**, ī *n* Spiel; Scherz; Schauspiel.

lūdificātiō, ōnis *f* das Nekken; Täuschung.

lūdificor 1 necken, foppen; vereiteln.

lūdiō, ōnis *m* Komödiant.

lūdō, sī, sum 3 spielen; necken, täuschen.

lūdus, ī *m* Spiel; Zeitvertreib; Schule (*für Anfänger*); *pl.* öffentliche Spiele, Wettkämpfe.

luēs, is *f* Seuche, Pest.

lūgeō, xī, - 2 (be-)trauern.

lūgubris, e Trauer..., trauernd; unheilvoll.

lumbus, ī *m* Lende *f*.

lūmen, inis *n* Licht; Kerze, Fackel; Auge; Glanz, Schmuck.

lūna, ae *f* Mond.

lūnāris, e Mond..., mondförmig.

lūnō 1 mondförmig krümmen.

luō, luī, - 3 büßen; *Strafe* leiden.

lupa, ae *f* Wölfin; öffentliche Dirne.

lupātus 3 mit spitzen Stacheln versehen.

Lupercālia, ium *n* (*u.* -iōrum) *n/pl.* Fest des Lupercus, Luperkalien (*15. Februar*).

lupīnus 3 vom Wolf, Wolfs-...; *subst.* ~, ī *m u.* -um, ī *n* Lupine *f*.

lupus, ī *m* Wolf.

lūridus 3 blaßgelb, fahl, leichenblaß.

luscus 3 einäugig.

lūsī *s.* lūdō.

lūsiō, ōnis *f* Spiel.

lūsor, ōris *m* Spieler; tändelnder Dichter.

lūstrālis, e zur Sühnung gehörig; alle fünf Jahre geschehend.

lūstrātiō, ōnis *f* Sühnopfer; Besichtigung.

lūstrō[1] 1 beleuchten, erhellen.

lūstrō[2] 1 reinigen, sühnen; mustern, besichtigen; durchwandern.

lustrum[1], ī *n* Morast, Suhle *f*; Bordell; ausschweifendes Leben.

lūstrum[2], ī *n* Sühnopfer; Lustrum *n*, Zeitraum von fünf Jahren.

lūsus, ūs *m* Spiel; Tändelei.

luteus[1] 3 schlammig; wertlos.

lūteus[2] 3 goldgelb.

lutulentus 3 schlammig, schmutzig.

lutum[1], ī n Schlamm, Schmutz.

lūtum[2], ī n Gelbkraut; gelbe Farbe.

lūx, lūcis f Licht; Leben(s-licht); Öffentlichkeit; Hilfe, Rettung.

lūxī s. 1. lūceō; 2. lūgeō.

luxuria, ae f Üppigkeit; Schwelgerei; Zügellosig-keit.

luxuriōl u. -or 1 üppig sein; strotzen; ausgelassen sein; ausschweifend leben.

luxuriōsus 3 üppig wach-

send; genußsüchtig, aus-schweifend; übermütig.

luxus, ūs m üppige Frucht-barkeit; übermäßiger Aufwand, Prunk; Aus-schweifung.

lychnus, ī m Lampe.

lympha, ae f klares Was-ser.

lymphātus 3 wahnsinnig, wie von Sinnen.

lynx, cis m u. f Luchs.

lyra, ae f Lyra, Laute; lyrische Poesie.

lyricus 3 lyrisch.

M

macellum, ī n Fleisch-markt.

macer, cra, crum mager.

māceria, ae f Zaun; Mauer.

mācerō 1 entkräften, schwächen, quälen.

māchina, ae f Maschine; Werkzeug; Kunstgriff.

māchināmentum, ī n Ma-schine.

māchinātiō, ōnis f Mecha-nismus; Kunstgriff; Ma-schine.

māchinātor, ōris m Ma-schinenbauer; Anstifter, Urheber.

māchinor 1 ersinnen; aus-hecken.

maciēs, ēī f Magerkeit.

macte (voc. zu mactus) ver-herrlicht; macte virtūte ein Hoch deiner Tapfer-keit!

mactō 1 verherrlichen;

opfern, schlachten; zu-grunde richten.

macula, ae f Fleck; Schand-fleck, Makel m.

maculō 1 beflecken; ent-ehren.

maculōsus 3 gefleckt; be-fleckt; besudelt.

made-faciō 3 befeuchten.

madeō 2 naß sein.

madēscō, duī, - 3 naß wer-den.

madidus 3 naß, feucht.

maenas, adis f Bacchantin.

maereō, ruī, - 2 (be)trauern.

maeror, ōris m Trauer.

maestitia, ae f Traurigkeit.

maestus 3 traurig.

māgālia, ium n/pl. Hütten.

magicus 3 magisch, Zauber…

magis adv. mehr; eher.

magister, trī m Meister, Aufseher; Lehrer.

magistērium, ī n Aufsicht,
Leitung.

magistra, ae f Leiterin;
Lehrerin.

magistrātus, ūs m Amt;
Beamter, Magistratsperson, Behörde.

māgn-animitās, ātis f Mut,
Kühnheit.

māgn-animus 3 mutig,
kühn.

māgnificentia, ae f Pracht,
Großartigkeit; Erhabenheit (des Ausdrucks);
Großsprecherei.

māgni-ficus 3 großartig;
erhaben; großsprecherisch.

māgni-loquus 3 prahlerisch.

māgnitūdō, inis f Größe;
Stärke, hoher Grad, Ausmaß; Bedeutung; Ansehen; große Menge (Truppen, Obst, Geld); hoher
Betrag, Höhe (Schulden,
Gewinn); ~ operum das
Ausmaß der Schanzarbeiten.

māgn-opere (od. magnō
opere) sehr.

māgnus 3 (comp. māior,
ius; sup. maximus) groß;
zahlreich; hoch; alt; stark;
heftig; hochstehend, angesehen; prahlerisch;
māiōrēs, um m/pl. Vorfahren; ~ (nātū) die älteren Leute.

magus, ī m Magier, Zauberer.

māiestās, ātis f Majestät,

Erhabenheit, Würde,
Ansehen; Hochverrat.

māior, māius s. **māgnus**.

Māius 3 des Mai; subst. ~, ī
m Mai.

māla, ae f Backe; Kinnbacken m.

male adv. (comp. pēius; sup.
pessimē) schlecht; böse;
unglücklich, ungünstig;
nicht sonderlich, kaum.

male-dīcō 3 lästern, schmähen.   (hung.)

male-dictum, ī n Schmä-)

male-dicus 3 lästernd.

maleficium, ī n Frevel,
Missetat, Verbrechen.

male-ficus 3 boshaft, niederträchtig, gemein.

malevolentia, ae f Mißgunst.

male-volus 3 übelgesinnt,
mißgünstig.

malignitās, ātis f Mißgunst,
Bosheit; Knauserei.

malīgnus 3 mißgünstig,
boshaft; knauserig.

malitia, ae f Bosheit, Hinterlist.

malitiōsus 3 boshaft, hinterlistig, heimtückisch.

malleolus, ī m Brandpfeil.

mālō, māluī, mālle lieber
wollen, vorziehen.

mālum¹, ī n Apfel.

malum², ī n Übel; Fehler;
Unglück, Not; Beleidigung; Missetat.

malus¹ 3 (comp. pēior, us;
sup. pessimus 3) schlecht;
böse; nachteilig; schädlich; elend, unglücklich.

mālus², ī *m* Mastbaum; *f* Apfelbaum.

malva, ae *f* Malve *f*.

mamilla, ae *f* Brustwarze.

mamma, ae *f* (Mutter-) Brust; Zitze.

manceps, cipis *m* Aufkäufer von Staatsgütern; Steuerpächter.

mancipium, ī *n* Eigentumsrecht; Sklave.

mancipō 1 verkaufen.

mancus 3 unvollständig, mangelhaft.

mandātū *abl.* im Auftrag.

mandātum, ī *n* Auftrag, Befehl, Mandat *n*.

mandō¹ 1 übergeben, überlassen, anvertrauen.

mandō², ndī, ānsus 3 kauen; essen.

māne *n* (*indect.*) der Morgen; *adv.* (morgens) früh.

maneō, mānsī, mānsum 2 bleiben; fortbestehen; erwarten.

mānēs, ium *m/pl.* die Manen, *die* Seelen der Verstorbenen; Unterwelt.

mangō, ōnis *m* Sklavenhändler.

manicae, ārum *f/pl.* lange Ärmel (*der Tunika*); Handfessel.

mani-festus 3 offenkundig; überführt.

manipulāris, e zu e-m Manipel gehörig; *subst.* manipulāris, is *m* einfacher Soldat.

manipulātim *adv.* manipelweise.

manipulus, ī *m* Handvoll, Bündel; Manipel *m* (⅓ *einer Kohorte*).

mannus, ī *f* gallisches Pony.

mānō 1 fließen, strömen; sich verbreiten.

mānsī *s.* maneō.

mānsiō, ōnis *f* Aufenthalt; Nachtlager.

mānsuē-faciō 3 zähmen.

mānsuēscō, suēvī, suētum 3 zahm werden.

mānsuētūdō, inis *f* Sanftheit, Milde.

mānsuētus 3 sanft, milde.

mantēle, is *n* Handtuch.

mantica, ae *f ein auf beiden Seiten herabhängender* Quersack.

manubiae, ārum *f/pl.* Beuteerlös.   [Griff.|

manubrium, ī *n* Henkel,

manū-mittō 3 (*e-n Sklaven*) freilassen.

manū-pretium, ī *n* Arbeitslohn.

manus, ūs *f* Hand; Schar, Haufe.

mapālia, ium *n/pl.* Hütten.

mappa, ae *f* Serviette.

marceō, -, - 2 kraftlos sein.

marcēscō, -, - 3 erschlaffen.

mare, is *n* Meer, See *f*.

margarīta, ae *f* Perle.

margō, inis *m* (*u. f*) Rand.

marīnus 3 = maritimus.

marīta, ae *f* Ehefrau.

marītālis, e ehelich.

maritimus (-umus) 3 Meer-..., See.

maritus 3 ehelich, Ehe...; *subst.* ~, ī *m* Ehemann.

marmor, oris *n* Marmor; glänzende Meeresfläche.

marmoreus 3 marmorn.

Mārs, Mārtis *m* Mars, Kriegsgott; Kriegsglück. **Mārtius** 3 des März; *subst.* ~, ī *m* März.

mās, maris *m* Mann; Männchen (*von Tieren*); *adj.* männlich.

massa, ae *f* Klumpen; Masse.

māter, mātris *f* Mutter; Schöpferin, Quelle, Ursprung.

mātercula, ae *f* Mütterchen.

māteria, ae *u.* **-iēs, ēī** *f* Material, Stoff, Materie; Bauholz; Thema, Stoff; Ursache; Anlage, Talent.

māternus 3 mütterlich.

mātrimōnium, ī *n* Ehe.

mātrōna, ae *f* Ehefrau; vornehme Dame.

mātrōnālis, e -e-r Ehefrau zukommend.

mātūrēscō, ruī, - 3 reif werden.

mātūritās, ātis *f* Reife; volle Entwicklung.

mātūrō 1 zur Reife bringen; sich beeilen.

mātūrus 3 reif; erwachsen; bejahrt; frühzeitig; vorzeitig.

mātūtīnus 3 am Morgen, Morgen...

māximē (-umē) *adv.* am meisten; weitaus; besonders; im wesentlichen, ungefähr.

māximus (-umus) 3 größter.

meātus, ūs *m* Gang, Lauf, Flug; Weg.

medeor, sanāvī, medērī heilen; lindern.

medicāmentum, ī *n* Heilmittel, Arznei; Pflaster, Salbe; Gift.

medicīna, ae *f* Heilkunst, Medizin; Heilmittel.

medicō 1 mit Heil- *od.* Zauberkräften versehen; färben.

medicor 1 heilen.

medicus, ī *m* Arzt; *adj.* heilend.

mediocris, e mittelmäßig; unbedeutend.

mediocritās, ātis *f* Mittelmäßigkeit.

meditātiō, ōnis *f* das Nachdenken; Vorbereitung *auf*

medi-terrāneus 3 binnenländisch.

meditor 1 nachdenken; ersinnen; sich einüben.

medius 3 mittlerer; neutral, unparteiisch; *subst.* **medium, ī** *n* Mitte, Mittelpunkt; Öffentlichkeit; Publikum.

medulla, ae *f* Mark *n*.

mehercule *int.* beim Herkules!

mēiō, -, - 3 pissen.

mel, mellis *n* Honig; Liebliches.

melior (*comp. v. bonus*) besser.

mellītus 3 mit Honig versüßt, Honig...

melos (*ohne gen.*, *dat.*, *abl. sg.* melō; *acc.* melos *u.* melum; *nom. pl.* melē) *n* Gesang, Lied.

membrāna, ae *f* Haut; Pergament.

membrum, ī *n* Glied; Teil.

meminī, isse sich erinnern, gedenken.

memor, oris eingedenk.

memorābilis, e denkwürdig.

memoria, ae *f* Gedächtnis, Erinnerung; Überlieferung, Kunde, Sage; schriftliche Aufzeichnung; Geschichte; Zeit.

memoriter *adv.* aus dem Gedächtnis.

memorō 1 erinnern *an*, erwähnen.

mendācium, ī *n* Lüge.

mendāx, ācis lügnerisch; nachgemacht.

mendīcitās, ātis *f* Bettelarmut.

mendīcō 1 (er)betteln.

mendīcus 3 bettelarm; *subst.* ~, ī *m* Bettler.

mendōsus 3 fehlerhaft.

mendum, ī *n* Fehler.

mēns, mentis *f* Geist, Verstand; Einsicht; Charakter, Gesinnung; Mut; Seele; Absicht, Plan.

mēnsa, ae *f* Tisch; Essen; Gericht.

mēnsārius, ī *m* Bankier.

mēnsis, is *m* Monat.

mēnsor, ōris *m* Vermesser.

mēnstruus, 3 (all)monatlich; einen Monat dauernd.

mēnsūra, ae *f* das Messen; Maß; Größe, Umfang.

mēnsus sum *s.* mētior.

mentiō, ōnis *f* Erwähnung.

mentior, mentītus sum 4 lügen.

mentum, ī *n* Kinn.

meō 1 gehen.

merācus 3 unvermischt.

mercātor, ōris *m* Kaufmann.

mercātūra, ae *f* Handel.

mercātus, ūs *m* Handel; Markt.

mercēn(n)ārius 3 gedungen; *subst.* ~, ī *m* Söldner.

mercēs, ēdis *f* Lohn, Sold; Preis; Verdienst *m*; Miete, Einkünfte.

mercor 1 Handel treiben; kaufen.

mereō 2 *und* **mereor, ritus sum 2** verdienen; **merērī** sich verdient machen.

meretrīcius 3 e-s Freudenmädchens.

meretrīcula, ae *f* kleines Freudenmädchen.

meretrīx, īcis *f* Freudenmädchen.

mergō, sī, sus 3 (ein)tauchen; versenken.

mergus, ī *m* Taucher (*Vogel*).

merīdiēs, ēī *m* Mittagszeit; Süden.

meritō *adv.* verdientermaßen.

meritum, ī *n* Verdienst *n*; Dienstleistung; Schuld.

mersī *s.* mergō.

mersō 1, *intens. zu* mergō.

merus 3 unvermischt, rein, echt; *subst.* **merum,** ī *n* unvermischter Wein.

merx, cis *f* Ware.

messis, is *f* Ernte(zeit).

messor, ōris *m* Mäher.

-met *(enklitisch gebraucht)* selbst.

mēta, ae *f* Zielsäule; Wendepunkt.

metallum, ī *n* Metall; Bergwerk.

mētior, mēnsus sum 4 (aus-, ver-, zu-)messen; zurücklegen; beurteilen.

metō, (messuī) messus 3 mähen; abernten.

mētor 1 abstecken; ausmessen.

metuō, uī, - 3 (sich) fürchten.

metus, ūs *m* Furcht.

meus 3 mein.

mīca, ae *f* Körnchen; ein bißchen.

micō, uī, - 1 zucken, zittern; schimmern, funkeln.

migrātiō, ōnis *f* Auswanderung.

migrō 1 (aus)wandern.

mīles, itis *m* Soldat; Heer.

mīlitāris, e militärisch; **rēs** **Kriegs...**

mīlitia, ae *f* Kriegsdienst; Feldzug; Miliz *f*.

mīlitō 1 Soldat sein.

mīlle *indecl.* (*pl.* mīlia, ium) *n* tausend; unzählige.

mīllēsimus 3 *der* tausendste.

mīlliēs *adv.* tausendmal.

mīluus (mīlvus), ī *m* Taubenfalke, Weihe *f*.

mīma, ae *f* Komödiantin.

mina, ae *f* Mine *f* (*griech.* *Münze = 100 Denare*).

mināe, ārum *f/pl.* Drohungen.

mināx, ācis drohend.

mingō, mīnxī, mi(n)ctus 3 pissen.

minimus 3 (*sup. zu parvus*) *der* Kleinste.

minister, trī *m* Diener, Gehilfe.

ministerium, ī *n* Dienst; Amt; Dienerschaft.

ministra, ae *f* Dienerin.

ministrō 1 bedienen; verschaffen.

minitābundus 3 unter Drohungen.

minitor 1 drohen.

minor[1] 1 emporragen; drohen.

minor[2], us (*comp. zu parvus*) *der* Kleinere.

minuō, uī, ūtus 3 verringern.

minusculus 3 ziemlich klein.

minūtātim *adv.* nach und nach, schrittweise.

minūtus 3 klein; winzig.

mīnxī *s.* mingō.

mīrābilis, e wunderbar; erstaunlich.

mīrāculum, ī *n* Wunder.

mīrandus 3 wunderbar.

mīrātor, ōris *m* Bewunderer.

mīri-ficus 3 bewundernswert.

mirmillō, ōnis *m* Gladiator
mit gallischen Waffen.

mīror 1 sich wundern; bewundern.

mīrus 3 wunderbar.

misceō, cuī, xtus 2 (ver-)
mischen; vereinigen; in
Unruhe versetzen.

misellus 3 unglücklich.

miser, era, erum elend, unglücklich, arm, erbärm-
lich.

miserābilis, e beklagenswert.

miserandus 3 beklagenswert.

miserātiō, ōnis *f* Mitgefühl.

misereor, ritus sum 2 bemitleiden, sich erbarmen.

miserēscō, -, - 3 sich erbarmen.

miseria, ae *f* Elend, Unglück, Not.

misericordia, ae *f* Mitleid.

miseri-cors, dis mitleids-
voll.

miseror 1 beklagen, bedauern.

mīsī *s.* mittō.

missilis, e werfbar, Wurf...;
subst. **missile, is** *n* Geschoß.

missiō, ōnis *f* *das* Ab-
schicken; Dienstentlas-
sung.

missus, ūs *m* Sendung, Auftrag; Wurf, Schuß.

mītēscō, -, - 3 mild werden;
nachlassen.

mītigō 1 reif machen; weich

kochen; mildern; besänf-
tigen.

mītis, e mild, weich; süß,
reif; sanft, gütig.

mitra, ae *f* Kopfbinde,
Turban.

mittō, mīsī, missus 3
schicken; werfen, schleu-
dern; von sich geben;
freilassen; übergehen, unerwähnt lassen.

mōbilis, e beweglich,
schnell; veränderlich; unbeständig, wankelmütig.

mōbilitās, ātis *f* Beweglichkeit; Schnelligkeit; Wan-
kelmut.

moderāmen, inis *n* Steuerruder; Lenkung; Regie-
rung.

moderātiō, ōnis *f* Lenkung,
Leitung; Mäßigung;
Selbstbeherrschung.

moderātor, ōris *m* Lenker,
Leiter, Beherrscher.

moderātrix, īcis *f* Lenkerin.

moderātus 3 maßvoll, besonnen.

moderor 1 mäßigen; lenken,
leiten.

modestia, ae *f* *das* Maßhalten; Bescheidenheit, An-
spruchslosigkeit; Beson-
nenheit.

modestus 3 maßvoll; bescheiden; anspruchslos;
besonnen.

modius, ī *m* Scheffel *m*
(8,88 l).

modo *adv.* nur; *zeitl.* eben
erst, eben noch; *m. coni.*
wenn nur.

modulor 1 taktmäßig singen; melodisch spielen.

modulus, ī *m* Maß(stab).

modus, ī *m* Maß; Menge; Takt, Melodie; Vorschrift; Art und Weise.

moecha, ae *f* Ehebrecherin.

moechor 1 Ehebruch treiben.

moechus, ī *m* Ehebrecher.

moenia, ium *n/pl.* Stadtmauer; Befestigung; Stadt.

mola, ae *f* Mühlstein; Opferschrot.

molāris, is *m* Mühlstein; Felsblock; Backenzahn.

mōlēs, is *f* Masse; Riesenbau; Wucht, Gewalt; Anstrengung, Einsatzbereitschaft, Aufwand, Schwierigkeit.

molestia, ae *f* Beschwerlichkeit; Ärger.

molestus 3 beschwerlich, lästig; verdrießlich.

mōlīmen, inis *u.* **mōlīmentum, ī** *n* Bemühung, Anstrengung.

mōlior 4 fortbewegen; zustande bringen, schaffen, bauen; sich abmühen.

mollēscō, -, - 3 weich werden.

molliō 4 erweichen; mildern; besänftigen, beruhigen.

mollis, e weich, locker; mild, zart; schwach, verzärtelt.

mollitia, ae *f und* **mollitiēs,**

ēī *f* Geschmeidigkeit; Zartheit; Schwäche.

molō, uī, itus 3 mahlen.

mōmentum, ī *n* Gewicht; entscheidender Einfluß, Wichtigkeit; Veränderung; Augenblick.

momordī s. **mordeō.**

moneō, uī, itus 2 erinnern, (er)mahnen, warnen, raten; anweisen; zurechtweisen, strafen.

monēta, ae *f* Münze.

monīle, is *n* Halsband.

monitor, ōris *m* Mahner, Warner; Lehrer.

monitum, ī *n* Ermahnung.

monitus, ūs *m* Ermahnung.

mōns, montis *m* Berg.

mōnstrātor, ōris *m* Führer; Lehrer; Erfinder.

mōnstrō 1 zeigen; hinweisen; lehren.

mōnstrum, ī *n* Wunderzeichen; Ungeheuer.

montānus 3 Gebirgs..., gebirgig.

mont(u)ōsus 3 gebirgig.

monumentum, ī *n* Denkmal; Weihgeschenk; Grabmal.

mora, ae *f* Verzögerung; Hindernis.

mōrātus 3 geartet; charakteristisch.

morbus, ī *m* Krankheit.

mordāx, ācis bissig.

mordeō, momordī, morsus 2 beißen; wehe tun.

mordicus *adv.* mit den Zähnen; mit allen Kräften.

moribundus 3 im Sterben liegend; tödlich.

mŏri-geror 1 sich *nach j-m* richten.

morior, mortuus sum 3 sterben; absterben; sich verlieren.

moror 1 verweilen; (sich) aufhalten.

mŏrōsus 3 mürrisch; pedantisch.

mors, tis *f* Tod; Leiche; Mord.

morsus, ūs *m* Biß; Bitterkeit.

mortālis, e sterblich; irdisch; *subst.* **mortālis, is** *m* Mensch.

morti-fer 3 tödlich.

mortuus 3 tot.

mortuus sum *s.* morior.

mōs, mōris *m* Sitte, Gewohnheit, Brauch; Beschaffenheit, Natur; *pl.* Charakter, Wesen; Verhalten.

mōtō 1 hin- und her bewegen.

mōtus, ūs *m* Bewegung; Tanz; Leidenschaft, Gemütsbewegung; Antrieb; Aufruhr.

moveō, mōvī, mōtus 2 bewegen; verstoßen; erschüttern, verändern; reizen, empören; beeinflussen; hervorrufen; anfangen.

mox *adv.* bald; bald darauf, hierauf.

mūcrō, ōnis *m* Spitze; Schwert.

mūgiō 4 brüllen; dröhnen.

mūgītus, ūs *m das* Brüllen; *das* Dröhnen.

mūla, ae *f* Mauselin.

mulceō, sī, sus 2 streicheln; besänftigen, beruhigen; erfreuen.

mulcō 1 verprügeln.

**mulgeō, mulsī, - ** 2 melken.

muliebris, e weiblich; weibisch.

mulier, eris *f* Frau; Ehefrau.

mūliō, ōnis *m* Maultiertreiber.

mullus, ī *m* Meerbarbe *f* (*Fisch*).

mulsī *s.* mulceō *bzw.* mulgeō.   [Met.]

mulsum, ī *n* Honigwein,

multa, ae *f* Geldstrafe.

multātīcius 3 Straf..., Buß...

multifāriam *adv.* an vielen Stellen.

multi-modīs *adv.* auf vielerlei Art.

multi-plex, icis vielfältig; zahlreich; unbeständig.

multiplicō 1 vervielfältigen, vergrößern.

multitūdō, inis *f* Menge, große Zahl; Menschenmenge, Pöbel.

multō 1 (be)strafen.

multum *adv.* viel; sehr; *comp.* **plūs, plūris** *n* ein größerer Teil; *adv.* **plūs** mehr; *sup. adv.* **plūrimum** sehr viel; am meisten.

mūlus, ī *m* Maultier.

munditia, ae *f* Sauberkeit; Eleganz; feine Lebensart.

mundus¹ 3 sauber, rein, fein, elegant.

mundus², ī m Welt; Menschheit.

mūneror 1 (be)schenken.

mūnia, ium n/pl. Pflichten.

mūni-ceps, cipis m u. f Bürger(in) e-r Provinz od. Landstadt.

mūnicipālis, e Munizipal…, kleinstädtisch, provinziell.

mūnicipium, ī n Provinz, Landstadt.

mūni-ficus 3 freigebig.

mūnimen, inis u. **mūnimentum**, ī n Befestigung, Bollwerk.

mūniō 4 befestigen, verschanzen.

mūnītiō, ōnis f Befestigung, Schanzarbeit; Festungswerk.

mūnitor, ōris m Erbauer; Schanzarbeiter; mil. Pionier.

mūnus, eris n Pflicht; Amt; Geschenk; Schauspiel.

mūnusculum, ī n kleines Geschenk.

mūrālis, e Mauer…

mūrex, icis m Purpurschnecke, -farbe.

murmillō, ōnis m Gladiator mit gallischen Waffen; auch: mirmillō.

murmur, uris n Gemurmel; Rauschen; Getöse usw.

murmurō 1 murmeln; rauschen usw.

murrā, ae f Myrrhe.

murtētum, ī n Myrtenhain.

murteus 3 von Myrten.

murtus, ī (und ūs) f Myrte.

mūrus, ī m Mauer.

mūs, mūris m Maus.

Mūsa, ae f Muse; Gesang; Dichtung; Kunst, Wissenschaften.

mūscōsus 3 moosig.

mūscus, ī m Moos.

mūsicus 3 musisch; musikalisch.

mussitō 1 murmeln.

mussō 1 murmeln; sich bedenken, schwanken.

mustum, ī n Most.

mūtābilis, e veränderlich.

mūtātiō, ōnis f Veränderung; Vertauschung; s. **im-mūtātiō**.

mutilō 1 verstümmeln.

mutilus 3 verstümmelt.

mūtiō = **muttiō**.

mūtō 1 bewegen; ändern; vertauschen; s. **im-mūtō**.

muttiō 4 mucksen, leise reden.

mūtuātiō, ōnis f das Borgen, Anleihe.

mūtuor 1 borgen, leihen.

mūtus 3 stumm; still.

mūtuus 3 geborgt, geliehen; gegenseitig.

myrīca, ae f Tamariske f.

myrmillō, ōnis m = **mirmillō**.

myrrha, ae f = **murra**.

myrt… s. **murt**…

mystērium, ī n Geheimnis; pl. Geheimkult, Mysterien.

mysticus 3 mystisch, geheimnisvoll.

N

nactus sum s. nancīscor.

naevus, ī m Muttermal.

Nāias, adis u. Nāis, idis f Najade f, Wassernymphe.

nam ci. denn.

nancīscor, nactus od. nanctus sum 3 (zufällig) erreichen, erlangen, finden.

narcissus, ī m Narzisse.

nardum, ī n u. nardus, ī m Nardenöl.

nāris, is f Nasenloch; pl. Nase.

nārrātiō, ōnis f Erzählung.

nārrō 1 erzählen, berichten.

nāscor, nātus sum 3 geboren werden; entspringen.

nāsus, ī m Nase. (gen.)

nātālicius 3 Geburtstags...

nātālis, e Geburts...; subst. nātālis, is m Geburtstag.

nātiō, ōnis f Geburt, Abstammung; Volksstamm.

natis, is f Hinterbacke; pl. Gesäß.

nātīvus 3 angeboren, natürlich.

natō 1 schwimmen; überschwemmt sein.

nātūra, ae f natürliche Beschaffenheit, Natur, Charakter; Naturordnung.

nātūrālis, e natürlich, angeboren.

nātū abl. sg.: mǎgnus (od. grandis) ~ alt; minor ~ jünger.

nātus 3 geboren; subst. m Sohn; f Tochter.

nau-archus, ī m Schiffskapitän.

nau-fragium, ī n Schiffbruch; Zusammenbruch, Ruin; pl. Trümmer.

nau-fragus 3 schiffbrüchig; ruiniert; Schiffe zerschellend.

nausea, ae f Seekrankheit; Übelkeit.

nauseō 1 seekrank sein; sich erbrechen.

nauta, ae m Seemann.

nauticus 3 Schiffs...

nāvālis, e See..., Schiffs...; subst. nāvālia, ium n/pl. Schiffswerft.

nāvicula, ae f kleines Schiff; Boot.

nāviculārius, ī m Frachtschiffer, Reeder.

nāvi-fragus 3 Schiffe zerschellend.

nāvigābilis, e schiffbar.

nāvigātiō, ōnis f Schiffahrt; Seereise.

nāvigium, ī n Schiff.

nāvigō 1 segeln, auf e-m Schiff fahren; in See gehen; (auf See) befahren.

nāvis, is f Schiff; ~ longa Kriegsschiff.

nāviter adv. zu nāvus.

nāvō 1 eifrig betreiben.

nāvus 3 eifrig, emsig.

nē[1] int. fürwahr!

-ne[2] enklit. Fragepartikel.

nē[3] adv. nicht; ci. damit nicht.

nebula, ae f Nebel, Dunst.

nebulō, ōnis m Schurke.

nec und neque und nicht;
~ ... ~ weder ... noch; ~ ...
et einerseits nicht ... andrerseits aber.

necessāriō adv. notwendigerweise, notgedrungen.

necessārius 3 notwendig;
subst. ~, ī m Verwandter;
Freund.

necesse esse nötig sein.

necessitās, ātis f Notwendigkeit; Zwang; Schicksal; Mangel.

necessitūdō, inis f Notwendigkeit; Not(lage); Verwandtschaft; Freundschaft.

nec-ne oder nicht (mst. bei
indir. Frage).

necō 1 töten.

nec-opīnātus 3 wider Erwarten.

nectar, aris n Nektar m,
Göttertrunk.

nectō, nex(u)ī, nexus 3
(ver-)knüpfen; binden,
fesseln.   [irgendwo.)

nē-cubi ci. damit nicht)

nē-dum ci. geschweige
denn; adv. (nach bejahendem Verb) um so mehr,
noch viel mehr.

ne-fandus 3 frevelhaft.

ne-fārius 3 frevelhaft; gottlos.

ne-fās n (indecl.) Frevel,
Unrecht; ~ est es ist unrecht.

ne-fāstus 3 verboten; unheilvoll; fluchwürdig.

neglegentia, ae f Nachlässigkeit.

neg-legō, lēxī, lēctus 3 vernachlässigen; verachten.

negō 1 verneinen, leugnen;
verweigern.

negōtiātor, ōris m Großhändler; Bankier.

negōtior 1 (Groß-)Handel
treiben.

negōtiōsus 3 geschäftig.

neg-ōtium, ī n Geschäft,
Tätigkeit, Unternehmen,
Arbeit; Schwierigkeit, Bedrängnis.

nēmō (nullīus, nēminī,
nēminem, ā nullō) niemand.

nemorālis, e zum Hain gehörig.

nemorōsus 3 waldreich.

nem-pe adv. doch sicherlich.

nemus, oris n Hain, Wald.

nēnia, ae f Trauer-, Klagelied; Schlummerlied.

neō, nēvī, nētus 2 spinnen.

nepōs, ōtis m Enkel; Nachkommen; Verschwender;
nachkl. Neffe.

neptis, is f Enkelin.

nē-quam (indecl.) nichtsnutzig.

nē-quāquam adv. keineswegs.

ne-que s. nec.

ne-queō, īvī u. iī, ītum, īre
nicht können.

nē-quīquam adv. vergeblich.

nēquitia, ae f (u. nēquitiēs,
ēī) f Nichtsnutzigkeit;

Leichtsinn; Gemeinheit, Niederträchtigkeit.

nervus, ī *m* Sehne, Muskel; Saite; Bogensehne; Kraft, Stärke; *sg. u. pl.* Gefängnis.

ne-sciō 4 nicht wissen; nicht kennen; nicht können.

ne-scius 3 unwissend, unkundig; nicht imstande.

neu *s.* **nēve**.

neuter, tra, trum keiner von beiden.

nē-ve *und* **neu** *ci.* und nicht (*in e-m Finalsatz*).

nēvī *s.* **neō**.

nex, nevis *f* Mord, Ermordung.

nexilis, e zusammengeknüpft.

nexum, ī *n* Schuldverpflichtung.

nexus, ūs *m* Verknüpfung; Schuldverpflichtung.

nī *ci.* wenn nicht.

nīdor, ōris *m* Bratenduft, Fettdampf.

nīdus, ī *m* Nest; Wohnsitz.

niger, gra, grum schwarz, dunkel; unheilvoll; boshaft.

nigrēscō, gruī, - 3 schwarz werden.

nigrō 1 schwarz sein.

nihil (nullīus reī, nullī reī, nihil, nullā rē) nichts.

nihilō-minus *adv.* nichtdestoweniger.

nihilum, ī *n* das Nichts.

nīl = **nihil**; **nīlum** = **nihilum**.

nimbōsus 3 wolkig, stürmisch.

nimbus, ī *m* (Sturm-)Wolke; Platzregen; große Menge; dichte Schar.

ni-mīrum *adv.* allerdings, freilich, zweifellos, natürlich.

nimis *adv.* zu sehr, zu viel, überaus.

nimius 3 zu groß, zu viel, übermäßig.

ni-sī *ci.* wenn nicht; außer.

nīsus, ūs *m* Anstrengung.

nīsus sum *s.* **nītor**[2].

niteō, uī, - 2 scheinen, glänzen; stattlich aussehen; reichlichen Ertrag geben.

nitēscō, tuī, - 3 glänzend werden.

nitidus 3 glänzend; stattlich, sauber, schön.

nitor[1], ōris *m* Glanz; Eleganz.

nītor[2], nīxus *od.* nīsus sum 3 sich stützen; emporklimmen; sich bemühen, sich anstrengen; sich verlassen auf.

nivālis, e schneeig; schneeweiß.

niveus 3 = **nivālis**.

nivōsus 3 schneereich.

nix, nivis *f* Schnee.

nīxus sum *s.* **nītor**[2].

nō 1 schwimmen.

nōbilis, e bekannt; adlig; vortrefflich.

nōbilitās, ātis *f* vornehme Herkunft; edle Geburt; Adel; Vortrefflichkeit.

nōbilitō 1 bekannt (berühmt *od.* berüchtigt) machen.

nocēns, entis schädlich; schuldig.

noceō, uī, itum 2 schaden.

nocti-vagus 3 nachts umherschweifend.

noctū *od.* nachts.

nocturnus 3 nächtlich.

nōdō 1 in einen Knoten knüpfen.

nōdōsus 3 knotig.

nōdus, ī *m* Knoten; Verpflichtung; Hemmnis.

nōlō, uī, -, nōlle nicht wollen.

nōmen, inis *n* Name; Ruf; Ruhm; Vorwand; Schuld(verschreibung).

nōminātim *adv.* mit Namensnennung, ausdrücklich.

nōminō 1 nennen. (lich.)

nōn *adv.* nicht; nein.

Nōnae, ārum *f/pl.* die Nonen (*der 5. bzw. 7. Tag des Monats*).

nōnāgintā neunzig.

nōn-dum *adv.* noch nicht.

nōngentī 3 neunhundert.

nōn-ne *adv. interr.* doch? (*e-e bejahende Antwort erwartend*).

nōn-nūllus 3 mancher.

nōn-numquam *adv.* manchmal, bisweilen.

nōnus 3 der neunte.

norma, ae *f* Richtschnur, Regel.

nōs wir; *oft:* ich.

nōscitō 1 bemerken, wahrnehmen.

nōscō, nōvī, nōtus 3 kennenlernen, erfahren; anerkennen, *pf.* kennen.

noster, tra, trum unser.

nostrās, ātis *adi.* einheimisch.

nota, ae *f* Merkmal; Schriftzeichen; Schandfleck, zensorische Rüge.

notābilis, e bemerkenswert.

notātiō, ōnis *f* Kennzeichnung; zensorische Rüge; Wahrnehmung.

nothus 3 unehelich, Bastard...

nōtiō, ōnis *f* Untersuchung; Begriff, Vorstellung.

nōtitia, ae *f* Bekanntschaft; Ruf; Kenntnis; Begriff, Vorstellung.

notō 1 kenntlich machen, bezeichnen; beobachten; rügen, tadeln.

notus¹, ī *m* Südwind.

nōtus² 3 bekannt; berühmt, berüchtigt.

novācula, ae *f* Rasiermesser.

novālis, e *f u.* **novāle, is** *n* Brachfeld; *nachkl.* Acker.

novellus 3 neu, jung.

novem (*indecl.*) neun.

November, bris, bre des November, *subst.* **November, Novembris, is** *m* November.

noven-diālis, e neuntägig.

novēnī 3 je neun.

noverca, ae *f* Stiefmutter.

novīcius 3 neu; *subst.* ~, i Neuling.

novitās, ātis *f* Neuheit.

novō 1 erneuern; verändern.

novus 3 neu; ungewöhnlich; unerfahren.

nox, noctis *f* Nacht; Dunkelheit.

noxa, ae *f* Schaden; Vergehen; Strafe.

noxia, ae *f* Schuld, Vergehen.

noxius 3 schädlich; schuldig, sträflich.

nūbēs, is *f* Wolke; (große) Menge.

nūbi-fer 3 Wolken tragend.

nūbi-gena, ae *m* Wolkensohn.

nūbilis, e heiratsfähig (*Tochter*).

nūbilus 3 wolkig; trübe, finster; *subst.* -a, ōrum *n/pl.* Wolken.

nūbō, nūpsī, ptum 3 heiraten (*v. d. Frau*).

nu-diūs *adv.* es ist jetzt der ... Tag; ~ **tertius** vorgestern.

nūdō 1 entblößen; unverteidigt lassen; merken lassen.

nūdus 3 nackt, bloß; beraubt, ohne, dürftig, arm; einfach, schmucklos.

nūgae, ārum *f/pl.* Possen; dummes Zeug; Spaßmacher, Possenreißer.

nūgātor, ōris *m* Schwätzer, Aufschneider, Angeber.

nūgātōrius 3 belanglos.

nūgor 1 dummes Zeug reden; aufschneiden, angeben.

nūllus 3 kein; wertlos.

num *interr. dir.* etwa (*e-e*

verneinende Antwort erwartend*); ind.* ob (etwa).

nūmen, inis *n* göttlicher Wille.

numerō 1 zählen; auszahlen; halten *für,* rechnen *unter;* **numerātus** 3 bar.

numerōsus 3 zahlreich; rhythmisch.

numerus, ī *m* Zahl, Anzahl; Klasse, Kategorie; Menge, Haufe, Rhythmus, Wohlklang, Harmonie.

nummārius 3 Geld..., Münz...

nummātus 3 mit Geld versehen, reich.

nummulus, ī *m* (*mst. pl.*) elendes Geld; *ein* bißchen Geld. [Geld.]

nummus, ī *m* Münze; *pl.*)

numquam *adv.* niemals.

num-quid *interr.* etwa? (*verstärkendes num*).

nunc *adv.* jetzt; unter diesen Umständen.

nunciam = nunc.

nuncupō 1 feierlich aussprechen; (be-) nennen.

nūndinae, ārum *f/pl.* Markt-(tag).

nūndinātiō, ōnis *f das* Feilschen, Schachern.

nūndinor 1 feilschen, schachern.

nunquam *adv.* niemals.

nūntia, ae *f* Botin.

nūntiō 1 verkündigen, melden; den Befehl überbringen.

nūntius, ī *m* Bote; Nachricht; Befehl.

nū-per *adv.* neulich.

nūptiae, ārum *f/pl.* Hochzeit, Heirat.

nūptiālis, e hochzeitlich, Ehe...

nurus, ūs *f* Schwiegertochter; junge Ehefrau.

nūsquam *adv.* nirgends.

nūtō 1 nicken, winken; sich hin und her bewegen, schwanken.

nūtrīcula, ae *f* Amme.

nūtrīmentum, ī *n* Nahrung(smittel).

nūtriō 4 ernähren, säugen, aufziehen; pflegen, fördern.

nūtrīx, īcis *f* Amme.

nūtus, ūs *m* Kopfnicken, Winken; Befehl, Wille.

nux, nucis *f* Nuß(baum).

nympha, ae *f u.* **nymphē, ēs** *f* Braut, Mädchen; junge Frau; Nymphe.

O

ō! *int.* o!; ach!

ob *prp. b. acc.* vor, gegenüber; wegen.

ob-aerātus 3 verschuldet.

ob-ambulō 1 entgegengehen.

ob-dō, didī, ditus 3 entgegenstellen; verschlingen.

ob-dūcō 3 aufstellen *gegen*, davorlegen; überdecken.

ob-dūrēscō, ruī, - 3 hart *od.* unempfindlich werden.

ob-dūrō 1 ausharren, aushalten.

ob-eō, iī, itum, īre sterben; besuchen; (*in der Rede*) durcheilen; umgehen; sich an etw. machen, übernehmen.

ob-equitō 1 heranreiten.

ob-ēsus 3 dick (*Tier; Nase*).

obex, icis *m u.* *f* Riegel; Damm, Barrikade.

ob-fuī *s.* **ob-sum.**

ob-iaceō 2 gegenüberliegen.

ob-iciō, iēcī, iectus 3 entgegenwerfen; preisgeben,

aussetzen; Vorwürfe machen.

ob-iectō 1 entgegenwerfen; preisgeben; vorwerfen.

ob-iectus, ūs *m das* Entgegenstellen.

ob-itus, ūs *m* Untergang (*der Sonne usw.*); Vernichtung; Tod.

ob-iurgātiō, ōnis *f* Tadel, Verweis.

ob-iurgātor, ōris *m* Tadler.

ob-iurgō 1 tadeln, schelten.

oblectāmentum, ī *n* Unterhaltung, Zeitvertreib.

oblectātiō, ōnis *f* Unterhaltung.

ob-lectō 1 unterhalten, erheitern, belustigen.

ob-ligō 1 binden; verpflichten; verpfänden.

ob-linō 3 bestreichen, besudeln.

oblīquō 1 seitwärts richten.

ob-līquus 3 seitlich, schräg.

ob-litterō 1 aus dem Gedächtnis streichen.

oblīviō, ōnis f Vergessenheit.

oblīviōsus 3 vergeßlich.

ob-līvīscor, oblītus sum 3 vergessen.

oblīvium, ī n = oblīviō.

ob-longus 3 länglich.

ob-loquor 3 widersprechen; dazu singen od. sprechen.

ob-luctor 1 ankämpfen *gegen*. [stummen.|

ob-mūtēscō, tuī, - 3 verob-nītor 3 sich entgegenstemmen; Widerstand leisten.

ob-noxius 3 *j-m gegenüber* verpflichtet, verschuldet; unterworfen, untertan.

ob-nūntiātiō, ōnis f Meldung böser Vorzeichen.

ob-nūntiō 1 böse Vorzeichen melden.

ob-oediō 4 gehorchen.

ob-orior 4 aufgehen, sich zeigen.

ob-rēpō, rēpsī, rēptus 3 heranschleichen.

ob-rigēscō, guī, - 3 erstarren.

ob-rogō 1 (*ein Gesetz*) aufheben.

ob-ruō 3 überdecken, vergraben; erdrücken, überwältigen.

ob-saepiō 4 versperren.

obs-cēnitās, ātis f Unanständigkeit.

obs-cēnus 3 schmutzig; unanständig; unheilvoll.

obscūritās, ātis f Dunkelheit; niedrige Herkunft.

obscūrō 1 verdunkeln; verbergen; in Vergessenheit bringen.

ob-scūrus 3 dunkel; unbekannt, unbedeutend.

ob-secrātiō, ōnis f inständiges Bitten; öffentlicher Bettag.

ob-secrō 1 inständig bitten, beschwören.

ob-secundō 1 beipflichten, zustimmen, sich fügen.

obsequium, ī n Nachgiebigkeit, Fügsamkeit, Gehorsam.

ob-sequor 3 gehorchen, sich fügen; sich hingeben.

ob-serō[1] 1 verriegeln.

ob-serō[2], sēvī, situs 3 (be)säen, (be)pflanzen.

observantia, ae f Ehrerbietung.

observātiō, ōnis f Beobachtung.

ob-servō 1 beobachten; beachten; verehren.

ob-ses, sidis m, f Geisel m, f; Bürge m, Bürgin f.

ob-sessiō, ōnis f = obsidiō.

ob-sessor, ōris m Belagerer.

ob-sideō, sēdī, sessus 2 sitzen, warten; belagern; besetzt halten.

obsidiō, ōnis f Belagerung.

ob-sidō, sēdī, sessus 3 besetzen.

ob-signātor, ōris m Untersiegler (*e-r Urkunde*).

ob-signō 1 ver-, untersiegeln.

ob-sistō, stitī, - 3 sich entgegenstellen; Widerstand leisten.

obsolēscō, lēvī, - 3 Ansehen und Wert verlieren, verkommen; aus der Mode kommen.

obsolētus 3 abgetragen; veraltet; morsch.

obsōnium, ī n Zukost (*Fisch, Gemüse*).

obsōnō 1 als Zukost einkaufen.

ob-stetrīx, īcis f Hebamme.

obstinātus 3 fest entschlossen; hartnäckig.

obstitī s. ob-sistō *bzw.* ob-stō.

ob-stō, stitī, (stātūrus) 1 im Wege stehen; hinderlich sein.

ob-strepō 3 entgegentönen; überschreien.

ob-stringō 3 festbinden; verpflichten.

ob-struō 3 davorbauen; verrammeln.

ob-stupefaciō 3 in Erstaunen setzen.

ob-stupēscō, puī, - 3 erstarren; erstaunen.

ob-sum, fuī, esse schaden.

ob-tegō 1 bedecken; schützen.

ob-temperō 1 gehorchen.

ob-tendō, ndī, ntus 3 *etw. vor etw.* ausstrecken; vorschützen; einhüllen.

ob-tentus, ūs m Verschleierung; Vorwand.

ob-terō 3 zertreten; vernichten.

ob-testātiō, ōnis f inständiges Bitten.

ob-testor 1 zum Zeugen anrufen; inständig bitten.

ob-ticēscō, cuī, - 3 verstummen.

ob-tineō, tinuī, tentus 2 besitzen, besetzt halten; verwalten; beibehalten; erlangen.

ob-tingō, tigī, - 3 widerfahren, zustoßen; durch Auslosung zufallen (*v. Ämtern*).

ob-torpēscō, puī, - 3 erstarren.

ob-torqueō 2 herumdrehen.

ob-trectātiō, ōnis f Mißgunst, Anfeindung.

ob-trectātor, ōris m Widersacher.

ob-trectō 1 heruntermachen; schmälern.

ob-trūdō 3 hastig verschlingen; aufdrängen.

ob-truncō 1 niedermetzeln.

ob-tulī s. of- ferō.

ob-tundō, tudī, tū(n)sus 3 stumpf machen; belästigen.

ob-turbō 1 verwirren.

ob-tūrō 1 verstopfen.

ob-tūtus, ūs m *das* Anschauen; Blick.

ob-umbrō 1 überschatten; bemänteln.

ob-uncus 3 einwärts gekrümmt.

ob-ūstus 3 angebrannt; gehärtet.

ob-veniō 4 sich zutragen; zuteil werden.

ob-versor 1 sich herumtreiben; sich zeigen, vorschweben.

ob-vertō 3 hinwenden; entgegenkehren.

ob-viam *adv.* entgegen; ~ **īre** entgegengehen.

obvius 3 entgegenkommend; ausgesetzt.

ob-volvō 3 verhüllen; bemänteln.

oc-caecō 1 blenden; verfinstern; unsichtbar machen.

occāsiō, ōnis f Gelegenheit.

oc-cāsus, ūs m Untergang (*der Sonne*); Westen.

occidēns, entis m Westen.

occidiō, ōnis f Niedermetzelung.

oc-cidō[1], cidī, (cāsūrus) 3 untergehen; sterben; umkommen, zugrunde gehen.

oc-cidō[2], cidī, cīsus 3 niederhauen, töten.

occiduus westlich.

oc-cipiō, cēpī, ceptus 3 anfangen.

oc-cīsiō, ōnis f Totschlag, Mord.

oc-clūdō, sī, sus 3 einschließen.

oc-cubō, -, - 1 tot daliegen.

oc-culō, culuī, cultus 3 verbergen, verheimlichen.

occultātiō, ōnis f *das* Geheimhalten.

occultō 1 versteckt halten; verheimlichen.

occultus 3 verborgen.

oc-cumbō, cubuī, cubitum 3 tot niedersinken, sterben.

occupātiō, ōnis f Beschäftigung.

occupātus 3 beschäftigt.

occupō 1 einnehmen, besetzen; überfallen, angreifen; zuvorkommen.

oc-currō, currī, cursum 3 entgegenlaufen, begegnen; angreifen; vor Augen treten, einfallen; entgegenarbeiten; abhelfen, vorbeugen; erwidern.

occursātiō, ōnis f (freundliches) Entgegenkommen; Glückwunsch.

oc-cursō 1 begegnen; sich feindlich entgegenwerfen.

oc-cursus, ūs m Begegnung.

ocellus, ī m Äuglein.

ōcior, ius (*comp.*) schneller.

ocrea, ae f Beinschiene.

octāvus 3 *der* achte.

octō (*indecl.*) acht.

Octōber, bris, e des Oktober; *subst.* **Octōbris, is** m Oktober.

octōnī 3 je acht.

oculus, ī m Auge.

ōdī, ōdisse, ōsūrus hassen.

odiōsus 3 verhaßt.

odium, ī n Haß; Widerwille; verhaßte Person, Gegenstand des Hasses.

odor, ōris m Geruch; Duft; Gestank; Ahnung, Vorgefühl.   [riechend.\

odōrātus 3 duftend, wohl-/

odōri-fer 3 duftend, wohlriechend.

odōror 1 *von etw.* Wind bekommen, ausspüren.

odōrus 3 duftend, wohlriechend.

oeno-phorum, ī n Weinkorb.

offa, ae f Bissen; Mehlkloß.

of-fendō, endī, ēnsus 3 anstoßen; antreffen; verletzen, kränken, beleidigen; verunglücken.

offēnsa, ae f Beleidigung; Ungnade; Widerwärtigkeit.

offēnsiō, ōnis f Erkrankung; Haß, Abneigung; Unfall, unglücklicher Ausgang.

of-ferō, obtulī, oblātus, of-ferre entgegenbringen, anbieten; aussetzen; zufügen, verursachen; **sē of-ferre** sich *j-m* vorstellen.

officīna, ae f Werkstätte.

of-ficiō, fēcī, fectus 3 hinderlich sein, entgegenwirken.

officiōsus 3 hilfsbereit, gefällig, zuvorkommend.

officium, ī n Amt, Beruf, Dienstleistung, Arbeit, Pflicht; Pflichtgefühl; Hilfsbereitschaft, Gefälligkeit, Zuvorkommenheit.

of-firmō 1 festmachen.

of-fundō 3 verbreiten; bedecken.

ōh; *int.* o!; ach!

ōhē; *int.* halt!

olea, ae f = oliva.

oleaster, trī m wilder Ölbaum. [kend.|

olēns, entis duftend; stin-|

oleō, oluī, - 2 riechen *nach.*

oleum, ī n Öl.

ol-faciō 3 *etw.* riechen.

olidus 3 riechend; stinkend.

ōlim *adv.* einst; manchmal, bisweilen.

olitor, ōris m Gemüsegärtner.

olīva, ae f Olive; Ölbaum.

olīvētum, ī n Olivenhain.

olīvi-fer 3 Oliven tragend.

olīvum, ī n Olivenöl.

ōlla, ae f Topf.

olor, ōris m Schwan.

olus, eris n Gemüse, Kohl.

olusculum, ī n = olus.

omāsum, ī n Rindskaldaunen.

ōmen, inis n Vorzeichen.

ōminor 1 weissagen.

o-mittō 3 fallen lassen, wegwerfen; aufgeben; unterlassen.

omnīnō *adv.* völlig; im allgemeinen, überhaupt.

omni-potēns, entis allmächtig.

omnis, e jeder; ganz; *pl. m, f* **omnēs**, *n* **omnia** alle.

onerārius 3 lastentragend.

onerō 1 beladen; *j-n mit etw.* überhäufen.

onerōsus 3 lästig, drückend.

onus, eris n Last; *pl.* onera Schulden.

onustus 3 beladen; voll *von.*

opācō 1 beschatten.

opācus 3 schattig; dunkel.

opera, ae f Arbeit, Mühe; Dienst, Hilfe; Muße; *pl.* Arbeiter, Tagelöhner.

operārius 3 zur Arbeit tauglich; *subst.* **~, ī** m Arbeiter, Tagelöhner.

operiō, operuī, opertus 4 bedecken; verbergen.

operor 1 *an etw.* arbeiten; der Gottheit dienen; opfern.

operōsus 3 tätig, geschäftig, aktiv; mühsam; kunstvoll.

opēs, um *f/pl.* (*gehört zu* ops) Mittel *pl.*, Geldmittel *pl.*, Vermögen, Reichtum, Habe; Truppenmacht; politische Macht, politischer Einfluß, einflußreiche Stellung.

opi-fex, icis *m, f* Handwerker; Künstler.

opīmus 3 fett; stattlich; fruchtbar; reichlich.

opīniō, ōnis *f* Meinung; Vorstellung; guter Ruf; Gerücht.

opīnor 1 glauben; vermuten.

opitulor 1 (ab)helfen.

oportet, uit, - 2 es ist nötig, es geziemt sich.

op-perior, pertus sum 4 (er)warten.

op-petō 3 erleiden; mortem oppetere dem Tode mutig entgegensehen.

oppidānus 3 (klein)städtisch.

oppidō *adv.* äußerst.

op-pleō, ēvī, ētus 2 anfüllen.

op-pōnō 3 entgegenstellen; aussetzen; vorbringen, einwenden.

opportūnitās, ātis *f* günstige Lage; gute Gelegenheit; Vorteil.

op-portūnus 3 günstig (gelegen); rechtzeitig; vorteilhaft, passend.

op-positus, ūs *m* Entgegenstellung; Vortreten (*des Mondes*).

op-pressī *s.* op-primō.

op-pressiō, ōnis *f* Unterdrückung; Überrumpelung.

op-primō, pressī, pressus 3 unterdrücken, niederhalten; verbergen; bezwingen, überwältigen; plötzlich überfallen (*od.* ereilen).

op-probrium, ī *n* Vorwurf; Schmach, Schande.

op-pūgnātiō, ōnis *f* Bestürmung, Sturmangriff.

op-pūgnātor, ōris *m* Angreifer.

op-pūgnō 1 bestürmen, angreifen.

ops, opis *f* Macht, Kraft, Stärke; Hilfe, Beistand; *s.* opēs.

optābilis, e wünschenswert.

optimās, ātis *adi.* zu den Besten gehörig, aristokratisch; *subst.* ∼, ātis *m* Aristokrat.

optimus 3 (*sup. zu* bonus) der beste.

optiō, ōnis *f* freie Wahl.

optō 1 wählen; wünschen.

opulentia, ae *f* Reichtum, Wohlstand, Überfluß; Macht; Einfluß.

opulentus 3 reich; mächtig.

opus, eris *n* Werk, Arbeit, Tat; Kunstwerk; Schriftwerk, Buch; Bauwerk.

Belagerungswerk; Verschanzung, Schanzarbeit; **opus est** es ist nötig, man braucht, man benötigt.

opusculum, ī n kleines *literarisches* Werk.

ōra, ae f Rand, Ende; Küste; ferne Gegend.

ōrāc(u)lum, ī n Orakelstätte; Orakelspruch.

ōrātiō, ōnis f Ausdruck, Redeweise; Rede, Vortrag, Redekunst, Darstellung, Worte.

ōrātor, ōris m Redner; Sprecher.

orbis, is m Kreis; Kreislauf; ~ **terrārum** Erdkreis, *die* ganze Welt.

orbita, ae f (Wagen)radspur.

orbitās, ātis f Verwaistsein; Kinderlosigkeit.

orbō 1 verwaist machen, berauben.

orbus 3 verwaist; kinderlos; verwitwet; beraubt.

orchēstra, ae f Sitzplatz der Senatoren *im Theater.*

Orcus, ī m (der Gott der) Unterwelt; Tod.

ōrdinārius 3 ordentlich, regelmäßig.

ōrdinātim *adv.* der Reihe nach.

ōrdinō 1 ordnen.

ōrdior, ōrsus sum 4 anfangen, beginnen.

ōrdō, inis m Reihe; *mil.* Glied; Abteilung, Zug; Zenturie; Zenturionenstelle; Stand, Rang; Ord-

nung, Reihenfolge; **ordine** nach der Reihe; ordnungsgemäß.

orgia, ōrum n/pl. *die* Orgien, Bacchusfest.

ori-chalcum, ī n Messing.

oriēns, entis m Osten.

orīgō, inis f Ursprung; Herkunft.

orior, ortus sum, (oritūrus) 4 entstehen; sich erheben; abstammen; anfangen.

ōrnāmentum, ī n Schmuck; Auszeichnung.

ōrnātus, ūs m Kleidung; Rüstung; Schmuck, Zierat.

ōrnō 1 ausstatten; schmücken; auszeichnen.

ornus, ī f Bergesche.

ōrō 1 reden, sprechen; verhandeln; bitten.

ōrsus *von s.* **ōrdior.**

ortus, ūs m Aufgang; Osten; Ursprung, Anfang.

ōs¹, ōris n Mund; Öffnung; Mündung; Gesicht; Frechheit.

os², ossis n Knochen; Innerstes.

os-cen, inis m Weissagevogel.

ōs-citō 1 gähnen; schläfrig sein.

ōsculor 1 küssen.

ōsculum, ī n Mündchen; Kuß.

os-tendō, tendī, tentus (*später* **tēnsus**) **3** zeigen; erklären, darlegen; **sē** ostendere sich *j-m* vorstellen.

ostentātiō, ōnis f Prahlerei.

Angeberei;   Täuschung,
Schein.

ostentātor, ōris *m* Prahler,
Angeber.

os-tentō 1 zeigen; prahlen
mit; versprechen; androhen.   [zeichen.

ostentum, ī *n* Wunder-/
ōstium, ī *n* Tür; Haustür;
Eingang; Mündung.

ostrea, ae *f* und -um, ī *n*
Muschel, Auster.

ostrum, ī *n* Purpur(gewand,
-decke).

ōtiōsus 3 untätig, unbe-
schäftigt, müßig; ruhig,
ungestört;   gleichgültig,
neutral.

ōtium, ī *n* Muße, freie Zeit,
ruhiges   Privatleben;
Nichtstun,   Müßiggang;
politische Ruhe.

ovīle, is *n* Schafstall; Ab-
stimmungsplatz auf dem
Marsfeld.

ovis, is *f* Schaf.

ovō 1 frohlocken, jubeln.

ōvum, ī *n* Ei.

P

pābulātiō, ōnis *f das* Futter-
holen.

pābulātor, ōris *m* Futter-
holer.

pābulor 1 Futter holen.

pābulum, ī *n* Futter.

pācālis, e Friedens...

pācātus 3 beruhigt; ruhig,
friedlich.

pāci-fer 3 Frieden bringend.

pāci-ficō(r)   1   Frieden
schließen.

paciscor, pactus sum 3 e-n
Vertrag schließen, über-
einkommen; sich ausbe-
dingen.

pācō 1 unterwerfen.

pactiō, ōnis *f* Übereinkom-
men, Vertrag.

pactum, ī *n* Übereinkom-
men; nullō pactō durchaus
nicht.   [auf Apollo.

paeān, ānis *m* Lobgesang/

paed-agōgus, ī *m* Erzieher
(*Sklave*).

paelex, icis *f* Konkubine.

paene *adv.* fast.

paeniteō, -uī, - 2 bereuen;
auch impers. mē paenitet
ich bereue.

paenula, ae *f* Reisemantel.

pāgānus 3 dörflich, länd-
lich.

pāgina, ae *f* Seite (*e-s
Buches*).

pāgus, ī *m* Gau, Bezirk;
Dorf.

palaestra, ae *f* Ringschule,
-kampf.

palam *adv.* öffentlich; *prp.
b. abl.* vor.

Palātīnus 3 zum palatini-
schen Hügel gehörig.

Palātium, ī *n* palatinischer
Hügel (*Rom*); *später:* kai-
serliche Residenz.

palātum, ī *n* Gaumen.

palea, ae *f* Spreu.

palear, āris *n* Wamme (*e-s
Stiers*).

palla, ae f langes Oberge-
wand (*der röm. Frauen*).

Palladium, ī n Bild der
Pallas.

palleō, uī, - 2 blaß sein;
sich ängstigen.

pallēscō, uī, - 3 erblassen;
ängstlich werden.

palliātus 3 mit e-m griechischen Mantel bekleidet.

pallidus 3 blaß, bleich.

palliolum, ī n griechisches
Mäntelchen.

pallium, ī n griechischer
Mantel.

pallor, ōris m Blässe.

palma¹, ae f flache Hand.

palma², ae f Palme; Palmzweig, -kranz; Sieges-
preis.

palmes, itis m Rebenschöß-
ling.

pālor 1 umherirren.

palpor 1 streicheln; schmeicheln.

palūdāmentum, ī n Kriegsmantel.

palūdātus 3 im Kriegsmantel.

palumbēs, is m, f Ringel-
taube.

pālus¹, ī m Pfahl.

palūs², ūdis f Sumpf,
Morast.

palūster, tris, tre sumpfig.

pampineus 3 aus Weinlaub.

pampinus, ī m (*bisw.* f)
Weinlaub.

pandō, pandī, passus 3 aus-
einanderbreiten, aus-
strecken; öffnen; erzäh-
len.

pandus 3 eingedrückt, gebogen.

pangō, pepigī, pāctus 3 zusammenfügen; verfassen,
dichten; verabreden, aus-
bedingen.

pānis, is m Brot.

pannōsus 3 zerlumpt.

pannus, ī m Stück Tuch;
Lumpen.

panthēra, ae f Panther.

papae! *int.* o Jammer!;
sieh' mal an!

papāver, eris n Mohn.

papilla, ae f Brustwarze.

papȳrus, ī f Papyrusstaude;
Papier.

pār, paris gleich; gleich
stark, gewachsen; ent-
sprechend, angemessen;
subst. m u. f Kamerad(in),
Altersgenosse, -genossin;
Ehe-mann, -frau; *n/sg.*
das Gleiche.

para-sītus, ī m Parasit,
Schmarotzer.

parātus¹ 3 bereit; entschlossen; geübt; gut ge-
rüstet; schlagfertig.

parātus², ūs m Beschaffung;
Vorbereitung(en).

parcō, pepercī, temperātum
(parsūrus) **3** sparsam umgehen *mit*; (ver)schonen;
sich enthalten, unterlas-
sen, vermeiden.

parcus 3 sparsam; kärglich.

parēns, entis m u. f Vater;
Mutter; Ahnherr; Begrün-
der; Erfinder; Urheber.

parentālis, e elterlich.

parentō 1 (ein) Totenopfer bringen; rächen.

pāreō, uī, (pāritūrus) 2 erscheinen; gehorchen; pāret es ist erwiesen, es steht fest.

pariēs, etis m Wand.

parilis, e gleich.

pariō, peperī, partus (paritūrus) 3 gebären; erwerben; gewinnen.

pariter adv. gleich; zu gleicher Zeit.

parma, ae f kleiner Rundschild.

parō 1 vorbereiten; beschaffen; beabsichtigen; sich verschaffen, erwerben.

par-ochus, ī m Gastwirt.

parri-cīda, ae m u. f (Verwandten-)Mörder(in).

parricīdium, ī n Verwandtenmord; Hochverrat.

pars, tis f Teil; Portion f; Anteil; Richtung; Hinsicht; Gebiet; *mst. pl.* Partei; *pl.* Rolle (*Theater*); *pl.* Amt, Aufgabe.

parsimōnia, ae f Sparsamkeit.

parti-ceps, cipis teilnehmend; teilhaftig.

participō 1 *trans.* teilhaben *an.*

particula, ae f Teilchen.

partim adv. zum Teil.

partior (*u.* partiō) 4 (aus-, ein-, ver-)teilen.

partītiō, ōnis f (Aus-, Ein-) Teilung.

parturiō 4 gebären wollen,

in den Wehen liegen; sich ängstigen; *etw.* vorhaben.

partus, ūs m Niederkunft; Geburt; Leibesfrucht; Kind; Junges.

paruī s. pareō.

parum adv. zu wenig.

parum-per adv. auf kurze Zeit, ein Weilchen.

parvulus 3 sehr klein; sehr wenig, sehr jung.

parvus 3 klein (*comp.* minor, us, *sup.* minimus 3); jung; kurz; unbedeutend, unwichtig; niedrig, gering, ärmlich.

pāscō, pāvī, pāstus 3 (Vieh) weiden; füttern, nähren; ergötzen, erfreuen.

pāscuus 3 Weide...; *subst.* pāscua, ōrum n/pl. Weideland.

passer, eris m Spatz.

passim adv. überall, weit und breit.

passus¹ adi. ausgebreitet.

passus², ūs m Schritt.

passus³ sum s. patior

pāstor, ōris m Hirt.

pāstōrālis, e u. pāstoricius 3 Hirten...

pāstus, ūs m (Fütterung; Futter.

pate-faciō 3 öffnen; sichtbar machen, enthüllen.

patella, ae f Opferschale.

pateō, uī, - 2 offenstehen; zugänglich sein; offenbar sein; sich erstrecken.

pater, tris m Vater; *pl.* Senatoren.

patera, ae f Opferschale.

paternus 3 väterlich; heimatlich.

patēscō, uī, - 3 sich öffnen; sich erstrecken.

patiēns, entis ertragend; geduldig.

patientia, ae *f* Ausdauer; Geduld; Nachsicht; Unterwürfigkeit.

patina, ae *f* Pfanne, Schüssel.

patior, passus sum 3 (er-) leiden, ertragen, erdulden; zulassen, gestatten.

patria, ae *f* Vaterland, Heimat.

patricius 3 patrizisch, adlig; *subst.* ~, *ī m* Patrizier, Adliger.

patrimōnium, ī *n* (*vom Vater ererbtes*) Erbgrundstück, Erbgut.

patrius 3 des Vaters; väterlich; angestammt, ererbt; heimatlich. [führen.]

patrō 1 vollbringen, aus-]

patrōcinium, ī *n* Patronat *n*, Schutz durch einen Patron; Verteidigung vor Gericht; Fürsprache, Beistand.

patrōna, ae *f* Verteidigerin, Gönnerin, Fürsprecherin.

patrōnus, ī *m* Patron *m*, Schirmherr; Verteidiger vor Gericht; Beschützer, Verteidiger.

patruēlis, e von des Vaters Bruder stammend.

patruus, ī *m* Onkel (*von Vaters Seite*); *adi.* 3 des Onkels.

patulus 3 offenstehend; weit ausgebreitet.

paucī 3 *pl.* (nur) wenige.

paucitās, ātis *f* geringe Anzahl.

pauculī 3 sehr wenige.

paulātim *adv.* allmählich.

paulisper *adv.* ein Weilchen, nur kurze Zeit.

paulum *adv.* wenig; *comp.* **minus** weniger; *sup.* **minimē** am wenigsten; gar nicht, überhaupt nicht, keineswegs.

pauper, eris arm; ärmlich.

pauperculus 3 ärmlich.

paupertās, ātis *f* Armut.

paveō, pāvī, - 2 zittern, sich ängstigen.

pavidus 3 ängstlich.

pavimentum, ī *n* Estrich *m* (*fugenloser Fußboden*).

pavitō 1 sehr ängstigen.

pāvō, ōnis *m* Pfau.

pavor, ōris *m das* Zittern; Angst; Spannung.

pāx, pācis *f* Friede; Ruhe; Beistand (*der Götter*).

peccātum, ī *n* Fehler, Irrtum; Sünde.

peccō 1 e-n Fehler machen, sich versehen; sündigen.

pecten, inis *n* Kamm; Weberkamm; Zitherstäbchen, Plektron *n*.

pectō, pexī, pexus 3 kämmen.

pectus, oris *n* Brust; Herz, Gemüt, Gesinnung, Seele.

pecū, *pl.* pecua *n* Vieh.

pecuārius 3 Vieh...; *subst.* ~, *ī m* Viehzüchter.

pecūlātus, ūs *m* Unter-
schlagung (*v. Staatsgel-
dern*).

pecūliāris, e eigenartig;
außergewöhnlich.

pecūlium, ī *n* Eigentum.

pecūnia, ae *f* Geld; Eigentum.

pecūniārius 3 Geld...

pecūniōsus 3 reich.

pecus[1], oris *n* Kleinvieh.

pecus[2], udis *f ein* Stück
(Klein-)Vieh.

pedes, itis *m* Fußsoldat,
Infanterist.

pedester, tris, tre zu Fuß
Fuß..., zu Lande, Land...

pede-temptim *adv.* vorsichtig, behutsam.

pedica, ae *f* Fußschlinge.

peditātus, ūs *m* Fußvolk,
Infanterie.

pē-ierō 1 falsch schwören.

pēior, us schlechter.

pelagus, ī *n* Meer.

pel-liciō, lēxī, lectus 3 anlocken, für sich gewinnen.

pellicula, ae *f* Häutchen,
kleines (*od.* liebes) Fell.

pellis, is *f* Haut, Fell.

pellītus 3 mit Fell bedeckt.

pellō, pepuli, pulsus 3 vertreiben, stoßen; (*Feinde*)
zurückdrängen; schlagen.

pelta, ae *f* leichter Schild.

penātēs, ium *m/pl.* Penaten,
Hausgötter; Wohnung,
Haus, Heimat.

pendeō, pependī, - 2 *intr.*
ab-, herabhängen; schweben; schwanken.

pendō, pependī, pēnsus 3

trans. bezahlen; erwägen,
beurteilen; schätzen,
achten; (*Strafe*) erleiden.

pendulus 3 herabhängend.

penes *prp. b. acc.* im Besitze *j-s*; auf seiten, bei.

penetrābilis, e durchdringend.

penetrālis, e innerlich;
subst. penetrālia, ium *n/pl.*
das Innere *e-s* Hauses oder
Tempels.

penetrō 1 ein-, durch-, vordringen.

pēnis, is *m* männliches
Glied; Unzucht.

penitus *adv.* bis ins Innerste; durch und durch,
völlig, gänzlich.

penna, ae *f* (Flug-)Feder.

pennātus 3 beflügelt.

pēnsilis, e herabhängend.

pēnsiō, ōnis *f* Zahlung.

pēnsitō 1 erwägen; bezahlen.

pependī *s.* pendeō *bzw.*
pendō.

pēnsō 1 gegeneinander abwägen; entschädigen, bezahlen; überlegen.

pēnsum, ī *n* Tagesarbeit;
Aufgabe; *s.* pendō.

pēnūria, ae *f das* Fehlen,
Mangel.

penus, oris *n und* -us *f und*
-i *m* Lebensmittel.

peperci *s.* parcō.

peperī *s.* pariō.

pepuli *s.* pellō.

per *prp. b. acc.* räuml.
durch; über ... hin; *zeitl.*
während; *modal* vermit-

telst; auf Veranlassung;
wegen; unter dem Vor-
wande; mit Rücksicht
auf; um ... willen, bei.

per-acūtus 3 sehr durchdringend.

per-aequē *adv.* völlig gleich.

per-agō 3 durchbohren;
durchführen, vollenden;
verbringen; vortragen, erörtern.

per-agrō 1 durchwandern,
-reisen.

per-ambulō 1 durchwan- ̶
per-angustus 3 sehr eng. ̶

per-antiquus 3 sehr alt.

per-arō 1 durchpflügen;
niederschreiben.

per-bonus 3 sehr gut.

per-brevis, e sehr kurz.

per-cārus 3 sehr lieb.

per-celebrō 1 überall verbreiten.

per-cellō, culī, culsus 3
schlagen, stoßen; nieder-
schlagen, töten; zugrunde
richten; erschrecken.

per-cēnseō 2 mustern, besichtigen; aufzählen;
durchreisen.

per-cipiō, cēpī, ceptus 3 ergreifen, erfassen; empf-
angen, genießen, ernten;
klar erfassen, begreifen,
vernehmen.

percitus 3 erregt.

per-commodus 3 sehr gelegen.

per-contātiō, ōnis *f* Befragung.

per-contor 1 befragen, ausfragen.

per-crēb(r)ēscō, b(r)uī, - 3
sich überall verbreiten.

per-culī *s.* **per-cellō.**

per-cunctor 1 = **percontor.**

per-currō, (cu)curri, cursus
3 durcheilen.

per-cussī *s.* **per-cutiō.**

percussiō, ōnis *f das* Schlagen, Schlag.

percussor, ōris *m* Mörder.

per-cutiō, cussī, cussus 3
durchbohren; schlagen,
treffen; töten; erschüt-
tern, ergreifen, schmerz-
lich berühren.

per-didī *s.* **perdō.**

per-difficilis, e sehr schwierig.

per-discō 3 gründlich lernen.

perditor, ōris *m* Vernichter.

perditus 3 verloren; hoff-
nungslos; verkommen.

per-dō, didī, ditus 3 zugrunde richten, vernich-
ten; vergeuden; verlieren.

per-doceō 2 gründlich unterweisen.

per-domō 1 völlig zähmen
od. unterwerfen.

per-dūcō 3 hinführen, hinbringen; fortsetzen; *j-n*
bewegen, gewinnen.

per-duelliō, ōnis *f* Hochverrat.

per-duellis, is *m* Feind.

per-edō 3 verzehren.

per-egrē *adv.* in der (aus
der) Fremde.

peregrīnātiō, ōnis *f* Aufenthalt *od. das* Reisen im
Ausland.

peregrīnor 1 im Ausland sein, umherreisen; unbekannt sein.

perendiē *adv.* übermorgen.

perendinus 3 „übermorgig".

per-ennis, e das ganze Jahr hindurch dauernd; dauernd, beständig.

per-eō, iī, itum, īre zugrunde gehen, umkommen, sterben; vergeudet werden.

per-equitō 1 durchreiten; umherreiten.

per-errō 1 durchschweifen.

per-exiguus 3 sehr klein *od.* gering.

per-facētus 3 sehr witzig.

per-facilis, e sehr leicht.

per-familiāris, e sehr vertraut.

per-fēcī *s.* **per-ficiō**.

per-fectiō, ōnis *f* Vollendung, Vollkommenheit.

perfectus 3 vollendet, vollkommen.

per-ferō, tulī, lātus, ferre hinbringen, überbringen; durchführen; ertragen, aushalten.

per-fēcī, fēcī, fectus 3 ausführen, verwirklichen; beendigen; bewirken, erlangen.

perfidia, ae *f* Treulosigkeit.

perfidiōsus 3 treulos.

perfidus 3 treulos; verräterisch.

per-flō 1 durchwehen; hinwehen.

per-fodiō 3 durchgraben, -bohren.

per-forō 1 durchbohren.

per-frēgī *s.* **per-fringō**.

per-fricō 1 stark reiben, frottieren.

per-fringō, frēgī, frāctus 3 durchbrechen; zerbrechen; verletzen.

per-fruor 3 ganz genießen.

per-fuga, ae *m* Überläufer.

per-fugiō 3 s-e Zuflucht nehmen; überlaufen, desertieren.

perfugium, ī *n* Zuflucht.

per-fundō 3 begießen, benetzen, baden; ganz erfüllen mit.

per-fungor 3 verrichten, verwalten; überstehen.

per-furō 3 umhertoben.

pergō, perrēxī, perrēctum 3 weitergehen; fortfahren

per-grandis, e sehr groß.

per-grātus 3 sehr angenehm.

per-gravis, e sehr schwer *bzw.* wichtig.

per-hibeō 2 *j-n* nennen *od.* anführen.

per-honōrificus 3 sehr ehrenvoll.

per-horrēscō 3 schaudern, sich entsetzen.

per-hūmānus 3 sehr freundlich.

perīclitor 1 versuchen, erproben; gefährden; in Gefahr sein.

perīculōsus 3 gefährlich.

perīculum, ī *n* Gefahr.

per-ierō 1 = **pēierō**.

per-iī *s.* **pereō**.

per-imō, ēmī, emptus 3 vernichten, zerstören, zugrunde richten, töten; vereiteln.

per-inde *adv.* auf gleiche Weise, ebenso.

perītia, ae *f* Erfahrung, Kenntnis.

perītus 3 erfahren, kundig, geschickt.

per-iūcundus 3 sehr angenehm.

per-iūrium, ī *n* Meineid.

per-iūrō = peierō.

per-iūrus 3 meineidig.

per-lābor 3 hinübergleiten; durcheilen; hineinschlüpfen.

per-legō 3 durchlesen.

per-levis, e sehr leicht.

per-līberālis, e sehr gütig; von sehr guter Erziehung.

per-liciō 3 = pelliciō.

per-litō 1 unter günstigen Vorzeichen opfern.

per-longus 3 sehr lang.

per-lūceō 2 durchscheinen; durchsichtig sein.

per-luō 3 abwaschen.

per-lustrō 1 durchstreifen; durchmustern.

per-māgnus 3 sehr groß.

per-maneō 2 verbleiben, ausharren; fortdauern, weiterbestehen.

per-māno 1 (hin)fließen; eindringen.

per-mānsiō, ōnis *f das* Verbleiben.

per-meō 1 durchwandern.

per-mētior 4 durchwandern.

per-mīrus 3 sehr wunderbar.

per-misceō 2 vermischen, verwirren.

per-missū (*nur abl.*) mit Erlaubnis.

per-mittō 3 gehen lassen; überlassen, anvertrauen; zulassen, erlauben.

per-modestus 3 sehr bescheiden.

per-molestus 3 sehr beschwerlich.

per-moveō 2 bewegen, veranlassen; erregen, beunruhigen.

per-mulceō 2 streicheln, schmeicheln; beruhigen.

per-multus 3 sehr viel.

per-mūniō 4 stark befestigen.

per-mūtātiō, ōnis *f* Tausch, Wechsel.

per-mūtō 1 wechseln, vertauschen.

per-necessārius 3 sehr notwendig. [leugnen.]

per-negō 1 entschieden]

per-niciēs, ēī *f* Verderben, Vernichtung, Untergang.

perniciōsus 3 schädlich, gefährlich.

pernīcitās, ātis *f* Schnelligkeit.

pernīx, īcis schnell, flink.

per-noctō 1 übernachten.

per-nōscō 3 gründlich kennenlernen.

per-nox (*nur abl.* **pernocte**) die Nacht hindurch (scheinend).

pērō, ōnis *m* Bauernstiefel.

per-opportūnus 3 sehr willkommen.

per-ōrātiō, ōnis f Epilog m, Schluß der Rede; Schlußrede.

per-ōrō 1 *die* Rede beendigen; *die* Schlußrede halten.

per-ōsus 3 sehr hassend.

per-parvus 3 sehr klein.

per-paucī 3 sehr wenige.

per-pellō 3 eifrig betreiben, durchsetzen; e-n tiefen Eindruck machen *auf.*

perpendiculum, ī *n* Bleilot, Richtschnur.

per-pendō, pendī, pēnsus 3 gründlich untersuchen.

perperam *adv.* verkehrt, falsch.

perpessiō, ōnis f das Erdulden.

per-petior, pessus sum 3 standhaft erdulden *od.* ertragen. [ausführen.]

per-petrō 1 vollbringen;]

perpetuitās, ātis f Fortdauer, Stetigkeit.

perpetuō *adv.* ständig, andauernd.

perpetuus 3 ununterbrochen, ganz; dauernd; beständig.

per-plexus 3 verworren; undeutlich, dunkel.

per-poliō 4 ausfeilen, vervollkommnen.

per-populor 1 völlig verwüsten.

per-pōtō 1 durchzechen.

per-purgō 1 völlig reinigen; erledigen, vollständig behandeln, erschöpfen (*Thema*).

per-quam *adv.* überaus.

per-quīrō, quīsīvī, quīsītus 3 genau erforschen.

per-rārus 3 sehr selten.

per-reptō 1 überall herumkriechen.

per-rēxī *s.* pergō.

per-rumpō 3 durchbrechen; überwältigen.

per-saepe *adv.* sehr oft.

per-scindō 3 ganz zerreißen.

per-scrībō 3 ausführlich niederschreiben; eintragen, verbuchen; durch e-e Anweisung bezahlen; eingehend berichten.

per-scriptiō, ōnis f *das* Niederschreiben; Eintragung.

per-scrūtor 1 genau durchuntersuchen.

per-sentiō 4 deutlich empfinden.

per-sequor 3 eifrig nachfolgen; bestrafen; gerichtlich verfolgen; nachahmen; praktisch ausüben; einholen, erreichen; berichten, beschreiben.

per-sevērō 1 standhaft verharren; bestehen *auf;* fortsetzen.

per-sīdō, sēdī, sessum 3 sich festsetzen.

per-similis, e sehr ähnlich.

per-solvō 3 bezahlen; erweisen, zollen; (*Strafe*) leiden.

persōna, ae f Maske, Rolle (*des Schauspielers*); Schauspieler; Rolle, Eigenschaft, Stand, Stellung; Person,

Persönlichkeit; **mūta** ~ Statist.

persōnātus 3 maskiert, verkleidet.

per-sonō 1 widerhallen; laut rufen.

per-spexī s. **per-spiciō**.

perspicāx, ācis einsichtsvoll.

per-spiciō, spexī, spectus 3 durchschauen; deutlich sehen; genau betrachten.

perspicuus 3 deutlich, klar ersichtlich.

per-stō, stitī, (statūrus) 1 stehenbleiben; beharren bei.

per-stringō 3 streifen, berühren; innerlich erregen, ergreifen, erschüttern.

per-suādeō 2 überreden; überzeugen.

per-sultō 1 umherspringen.

per-taedet, taesum est 2 überdrüssig sein *od.* werden, bereuen.

per-temptō 1 prüfen, auf die Probe stellen, erforschen; durch und durch ergreifen, durchzucken.

per-tendō, tendī, tentus (*od.* **tēnsus**) 3 durchzusetzen suchen; *irgendwohin* eilen.

per-tenuis, e sehr schwach.

per-terreō 2 heftig erschrecken.

per-timēscō, uī, - 3 (sich) sehr fürchten.

pertinācia, ae *f* Beharrlichkeit; Hartnäckigkeit.

per-tināx, ācis beharrlich; hartnäckig.

per-tineō, uī, - 2 sich er-

strecken, sich ausdehnen, reichen bis; betreffen, sich beziehen; *zu etw.* dienen.

per-tractō 1 behandeln, bearbeiten, durchdenken, untersuchen.

per-trahō 3 (hin-)schleppen.

per-tulī s. **per-ferō**.

per-tundō, tudī, tūsus 3 durchlöchern.

per-turbātiō, ōnis *f* Verwirrung.

per-turbō 1 verwirren, beunruhigen.

per-ungō 3 gut einreiben *od.* salben.

per-urbānus 3 sehr fein (gebildet, witzig).

per-ūrō 3 ganz verbrennen.

per-ūtilis, e sehr nützlich.

per-vādō 3 durchdringen; sich verbreiten; gelangen.

per-vagor 1 umherschweifen; sich weit verbreiten; durchschweifen.

per-vāstō 1 völlig verwüsten.

per-vehō 3 *trans.* hin(durch)führen; hinbringen.

per-vellō 3 rupfen, zupfen.

per-veniō 4 (an-)kommen.

per-versitās, ātis *f* Verkehrtheit.

per-versus 3 verkehrt, falsch.

per-vertō 3 umstürzen; zugrunde richten.

per-vestīgō 1 aufspüren; erforschen.

per-vetus, eris sehr alt.

per-vivācia, ae *f* Beharrlichkeit; Hartnäckigkeit.

per-vivāx, ācis beharrlich; hartnäckig.

per-videō 2 überblicken; erkennen.

per-vigil, is stets wachsam.

per-vigilō 1 wach bleiben.

per-vincō 3 völlig besiegen; s-e Meinung durchsetzen.

per-vius 3 begehbar; zugänglich.

per-volō[1] 1 durchfliegen; hineinen.

per-volō[2], voluī, velle gern wollen.

per-vulgō 1 veröffentlichen.

pēs, pedis m Fuß; Segeltau n.

pessimus 3 (*sup. v. malus*) schlechtester.

pessulus, ī m Türriegel.

pessum *adv.* zu Boden; — dare zugrunde richten.

pesti-fer *adi.* unheilvoll, schädlich.

pestilēns, entis ungesund, schädlich.

pestilentia, ae f ungesunde Luft; Pest.

pestis, is f Seuche, Pest; Unglück, Fluch, Geißel.

petītiō, ōnis f Angriff; Gesuch; Amtsbewerbung; Rechtsanspruch, Klage.

petītor, ōris m (Amts-)Bewerber; Kläger.

petō, petīvī (*od.* tiī), tītus 3 zu erreichen suchen, streben, eilen; fordern, bitten; losgehen *auf*, angreifen, sich bewerben.

petorritum, ī n Kutsche.

petulāns, antis ausgelassen; leichtfertig.

petulantia, ae f Ausgelassenheit; Leichtsinn.

pexī *s.* pectō. [reihe.\

phalanx, angis f Schlacht-\

phalarica f = falarica.

phalerae, ārum f/pl. mil. Pferd, Brustschmuck.

phalerātus 3 mit Brustschmuck geziert.

pharetra, ae f Köcher.

pharetrātus 3 köchertragend.

pharmaco-pōla, ae m Apotheker; Quacksalber.

phasēlus, ī m *und* f Schwertbohne; leichtes Boot.

philo-sóphiā, ae f Philosophie.

philósophor 1 philosophieren.

philó-sophus, ī m Philosoph.

philyra, ae f Lindenbast.

phōca, ae f Seehund, Robbe.

phoenīx, īcis m Phönix m.

physicus 3 die Natur betreffend, physikalisch; physisch.

piācularis, e sühnend.

piāculum, ī n Sühneopfer; Sühne; Schuld, Sünde.

pīca, ae f Elster.

pīceus 3 aus Pech.

pictor, ōris m Maler.

pictūra, ae f Malerei.

pīcus, ī m Specht.

pietās, ātis f Pflichtgefühl; Anhänglichkeit; dankbare Ergebenheit; Familiensinn; Vaterlandsliebe, Patriotismus; Gerechtigkeit.

piger, gra, grum faul, träge.

piget, uit, - 2 es verdrießt, es erregt Unlust.

pigmentum, ī *n* Farbe; Schmuck.

pignerō 1 verpfänden.

pignus, oris *n* Pfund, Bürgschaft, sicherer Beweis; *pl.* Kinder, Verwandte.

pigritia, ae *f* Faulheit.

pīla¹, ae *f* Pfeiler.

pīla², ae *f* Ball(spiel).

pīlentum, ī *n* Prachtwagen.

pilleātus 3 mit e-r Filzkappe bedeckt.

pilleus, ī *und* **-um, ī** *n* Filzkappe.

pilōsus 3 stark behaart.

pīlum, ī *n* Wurfspieß.

pilus¹, ī *m* Haar, Kleinigkeit.

pilus², ī *m* Manipel *m* der Triarier.

pīneus 3 Fichten...

pingō, pīnxī, pictus 3 malen; schildern; sticken; ausschmücken.

pinguēscō, -, - 3 fett (*od.* gedüngt) werden.

pinguis, e fett; fruchtbar; geistig träge; ruhig.

pīnī-fer 3 fichtentragend.

pinna¹, ae *f* = penna.

pinna², ae *f* Mauerzinne.

pīnus, ūs *u.* **ī** *f* Kiefer, Fichte; Schiff.

pīnxī *s.* pingō.

piō 1 besänftigen; sühnen.

piper, eris *n* Pfeffer.

pīrāta, ae *m* Seeräuber.

pīrāticus 3 Seeräuber...

pirum, ī *n* Birne.

piscātor, ōris *m* Fischer.

piscātōrius 3 Fischer...

piscīna, ae *f* Fischteich.

piscis, is *m* Fisch.

piscor 1 fischen.

piscōsus 3 fischreich.

pistor, ōris *m* Bäcker.

pistrīnum, ī *n* Getreidemühle.

pītuīta, ae *f* Schnupfen.

pius 3 pflichtgetreu; fromm; liebevoll; heilig; rechtmäßig.

pix, picis *f* Pech *n*, Teer.

plācābilis, e versöhnlich; versöhnend.

placenta, ae *f* Kuchen.

placeō, uī, itum 2 gefallen; **placet** es gefällt, man beschließt.

placidus 3 sanft, ruhig, friedlich.

placitus 3 gefallend, angenehm.

plācō 1 beruhigen; besänftigen.

plāga¹, ae *f* Schlag, Wunde; Verlust, Unfall.

plāga², ae *f* Netz; Schlinge.

plangō, ānxī, ānctum 3 schlagen; klagen.

plangor, ōris *m das* Schlagen; lautes Wehklagen.

plānitia, ae *f und* **plānitiēs, ēī** *f* Ebene; Fläche.

planta¹, ae *f* Setzling; Pfropfreis *n*.

planta², ae *f* Fußsohle.

plantāria, ium *n/pl* Baumschule.

plānus¹, ī *m* Landstreicher.

plānus² 3 flach, eben;

deutlich, klar; *adv.* deutlich; völlig, ganz.

plānxī *s.* plangō.

platanus, ī *f* Platane.

platea, ae *f* Straße.

plaudō, sī, sum 3 klatschen.

plaustrum, ī *n* Lastwagen (*für Pferde*).

plausus, ūs *m* das Klatschen, Applaus *m.*

plēbēcula, ae *f* Pöbel *m.*

plēbēius 3 plebejisch, bürgerlich; alltäglich, unfein, vulgar.

plēbēs, (e)ī *f* = plēbs.

plēbi-cola, ae *m* Bürgerfreund, Freund des Volkes.

plēbs, plēbis *f* Bürgerstand, Plebejer *pl.*; Pöbel *m.*

plector, - 3 geschlagen *od.* gestraft werden.

plectrum, ī *n* Schlagstäbchen (*für e-e Zither*), Plektron; Zither, Laute.

plēnus 3 voll; reich versehen; vollständig.

plērīque 3 die meisten.

plērumque *adv.* meistens.

plicō, -, ātus 1 zusammenrollen. (regnet.)

pluit, pluit (plūvit) 3 es

plūma, ae *f* Feder, Daune.

plumbeus 3 bleiern.

plumbum, ī *n* Blei.

plūrēs, *n* plūra, *gen.* plūrium (*comp. v.* multus) mehr.

plūrimī 3 (*sup. v.* multus) die meisten.

plūs (*comp. v.* multum) *adv.* mehr.

pluteus, ī *m* Schutzwand; Brustwehr.

pluvia, ae *f* Regen.

pluvius 3 regnerisch.

pōculum, ī *n* Becher.

podagra, ae *f* Gicht

poēma, atis *n* Gedicht.

poena, ae *f* Strafe.

poēsis, is *f* Dichtung, Poesie *f.*

poēta, ae *m* Dichter.

poēticus 3 dichterisch.

pol! *int.* beim Pollux!, wirklich!

poliō 4 glätten, polieren; verfeinern.

polleō, uī, - 2 stark (*od.* einflußreich) sein.

pollex, icis *m* Daumen.

pol-liceor, licitus sum 2 *etw.* versprechen.

pollicitātiō, ōnis *f* Versprechen. (sprechen.)

pollicitor 1 oft *etw.* ver-

pol-luō, uī, ūtus 3 besudeln, verschmutzen.

polus, ī *m* Pol *m*; Himmel.

pōlypus, ī *m* Polyp *m.*

pōmārium, ī *n* Obstgarten.

pōmērium, ī *n* Maueranger.

pōmi-fer 3 obstreich.

pompa, ae *f* Festzug; Prunk.

pōmum, ī *n* (Baum-)Frucht.

ponderō 1 abwiegen; erwägen, beurteilen.

pondō (*abl. sg.*) an Gewicht; mit *Zahlen:* Pfund.

pondus, eris *n* Gewicht; Masse; Bedeutung; Last, Bürde.

pōne *adv.* hinten; *prp. b. acc.* hinter.

pōnō, posuī, positus 3 setzen, stellen, legen; aufstellen, errichten; ablegen, niederlegen; in e-n Zustand versetzen; zu *etw.* rechnen; behaupten; aufgeben, beseitigen.

pōns, pontis *m* Brücke.

ponti-fex, icis *m* Oberpriester.

pontificālis, e *und* **-ficius** 3 oberpriesterlich.

pontificātus, ūs *m* Oberpriesteramt.

pontus, ī *m* Meer.

popīna, ae *f* Kneipe, Schenke.

poples, itis *m* Kniekehle.

poposcī *s.* **poscō.**

populāris, e Volks..., volkstümlich; einheimisch.

populātiō, ōnis *f* Verwüstung.

populātor, ōris *m* Verwüster.

pōpuleus 3 Pappel...

populor 1 verwüsten.

populus¹, ī *m* Volk; Volksmenge, Pöbel.

pōpulus², ī *f* Pappel.

porca, ae *f* Sau.

porcus, ī *m* Schwein.

por(r)iciō, -, rēctus 3 als Opfer hinlegen.

por-rigō, rēxī, rēctus 3 ausstrecken.

porrō *adv.* weiter (*auch zeitl.*); vorwärts; ferner.

porrum, ī *n* Schnittlauch.

porta, ae *f* Tor *n*.

por-tendō, ndī, ntus 3 voraussagen, prophezeien.

portentum, ī *n* Vorzeichen; Scheusal; Ausgeburt.

porticus, ūs *m* Säulenhalle.

portiō, ōnis *f* Anteil; Verhältnis.

portitor, ōris *m* Fährmann; Zöllner.

portō 1 tragen, bringen.

portōrium, ī *n* Hafenzoll.

portuōsus 3 hafenreich.

portus, ūs *m* Hafen; Zuflucht(sort).

pōscō, popōscī, postulātus 3 fordern; erfordern.

positor, ōris *m* Erbauer.

positus, ūs *m* Stellung, Lage.   [pos-sīdō.]

pos-sēdī *s.* **pos-sideō** *bzw.*

possessiō, ōnis *f* Besitznahme; Besitz.

possessor, ōris *m* Besitzer.

pos-sideō, sēdī, sessus 2 besitzen.

pos-sīdō, sēdī, sessus 3 in Besitz nehmen.

possum, potuī, posse können, potuī, posse können; Einfluß haben, gelten.

post *adv.* hinten; danach; *prp. m. acc.* hinter; nach.

post-eā *adv.* danach, später.

posteritās, ātis *f* Nachwelt, Nachkommenschaft.

posterus 3 nachfolgend, kommend; *comp.* **posterior, ius** später; schlechter; *sup.* **postrēmus** 3 hinterster; letzter; schlechtester; **postrēmum** *adv.* zum letzten Mal; **postrēmō** *adv.* schließlich; **postumus** 3 nachgeboren.

potē s. potis.

potēns, entis mächtig, fähig.

potentātus, ūs m Macht im Staate.

potentia, ae f politische Macht; Oberherrschaft.

potestās, ātis f Macht, Gewalt; politische Macht, Herrschaft; Amtsgewalt; amtliche Stellung; Amtsperson; Möglichkeit, Gelegenheit.

pōtiō, ōnis f das Trinken, Trank; Gifttrank.

potior, titus sum 4 sich bemächtigen; haben, genießen.

potis, e (kl. nie attr.!) imstande; möglich; comp. potior, us besser; wichtiger; überlegener; adv. potius eher, vielmehr, lieber; sup. potissimus 3 hauptsächlichster, wichtigster; adv. potissimum in erster Linie, vor allem, ganz besonders, hauptsächlich, gerade.

potītus sum s. potior.

pōtō, āvī, (ā)tus 1 trinken, zechen; saufen.

pōtor, ōris m Trinker, Zecher.

potuī s. possum.

prae adv. voran; prp. b. abl. vor; im Vergleich zu; wegen.

prae-acūtus 3 vorn zugespitzt.

prae-altus 3 sehr hoch od. tief.

prae-beō, buī, itus 2 dar-

reichen; gewähren; verursachen; zeigen, erweisen.

prae-caveō 2 sich hüten.

prae-cēdō 3 vorangehen; übertreffen.

prae-cellō 3 sich auszeichnen.

prae-cēpī s. prae-cipiō.

prae-ceps, cipitis kopfüber; jäh, abschüssig; hastig, voreilig. [weisung.]

praeceptiō, ōnis f Unter-

praeceptor, ōris m Lehrer.

praeceptum, ī n Vorschrift, Befehl.

prae-cīdō, cīdī, cīsus 3 vorn abschneiden; abs. sich kurz fassen.

prae-cingō 3 umgürten.

prae-cinō, cinuī, - 3 vorspielen.

prae-cipiō, cēpī, ceptus 3 vorwegnehmen; raten; unterweisen, vorschreiben, befehlen.

praecipitō 1 kopfüber hinabstürzen; etw. übereilen; intr. sich hinabstürzen; zugrunde gehen.

praecipuē adv. hauptsächlich, besonders.

praecipuus 3 besonderer, hauptsächlich.

prae-clārus 3 herrlich, ausgezeichnet, berühmt.

prae-clūdō, sī, sus 3 verschließen.

praecō, ōnis m Ausrufer, Herold; Auktionator.

praecōnium, ī n Bekanntmachung; Lobpreisung.

prae-cordia, ōrum *n/pl.* Zwerchfell; innere Organe; Brust; Herz.

prae-currō, (cu)currī, cursum 3 vorauslaufen; zuvorkommen.

prae-cursor, ōris *m* Vorläufer; Kundschafter.

praeda, ae *f* (Kriegs-, Jagd-)Beute; Gewinn.

praedātor, ōris *m* Plünderer.

praedatōrius 3 plündernd.

praediātor, ōris *m* Grundstücksmakler.

praedicātiō, ōnis *f* Bekanntmachung; Lobpreisung.

praedicātor, ōris *m* Lobredner.

prae-dicō¹ 1 öffentlich bekanntmachen, verkünden; preisen.

prae-dīcō² 3 vorhersagen, prophezeien; befehlen.

prae-dictum, ī *n* Weissagung; Befehl.

praediolum, ī *n* kleines Landgut.

praeditus 3 begabt, versehen *mit.*

praedium, ī *n* Landgut; Grundstück.

praedīves, itis sehr reich.

praedō, ōnis *m* (See-)Räuber.

praedor 1 plündern.

prae-dūcō 3 *etw.* vor *etw.* ziehen.

prae-dūrus 3 sehr hart.

prae-eō, iī, itum, īre vorausgehen; vorsprechen.

prae-fātiō, ōnis *f relig.* Eingangsformel; Vorwort.

prae-fēcī *s.* prae-ficiō.

praefectūra, ae *f* Kommando, Befehlshaberstelle; Provinzialverwaltung; Kreisstadt.

praefectus, ī *m* Aufseher; Befehlshaber; Statthalter.

prae-ferō, tulī, lātus, ferre vorantragen; zur Schau tragen; vorziehen.

prae-ferōx, ōcis sehr wild.

prae-ficiō, fēcī, fectus 3 an die Spitze stellen.

prae-fīgō 3 vorn einschlagen; vorn beschlagen.

prae-fīniō 4 vorherbestimmen.

prae-fluō, -, - 3 vorbeifließen.

prae-for 1 *relig.* als Eingangsformel voraussicken; als Vorwort vorausschicken.

prae-fringō, frēgī, frāctus 3 vorn abbrechen.

prae-fuī *s.* prae-sum.

prae-fulgeō 2 hervorstrahlen. [freuen.]

prae-gestiō 4 sich lebhaft)

prae-gnā(n)s, (n)tis schwanger; trächtig.

prae-gravis, e sehr schwer.

prae-gravō 1 sehr belasten; niederdrücken.

prae-gredior, gressus sum 3 vorangehen.

prae-gustō 1 vorher kosten.

prae-iūdicium, ī *n* Vorentscheidung; schlimmes Vorzeichen.

prae-iūdicō 1 vorläufig entscheiden.

prae-lābor 3 vorbeigleiten.

prae-lūceō 2 vorleuchten; übertreffen.

prae-mātūrus 3 vor-, frühzeitig.

prae-meditor 1 vorher erwägen.

prae-mittō 3 vorausschikken.

praemium, I n Vorteil, Vorrecht; Belohnung, Lohn, Preis; Beutestück.

prae-moneō 2 vorher warnen; vorhersagen.

prae-morior 3 vorzeitig sterben.

prae-mūniō 4 vorn befestigen *od.* verschanzen.

prae-nōmen, inis n Vorname.

prae-nōscō 3 vorher kennenlernen.

prae-nūntius, I m *und* -nūntia, ae f Vorbote, Vorzeichen.

prae-occupō 1 vorher besetzen, zuvorkommen.

prae-optō 1 vorziehen.

prae-parō 1 vorbereiten.

prae-pediō 4 hemmen.

prae-pendeō, pendī, - 2 vorn herabhängen.

prae-pes, petis *relig.* voranfliegend, günstig; schnell.

prae-polleō 2 *das* Übergewicht haben.

prae-pōnō 3 voraussetzen; an die Spitze stellen; vorziehen.

prae-posterus 3 verkehrt.

prae-potēns, entis sehr mächtig.

prae-properus 3 übereilt.

prae-ripiō, ripuī, reptus 3 schnell entreißen; zuvorkommen.

prae-rogātīvus 3 zuerst abstimmend; *subst.* praerogātīva, ae f zuerst abstimmende Zenturie; Vorwahl.

prae-rumpō 3 (*die Rede*) abbrechen.

praes, praedis m Bürge m.

praesaepe, is n Krippe, Stall, Hürde.

praesaepiō 4 vorn versperren.

prae-sāgiō 4 vorhersagen.

praesāgium, I n Ahnung; Vorzeichen.

prae-sāgus 3 ahnend; weissagend.

prae-sciscō, īvī, (iī), - 3 vorher erfahren.

prae-scius 3 vorherwissend.

prae-scrībō 3 vorausschreiben; vorschreiben; verordnen.

prae-scriptiō, ōnis f Überschrift, Titel; Vorschrift.

prae-scriptum, I n Vorschrift.

prae-secō 1 vorn abschneiden.

praesēns, entis persönlich; sofortig; wirksam; hilfreich; entschlossen.

praesentia, ae f Gegenwart.

prae-sentiō 4 ahnen.

praesertim *adv.* zumal, besonders.

prae-ses, sidis m *und* f Beschützer(in); Vorgesetzter.

prae-sideō, sēdī, sessum 2 schützen; die Oberaufsicht haben; befehligen.

praesidium, ī n Schutz, Hilfe; Besatzung(struppen); fester Platz, Bollwerk.

prae-signis, e ausgezeichnet.

prae-stabilis, e = praestāns.

praestāns, antis vorzüglich, ausgezeichnet.

praestantia, ae f Vortrefflichkeit.

praestigiae, ārum f/pl. Blendwerk, Gaukelei.

prae-stituō, uī, ūtus 3 vorherbestimmen.

prae-stō¹ adv. zugegen, anwesend, bei der Hand.

prae-stō², stitī, stitum (stātūrus) 1 sich auszeichnen; übertreffen; praestat es ist besser; trans. verrichten, erweisen; an den Tag legen, zeigen; sich verbürgen für.

praestōlor 1 bereit stehen; warten auf.

prae-stringō 3 blenden, verdunkeln, schwächen.

prae-struō 3 vorn verrammeln.

prae-sum, fuī, (futūrus) esse an der Spitze stehen, befehligen.

prae-sūmō 3 etw. vorausnehmen, im voraus tun.

prae-temptō 1 vorher untersuchen.

prae-tendō, ndī, ntus 3 hervorstrecken; vorspannen; vorschützen.

praeter adv. ausgenommen; prp. b. acc. an ... vorüber; nebst, außer; über ... hinaus, gegen.

praeter-eā adv. ferner; außerdem.

praeter-eō, iī, itum, īre vorbeigehen; unterlassen.

praeter-gredior, gressus sum 3 vorüberziehen an.

praeter-it s. praeter-eō.

praeter-lābor 3 vornübergleiten.

praeter-mittō 3 vorbeigehen lassen; unterlassen.

praeter-quam ci. außer.

praeter-vehor 3 vorbeifahren.

praeter-volō 1 vorbeifliegen; schnell entwischen.

prae-texō 3 verbrämen; bemänteln.

praetextātus 3 e-e purpurverbrämte Toga tragend.

praetor, ōris m Anführer, Feldherr; Prätor; Statthalter.

praetōrius 3 e-s Prätoren bzw. Feldherrn; subst. -ium, ī n Feldherrnzelt; Kriegsrat; Amtswohnung e-s Statthalters, Lustschloß.

prae-tulī s. prae-ferō.

praetūra, ae f Prätur; Statthalterschaft.

prae-ūstus 3 vorn angebrannt.

prae-valeō, uī, - 2 sehr stark sein; überlegen sein.

prae-validus 3 sehr stark.

praevāricātor, ōris *m* ungetreuer Sachwalter.

prae-vehor 3 vorausfahren.

prae-veniō 4 zuvorkommen, überholen.

prae-vertō *und* **-vertor** 3 sich zuerst zuwenden; zuvorkommen; verhindern.

prae-video 2 vorausehen.

prae-vius 3 vorangehend.

prae-vortō = prae-vertō.

prandeō, ndī, ānsum 2 frühstücken (2. Frühstück).

prandium, ī *n* zweites Frühstück.

prātum, ī *n* Wiese.

prāvitās, ātis *f* Verunstaltung; Schlechtigkeit, Verworfenheit.

prāvus 3 krumm, schief, schlecht, verworfen.

precārius 3 bittweise erlangt; unsicher.

precātiō, ōnis *f* Bitte, Gebet.

precātor, ōris *m* Fürbitter.

precēs, um *f/pl.* *(sg. selten)* Bitte; Fluch.

precor 1 bitten, beten, anrufen.

prehendō, ndī, ēnsus 3 ergreifen; nehmen; verhaften.

premō, pressī, pressus 3 drücken; belasten; bedecken, begraben; bedrängen; eindrücken; niederdrücken; vertiefen, her-absetzen; unterdrücken; zurückhalten, hemmen; beschneiden; kurz fassen.

prendō = prehendō.

prēnsō 1 fassen, ergreifen; sich um ein Amt bewerben bei.

pressī *s.* premō.

pressō 1 (oft) drücken, pressen.

pressus 3 gedrängt, gedrückt; zurückhaltend.

pretiōsus 3 kostbar.

pretium, ī *n* Preis; Wert; Lohn, Belohnung.

prīdem *adv.* längst.

prī-diē *adv.* tags zuvor.

prīm-aevus 3 jugendlich.

prīmārius 3 einer der ersten, vornehm.

prīmi-pīlus, ī *m* Erster Hauptmann der Legion.

prīm-itiae, ārum *f/pl.* erste Früchte.

prīm-ōrdium, ī *n* erster Anfang, Ursprung.

prīmōris, e vorderster; erster, angenehmster, edelster.

prīmus 3 erster; vornehmster; wichtigster; *adv.*

prīmum zuerst; **prīmō** *adv.* anfangs.

prīn-ceps, ipis *adi.* = primus; *subst.* ~, ipis *m* Urheber, Begründer; Anführer, Oberhaupt, Herrscher, Kaiser; **prīncipēs,** um *m/pl.* Soldaten der zweiten Schlachtreihe.

prīncipātus, ūs *m* erste (*od.* oberste) Stelle, Vorrang, Oberherrschaft.

prīncipium, ī *n* Anfang, Ursprung; Element; *pl.*

Frontlinie; *mil.* Hauptquartier *n.*

prior, us *comp.* vorderer; früherer, erster, voriger; höherstehend; vorzüglicher; *adv.* **prius** eher, früher.

priscus 3 uralt; altehrwürdig, altväterlich, ehemalig, früher.

pristinus 3 ehemalig, früher, letzter.

prius-quam *ci.* bevor.

privātim *adv.* in Privatverhältnissen; als Privatmann; für sich.

privātus 3 Privat..., persönlich, eigen; gewöhnlich, einfach; *subst.* ~, I *m* Privatmann; Untertan.

privīgnus, I *m* Stiefsohn.

privilēgium, I *n* Ausnahmegesetz zugunsten einer einzelnen Person, Privileg *n*, Vorrecht.

privō 1 berauben; befreien.

privus 3 einzeln, je einer; frei *von*.

prō[1] o!, ach!, wehe!

prō[2] *prp. b. abl.* vor; für, zum Schutze; anstatt, anstelle, im Namen; so gut wie, als; als Belohnung; im Verhältnis zu; gemäß, nach.

proavus, I *m* Urgroßvater; Ahnherr.

probābilis, e anerkennenswert, tüchtig; glaublich, wahrscheinlich.

probātiō, ōnis *f* Prüfung, Billigung.

probātor, ōris *m* Billiger.

probitās, ātis *f* Rechtschaffenheit.

probō 1 prüfen; billigen; anerkennen; glaubhaft machen, beweisen.

probrōsus 3 beschimpfend; lasterhaft.

probrum, I *n* Beschimpfung, Vorwurf; Schimpf, Schande; Schandtat; Unzucht.

probus 3 gut; rechtschaffen.

procāx, ācis frech.

prō-cēdō 3 vorrücken; verstreichen; fortdauern; ab-, verlaufen; vonstatten gehen.

procella, ae *f* Sturm.

procellōsus 3 stürmisch.

procerēs, um *m/pl.* die Ersten, Vornehmsten.

procēritās, ātis *f* Schlankheit, Länge.

procērus 3 schlank, lang.

prōcessus, ūs *m* das Fortschreiten; Fortschritt.

prō-cidō, cidī, - 3 hinfallen.

prō-clāmō 1 laut rufen.

prō-clīnō 1 vorwärts neigen.

prōclīvis, e abschüssig.

prō-cōnsul, ulis *m* Prokonsul *m*, gewesener Konsul.

prōcōnsulāris, e prokonsularisch.

prō-crāstinō 1 aufschieben.

prō-creō 1 zeugen; hervorbringen.

prō-cūdō 3 schmieden; hervorbringen.

procul *adv.* in der (*bzw.* die) Ferne.

prō-culcō 1 niedertreten.

prō-cumbō, cubuī, cubitum 3 sich vorbeugen; sinken.

prō-cūrātiō, ōnis f Verwaltung; Amt e-s Prokurators; *relig.* Sühnung.

prō-cūrātor, ōris m Verwalter; Stellvertreter; kaiserlicher Provinzstatthalter.

prōcūrō 1 verwalten, pflegen; *relig.* sühnen.

prō-currō, (cu)currī, cursum 3 hervorstürmen, vorrücken; vorspringen.

prō-cursus, ūs m Ansturm.

prō-curvus 3 nach vorn gekrümmt.

procus, ī m Freier.

prōd-eō, iī, itum, īre hervorgehen; öffentlich auftreten; zum Vorschein kommen; vorrücken.

prō-dīcō 3 verschieben, verlegen.

prō-didī *s.* prō-dō.

prōdigiōsus 3 unnatürlich.

prōdigium, ī n Wunderzeichen; Ungeheuer(lichkeit).

prōdigus 3 verschwenderisch.

prōdiī *s.* prōd-eō.

prōditiō, ōnis f Verrat.

prōditor, ōris m Verräter.

prō-dō, didī, ditus 3 fortpflanzen; übergeben, hinterlassen; berichten; ernennen; verraten; memoriā (*od.* memoriae prōditum est es ist überliefert worden, die Überlieferung hat sich erhalten.

prō-dūcō 3 vorführen, hervorbringen; erzeugen; hervorlocken; *mil.* ausrücken lassen; großziehen; hinziehen; hinhalten.

proelior 1 kämpfen.

proelium, ī n Gefecht, Schlacht.

profānō 1 entweihen.

prō-fānus 3 ungeweiht; profan, nicht eingeweiht.

profectiō, ōnis f Aufbruch, Abreise.

pro-fectō *adv.* ganz sicher, in der Tat, wirklich, fürwahr.

prōfectus, ūs m Fortschritt, Erfolg.

prō-fectus sum *s.* proficīscor.

prō-ferō, tulī, lātus, ferre hervorbringen; ausstrekken; vorzeigen; veröffentlichen, ans Licht bringen; aufdecken, vorbringen, anführen; erweitern; aufschieben.

professiō, ōnis f öffentliche Anmeldung; Beruf; Geständnis.

prō-fessus sum *s.* profiteor.

prō-festus 3 nicht festlich.

prō-ficiō, fēcī, fectum 3 vorwärtskommen; Fortschritte machen; nützlich sein.

prō-ficīscor, fectus sum 3 aufbrechen; abmarschieren; (ab)reisen; herrühren.

pro-fiteor, fessus sum 2 offen bekennen; amtlich

angeben; versprechen, zusagen, anbieten.

prōflīgātus 3 verkommen; weit vorgerückt.

prō-flīgō 1 niederschlagen, zugrunde richten, dem Ende nahebringen.

prō-flō 1 hervorblasen.

prō-fluō 3 hervorfließen.

prō-for 1 heraussagen.

pro-fugiō 3 entfliehen.

pro-fugus 3 fliehend, flüchtig; verbannt.

pro-fundō 3 vergießen; vergeuden.

pro-fundus 3 tief; unersättlich; *subst.* **-um**, **ī** *n* Tiefe; Meer.

pro-fūsus 3 unmäßig, ausgelassen.

prōgeniēs, **ēī** *f* Abstammung; Nachkommenschaft; Abkömmling.

prō-gignō 3 erzeugen.

prō-gnātus 3 abstammend.

prō-gredior, **gressus sum** 3 vorrücken; Fortschritte machen.

prōgressiō, **ōnis** *f* Fortschritt.

prō-gressus, **ūs** *m* Vorrücken; Fortschritt.

prō-gressus sum *s.* **prōgredior.**

pro-hibeō, **uī**, **itus** 2 fern-, zurückhalten; (ver)hindern; schützen, bewahren.

prō-iciō, **iēcī**, **iectus** 3 vorwerfen; ausstrecken; wegwerfen; aufgeben; preisgeben.

prō-iectus 3 hervortretend;

außerordentlich; niedergeworfen; verachtet.

proinde *adv.* daher.

prō-lābor 3 vorwärts gleiten; sich hinreißen lassen; einstürzen; sinken, verfallen.

prō-lātiō, **ōnis** *f* Erwähnung, *das* Anführen; Erweiterung; Aufschub.

prō-lātō 1 aufschieben.

prōlēs, **is** *f* Sprößling, Nachkomme; Nachkommenschaft.

prō-lixus 3 reichlich; gefällig, willig. [Prolog.]

prō-logus, **ī** *m* Vorrede;|

prō-loquor 3 aussprechen; verkündigen.

prō-lūdō 3 sich vorbereiten.

prō-luō, **uī**, **ūtus** 3 anschwemmen; wegspülen; befeuchten.

prō-luviēs, **ēī** *f* Überschwemmung.

prō-mereor 2 verdienen.

prō-mineō, **-**, **-** 2 hervorragen.

prō-miscuus 3 gemischt; gemeinschaftlich.

prō-missiō, **ōnis** *f das* Versprechen (*als Handlung*).

prō-missum, **ī** *n* Versprechen.

prō-mittō 3 wachsen lassen; versprechen.

prōmō, **prōmpsī**, **prōmptus** 3 hervorholen; ans Licht bringen.

prō-moveō 2 vorwärts bewegen; etw. vorrücken; ausdehnen; befördern.

prōmpsī *s.* prōmō.

prōmptus¹ 3 sichtbar, offen; bereit(willig); schlagfertig; entschlossen; leicht, bequem.

prōmptus², ūs *m, nur in* prōmptū sichtbar, offenkundig; zur Hand; leicht, bequem.

prōmulgātiō, ōnis *f* öffentliche Bekanntmachung.

prō-mulgō 1 öffentlich bekanntgeben.   [gebirge.\

prōmuntorium, ī *n* Vor-}

pro-nepōs, ōtis *m* Urenkel.

prō-nuba, ae *f* Brautjungfer.

prō-nūntiātiō, ōnis *f* öffentliche Bekanntmachung.

prō-nūntiō 1 öffentlich bekanntmachen, ausrufen; verkündigen; e-n Befehl ergehen lassen; das Urteil fällen; vortragen.

prōnus 3 nach vorn geneigt; sich senkend; abschüssig; geneigt, gewogen; leicht.

pro-oemium, ī *n* Vorrede.

propāgātiō, ōnis *f* Fortpflanzung; Erweiterung; Verlängerung.

prō-pāgō¹ (*und* prō-), inis *f* Setzling;   Sprößling; Nachkommenschaft.

prō-pāgō² (*und* prō-) 1 fortpflanzen; ausdehnen; verlängern.

prō-palam *adv.* öffentlich; offenkundig.

prō-patulus 3 nach vorn hin offen; in prōpatulō im Freien, im Vorhof.

prope (*comp.* propius, *sup.* proximē *und* proxumē) *adv.* nahe, in der Nähe; nahe bevorstehend; beinahe, fast; *prp. b. acc.* in der Nähe von; *zeitl.* gegen, um; *adi. comp.* propior, ius näher; später; jünger; ähnlicher;   näher verwandt; *sup.* proximus (*und* -umus) 3 nächster.

prope-diem *adv.* demnächst.

prō-pellō, puli, pulsus 3 vorwärtstreiben *od.* -stoßen; vertreiben; antreiben.

prope-modum *adv.* beinahe, fast.

prō-pēnsus 3 geneigt; willig; wichtig.   [schnell.\

properanter *adv.* eilends,}

properō 1 beschleunigen; sich beeilen.

properus 3 eilig, schleunig.

prō-pexus 3 herabhängend, wallend.

pro-pīnō (*u.* prō-) 1 zutrinken.

propinquitās, ātis *f* Nähe; Verwandtschaft.

propinquō 1 sich nähern.

propinquus 3 nahe(liegend); benachbart; verwandt.

propior, ius (*comp. von* prope) näher.

propitiō 1 versöhnen.

propitius 3 gewogen, günstig.

prō-pōnō 3 vorlegen; öffentlich bekanntmachen; anbieten; androhen; sich vorstellen; sich vornehmen.

prō-positum, ī n Vorhaben, Plan; Thema, Hauptsache, Satz.

prō-praetor, ōris m Propraetor, Statthalter e-r Provinz.

propriē adv. eigens; für seine Person; charakteristisch; im eigentl. Sinne.

proprietās, ātis f Eigentümlichkeit, besondere Art.

proprius 3 eigentümlich; charakteristisch; persönlich.

propter adv. in der Nähe; prp. b. acc. neben; wegen.

propter-eā adv. deswegen.

prōpūgnāculum, ī n Schutzwerk, Bollwerk; Schutz.

prō-pūgnātor, ōris m Verteidiger.

prō-pūgnō 1 zum Kampf vorrücken; sich verteidigen.

prō-pulsō 1 zurückschlagen.

prōra, ae f Vorderheck, Bug; Schiff.

prō-rēpō 3 vorkriechen.

prō-ripiō, ripuī, reptum 3 hervorreißen; eilen.

prō-rogō 1 verlängern.

prōrsus (und prōrsum) adv. vorwärts; durchaus, völlig; kurz (gesagt).

prō-rumpō 3 hervorbrechen.

prō-ruō 3 niederwerfen, umreißen.

pro-scaenium, ī n Vorbühne, Bühne.

prō-scindō 3 pflügen.

prō-scrībō 3 öffentlich bekanntmachen; einziehen, konfiszieren; ächten.

prō-scrīptiō, ōnis f Ausbietung zum Verkauf; Ächtung.

prō-secō 1 abschneiden.

prō-sequor 3 begleiten; verfolgen; beschenken; beschreiben, schildern.

prō-siliō, siluī, - 4 hervorspringen; sich rasch an etw. machen.

prō-spectō 1 in die Ferne schauen; anschauen; erwarten.

prōspectus, ūs m Aussicht; Fernsicht; Blick, Anblick.

prō-speculor 1 = prōspectō.

prosper 3 = prosperus.

prosperō 1 beglücken.

prō-spiciō, spexī, spectum 3 in die Ferne schauen; vorhersehen; beschaffen.

prō-sternō 3 zu Boden werfen; vernichten.

prō-stituō, uī, ūtus 3 prostituieren.

prō-stō, stitī, - 1 (ver)käuflich sein.

prō-sum, prōfuī (prōfutūrus), **prōdesse** nützen.

prō-tegō 3 bedecken; schützen.

prō-tendō, ndī, ntus 3 hervorstrecken.

prō-terō 3 niedertreten; vernichten.

prō-terreō 2 verscheuchen.

protervitās, ātis f Frechheit.

protervus 3 frech.

prō-tinam = prōtinus.

prō-tinus *adv.* vorwärts; sofort; ununterbrochen.

prō-trahō 3 hervorziehen; ans Licht bringen.

prō-trūdō 3 vorstoßen.

prō-tull *s.* **prō-ferō**.

prō-turbō 1 forttreiben.

prō-ut *ci.* je nachdem, wie.

prō-vehō 3 fortführen; fördern; P. hervorfahren; vorrücken.

prō-veniō 4 hervorkommen, auftreten; gut vonstatten gehen, gelingen.

prōventus, ūs *m* Ertrag, Ernte; Ausgang, Erfolg.

prō-verbium, ī *n* Sprichwort.

prōvidentia, ae *f* Voraussicht, Fürsorge; Vorsehung.

prō-videō 2 von fern sehen; voraussehen; Sorge tragen, sorgen; beschaffen.

prōvidus 3 vorhersehend; vorsichtig; vorsorglich.

prōvincia, ae *f* Provinz; Amt, Wirkungskreis.

prōvinciālis, e Provinz...

prō-vīsiō, ōnis *f* = **prōvidentia.**

prō-vīsō 3 nachsehen.

prō-vocātiō, ōnis *f* Berufung.

prō-vocō 1 hervorrufen; auffordern; Berufung einlegen.

prō-volō 1 ausfliegen.

prōvolvō 3 weiterrollen.

proximē *adv.* (*sup. v.* prope) am nächsten.

proximitās, ātis *f* Nähe.

proximus 3 *adi.* (*sup. v.* prope) nächster.

prūdēns, entis wissentlich; erfahren, kundig; klug, umsichtig.

prūdentia, ae *f* Kenntnis, Wissen; Klugheit, Umsicht.

pruīna, ae *f* Reif (*im Winter*).

pruīnōsus 3 bereift.

prūna, ae *f* glühende Kohle.

prūnum, ī *n* Pflaume.

prūriō 4 jucken.

prytanēum, ī *n* *griech.* Rathaus.

psallō, īī, - 3 die Zither spielen; zur Zither singen.

psaltria, ae *f* Zitherspielerin.

-pte (*Suffix*) selbst, eigen.

pūbēns, entis strotzend.

pūbēs[1], is *f* Schamgegend; erwachsende Jugend; Leute.

pūbēs[2], eris mannbar, erwachsen.

pūbēscō, buī, - 3 mannbar werden; heranwachsen.

pūblicānus, ī *m* Steuerpächter.

pūblicātiō, ōnis *f* Beschlagnahme.

pūblicē *adv.* öffentlich; von Staats wegen.

pūblicitus *adv.* = **pūblicē.**

pūblicō 1 konfiszieren; zum öffentlichen Gebrauch hergeben.

pūblicus 3 Volks....Staats...; öffentlich; alltäglich; **rēs pūblica** Staat; Politik;

Staatsangelegenheit; öffentliches Interesse; *subst.*
pūblicum, ī *n* Staatseigentum; Staatskasse; öffentlicher Platz.

pudeō, uī, - 2 sich schämen; **mē pudet** ich schäme mich; **pudēns,** entis sittsam, schüchtern, bescheiden.

pudibundus 3 verschämt.

pudīcitia, ae *f* Sittsamkeit; Keuschheit.

pudīcus 3 schamhaft, sittsam.

pudor, ōris *m* Scham, Scheu; Ehrgefühl; Schüchternheit; *der* gute Name; Schande.

puella, ae *f* Mädchen.

puellāris, e mädchenhaft.

puellula, ae *f* kleines Mädchen.

puer, ī *m* Kind; Junge, Knabe; Sklave.

puerīlis, e kindlich; kindisch.

pueritia, ae *f* Kindheit; Knabenalter.

puer-pera, ae *f* Wöchnerin.

pugil, ilis *m* Faustkämpfer.

pūgiō, ōnis *m* Dolch.

pūgna, ae *f* Schlacht.

pūgnātor, ōris *m* Kämpfer.

pūgnāx, ācis kampflustig.

pūgnō 1 kämpfen.

pūgnus, ī *m* Faust.

pulcher, chra, chrum schön; stattlich; ruhmvoll, edel.

pulchritūdō, inis *f* Schönheit; Vortrefflichkeit.

pullārius, ī *m* Hühnerwärter.

pullulō 1 ausschlagen, keimen; wuchern, wimmeln.

pullus¹, ī *m* junges Tier; Küchlein.

pullus² 3 dunkel(farbig); unheilvoll.

pulmentum, ī *n* Fleischportion.

pulmō, ōnis *m* Lunge.

pulpāmentum, ī *n* Fleischspeise.

pulpitum, ī *n* Tribüne, Bühne; Pult.

puls, tis *f* dicker Brei.

pulsātiō, ōnis *f das* Stoßen, Schlagen.

pulsō 1 schlagen, stoßen; beunruhigen.

pulsus, ūs *m das* Stoßen, Schlag; Puls(schlag).

pultō 1 = pulsō.

pulvereus 3 Staub..., staubig.

pulverulentus 3 staubig.

pulvīnar, āris *n* Götterpolster; Polstersitz.

pulvīnus, ī *m* Kissen.

pulvis, eris *m* Staub; Sand, Asche; Ring-, Kampfplatz; Feld, Bahn.

pūmex, icis *m* Bimsstein; Lava.

pūnctum, ī *n* Wahlstimme; Augenblick.

pungō, pupugī, pūnctus 3 stechen; verletzen.

pūniceus 3 rot.

pūniō *und* **pūnior** 4 bestrafen; rächen.

pūpilla, ae *f* Waise(nmädchen).

pūpillus, ī *m* Waisenknabe.

puppis, is *f* Achterdeck;
Schiff.

pupugī *s.* pungō.

pūpula, ae *f* Pupille.

pūrgāmen, inis *und* pūrgā-
mentum, ī *n* Unrat,
Schmutz; Abschaum.

pūrgātiō, ōnis *f* Reinigung;
Rechtfertigung.

pūrgō 1 reinigen; sühnen;
rechtfertigen, entschuldigen; widerlegen.

purpura, ae *f* Purpur(farbe,
-kleid).

purpurātus 3 in Purpur gekleidet; *subst.* ~, ī *m*
Höfling.

purpureus 3 purpurn; in
Purpur gekleidet; glän-
zend.

pūrus 3 rein; klar; unbe-
fleckt; einfach.

pusillus 3 winzig.

pūsiō, ōnis *m* kleiner Junge.

puteal, ālis *n* (Stein-)Ein-
fassung.

pūteō 2 faulig riechen.

puter, tris, e faul, morsch;
verfallen; schlaff.

pūtēscō, uī, - 3 verfau-
len.

puteus, ī *m* Grube; Brunnen.

pūtidus 3 faul, moderig,
widerlich.

putō 1 (be)schneiden (*Bäu-
me*); schätzen, meinen,
glauben, halten *für*.

putre-faciō 3 in Fäulnis
bringen.

putridus 3 = puter.

pyra, ae *f* Scheiterhaufen.

pyxis, idis *f* Büchse.

Q

quā (*interr. und rel.*) wo,
wie; insofern; quā ... quā
teils ... teils, sowohl ... als
auch.

quā-cumque wo *u.* wie auch
immer.

quadra, ae *f* Viereck; Brot-
scheibe.

quadrāgēnī 3 je vierzig.

quadrāgintā vierzig.

quadrāns, antis *m* Vier-
telas *n.*

quadrātus 3 viereckig.

quadrī-duum, ī *n* Zeitraum
von vier Tagen.

quadri-ennium, ī *n* Zeit von
vier Jahren.

quadri-fidus 3 in vier Teile
gespalten.

quadrīgae, ārum *f/pl.* Viergespann.

quadri-iugus 3 (*u.* -iugis, e)
vierspännig.

quadrīnus 3 vierjährig.

quadringentī 3 vierhundert.

quadri-partītus *u.* -pertītus
3 vierfach.

quadri-rēmis, is *f* Vierte-
decker (*Schiff*).

quadrō 1 vollständig ma-
chen; intr. passen.

quadru-pedāns, antis ga-
loppierend.

quadru-pēs, pedis vierfüßig.

subst. m u. f Vierfüßler; Pferd.

quadruplātor, ōris *m* Angeber, Denunziant *m*.

quadru-plex, icis vierfach.

quaeritō 1 eifrig suchen.

quaerō, sīvī *u.* sīt, sītus suchen; vermissen; erwerben; fragen; untersuchen.

quaesītor, ōris *m* Untersuchungsrichter.

quaesītus 3 gesucht, geziert; *subst.* **quaesītum,** ī *n* Frage; *pl.* gesammelte Schätze.

quaesīvī *s.* **quaerō**.

quaesō 3 zu verschaffen suchen; bitten.

quaestiō, ōnis *f* Frage; (Gegenstand der) Untersuchung; Thema.

quaestor, ōris *m* Quästor (*Finanzbeamter*).

quaestōrius 3 quästorisch.

quaestuōsus 3 gewinnreich.

quaestūra, ae *f* Quästur *f*, Amt des Quästors.

quaestus, ūs *m* Gewinn, Vorteil; Erwerb.

quālis, e wie beschaffen, wie.

quālis-cumque 2 wie beschaffen auch immer; jeder beliebige.

quālus, ī *m* Körbchen.

quam wie sehr; wie; (*nach comp.*) als.

quam-libet *adv.* wenn auch noch so sehr.

quam-ob-rem weshalb.

quam-quam obwohl; jedoch.

quam-vīs *adv.* wenn auch noch so sehr; *ci.* wie auch, obwohl.

quandō *adv. u. ci.* wann; jemals; wenn; ja.

quandō-cumque wann auch immer, so oft; irgendeinmal.

quandō-que *ci. und adv.* so oft; da nun einmal; irgendeinmal.

quandō-quidem *ci.* da nun einmal.

quanquam = **quamquam**.

quantopere *adv.* wie sehr.

quantulus 3 wie klein, wie wenig.

quantus 3 wie groß, wieviel; so groß wie; soviel wie.

quantus-cumque wie groß (wieviel, wie wenig) auch immer.

quantus-libet = **quantus-vīs**.

quantus-vīs 3 beliebig groß.

quā-propter weshalb; deshalb.

quā-rē wodurch; weshalb; deshalb.

quārtāna, ae *f* Wechselfieber.

qua-si *ci. u. adv.* als wenn; gleich wie; wie wenn, als ob; gleichsam, fast.

quassō 1 schütteln; zerschmettern.

quā-tenus wie weit; insofern als; weil doch.

quater viermal.

quaternī 3 je vier.

quatiō, -, quassus 3 schüt-

teln, schwingen, stoßen;
stampfen; zerschmettern;
jagen; plagen, heimsuchen.

quattuor *indecl.* vier.

quattuor-decim *indecl.* vierzehn.

-que *ci.* und; que ... que
und auch.

quem-ad-modum wie; auf
welche Weise; sowie; wie
zum Beispiel.

queō, quīvī (*od.* iī), **itum, īre**
können.

quercus, ūs *f* Eiche.

querēla, ae *f* Klage; Beschwerde.

querimōnia, ae *f* = querēla.

quernus 3 Eichen...

queror, questus sum 3 sich
beklagen.

querulus 3 klagend.

questus, ūs *m* Klage.

questus sum *s.* queror.

quī[1], quae, quod *interr.*
wer?, welcher?; *rel.* welcher; der.

quī[2], qua, quod *indef.* irgendeiner.

quī[3] *interr.* wie?; wodurch?;
irgendwie; wenn doch!

quia *ci.* weil.

quianam warum?

quī-cumque, quae-, quod-
wer auch immer; jeder,
der; jeder beliebige.

quī-dam, quae-dam, quiddam (*subst.*) *und* **quoddam**
adi. jemand; etwas; ein
gewisser; eine; ein.

quidem *adv.* gewiß, gerade,
eben; ja, zum Beispiel;
ne ... quidem nicht einmal.

quid-nē *adv.* warum nicht?

quiēs, ētis *f* Ruhe, Erholung, Stille, Frieden.

quiēscō, ēvī, ētum 3 sich
ausruhen, sich ruhig verhalten.

quiētus 3 ruhig, friedlich;
neutral.

quiēvī *s.* quiēscō.

quī-libet, quae-libet, quidlibet (*subst.*) *und* **quodlibet**
adi. jeder beliebige.

quin *adv.* warum nicht?;
~ etiam ja sogar; *ci.* daß,
daß nicht, ohne daß.

quī-nam 3 welcher denn?

Quinctīlis, e = Quīntilis.

quīnc-ūnx, ūncis *m* fünf
Zwölftel; *die* Fünf auf dem
Würfel.

quīn-decim *indecl.* fünfzehn.

quīngentī 3 fünfhundert.

quīnī 3 je fünf.

quīnquāgintā *indecl.* fünfzig.

quīnquātrūs, uum *f/pl.* Minervafeste.

quīnque *indecl.* fünf.

quīnquennālis, e alle vier
Jahre stattfindend; fünf
Jahre dauernd.

quīnqu-ennis, e fünf Jahre
alt.

quīnquennium, ī *n* Zeitraum von fünf Jahren.

quīnque-rēmis, is *f* Fünfdecker (*Schiff*).

quīnque-virī, ōrum *m/pl.*
Fünfmänner.

quīnquiē(n)s *adv.* fünfmal.

Quīntilis, e zum Juli ge-

hörend; *subst.* **Quintīlis, is**
m Juli.

quintus 3 *der* fünfte.

quippe *adv.* freilich, natürlich, allerdings, ja; da nun
einmal.

Quirīs, ītis *m* Quirit (*röm.
Bürger.*)

quis *subst. u. adi.*, quid
interr. wer?, was?; *indef.*
irgend jemand, -was.

**quis-nam, quid-nam wer
denn?, was denn?**

quis-piam, quae-piam *subst.
u. adi.*, **quid-piam** *od.*
quippiam *subst. und* **quod-
piam** irgend jemand;
irgend etwas.

quis-quam, quid-quam *od.*
quic-quam (*nur subst.*) irgend jemand.

**quis-que, quae-que, quid-
que** *subst. u.* **quod-que** *adi.*
jeder (einzelne); jede Sa-
che.

quisquis, quidquid *od.* **quicquid** *subst.* wer (*bzw.* was)
auch immer, jeder belie-
bige.

qui-vis, quae-vis, quid-vis
subst. u. **quod-vis** *adi.* jeder beliebige.

quō *adv.* wohin?; wozu?;
wohin; wodurch; *ci.* da-
mit.

quoad solange (wie); bis.

quō-circā *adv.* daher.

quō-cumque wohin auch
immer.

quod (*rel. pron. u. ci.*) was
das betrifft, daß; die Tatsache, daß; weil; weshalb.

quom (*altl.*) = cum.

quō-minus *ci.* daß; *bisw.*
daß nicht.

quō-modo wie.

quō-nam *adv.* wohin denn?

quondam *adv.* einst; der-
einst.

quoniam *ci.* da ja.

quō-quam *adv.* irgendwohin.

quoque *adv.* auch.

quō-quō wohin auch immer.

quōquō-versus *u.* **-versum**
adv. wohin auch immer.

quōrsum *u.* **-us** *adv.* wohin?; wozu?

quot (*indecl.*) wieviele?
soviele wie.

quot-annīs *adv.* jährlich.

quotīdiānus, quotīdiē *s.*
cot...

quotiē(n)s *adv.* wie oft?;
so oft wie.

quotiē(n)s-cumque *adv.* so
oft auch nur, jedesmal
wenn.

quot-quot (*indecl.*) wieviele
auch immer.

quotus 3 der wievielte?

quo-usque *adv.* wie lange?

R

rabidus 3 wütend.

rabiēs, ēī f Wut.

rabiōsus 3 = rabidus.

racēmi-fer 3 Beeren tragend; mit Trauben bekränzt.

racēmus, ī m Weintraube.

rādīcitus adv. von Grund aus.

radiō u. radior 1 scheinen.

radius, ī m Radspeiche; Meßstab; Weberschiffchen; Sonnenstrahl.

rādīx, icis f Wurzel; Fuß e-s Berges; Ursprung.

rādō, sī, sus 3 kratzen, schaben; abreiben, glätten; vorbeisegeln an, berühren.

raeda, ae f Reisewagen.

rāmālia, ium n/pl. Reisig.

rāmōsus 3 vielästig, voller Zweige.

rāmus, ī m Zweig.

rāna, ae f Frosch.

rancid(ul)us 3 ranzig.

rānunculus, ī m kleiner Frosch.

rapāx, ācis reißend, raffend.

rapidus 3 reißend schnell, ungestüm; heftig, hitzig.

rapīna, ae f Raub.

rapiō, rapuī, raptus 3 an sich reißen, rauben, erbeuten, plündern; subst. raptum, ī n Raub, Beute.

raptim adv. hastig, eilends.

raptō 1 fortschleppen, rauben, plündern.

raptor, ōris m Räuber, Entführer.

raptus, ūs m Raub.

rapuī s. rapiō.

rāpulum, ī n Rettich.

rārēscō, -, - 3 dünn werden; selten werden.

rārus 3 locker, dünn; selten, spärlich; außerordentlich.

rāsī s. rādō.

rāsilis, e geglättet, glatt.

rāstrum, ī n Hacke.

ratiō, ōnis f Berechnung, Rechnung; Geschäft; Verbindung, Beziehung; Verhältnis; Richtung, Bahn, Kategorie, Gebiet, Fach, Bereich; Erwägung; Vorteil, Interesse; Überlegung, Vernunft; Methode, Verfahren; Beweggrund; Begründung; wissenschaftliches (philosoph.) System, Theorie; Verhalten; Beschaffenheit; Weg, Möglichkeit.

ratiōcinātor, ōris m Buchhalter; Berechner.

ratiōcinor 1 (be)rechnen; überlegen; folgern.

ratis, is f Floß.

ratiuncula, ae f kleine Rechnung; spitzfindiger Schluß.

ratus 3 berechnet; bestimmt; feststehend, sicher; gültig, rechtskräftig; ratus sum s. reor.

raucus 3 heiser; schrill; rauh.

rāvus 3 graugelb.

rea, ae *s.* reus.

reāpse *adv.* in der Tat, wirklich.

rebelliō, ōnis *f* Aufstand, Empörung. [trünnig.)

rebellis, e aufständig, ab-)

re-bellō 1 den Krieg erneuern; sich widersetzen.

re-boō 1 widerhallen.

re-calfaciō 3 wieder warm machen.

re-candēscō, duī, - 3 (wieder) erglühen.

re-cantō 1 widerhallen; wegzaubern; widerrufen.

re-cēdō 3 zurückweichen, sich entfernen; niederlegen; verlorengehen.

recēns, entis (noch) frisch, neu geschaffen; rüstig; jung; jüngst (vergangen); *adv.* recēns jüngst, gerade soeben.

re-cēnseō, suī, sus 2 mustern; i. d. Liste aufnehmen; durchgehen, erwägen; aufzählen.

receptāculum, ī *n* Behälter; Stapelplatz; Zuflucht(s-ort).

receptus, ūs *m* Rückzug; Zuflucht(sort).

recessus, ūs *m* das Zurückgehen; Rückzug; geheimes Gemach, Schlafwinkel.

recidīvus 3 wiedererstehend.

recidō, recidī, recāsūrus 3 zurückfallen; *in e-n Zustand* wieder verfallen; geraten; *in e-e Zeit* fallen.

recīdō, cidī, cīsus abhauen, abschneiden; beseitigen; beschränken, vermindern, verkürzen.

recingō 3 losgürten.

recinō, -, - 3 widerhallen (lassen); preisen.

recipērō 1 = recuperō.

recipiō, cēpī, ceptus 3 zurücknehmen; zurückbringen; wiederbekommen; wiedererobern; in Besitz nehmen; aufnehmen; übernehmen; sē recipere sich zurückziehen.

reciprocō 1 hin- und herbewegen; hin- und zurückfließen.

recitātiō, ōnis *f* das Vorlesen.

recitātor, ōris *m* Vorleser.

recitō 1 vorlesen.

reclāmō 1 laut widersprechen.

reclīnis, e zurückgelehnt.

reclīnō 1 zurücklehnen, rückwärts biegen.

reclūdō, sī, sus 3 aufschließen, (er)öffnen; enthüllen.

recognōscō 3 wiedererkennen; sich wieder erinnern *an*; untersuchen.

recolligō 3 wieder sammeln, wiedergewinnen.

recolō 3 wieder anbauen; von neuem treiben; nochmals überdenken.

reconciliātiō, ōnis *f* Wiederherstellung; Versöhnung.

reconciliō 1 wiederherstel-

len; versöhnen; wieder
gewinnen.

reconditus 3 verborgen,
versteckt; entlegen; ver-
altet; geheim, verschlos-
sen.

recondō 3 zurücklegen;
wieder schließen; (*Augen*)
verstecken, verheimlichen.

recordātiō, ōnis f Erinnerung.

recordor 1 sich erinnern.

recreō 1 wieder beleben,
wiederherstellen.

recrēscō 3 wieder wachsen.

recrūdēscō, duī, - 3 wieder
aufbrechen; von neuem
beginnen (*Schlacht*).

rēctā (sc. viā) adv. geradewegs.

rēctor, ōris m Lenker, Führer; Beherrscher; Steuer-
mann; Erzieher.

rēctus 3 gerade; aufrecht;
schlank; schicklich, gehörig; sittlich gut; *subst.*
rēctum, 1 n *das Rechte,
Gute*; adv. rēctē.

recubō, buī, - 1 ruhen,
liegen.

recumbō, cubuī, - 3 sich
zurücklehnen, sich niederlegen; herabsinken.

recuperātor, ōris m Schiedsrichter.

recuperō 1 wiedererlangen,
-gewinnen.

recurrō, currī, cursum 3
zurücklaufen; s-e Zuflucht
nehmen.

recursō 1 zurücklaufen;
zurückkehren.

recursus, ūs m Rücklauf;
Rückkehr.

recurvō 1 zurückbeugen.

recurvus 3 rückwärts gebogen.

recūsātiō, ōnis f Weigerung;
Einspruch, Protest.

recūsō 1 sich weigern, verweigern, zurückweisen.

redarguō, uī, - 3 widerlegen.

reddī s. reddere.

reddō, didī, ditus 3 zurückgeben; erstatten, vergel-
ten, abstatten; antworten;
abliefern; erfüllen; erleiden; berichten, darstellen;
nachbilden.

redēgī s. redigere.

redēmī s. redimere.

redēmptiō, ōnis f Loskauf;
Bestechung; Pachtung.

redēmptor, ōris m Unter-
nehmer, Pächter.

redeō, rediī, reditum, redīre
zurückkehren; zurück-
kommen; greifen *zu*; zu-
fallen.

redigō, redēgī, redāctus,
redigere zurücktreiben,
-bringen; eintreiben; ma-
chen *zu*; herabsetzen, beschränken.

rediī s. redeō.

redimīculum, 1 n Stirnband;
Halskette. [kränzen.]

redimiō 4 umwinden, be-

redimō, redēmī, redēmptus,
redimere loskaufen; wieder gutmachen; erretten;
erkaufen; pachten, mie-
ten; gegen Entgelt aus-
führen.

redintegrō 1 ergänzen, wiederherstellen; wieder erwecken.

reditiō, ōnis f Rückkehr.

reditus, ūs m Rückkehr; Einkünfte.

redoleō, uī, - 2 riechen, duften nach.

redūcō 3 zurückführen, -bringen, -ziehen.

reductus 3 zurückgezogen, entlegen, entfernt.

redundō 1 überfließen, hineinströmen; sich ergießen; im Überfluß vorhanden sein.

redux, ucis zurückführend; zurückkehrend.

refēcī s. **reficiō**.

refellō, refellī, - 3 widerlegen; zurückweisen; beseitigen.

refarciō, rsī, rtus 4 vollstopfen, anfüllen.

referiō, -, - 4 zurückschlagen, -werfen.

referō, rettulī, relātus, referre zurücktragen, -bringen, -wenden; beziehen auf; zurückerstatten; erwidern; ins Gedächtnis zurückrufen; entrichten; überliefern, melden, berichten, vortragen; eintragen; rechnen, zählen, aufnehmen.

rēfert, rētulit, rēferre es ist daran gelegen, kommt darauf an, macht einen Unterschied.

refertus 3 s. **referciō**.

reficiō, refēcī, refectus 3

noch einmal machen, ersetzen; wiederherstellen, ausbessern; wieder ersetzen, ergänzen; heilen; beleben, sich erholen lassen; einnehmen. [schaffen.]

refīgō 3 losmachen; ab-]

reflectō 3 rückwärts biegen, zurückwenden.

reflō 1 entgegenwehen.

refluō 3 zurückfließen.

refluus 3 zurückfließend.

reformīdō 1 zurückschaudern, fürchten.

refoveō 2 wieder erwärmen, neu beleben.

refrāgor 1 stimmen gegen, widerstreben.

refrēnō 1 zügeln, hemmen.

refricō, cuī, cātūrus 1 wieder aufreißen, erneuern.

refrīgerō 1 abkühlen.

refrīgēscō, frīxī, - 3 (wieder) erkalten; ermatten, stokken.

refringō, frēgī, frāctus 3 aufbrechen; brechen.

refugiō 3 zurückweichen, zurücktreten; fliehen.

refugus 3 zurückfliehend.

refulgeō, fulsī, - 2 zurückschimmern, widerstrahlen.

refundō 3 zurückgießen, -werfen.

refūtō 1 zurücktreiben; zurückweisen, widerlegen.

rēgālis, e königlich.

regerō 3 zurücktragen, -bringen; eintragen.

rēgia, ae f Königsburg; königlicher Hof; Königswürde.

reliqui

rēgificus 3 königlich‚prachtvoll.

regimen, inis n Lenkung, Leitung; Ruder.

rēgīna, ae f Königin; Königstochter.

regiō, ōnis f Richtung, Linie; Grenze; Gegend, Gebiet, Landschaft.

rēgius 3 königlich; prächtig; tyrannisch.

rēgnātor, ōris m Herrscher.

rēgnō 1 König sein, herrschen.

rēgnum, ī n Königsherrschaft, Regierung; Tyrannei.

regō, rēxī, rēctus 3 lenken, leiten, beherrschen, regieren.

regredior, gressus sum 3 zurückgehen, -kehren.

regressus, ūs m Rückkehr; Rücktritt; Zuflucht.

rēgula, ae f Richtschnur, Maßstab, Regel.

rēgulus, ī m kleiner König; Häuptling; Prinz.

regustō 1 wiederholt kosten.

rēiciō, iēcī, iectus 3 zurückwerfen; wegwerfen, abweisen, ablehnen; aufschieben.

rēiectiō, ōnis f Abweisung.

relābor 3 zurückgleiten, -sinken.

relangēscō, guī, - 3 erschlaffen, ermatten, nachlassen.

relātiō, ōnis f Bericht, Erzählung; Beziehung, Verhältnis.

relātus, ūs m Vortrag.

relaxātiō, ōnis f Erholung, Linderung.

relaxō 1 lockern, lösen, öffnen; lindern, mildern.

relēgātiō, ōnis f Verbannung (ohne Verlust des Bürgerrechts).

relēgō¹ 1 verbannen; zurückweisen.

relēgō² 3 wieder zusammennehmen; wieder durchreisen; wieder lesen; wieder erwägen.

relevō 1 in die Höhe heben, aufheben; lindern, mildern; befreien von.

relictiō, ōnis f böswilliges Verlassen.

relicuus = **reliquus.**

religiō, ōnis f abergläubisches od. religiöses Bedenken, Gewissensskrupel, Gewissenhaftigkeit, Religiosität‚ Gottesfurcht, Frömmigkeit; religiöse Verehrung, Gottesdienst, Kultus; Aberglaube; heilige Verpflichtung (oder Bindung).

religiōsus 3 ängstlich; gewissenhaft; gläubig, fromm; abergläubisch.

religō 1 zurückbinden; festbinden.

relinquō, līquī, lictus 3 zurücklassen; hinterlassen; überlassen; verlassen; im Stich lassen; aufgeben (den Krieg); unerwähnt lassen.

reliquī s. **relinquō.**

réliqui, ae, a *pl. die* übrigen.

reliquiae, ārum *f* Überbleibsel *pl.*, Trümmer;
Hinterlassenschaft.

réliquus 3 übrig; *der* wei-
tere; künftig; *subst.* **réli-
quum, ī** *n* Rest, Rück-
stand.

relūceō, xī, - 2 zurück-
strahlen.

reluctor 1 sich widersetzen,
sich sträuben.

remaneō 2 zurückbleiben.

remānsiō, ōnis *f das* Zurückbleiben.

remedium, ī *n* Arznei, Heilmittel.

remeō 1 zurückgehen; von
neuem durchwandern.

remētior 4 wieder messen;
wieder überdenken; auf-
wiegen, bezahlen.

rēmex, icis *m* Ruderer.

rēmigium, ī *n* Ruderwerk;
Rudern.

**reminīscor, recordātus sum,
reminīscī** sich erinnern.

remissiō, ōnis *f* Zurück-
senden; Erlaß; Erholung;
Ruhe.

remissus 3 abgespannt,
schlapp; gelind, ruhig,
sanft; heiter, lässig.

remittō 3 zurückschicken,
entlassen; zurückwerfen;
erwidern, vergelten; los-
lassen, lockern, fahren
lassen; nachlassen, ver-
mindern, aufgeben, unter-
lassen, aufhören; **sē** remittere sich erholen.

remollēscō, -, - 3 wieder

weich werden; sich er-
weichen lassen.

re-mordeō, rsī, rsus 2 wieder beißen.

re-moror 1 verweilen; zurückhalten.

re-mōtus 3 entfernt, entlegen.

re-moveō 2 wegschaffen,
beseitigen; zurückziehen.

re-mūgiō 4 zurückbrüllen;
widerhallen.

remulcum, ī *n* Schlepptau.

remūnerātiō, ōnis *f* Ver-
geltung.

re-mūneror 1 vergelten,
belohnen.

rēmus, ī *m* Ruder.

re-narrō 1 wiedererzählen.

re-nāscor 3 wieder geboren
werden, wieder aufleben.

rēnēs, um *u.* **-ium** *m/pl.*
Nieren.

re-nīdeō, -, - 2 zurück-
strahlen; lächeln, vor
Freude strahlen.

renovātiō, ōnis *f* Erneuerung.

re-novō 1 erneuern; erfrischen.

re-nūntiātiō, ōnis *f* Bekanntmachung, Bericht.

re-nūntiō 1 (zurück)mel-
den, Bericht erstatten,
öffentlich bekannt ma-
chen; kündigen, sich los-
sagen *von*, zurücktreten
von.

re-nuō, uī, - 3 zurückweisen.

reor, ratus sum, rērī glauben.

repāgula, ōrum *n/pl.* Torriegel, Schlagbaum.

re-parābilis, e ersetzbar.

re-parō 1 wiederanschaffen; wiederherstellen; erfrischen.

re-pellō, repulī, repulsus 3 zurückstoßen; vertreiben; abweisen; widerlegen.

re-pendō, pendī, pēnsus 3 zurückwiegen; bezahlen, loskaufen; erwidern; wieder gut machen.

repēns, entis plötzlich; *adv.* repente.

repentīnus 3 plötzlich, unvermutet; schnell wirkend.

re-percutiō, cussī, cussus 3 zurückschlagen, -stoßen.

re-periō, repperī, repertus 4 (er)finden, entdecken; sich erwerben.

repertor, ōris *m* Erfinder.

re-petō 3 wieder angreifen; wieder aufsuchen; wieder erlangen; wiederholen, erneuern; zurückfordern; herleiten; **poenam repetere** Strafe vollziehen; **suprā repetere** weiter ausholen.

re-pleō, plēvī, plētus 2 wieder füllen.

re-plicō 1 zurückbeugen; aufrollen.

rēpō, rēpsī, rēptum 3 kriechen.

re-pōnō 3 zurückstellen; hinterlegen; erwidern, vergelten; wieder herstellen;

wiederholen; rechnen *unter*.

re-portō 1 zurücktragen; berichten.

re-pōscō, -, - 3 zurückfordern.

repperī *s.* re-periō.

reppulī *s.* re-pellō.

re-praesentātiō, ōnis *f* Barzahlung.

re-praesentō 1 vergegenwärtigen; veranschaulichen; bar zahlen; auf der Stelle ausführen.

re-prehendō 3 festhalten; tadeln.

reprehēnsiō, ōnis *f* Tadel.

reprehēnsor, ōris *m* Tadler.

re-prēndō = re-prehendō.

re-primō, pressī, pressus 3 zurückdrängen; beschränken, beschwichtigen; **sē reprimere** sich enthalten.

re-prōmittō 3 erneut *od.* dafür versprechen.

rēptō 1 kriechen; schleichen.

repudiātiō, ōnis *f* Zurückweisung.

re-pudiō 1 zurückweisen.

repudium, ī *n* Zurückweisung; Ehescheidung.

re-puerāscō, -, - 3 wieder zum Kinde werden.

re-pūgnantia, ae *f* Widerspruch.

re-pūgnō 1 Widerstand leisten; im Widerspruch stehen *zu.*

repulsa, ae *f* Zurückweisung; abschlägige Antwort.

re-pūrgō 1 (wieder) reinigen; beseitigen.

re-putō 1 berechnen; erwägen.

re-quiēs, ētis f (bisw. gen. requiē; dat. -; acc. requiem; abl. requiē) Ruhe, Erholung.

re-quiēscō, quiēvī, - 3 ruhen, sich erholen.

re-quīrō, sīvī od. siī, sītus 3 wieder (auf)suchen; fragen, forschen, untersuchen, prüfen.

rēs, reī f Sache, Gegenstand, Angelegenheit; Ursache, Grund; Geschäft, Unternehmen; Aufgabe; Rechtshandel, Prozeß; Staat; Besitz, Vermögen; Revolte; Tat, Handlung; Krieg, Kampf; Ereignis, Begebenheit; Tatsache; pl. Lage, Sachlage, Verhältnisse, Hinsicht, Vorteil, Nutzen; pl. Anlagen; pl. Geschichte.

re-sarciō 4 wieder ausbessern.

re-scindō 3 wieder aufreißen; aufheben.

re-scīscō 3 erkunden, entdecken.

re-scrībō 3 von neuem schreiben, überarbeiten; j-n versetzen, in e-r Liste umschreiben; gutschreiben; bezahlen.

re-secō 1 wegschneiden, entfernen.

re-sequor 3 aufwarten.

re-serō 1 aufriegeln, öffnen.

re-servō 1 aufbewahren, aufsparen; retten.

re-ses, idis zurückgeblieben; untätig.

re-sīdeō, sēdī, sessum 2 sitzen, übrig bleiben; zurückbleiben.

re-sīdō, sēdī, sessum 3 sich setzen, sich niederlassen; sich zurückziehen; sich legen, nachlassen.

residuus 3 übrig.

re-sīgnō 1 entsiegeln, öffnen; enthüllen; zurückzahlen; verzichten.

re-siliō, uī, - 4 zurückspringen.

re-sipīscō, pīvī (piī und puī), - 3 wieder zu sich kommen.

re-sistō, stitī, - 3 haltmachen; zurückbleiben; Widerstand leisten.

re-solvō 3 auflösen; befreien; entkräften; ungültig machen.   (sen).)

re-sonō 1 widerhallen (las-)

re-sonus 3 widerhallend.

re-sorbeō 2 wieder einschlürfen.

re-spectō 1 zurückblicken; berücksichtigen; erwarten.

respectus, ūs m das Zurückblicken; Berücksichtigung, Rücksicht; Zuflucht.

re-spergo, rsī, rsus 3 bespritzen, besprengen.

re-spiciō, exī, ectum 3 zurückblicken; sich beziehen auf; überdenken; sorgen für.

re-spirāmen, inis *n* Luft-
röhre.

re-spirātiō, ōnis *f* Atmen *n*.

re-spirō 1 zurückwehen;
ausatmen; aufatmen; sich
wieder erholen; nachlas-
sen.

re-spondeō, ndī, ōnsum 2
antworten, erwidern; Be-
scheid geben, raten; ähn-
lich sein, entsprechen.

re-spōnsiō, ōnis *f* Antwort.

respōnsō 1 antworten; wi-
derhallen.

respōnsum, ī *n* Antwort.

rēspūblica, reī pūblicae *f*
Staat.

re-spuō 3 zurückspucken;
zurückweisen.

re-stāgnō 1 überfließen.

re-stingō, īnxī, īnctus 3
(aus)löschen; dämpfen,
mäßigen; vertilgen.

restis, is *f* Seil, Strick.

restitī *s.* re-sistō *u.* re-stō.

restitō 1 zögern.

re-stituō, uī, ūtus 3 wieder
hinstellen; in seine Rechte
wiedereinsetzen; wieder-
herstellen; wiedergut-
machen; widerrufen, auf-
heben.

restitūtiō, ōnis *f* Wiederein-
setzung, -herstellung.

restitūtor, ōris *m* Wieder-
hersteller.

re-stō, stitī, - 1 zurückbleiben; Widerstand leisten;
übrig (*od.* noch am Leben)
sein.

re-strictus 3 straff; genau,
streng; sparsam, knapp.

re-stringō 3 zurück-, festbinden; beschränken.

re-sultō 1 zurückspringen;
widerhallen.

re-sūmō 3 wiederergreifen;
erneuern.

re-supīnō 1 auf den Rücken
werfen; umstürzen.

re-supīnus 3 rücklings, auf
dem Boden liegend.

re-surgō 3 wieder aufste-
hen; wieder erwachen.

re-suscitō 1 wieder erregen.

re-tardō 1 verzögern; hemmen.

rēte, is *n* Netz.

re-tegō 3 aufdecken, ent-
blößen; öffnen.

re-temptō 1 wieder ver-
suchen.

re-tendō, ndī, ntus 3 ab-
spannen.

re-tentiō, ōnis *f das* Zurückhalten.   [ten.]

re-tentō[1] zurück-, festhal-]

re-tentō[2] = re-temptō.

re-texō 3 wieder auftren-
nen; ungültig machen;
wiederholen.

reticentia, ae *f* Schweigen *n*.

re-ticeō, cuī, - 2 stillschwei-
gen; verschweigen.

rēticulum, ī *n* (kleines)
Netz.

retināculum, ī *n* Band,
Leine, Seil, Tau *n*.

re-tineō, tinuī, tentus 2
zurück-, festhalten; zü-
geln; beibehalten.

re-torqueō 2 zurückdrehen.

re-tractātiō, ōnis *f* Weigerung.

7*

re-tractō 1 zurückziehen; zurücknehmen; wieder ergreifen; umarbeiten; wieder erwägen.

retractus 3 entfernt, versteckt.

re-trahō 3 zurückziehen, -bringen; wieder hervorholen.

re-trectō 1 = re-tractō.

re-tribuō 3 zurückgeben.

retrō *adv.* rückwärts; früher.

retrōrsum (*und* -us) rückwärts.

re-trūdō 3 zurückstoßen.

rettulī *s.* referō.

re-tundō, ret(t)udī, retū(n)-sus 3 zurückstoßen; abstumpfen; dämpfen; vereiteln.

reus, ī *m und* **rea**, ae *f der*, *die* Angeklagte; *adi.* schuldig; verpflichtet.

re-vehō 3 zurückbringen.

re-vellō 3 losreißen; *fig.* verdammen.

re-vēlō 1 enthüllen.

re-veniō 4 zurückkommen.

reverentia, ae *f* Ehrfurcht.

re-vereor 2 sich scheuen *vor*; verehren.

re-versiō, ōnis *f* Wiederkehr.

reversus 3 zurückgekehrt.

revertī *pf. s.* re-vertor.

re-vertor, *pf.* revertī, *inf.* revertī zurückkehren.

re-vinciō 4 festbinden.

re-vincō 3 besiegen; widerlegen.

re-virēscō, ruī, - 3 wieder grün werden; sich verjüngen, wieder aufblühen (*od.* erstarken).

re-visō, sī, - 3 wieder besuchen.

re-vīvīscō, vīxī, - 3 wieder aufleben.

re-vocābilis, e widerruflich.

re-vocō 1 zurückrufen; zurückholen; wiederherstellen, erneuern; beschränken; hinweisen; beziehen.

re-volō 1 zurückfliegen.

re-volubilis, e zurückrollbar; abwendbar.

re-volvō 3 zurückrollen; wieder lesen; wiederholen; erneut überdenken; P. zurückfluten; sich zurückwälzen.

re-vomō 3 wieder ausbrechen.

re-vors-, -vort- = **re-vers-, -vert-**.

rēx, rēgis *m* König, Tyrann; Opferpriester; Leiter, Anführer, Beherrscher; Mächtiger.

rēxī *s.* regō.

Rhēnus, ī *m* Rhein.

rhētor, ōris *m* Lehrer der Redekunst; Redner.

rhētoricus 3 rhetorisch, rednerisch.

rhombus, ī *m* Zauberrad; Butte *f*.

rictum, ī *n und* **rictus, ūs** *m* weit geöffneter Mund.

rīdeō, sī, sum 2 lachen, (zu-)lächeln; verspotten.

rīdiculus 3 lächerlich;

scherzhaft, spaßig, witzig; *subst.* **rīdiculum,** ī *n* Scherz, Spaß.

rigeō, uī, - 2 starr sein; starr (*od.* kahl) emporragen.

rigēscō, riguī, - 3 erstarren.

rigidus 3 starr, steif; unbeugsam, grausam.

rigō 1 bewässern.

rigor, ōris *m* Starrheit; Kälte, Frost; Härte, Strenge.

riguus 3 bewässernd; bewässert.

rīma, ae *f* Riß, Spalte.

rīmor 1 durchwühlen; durchforschen.

rīmōsus 3 rissig; leck.

ringor, - 3 die Zähne fletschen.

rīpa, ae *f* Ufer.

rīsī *s.* rīdeō.

rīsus, ūs *m* Lachen, Gelächter.

rīte *adv.* nach heiligem Brauch; auf rechte Weise, gebührend, mit Recht.

rītus, ūs *m* (heiliger) Brauch; Gewohnheit, Sitte.

rīvālis, is *m* Nebenbuhler.

rīvulus, ī *m* Bächlein.

rīvus, ī *m* Bach, Flüßchen; *spätl.* Strom.

rīxa, ae *f* Streit, Gezänk.

rīxor 1 sich zanken.

rōbīgō, inis *f* Rost; Brand (*vom Getreide*).

rōborō 1 kräftigen, stärken.

rōbur, oris, *n* Hartholz, Eichenholz; Eiche; Kraft,

Stärke; *fig.* Kern, Mittelpunkt; *a. pl.* erprobte Männer.

rōbustus 3 eichen; stämmig, stark, kräftig, schwer anzugreifen.

rōdō, sī, sus 3 (be)nagen, anfressen; *fig.* heruntermachen.

rogātiō, ōnis *f* Gesetzesvorschlag; Bitte, Ersuchen.

rogātor, ōris *m* Stimmensammler.

rogātus, ūs *m das* Bitten, Ersuchen.

rogitō 1 wiederholt fragen.

rogō 1 (be)fragen, bitten, ersuchen.

rogus, ī *m* Scheiterhaufen.

Rōma, ae *f* Rom.

Rōmānus 3 römisch; ., ī *m* Römer.

rōrō 1 tauen (*vom Tau*); betauen; tropfen.

rōs, rōris *m* Tau; Feuchtigkeit, Naß.

rosa, ae *f* Rose.

rosārium, ī *n* Rosengarten.

rōscidus 3 tauig.

roseus 3 rosig, Rosen...

rōsī *s.* rōdō.

rōstrātus 3 mit Schiffsschnäbeln verziert;

rōstrum, ī *n* Schnabel; Schiffsschnabel; *pl.* Rednerbühne.

rota, ae *f* Rad; *fig.* Veränderlichkeit, Wechsel.

rotō 1 im Kreise drehen *od.* schwingen.

rotundō 1 abrunden.

rotundus 3 rund.

rube-faciō 3 rot machen; röten.

rubeō, uī, - 2 rot sein; erröten.

ruber, bra, brum rot.

rubēscō, buī, - 3 rot werden.

rubēta, ae f Kröte.

rubētum, ī n Brombeerhecke.

rubicundus 3 hochrot; rot, rötlich.

rubor, ōris m Röte; Schamröte; Schande.

rubus, ī m Brombeerstrauch; Brombeere.

ructō 1 rülpsen.

rudēns, entis m Schiffstau.

rudīmentum, ī n erster Anfang od. Versuch.

rudis¹, is f Übungsstab in der Fechtschule, Rapier n.

rudis², e roh, unbearbeitet; unerfahren, ungeschickt.

rudō, īvī, - 3 brüllen.

rūfus 3 rothaarig.

rūga, ae f Falte, Runzel f.

rūgōsus 3 runzlig, faltig.

ruī s. ruō.

ruīna, ae f Einsturz; Sturz, Fall, Untergang, Verfall, Ruin; Fehltritt; pl. Ruinen, Trümmer.

ruīnōsus 3 baufällig.

rūminō 1 wiederkäuen.

rūmor, ōris m Gerücht; öffentliche Meinung, Ruf.

rumpō, rūpī, ruptus 3 brechen, zerreißen, zersprengen; vernichten; unterbrechen.

ruō, ruī, rutum (ruitūrus) 3 (sich) stürzen, eilen; niederstürzen; zugrunde gehen; zu Boden schmettern, umreißen; spätl. eilig wegraffen.

rūpēs, is f Felsen.

rūpī s. rumpō.

ruptor, ōris m Verletzer (e-s Vertrages).

rūri-cola, ae m Besteller des Feldes; Stier.

rūrsus u. **rūrsum** adv. rückwärts; wiederum; dagegen, andererseits.

rūs, rūris n Land; Landgut.

rūscum, ī n Mäusedorn (kleiner Strauch zum Anbinden des Weinstocks).

rūsticānus 3 ländlich.

rūsticitās, ātis f bäuerliche Schlichtheit; spätl. bäurisches Wesen.

rūsticor 1 auf dem Lande leben.

rūsticus 3 ländlich; bäurisch, ungehobelt, plump; **~, ī** m Bauer.

rūta, ae f Raute (Pflanze) f.

rutilō 1 rot färben.

rutilus 3 rötlich.

S

sabbata, ōrum n/pl. Sabbat
m; jüdischer Feiertag.

saburra, ae f Sand; Ballast
der Schiffe.

sacculus, ī m kleiner Sack.

saccus, ī m Sack; Geldsack.

sacellum, ī n kleines Heiligtum; Kapelle.

sacer, cra, crum heilig; ver-
flucht; verwünscht; subst.

sacrum, ī n heiliger Gegenstand od. Ort; Opfer;
Gottesdienst; Fest, Feier.

sacerdōs, ōtis m u. f Prie-
ster(in).

sacrāmentum, ī n Haft-
geld; Prozeß; Fahneneid,
Treueid, feierliche Ver-
pflichtung.

sacrārium, ī n Sakristei,
Kapelle.

sacrificium, ī n Opfer.

sacrificō 1 opfern.

sacrificulus, ī m spätl.
Opferpriester.

sacri-ficus 3 spätl. opfernd.

sacrilegium, ī n Tempel-
raub.

sacri-legus 3 tempelräube-
risch; verrucht.

sacrō 1 heiligen, weihen;
vergöttern.

sacrō-sānctus 3 hochheilig;
unverletzlich.

sacrum, ī n s. sacer.

saeculum, ī n Menschen-
alter; Generation; Jahr-
hundert.

saepe adv. oft.

saepēs, is f Zaun, Umzäunung.

saepiō, psī, ptus 4 umzäunen; umgeben; schützen.

saeptum, ī n (mst. pl.) Zaun,
Umzäunung; Schranken
pl. (für die Komitien).

saeta, ae f Borste, starkes
Haar.

saeti-ger 3 borstig.

saetōsus 3 borstig.

saeviō 4 toben, wütend
sein.

saevitia, ae f Wildheit, Wut,
Grausamkeit.

saevus 3 wütend, wild,
grausam, unbarmherzig,
heftig.

sāga, ae f Wahrsagerin.

sagācitās, ātis f Spürsinn,
Scharfblick, Klugheit.

sagātus 3 mit e-m Kriegsmantel bekleidet.

sagāx, ācis scharf witternd;
scharfsichtig, klug, schlau.

sagina, ae f Mästung; Fütterung; Futter, Kost.

saginō 1 mästen; füttern.

sagitta, ae f Pfeil.

sagittārius, ī m Bogenschütze.

sagitti-fer 3 pfeiltragend.

sagmina, um n/pl. heiliges
Gras.

sagulum, ī n Mäntelchen.

sagum, ī n (Kriegs-)Mantel.

sal, is m (und n) Salz; Geschmack; Witz, Humor.

salārius 3 Salz...

salāx 200

salāx, ācis geil(machend).

sale, is n = sal.

salebra, ae f holprige Stelle.

salictum, ī n Weidenge-
büsch.

salīgnus 3 Weiden...

Saliī, ōrum m/pl. Salier
(*Priester des Mars*).

salīnae, ārum f/pl. Saline,
Salzwerk.

salīnum, ī n Salzgefäß.

saliō, luī, (līvī, liī), saltum 4
springen, hüpfen.

salīva, ae f Speichel.

salix, icis f Weide.

salsāmentum, ī n Fischlake.

salsus 3 gesalzen; salzig;
beißend, scharf; witzig,
humorvoll, satirisch.

saltātiō, ōnis f *das* Tanzen;
Tanz.

saltātor, ōris m Tänzer.

saltem *adv.* wenigstens.

saltō 1 tanzen.

saltuōsus 3 schluchten-
reich; waldreich.

saltus¹, ūs m Waldgebirge,
Waldschlucht; Viehtrift.

saltus², ūs m *das* Springen,
Sprung.

salūbris, e gesund, heilsam,
bekömmlich, zuträglich;
stark, kräftig.

salūbritās, ātis f Heilkraft,
Zuträglichkeit; Gesund-
heit.

salum, ī n hohe See, offenes
Meer.

salūs, ūtis f Gesundheit;
Wohl; Rettung; Existenz,
Leben; alicui salūtem dī-
cere *od.* dare j-n grüßen.

salūtāris, e heilsam, be-
kömmlich, zuträglich,
nützlich.

salūtātiō, ōnis f Begrüßung,
Gruß; formeller Besuch.

salūtātor, ōris m *spätl.* (formeller) Besucher.

salūti-fer 3 heilbringend.

salūtō 1 (be)grüßen; be-
suchen.

salveō, -, - 2 gesund sein
od. bleiben; salvē(te);
sei(d) gegrüßt!

salvus 3 heil, wohlbehal-
ten.

sanciō, sānxī, sānctus 4 heiligen, weihen, unverletz-
lich machen; festsetzen,
verordnen; bestätigen,
verbieten.

sānctimōnia, ae f = sānctitās.

sānctiō, ōnis f Strafbestim-
mung; Klausel.

sānctitās, ātis f Heiligkeit,
Unverletzlichkeit, Unan-
tastbarkeit; Sittenrein-
heit.

sānctus 3 geheiligt, ge-
weiht, heilig, unverletz-
lich, unantastbar; ehr-
würdig, erhaben.

sandyx, ycis f Mennige f,
Rot n, Scharlachfarbe.

sānē *adv.* fürwahr, in der
Tat, gewiß; immerhin,
meinetwegen; nur (zu)!,
doch!; ganz, durchaus;
~ quam überaus, äußerst,
ungemein.

sanguineus 3 blutig, Blut...;
blutdürstig.

sanguinolentus 3 = **sanguineus.**

sanguis, inis *m* Blut; Blutvergießen; Kraft, Stärke; Abstammung, Geschlecht; Abkömmling.

saniēs, ēī *f* blutiger Eiter; Gift.

sānitās, ātis *f* Gesundheit; Besonnenheit, Vernunft, gesunder Menschenverstand.

sānō 1 heilen; wieder gutmachen; wieder zur Vernunft bringen, beruhigen.

sānus 3 gesund; vernünftig.

sānxī *s.* **sanciō.**

sapiēns, entis weise; einsichtig, verständig; philosophisch gebildet; *subst. m* Weiser *m*, Philosoph.

sapientia, ae *f* Weisheit; Einsicht; Philosophie.

sapiō, īvī (iī), – 3 *nach etw.* schmecken *od.* riechen; verständig (*od.* einsichtig *od.* weise) sein.

sapor, ōris *m* Geschmack; Delikatesse *f*, Leckerbissen.

sarcina, ae *f* Last; *pl.* (Marsch-)Gepäck.

sarcinulae, ārum *f/pl.* weniges Gepäck.

sarciō, rsī, rtus 4 flicken, ausbessern; wieder gutmachen, ersetzen; **sartus** 3 in gutem baulichen Zustand; in gutem Stande, wohlerhalten.

sarculum, ī *n* Hacke.

sardonyx, ychis *m*, *f* Sardonyx (*Halbedelstein*).

saris(s)a, ae *f* lange mazedonische Lanze.

sarmenta, ōrum *n/pl.* Reisig *n*.

sarsī *s.* **sarciō.**

sartus *s.* **sarciō.**

sat *adv.* = **satis.**

sata, ōrum *n/pl.* Saaten, Pflanzungen.

satelles, itis *m* Trabant, Gefolgsmann, Begleiter, Diener; Helfershelfer.

satietās, ātis *f* (Über)Sättigung; Überdruß, Ekel.

satiō[1] 1 sättigen; befriedigen; übersättigen, anekeln.

satiō[2], **ōnis** *f das* Säen, Aussaat, Saatfeld.

satira, ae *f* = **satura.**

satis *adv.* genug; *comp.* **satius** besser.

satis-dō 1 *e-e* Bürgschaft (*od.* Kaution) stellen.

satis-faciō 3 zufriedenstellen, befriedigen; sich rechtfertigen (*od.* entschuldigen).

satis-factiō, ōnis *f* Genugtuung; Entschuldigung; Strafe.

sator, ōris *m* Säer, Pflanzer; Urheber, Schöpfer, Vater.

satur, ra, rum satt, gesättigt.

satura, ae *f* mit Früchten gefüllte Opferschüssel; *fig.* buntes Allerlei *n*; Satire, satirische Dichtung (*gemischten Inhalts*).

saturō 1 sättigen; befriedigen.

satus¹, ūs *m das* Säen, Pflanzen; Zeugung, Ursprung.

satus² 3 *s.* serō².

satyrus, ī *m* Satyr.

saucio 1 schwer verwunden.

saucius 3 verwundet.

saxeus 3 steinern, felsig.

saxi-ficus 3 versteinernd.

saxōsus 3 steinig, felsig.

saxum, ī *n* Fels, Steinblock.

scaber, bra, brum rauh; schäbig; unsauber, räudig.

scabiēs, ēī *f* Krätze *f*, Räude *f*.

scaena, ae *f* Bühne, Theater; Öffentlichkeit, Publikum.

scaenicus 3 Bühnen...; ~ artifex Stückeschreiber; *subst.* ~ ī *m* Schauspieler.

scālae, ārum *f/pl.* Leiter *f*; Treppe.

scalnus, ī *m* Ruderpflock, Dolle *f*.

scalpō, psī, ptus 3 kratzen, ritzen; einschneiden, gravieren, stechen.

scalprum, ī *n* Graviermesser; Meißel.

scamnum, ī *n* Bank, Schemel *m*.

scandō, ndī, (scānsum) 3 (be)steigen; (*Verse*) skandieren.

scapha, ae *f* Kahn, Boot.

scaphium, ī *n* Trinkschale.

scapulae, ārum *f/pl.* die Schultern.

scarus, ī *m* Papageifisch.

scateō 2 hervorsprudeln.

scelerātus 3 entweiht; frevelhaft.

scelerō 1 entweihen.

scelerōsus 3 verrucht, gemein.

scelestus 3 verbrecherisch.

scelus, eris *n* Verbrechen; Frevel *m*; Unglück; Schurke.

scēptrum, ī *n* Zepter; Herrschaft.

schola, ae *f* Vortrag, Vorlesung; Schule.

scidī *s.* scindō.

sciēns, entis wissentlich; kundig; geschickt.

scientia, ae *f* Kunde *f*; Kenntnisse, Geschicklichkeit.

sciī *s.* sciō.

scī-licet *adv.* natürlich; nämlich; das heißt.

scindō, scidī, scissus 3 spalten, trennen, teilen.

scintilla, ae *f* Funken.

scintillō 1 funkeln.

sciō, scīvī (*od.* sciī), scītus 3 *scīre* wissen; kennen; verstehen, können.

scīpiō, ōnis *m* Stab.

scirpus, ī *m* Binse *f*.

sciscitor 1 zu erfahren suchen, sich erkundigen.

scīscō, scīvī, scītus 3 beschließen, verordnen; für etw. stimmen.

scītum, ī *n* Beschluß, Verordnung.

scītus 3 geschickt, klug, gewandt; geschmackvoll, hübsch.

scīvī s. scīō bzw. scīscō.

scobis, is f Sägespäne.

scōpae, ārum f/pl. Besen.

scopulōsus 3 klippenreich.

scopulus, ī m Klippe, Felsen; fig. Gefahr; unbarmherziger Mensch.

scorpiō, ōnis und **scorpius**, ī m Skorpion m; Wurfmaschine.

scortor 1 herumhuren.

scortum, ī n Hure f, Prostituierte.

scrība, ae m Schreiber, Sekretär.

scrībō, scrīpsī, scrīptus 3 zeichnen; schreiben; verfassen; schildern, schriftlich ernennen.

scrīnium, ī n Kapsel, Schachtel.

scrīpsī s. scrībō.

scrīptiō, ōnis f Schreiben (als Handlung); schriftliche Darstellung.

scrīptitō 1 häufig schreiben.

scrīptor, ōris m Schreiber; Schriftsteller, Autor, Verfasser.

scrīptum, ī n Schrift, Buch, Abhandlung.

scrīptūra, ae f schriftliche Darstellung; Weidegeld.

scrobis, is m u. f Grube, Loch.

scrūpulum, ī n Skrupel n (altes Gewicht), Gramm (der 24. Teil e-r Unze).

scrūpulus, ī m Skrupel m, Bedenken.

scrūtor 1 durchstöbern; untersuchen.

sculpō, psī, ptus 3 schnitzen, meißeln.

scurra, ae f Possenreißer, Witzbold.

scurror 1 den Hanswurst spielen; schmarotzen.

scūtāle, is n Schwungriemen (der Schleuder).

scūtātus 3 durch einen Langschild geschützt.

scutica, ae f Peitsche, Knute.

scūtum, ī n Langschild.

scyphus, ī m Becher, Pokal.

Scythēs, ae m Skythe m.

sē acc.| abl. sich.

sē-cēdō 3 weggehen, sich zurückziehen.

sē-cernō 3 absondern, trennen; unterscheiden.

sē-cessiō, ōnis f das Sichzurückziehen; Absonderung, Trennung.

sē-cessus, ūs m Abgeschiedenheit; einsamer Ort.

sē-clūdō, sī, sus 3 abschließen; absondern, trennen.

secō, secuī, sectus, secāre schneiden; zerfleischen, verwunden; spätl. durchqueren; entscheiden.

sē-crētus 3 abgesondert; entlegen; einsam; geheim; subst. **sēcrētum**, ī n Abgeschiedenheit, Einsamkeit; einsame Gegend; Geheimnis; **sēcrētō** adv. heimlich, unter vier Augen.

secta, ae f fig. Weg, Grundsätze; Partei; Schule, Sekte, Lehre.

sectātor, ōris *m* Begleiter, Anhänger.

sectiō, ōnis *f* Güterankauf; Auktionsmasse.

sector, ōris[1] *m* Abschneider; Güteraufkäufer.

sector[2] 1 stets folgen, überall begleiten; nachjagen, Jagd *auf etw.* machen, eifrig trachten *nach.*

sē-cubitus, ūs *m das* Alleinschlafen.

sē-cubō, buī, - 1 allein schlafen.

secuī *s.* secō.

secundānus, ī *m* Soldat der zweiten Legion.

secundō 1 begünstigen.

secundum *prp. b. acc.* längst, entlang; unmittelbar nach; gemäß, nach, zufolge; zugunsten.

secundus 3 *der* zweite; günstig; glücklich; mitfolgend, geleitend.

secūris, is *f* Beil, Axt; *pl.* Macht.

sēcūritās, ātis *f* Sorglosigkeit; Gemütsruhe; Sicherheit.

sē-cūrus 3 sorglos, unbekümmert; heiter, fröhlich; sicher.

secus[1] *indecl. n* Geschlecht.

secus[2] *adv.* anders; nicht gut; schlecht; *comp.* sequius *u.* sētius.

secūtus sum *s.* sequor.

sed aber; sondern.

sēdātiō, ōnis *f* Beruhigung.

sēdātus 3 ruhig, gelassen.

sē-decim *indecl.* sechzehn.

sedeō, sēdī, sessum 2 sitzen; verweilen; untätig lagern; festsitzen, haften; sich senken.

sēdēs, is *f* Sitz; Wohnsitz; Heimat; Stätte, Ruhestätte; belli sēdēs Kriegsschauplatz.

sēdī *s.* sedeō *bzw.* sīdō.

sēdīle, is *n* Sitz.

sēd-itiō, ōnis *f* Zwiespalt; Aufstand, Aufruhr, Meuterei.

sēditiōsus 3 aufrührerisch, meuterisch, unruhig.

sēdō 1 beruhigen, beschwichtigen, unterdrücken.   [trennen.]

sē-dūcō 3 beiseite führen;}

sēdulitās, ātis *f* Fleiß.

sēdulus 3 fleißig, eifrig; *adv.* sēdulō.

seges, etis *f* Saat(feld).

segmentum, ī *n* Abschnitt; Borte.

sēgnis, e lässig, träge.

sēgnitia, ae (*und* -tiēs, ēī) *f* Lässigkeit, Trägheit.

sē-gregō 1 absondern, trennen, entfernen.

sē-iungō 3 absondern, trennen; unterscheiden.

sē-lēctiō, ōnis *f* Auslese, Auswahl.

sē-ligō, lēgī, lēctus 3 auswählen.

sella, ae *f* Stuhl, Sessel; Armstuhl.

sēmanimis, e *s.* sēmi-animis.

semel *adv.* einmal; mit einem Mal; einmal, erst, überhaupt.

sēmen, inis *n* Same(n);
Setzling; Stamm, Geschlecht; Nachkomme;
Anlaß, Grundlage; Urheber.

sēmentis, is *f* Aussaat.

sēmermis, e *s.* sēmiermis.

sē-mēstris, e halbjährig.

sēm-ēsus 3 halbverzehrt.

sē-met = sē sich selbst.

sēmi-animis, e halbtot.

sēmi-bōs, bovis *m* Halbstier
(= *Minotaurus*).

sēmi-caper, prī *m* Halbbock
(= *Pan, Faun*).

sēmi-deus 3 halbgöttlich.

sēmi-ermis, e halbbewaffnet.   [tierisch.]

sēmi-fer, fera, ferum halb-

sēmi-homō, inis *m* Halbmensch.

sēmi-mās, maris *m* Zwitter,
Hermaphrodit *m*; *adi.* kastriert.

sēminārium, ī *n* Baum-,
Pflanzschule.

sēmi-nex, necis halbtot,
halberstarrt.

sēminō 3 säen.

sēmi-nūdus 3 halbnackt.

sēmi-plēnus 3 halbvoll,
-bemannt.

sēmi-rutus 3 halb zerstört.

sēmis, issis *m* halber As;
Hälfte, ein halber Morgen
Land.

sēmi-somnus 3 halbschlafend.

sēmita, ae *f* Pfad.

sēmi-vir, ī *m* Halbmensch,
Zentaur, Hermaphrodit;
adi. unmännlich.

sēmi-vīvus 3 halbtot.

sē-moveō 2 absondern; beseitigen.

semper *adv.* immer, stets.

sempiternus 3 immerwährend, beständig, ewig.

sēm-uncia, ae *f* halbe Unze
(*13,64 Gramm*).

sēm-ūstulātus 3 halbverbrannt.

senātor, ōris *m* Senator.

senectūs, ūtis *f* Greisenalter,
hohes Alter.

senēscō, senuī, - 3 altern;
verfallen.

senex, *gen.* senis alt, hochbetagt; *subst. m, f*
Greis(in).

sēnī 3 je sechs.

senīlis, e greisenhaft.

senium, ī *n* Altersschwäche,
Verfall, Leid.

sēnsī *s.* sentiō.

sēnsim *adv.* allmählich.

sēnsus, ūs *m* Gefühl; Wahrnehmung; Verstand; Urteil; Ansicht, Gedanke;
Sinne, Inhalt; Gesinnung.

sententia, ae *f* Ansicht,
Meinung; Votum *n*, Stimme; Urteil; Inhalt, Gedanke; Lehrsatz; Sinnspruch.

sententiōsus 3 gedankenreich, geistvoll.

sentīna, ae *f* Kielwasser;
fig. Abschaum, Pöbel *m*,
Hefe *f*.

sentiō, sēnsī, sēnsus 4 fühlen, empfinden, wahrnehmen; erleiden, erfahren;
meinen, glauben, der An-

sicht sein; sich *j-n als etw.*
vorstellen; sich äußern.

sentis, is *m, f* Dornbusch.

sentus 3 dornig, rauh.

sē-orsum *und* **-us** *adv.* abgesondert, getrennt.

sēparātim *adv. zu* **sēparā-tus.**

sēparātus 3 abgesondert, getrennt, verschieden.

sē-parō 1 absondern, trennen; ausschließen.

sepeliō, sepelīvī, sepultus 4 begraben; völlig unterdrücken, vernichten.

sē-pōnō 3 beiseitelegen; aufheben, vorbehalten; absondern, trennen; ausweisen, verbannen.

septem *indecl.* sieben.

September, bris, bre zum September gehörig; *subst.* **September, bris** *m* September.

septem-fluus 3, septem--geminus 3 siebenarmig (*Nil*).

septem-plex, icis siebenfach.

septem-vir, ī *m* Mitglied e-s Siebenmännerkollegiums.

septemvirālis, e der Siebenmänner.

septen-decim *indecl.* siebzehn.

septēnī 3 je sieben.

septentriō, ōnis *m* Siebengestirn, Großer od. Kleiner Bär; *pl.* Norden.

septiē(n)s *adv.* siebenmal.

septimus 3 siebenter.

septingentī 3 siebenhundert.

septuāgintā *indecl.* siebzig.

sepulcrum, ī *n* Grab(stätte).

sepultūra, ae *f* Bestattung.

sequāx, ācis schnell folgend; nachdrängend.

sequester, tris, tre vermittelnd; *subst.* **sequester, tris** *m* Mittelsperson, Vermittler.

sequius *adv. comp. zu* **secus²;** *s. a.* **sētius.**

sequor, secūtus sum, sequī folgen; begleiten; verfolgen; aufsuchen; zuteil werden; befolgen.

sera, ae *f* Torbalken, Riegel.

serēnitās, ātis *f* heiteres Wetter; Heiterkeit.

serēnō 1 aufheitern.

serēnus 3 heiter, hell, klar; fröhlich.

sēria, ae *f* Tonne, Faß.

sēricus 3 seiden.

seriēs, ēī *f* Reihe(nfolge).

sērius 3 ernst; *adv.* **sēriō.**

sermō, ōnis *m* Gespräch, Unterhaltung; Umgangssprache, Sprache, Mundart; Gerücht, Gerede.

sermunculus, ī *m* Klatsch, Geschwätz.

serō¹, seruī, sertus 3 zusammenfügen; verknüpfen; aufeinander folgen lassen.

serō², sēvī, satus 3 säen, pflanzen; erzeugen; verursachen.

serpēns, entis *f, selten m* Schlange; Drache.

serpō, psī, - **3** kriechen;

schleichen; allmählich um sich greifen.

serpyllum, ī n Feldthymian m.

serra, ae f Säge.

serta, ōrum n/pl. Kranz.

seruī s. serō[1].

serum, ī n Molke f.

sērus 3 spät; zu spät; adv. sērō.

serva, ae f Sklavin.

servātor, ōris m Erhalter, Erretter, Retter.

servātrīx, īcis f Retterin.

servīlis, e Sklaven..., sklavisch.

serviō 4 Sklave sein, dienen; gefällig sein: gehorchen, sich nach etw. richten; sich hingeben, frönen.

servitium, ī n Sklaverei, Knechtschaft; die Sklaven.

servitūs, ūtis f Sklaverei, Knechtschaft; unbedingter Gehorsam, Unterwürfigkeit.

servō 1 beobachten; bewachen, bewahren, beachten; aufbewahren, erhalten, erretten.

servulus, ī m junger Sklave.

servus 3 dienstbar, sklavisch; subst. ~, ī m Sklave.

ses-centī 3 sechshundert; unzählige.

sēsē = sē sich.

sēsqui-pedālis, e anderthalb Fuß lang.

sessiō, ōnis f das Sitzen; Sitzung; Sitz(platz).

sēs-tertia, ōrum n/pl. tausend Sesterze; s. sēs-tertius.

sēs-tertius, ī m Sesterz m (röm. Silbermünze).

sēta, ae f Borste; a. saeta.

sētius adv. (comp. zu secus[2]) anders; nihilō ~ nichtsdestoweniger, dennoch.

seu oder; ~ ... ~ sei es daß ... oder daß; entweder ... oder; s. a. sīve.

sevēritās, ātis f Strenge.

sevērus 3 streng; hart, grausam.

sēvī s. serō.

sē-vocō 1 beiseite-, abrufen.

sex indecl. sechs.

sexāgēsimus 3 sechzigster.

sexāgiē(n)s adv. sechzigmal.

sexāgintā indecl. sechzig.

sex-ennium, ī n Zeit von sechs Jahren.

sexiē(n)s adv. sechsmal.

sextāns, antis m Sechstel n.

sextārius, ī m Schoppen m (0,55 Liter).

Sextīlis, e zum August gehörig; subst. Sextīlis, is m August.

sextus 3 sechster.

sexus, ūs m Geschlecht.

sī ci. wenn, falls; jedesmal wenn, so oft; nach den Verben des Erwartens und Versuchens ob.

sibi dat. refl. sich.

sībilō 1 zischen, pfeifen.

sībilus[1] 3 zischend, pfeifend.

sībilus[2], ī m Zischen, Pfeifen.

Sibylla, ae f Wahrsagerin, Sibylle.

Sibyllīnus 3 sibyllinisch.

sīc *adv.* so; folgendermaßen; unter solchen Um-
ständen; infolgedessen; insofern; ~ **est ja.**

sīca, ae *f* Dolch.

sīcārius, ī *m* Meuchelmör-
der.   [Dürre.]

siccitās, ātis *f* Trockenheit.]

siccō 1 trocknen.

siccus 3 trocken.

sīcine so?, also?

sī-cubi *ci.* wenn irgendwo.

sī-cunde *ci.* wenn irgendwoher.

sīc-ut(ī) *adv.* sowie, wie;
gleichsam; wie wenn; wie
zum Beispiel.

sīdereus 3 gestirnt.

sīdō, sēdī (sīdī), sessum 3
sich setzen, sich nieder-
lassen; sich senken.

sīdus, eris *n* Sternbild, Gestirn; Stern; Himmels-
strich; Jahreszeit; Witterung; Zierde, Schmuck.

sigillātus 3 mit kleinen Fi-
guren *od.* Reliefs verziert.

sigillum, ī *n* kleine Figur,
Relief.

signātor, ōris *m* Untersiegler; Trauzeuge.

signi-fer 3 gestirnt; *subst.*
~, ī *m* Fahnenträger; Anführer.

significātiō, ōnis *f* Bezeich-
nung, Zeichen; Beifall;
Nachdruck, Emphase *f*;
Bedeutung.

signi-ficō 1 ein Zeichen geben; bezeichnen, zu er-
kennen geben; bedeuten.

signō 1 mit einem Zeichen
versehen; versiegeln; prägen; auszeichnen; kennt-
lich machen; bemerken.

signum, ī *n* Merkmal, Zeichen; Signal; Feldzei-
chen; Abteilung, Schar;
Bild, Kunstwerk; Götter-
bild; Siegel *n*; Sternbild.

silentium, ī *n* Schweigen,
Stille; Ruhe, Muße.

sileō, uī, - 2 schweigen; untätig sein, ruhen; ver-
schweigen.

silēscō, luī, - 3 verstummen.

silex, icis *m (und f)* Kiesel-
stein.

silīqua, ae *f* Hülse, Schale;
pl. Hülsenfrüchte.

silva, ae *f* Wald; große
Menge; Konzept.

silvestris, e bewaldet; wild-
wachsend.

silvi-cola, ae *m* Waldbe-
wohner.

sīmia, ae *f* Affe.

similis, e ähnlich; *adv.*
similiter.

similitūdō, inis *f* Ähnlichkeit; Analogie; Gleichnis.

sim-plex, icis einfach; natürlich, schlicht, kunstlos;
offenherzig, *adv.* **simpli-
citer.**

simplicitās, ātis *f* Einfachheit, Schlichtheit; Offen-
herzigkeit.

simul *adv.* zugleich.

simulac *ci.* sobald.

simulācrum, ī *n* Abbild;
Götterbild; Trugbild.

simulātiō, ōnis *f* Verstellung, Heuchelei; Vorwand.

simulātor, ōris *m* Heuchler.

simulō 1 ähnlich machen, nachbilden: vorgeben; vortäuschen, erheuchen.

simultās, ātis *f* Eifersucht. Rivalität; *a. pl.* Spannung, Feindschaft.

sīn *ci.* wenn aber.

sincērus 3 rein, echt, unverdorben, ehrlich, aufrichtig; unparteiisch.

sine *prp. b. abl.* ohne.

singillātim *adv.* einzeln, im einzelnen, im besonderen.

singulāris, e einzeln, vereinzelt; einzigartig, ausgezeichnet.

singulī 3 je einer; einzeln, für sich.

singultō 1 schluchzen.

singultus, ūs *m* Schluchzen.

sinister, tra, trum linker; unheilvoll, unglücklich, ungünstig, böse; *subst.* **sinistra**, ae *f* linke Hand; **dextrā ac sinistrā** rechts und links.

sinistrōrsum *adv.* nach links.

sinō, sīvī, situs 3 (zu)lassen, erlauben.

sinuō 1 krümmen, biegen.

sinuōsus 3 gekrümmt; faltenreich.

sinus, ūs *m* Krümmung, Biegung; Meerbusen, Bucht, Busen *(-es Gewandes)*; Bausch der Toga; Zärtlichkeit; Fürsorge; Schoß; Innerstes.

sē-quidem *ci.* wenn nämlich; da ja.

sīs = **sī vīs** wenn's beliebt.

sistō, stitī *und* stetī, statum 3 hinstellen; errichten; vor Gericht stellen; zum Stehen bringen, anhalten; *intr.* sich stellen, stehen bleiben; fortbestehen.

sistrum, ī *n* (Isis-)Klapper.

sitiō 4 durstig sein; wasserarm sein; verlangen *nach*.

sitis, is *f* Durst; Dürre; Begierde.

situs[1], ūs *m* 1. Lage; 2. dumpfes Hindösen, Untätigkeit, Vergessenheit; langes Liegen; Mangel an Pflege; Moder *m*, Schimmel.

situs[2] gelegen, liegend, befindlich; hingestellt; begraben.

sīve *ci.* wenn oder; oder; ~ ... ~ sei es daß ... oder daß ...; entweder ... oder; *vgl. a.* **seu**.

sīvī *s.* **sinō**.

smaragdus, ī *m u. f* Smaragd *m*.

sobrīnus, ī *m* Cousin, Vetter.

sōbrius 3 nüchtern, enthaltsam; besonnen.

soccus, ī *m* leichter Schuh; *fig.* Komödie.

socer, erī *m* Schwiegervater.

sociālis, e der Bundesgenossen; ehelich.

societās, ātis *f* Gemeinschaft, Teilnahme, Betei

ligung; Kameradschaft;
Gesellschaft; Bündnis;
Handels-, Pachtgesell-
schaft.

sociŏ 1 verbinden, vereinigen; *mit j-m* teilen.

socius 3 gemeinsam, gemeinschaftlich; verbün-
det; *subst.* **socius,** ī *m und*
-ia, ae *f* Beteiligte(r),
Teilnehmer(in), Gefährte,
Gefährtin.

socordia, ae *f* Sorglosigkeit,
Gleichgültigkeit.

so-cors, rdis sorglos, gleichgültig.

socrus, ūs *f* Schwieger-
mutter.

sodālicium, ī *n* = **sodālitās,
ātis.**

sodālis, e kameradschaft-
lich, befreundet; *subst.*
sodālis, is *m* Kamerad,
guter Freund, Gefährte,
Teilnehmer; Tischgenos-
se; Mitglied eines Priester-
kollegiums.

sodālitās, ātis *f* Kameradschaft, Freundschaft;
Tischgesellschaft; poli-
tischer Klub; Geheim-
bund.

sōdēs = **sī audēs** gefälligst,
doch.

sōl, is *m* Sonne(nlicht);
Öffentlichkeit; hervorra-
gende Persönlichkeit.

sōlācium, ī *n* Trost; Linderung; Entschädigung.

sōlāmen, inis *n* Trost.

sōlārium, ī *n* Sonnenuhr.

soldus = **solidus.**

solea, ae *f* Sandale *f*.

soleātus 3 mit (*od.* in)
Sandalen.

soleō, solitus sum 2 pflegen,
gewohnt sein.

solidō 1 dicht *od.* fest
machen.

solidus 3 massiv, fest, kom-
pakt; ganz, vollständig,
unzerteilt; echt, wahr-
haft, dauerhaft, zuverlässig.

sōlitārius 3 allein (stehend),
einzeln; einsam, ungesel-
lig.

sōlitūdō, inis *f* Einsamkeit;
Einöde; Alleinsein, Hilf-
losigkeit.

solitus 3 gewöhnlich, üblich.

solitus sum *s.* **soleō.**

solium, ī *n* Thron; Königswürde.

sōli-vagus 3 allein umherschweifend.

soll-emnis, e jährlich gefeiert; feierlich, festlich;
gewöhnlich, üblich; *subst.*
sollemne, is *n* Feier, Fest;
Opfer; Gewohnheit.

soll-ers, rtis vielgeschäftig;
geschickt.

soll-ertia, ae *f* Kunstfertigkeit, Geschick(lichkeit).

sollicitātiō, ōnis *f* Beunru-
higung, Aufwiegelung.

sollicitō 1 erschüttern, beunruhigen, aufwiegeln; ermuntern *zu etw.*, verführen.

sollicitūdō, inis *f* Unruhe,
Aufregung, Besorgnis.

sollicitus 3 unruhig, aufgeregt, besorgt; scheu.

sōlor 1 trösten; ermutigen.

sōlstitiālis, e Sommer...,
Sonnen...

sōl-stitium, ī n Sonnenwende; Sommerzeit.

solum¹, ī n (Erd-, Fuß-)
Boden; Land.

sōlum² adv. nur; **nōn ~,
sed etiam** nicht nur ...,
sondern auch.

sōlus 3 allein, einzig, aus-
schließlich, nur; einsam,
verlassen, öde.

solūtiō, ōnis f Lösung;
Zahlung.

solūtus 3 gelöst, frei; unabhängig, ungebunden;
zügellos, ausgelassen;
(nach)lässig; rhet.gewandt,
frei, fließend.

solvō, solvī, solūtus 3 lösen;
losbinden; öffnen; abzah-
len; erlösen; befreien; freisprechen; trennen; ent-
kräften, schwächen; auf-
heben, beendigen, beile-
gen.

somni-fer schlafbringend,
einschläfernd;   todbringend.

somniō 1 träumen; faseln.

somnium, ī n Traum.

somnus, ī m Schlaf.

soni-pēs, pedis m Roß.

sonitus, ūs m Ton, Schall,
Geräusch.

sonō, sonuī, (sonātūrus) 1
intr. tönen, erschallen;
rauschen, brausen usw.;
trans. ertönen od. erklin-

gen lassen; etw. bedeuten,
auf etw. hindeuten.

sonor, ōris m = **sonitus.**

sonōrus 3 (wohl)tönend.

sōns, sontis schuldig; subst.
~, sontis m der Schuldige.

sonuī s. **sonō.**

sonus, ī m Laut, Ton.

sōpiō 4 einschläfern; betäuben; beruhigen.

sopor, ōris m tiefer Schlaf.

sopōrātus 3 eingeschlafen;
einschläfernd.

sopōri-fer 3 einschläfernd.

sopōrus 3 schlafbringend.

sorbeō, uī, - 2 hinunter-
schlucken; verschlingen.

sordeō, uī - 2 schmutzig
sein.

sordēs, ium f/pl. Schmutz;
Gemeinheit;   fig.   Geiz;
Abschaum, Pöbel m, He-
fe f.   [dung.]

sordidātus 3 in Trauerklei-f

sordidus 3 schmutzig; niedrig, verächtlich; niederträchtig, gemein; armse-
lig; geizig.

soror, ōris f Schwester.

sors, rtis f Los(stäbchen);
Verlosung; Orakelspruch;
Teil, Anteil, Schicksal,
Geschick; Amt, Beruf;
Kapital; Art, Sorte.

sorti-legus 3 prophetisch.

sortior 4 (ver)losen; verteilen; erhalten, erlangen;
aussuchen, wählen.

sortītiō, ōnis f das Losen.

sortītō adv. durch das Los;
durch Schicksalsbestim-
mung.

sortĭtus, ūs *m das* Losen.

sospes, ĭtis wohlbehalten; glücklich.

sospĭta, ae *f* Retterin.

sospĭtō 1 (er)retten.

spadō, ōnis *m* Eunuch *m.*

spargō, rsī, rsus 3 (aus-) streuen, sprengen; (schleudern; ausbreiten; vergeuden; zerteilen, zerreißen.

sparus, ī *n* Jagdspeer.

spatĭor 1 auf und ab gehen.

spatĭōsus 3 geräumig, weit, ausgedehnt; langwierig.

spatĭum, ī *n* (Zwischen-) Raum, Ausdehnung, Strecke; Zeitraum, Zeit, Dauer, Frist; Muße.

speciēs, ēī *f* Sehen, Blick, Aussehen, äußere Erscheinung, schöne Gestalt; Traumbild, Vision; Glanz, Würde; *specie* dem Scheine nach; unter der Vortäuschung *e-s, e-r.*

specimen, ĭnis *n* Kennzeichen, Wahrzeichen, Beweis; Muster, Beispiel, Vorbild, Idee.

speciōsus 3 auffallend schön, großartig, herrlich; blendend, täuschend.

spectābĭlis, e sichtbar; ansehnlich.

spectācŭlum, ī *n* Zuschauerplatz; Schauspiel; Anblick, Augenweide.

spectātĭō, ōnis *f das* Ansehen.

spectātor, ōris *m* Zuschauer; Betrachter; Kenner.

spectātus 3 erprobt, bewährt, vortrefflich, tüchtig.

spectō 1 schauen, blicken; sich beziehen, gelegen sein, liegen; anblicken, betrachten; (*e-m Schauspiel*) beiwohnen; beurteilen, prüfen, untersuchen; beabsichtigen.

spēcŭla[1], ae *f* schwache Hoffnung.

specŭla[2], ae *f* Anhöhe, Spähort, Beobachtungsturm.

specŭlātor, ōris *m* Kundschafter; Spion; Erforscher. [Wacht...]

specŭlātōrĭus 3 Späh-...,

specŭlor 1 spähen, auskundschaften, überwachen.

specŭlum, ī *n* Spiegel.

specus, ūs *m* Höhle, Grotte; Abzugsgraben, Kanal.

spēlunca, ae *f* Höhle, Grotte.

spernō, sprēvī, sprētus 3 verachten, verschmähen, verwerfen.

spērō 1 (er)hoffen; *etw.* befürchten.

spēs, ēī *f* Hoffnung; Erwartung, Vermutung, Aussicht; Befürchtung.

sphaera, ae *f* Kugel.

spīca, ae *f* Ähre.

spīceus 3 aus Ähren, Ähren-.

spīcŭlum, ī *n* Spitze; Lanze.

spīna, ae *f* Dorn, Stachel; Gräte; quälende Sorge; *pl.* Spitzfindigkeiten.

spīnōsus 3 dornig; spitz-findig.

spīra, ae *f* Windung (*der Schlange*).

spīrābilis, e luftartig; belebend.

spīrāculum, ī *n* Luftloch.

spīrāmentum, ī *n* Luftloch, Spalt, Ritze.

spīritus, ūs *m* Lufthauch; Atem; Leben; Geist; Begeisterung, Schwung; Selbstgefühl; Mut; *pl.* Hochmut; **māgnōs -ūs sibi sūmere** sehr hochmütig auftreten.

spīrō 1 hauchen, wehen; (aus)atmen; verbreiten.

spissus 3 dicht; langsam fortschreitend, schwerfällig.

splendeō, uī, - 2 glänzen, strahlen.

splendēscō, duī, - 3 erglänzen.

splendidus 3 glänzend, strahlend, hell; glanzvoll, ruhmvoll, angesehen, bedeutend, geachtet.

splendor, ōris *m* Glanz, Helligkeit; Ruhm, Ansehen.

spoliātiō, ōnis *f* Beraubung, Plünderung, Raub.

spoliātor, ōris *m* Berauber, Plünderer.

spoliō 1 der Kleidung berauben, entkleiden; plündern, ausplündern, gewaltsam entziehen, berauben.

spolium, ī *n* Haut; Fell; *pl.* (geraubte) Rüstung,

Kleidung; Beute, Raub; Siegespreis.

sponda, ae *f* Bett, Sofa.

spondeō, spopondī, spōnsus 2 geloben, feierlich versprechen; sich verbürgen; (*e-e Tochter*) verloben.

spongia, ae *f* Schwamm.

spōnsa, ae *f* Verlobte.

spōnsālia, ōrum *u.* **ium** *n/pl.* Verlobung.

spōnsiō, ōnis *f* Gelöbnis, feierliches Versprechen, feierliche (*od.* gerichtliche) Verpflichtung.

spōnsor, ōris *m* Bürge.

spōnsum, ī *n* Gelöbnis.

spōnsus, ī *m* Verlobter.

sponte *abl.* von selbst, freiwillig, aus eigenem Antrieb, auf eigene Hand; an (und für) sich, schlechthin.

sportula, ae *f* geflochtenes Körbchen; Speisekörbchen; Geldgeschenk.

sprēvī *s.* **spernō**.

spūma, ae *f* Schaum, Gischt.

spūmeus 3 schäumend.

spūmi-fer 3 schäumend.

spūmō 1 schäumen.

spūmōsus 3 schäumend.

spuō, spuī, spūtum 3 spukken.

spurcō 1 verunreinigen.

spurcus 3 schmutzig; unflätig.

squāleō, -, - 2 rauh sein; starren, strotzen; schmutzig sein; in Trauerkleidern gehen.

squālidus 214

squālidus 3 rauh; schmutzig; schauerlich.

squālor, ōris m Schmutz; Trauer(kleidung).

squāma, ae f Schuppe.

squāmeus 3, squāmi-ger 3, squāmōsus 3 schuppig.

squilla, ae f Krabbe.

stabiliō 4 befestigen, sichern.

stabilis, e fest, standhaft, zuverlässig, sicher.

stabilitās, ātis f Festigkeit, Beständigkeit.

stabulor und -lō 1 im Stall stehen; sich aufhalten.

stabulum, ī n Stall; Kneipe; Bordell.

stadium, ī n Stadium (Längenmaß = 185 m); Rennbahn.

stāgnō 1 übertreten; überschwemmt sein; überschwemmen.

stāgnum, ī n stehendes Wasser, See m, Teich, Pfuhl; Bassin.

stāmen, inis n Kette (Webstuhl); Faden.

statārius 3 feststehend.

statim adv. sogleich.

statiō, ōnis f das Stehen; Standort, Quartier; Stelle; (Wacht-)Posten, Wache; Ankerplatz.

statīvus 3 (fest)stehend.

stator, ōris m Amtsgehilfe (des Prokonsuls); Fluchthemmer, Beschützer (Jupiter).

statua, ae f Statue, Standbild.

statuō, uī, ūtus 3 hinstellen; errichten; festsetzen, beschließen, entscheiden; fest glauben, dafür halten.

statūra, ae f Wuchs, Gestalt.

status¹ 3 (P.P.P. von sistō) festgesetzt, bestimmt.

status², ūs m das Stehen; Stellung; Lage, Zustand, Verhältnisse; Rang.

stēlla, ae f Stern.

stēllāns, antis gestirnt.

stēllātus gestirnt; glänzend.

stemma, atis n Stammbaum.

stercus, ōris n Dünger.

sterilis, e unfruchtbar; ertraglos.   [barkeit.]

sterilitās, ātis f Unfrucht-

sternō, strāvī, strātus 3 ausbreiten; zu Boden strecken; ebnen; bedecken.

sternuō, uī, - 3 niesen.

stertō, -, - 3 schnarchen.

stetī s. stō bzw. sistō.

stigma, atis n Brandmal.

stillō 1 träufeln, tropfen.

stilus, ī m Griffel; schriftliche Übung; Stil, Ausdrucksform.

stimulō 1 stacheln; quälen, beunruhigen; anspornen.

stimulus, ī m Stachel; Antrieb; pl. Qual, Unruhe.

stīpātor, ōris m Leibwächter.

stīpendiārius 3 tributpflichtig.

stīpendium, ī n Sold; Kriegsdienst; Feldzug; Steuer, Abgabe, Tribut.

stīpes, itis *m* Pfahl, Baumstamm; Klotz; Dummkopf.

stīpō 1 zusammendrängen.

stips, ipis *f* Geldbeitrag, Spende, Almosen *n*.

stipula, ae *f* Hahn.

stipulātiō, ōnis *f* Vertrag, Vereinbarung.

stipulor 1 vereinbaren, sich ausbedingen.

stirps, is *f* Wurzel(stock); Pflanze, Strauch, Baum; Abkunft, Geschlecht, Familie; Nachkommenschaft, Sprößling.

stitī *s.* sistō.

stīva, ae *f* Pflugsterz *m*.

stō, stetī, statum (statūrus) 1 stehen; vor Anker liegen; emporragen; zu stehen kommen, kosten; auf *j-s* Seite stehen; stehenbleiben; feststehen, nicht wanken; bestehen, fortdauern; beruhen *auf*; stehenbleiben; Beifall finden.

stola, ae *f* Stola *f*, langes Frauengewand.

stolidus 3 dumm, einfältig.

stomachor 1 sich ärgern.

stomachōsus 3 ärgerlich.

stomachus, i *m* Magen; Geschmack; Ärger, Zorn.

storea *und* **-ia, ae** *f* Matte.

strabō, ōnis *m* Schieler.

strāgēs, is *f* Einsturz; Verwüstung; Menschenmetzelung; ungeordneter Haufe.

strāgulum, ī *n* Decke, Teppich, Laken.

strāgulus 3 zum Ausbreiten

dienend; **strāgula vestis** Decke, Teppich.

strāmen, inis *n* Streu *f*.

strāmentum, ī *n* Streu *f*.

strangulō 1 erwürgen; foltern.

strātum, ī *n* Polster, Lager, Sattel.

strāvī *s.* sternō.

strēnuus 3 rüstig; tatkräftig.

strepitō 1 wild lärmen.

strepitus, ūs *m* Lärm, Getöse.

strepō, puī, (pitum) 3 lärmen, toben, schreien, dröhnen.

strictim *adv.* kurz, oberflächlich.

strīdeō, -, - 2 *und* **strīdō, dī, -** 3 zischen, pfeifen, sausen, rauschen.

strīdor, ōris *m das* Zischen, Pfeifen, Rauschen *usw.*

strīdulus 3 zischend, sausend.

strigilis, is *m* Schabeisen.

stringō, strīnxī, strictus 3 leicht berühren; abstreifen, abpflücken; zücken (*Schwert*); zusammenschnüren.

strix, igis *f* Ohreule.

structor, ōris *m* Maurer; Anrichter (*des Essens*).

struō, strūxī, strūctus 3 (auf)schichten; aufbauen, errichten; (*Heer*) aufstellen; anstiften, bewirken, ersinnen.

studeō, uī, - 2 sich bemühen, eifrig betreiben, trachten *nach*, begünstigen, studieren.

studiōsus 3 eifrig; *e-r Sache* zugetan; gewogen, günstig gesinnt; wißbegierig, gelehrt.

studium, I n eifriges Bestreben, Eifer; Eindringlichkeit; eifrige Teilnahme, Zuneigung, Ergebenheit; Parteilichkeit, persönliche Vorliebe; Beschäftigung, Studium; Wissenschaft, Kunst.

stultitia, ae f Dummheit.

stultus 3 dumm.

stupe-faciō 3 verblüffen.

stupeō, uī, - 2 verblüfft sein.

stupidus 3 verblüfft; dumm.

stupor, ōris m Erstarrung; Staunen; Dummheit.

stuppa, ae f Werg n.

stuppeus 3 aus Werg.

stuprō 1 schänden, entehren.

stuprum, I n Unzucht.

Stygius 3 zum Styx (Unterwelt) gehörig, unterirdisch.

Styx, Stygis f Styx m, *Unterwelt*.

suadeō, suāsī, suāsum 2 (an)raten, zureden.

suāsiō, ōnis f Rat; Empfehlung.

suāsor, ōris m Anrater; Ratgeber; Befürworter.

suāvior 1 küssen.

suāvis, e angenehm, lieblich; wohlschmeckend.

suāvitās, ātis f Annehm-

lichkeit, Lieblichkeit; Wohlgeschmack.

suāvium, I n Kuß.

sub *prp.* **1.** *b. acc.* unter, unter ... hin; unterhalb; *zeitl.* gegen, um; unmittelbar vor (*seltener:* nach); **2.** *b. abl.* unter(halb); *zeitl.* gegen; innerhalb; während.

sub-accūsō 1 etwas beschuldigen; [zuhören.]

sub-auscultō 1 heimlich}

sub-c... *s.* succ...

sub-dō, didī, ditus 3 unterstellen; unterwerfen; an die Stelle setzen; für wahr ausgeben, vorschieben.

sub-dolus 3 hinterlistig.

sub-dubitō 1 etwas zweifeln.

sub-dūcō 3 darunter wegziehen; entziehen; heimlich entfernen; entwenden; in die Stille wegführen; berechnen; in die Höhe ziehen; *ēnsem capiti alcs* subdūcere j-n köpfen.

sub-ēgī *s.* sub-igō.

sub-eō, iī, itum, subīre unter *etw.* gehen; betreten; auf sich nehmen; erdulden; hinaufgehen; herankommen; sich heranschleichen; überkommen, befallen; nachfolgen; für *j-n* eintreten.

sūber, eris n Korkeiche; Kork.

sub-f... *s.* suff...

sub-iciō, iēcī, iectus 3 unter

etw. werfen *od.* legen; unterlegen; unterwerfen; unterschieben; in die Höhe werfen; nahe heranführen; heranrücken lassen; einflößen; an die Stelle von etw. setzen; hinzufügen.

sub-iectō 1 in die Höhe werfen; darunterlegen.

sub-iectus 3 zu *j-s* Füßen liegend; nachstehend; angrenzend, benachbart; unterworfen; preisgegeben; untergeordnet.

sub-igō, ēgī, āctus 3 hinauffahren; nötigen, zwingen; unterjochen, unterwerfen; *(den Boden)* bearbeiten, auflockern; schulen; zähmen; hart mitnehmen, bedrängen.

sub-inde *adv.* gleich darauf; immer wieder.

sub-īrāscor 3 etw. zürnen.

subitārius 3 plötzlich.

subitus 3 plötzlich; *adv.* **subitō.**

sub-iungō 3 verbinden, anspannen; unterwerfen; hinzufügen.

sub-lābor 3 unbemerkt heranschleichen; nach unten gleiten.

sub-lātus 3 erhaben.

sub-legō 3 auflesen; aufschnappen; nachwählen.

sub-levō 1 emporheben; unterstützen, helfen; lindern.

sublica, ae *f* Pfahl.

sub-ligō 1 von unten anbinden.

sublīmis, e schwebend, hoch; erhaben; hochfahrend, stolz.

sub-luceō, -, - 2 unten hervorbrechen, durchschimmern.

sub-luō 3 unten bespülen.

sub-lūstris, e dämmerig.

sub-m... s. summ...

sub-nectō 3 unten anknüpfen.

sub-nīsus *u.* **nīxus** 3 gestützt *auf,* sich lehnend.

sub-olēs, is *f* Nachkomme.

sub-ōrnō 1 ausrüsten, versehen; *j-n* insgeheim *zu etw.* bestimmen.

sub-p... s. supp...

sub-rēpō 3 *an etw.* herankriechen; sich einschleichen.

sub-rīdeō 2 lächeln.

sub-rigō 3 emporrichten.

sub-ripiō 3 = **surripiō.**

sub-rogō 1 = **surrogō.**

sub-rubeō 2 rötlich sein.

sub-ruō 3 unterwühlen, untergraben; zugrunde richten.

sub-scrībō 3 darunterschreiben; unterschreiben; Kläger sein; unterstützen, begünstigen.

sub-scrīptiō, ōnis *f* Unterschrift; Aufschrift; Note, Rüge; Mitanklage.

sub-scrīptor, ōris *m* Mitankläger.

sub-secō 1 unten abschneiden.

sub-sēdī *s.* **sub-sīdō.**

sub-sellium, ī *n* Bank; *pl.*

Gerichtssaal; Gericht(e), Prozesse.

sub-sequor 3 auf dem Fuße folgen.

sub-sicīvus 3 Frei..., Muße...

subsidiārius 3 Reserve...; *subst.* subsidiāriī, ōrum *m/pl.* Reservetruppen.

sub-sidium, *ī n* Reserve, Hilfskorps *n*, Verstärkung, Hilfe, Beistand, Schutz; Hilfsmittel; Zuflucht(sort).

sub-sīdō, sēdī, sessum 3 sich hinsetzen, sich niederlassen; sinken; sich ansiedeln; stecken bleiben, zurückbleiben.

sub-sistō, stitī, - 3 still stehen, haltmachen; aufhören; zurückbleiben; Widerstand leisten, standhalten.

sub-sortior 4 (zum Ersatz) auslosen.

subsortītiō, ōnis *f* Auslosung *des Ersatzes*.

sub-sternō 3 unten bestreuen.

sub-stituō, uī, ūtus 3 hinter etw. stellen; an die Stelle setzen.

sub-stringō 3 aufbinden.

sub-strūctiō, ōnis *f* Unterbau.

sub-struō 3 den Unterbau herstellen.

sub-sum, -, **subesse** dahinter stecken; zugrunde liegen; vorhanden sein; bevorstehen.

sub-tēmen, inis *n* Einschlag (*des Gewebes*); Garn.

subter *adv. und prp. b. acc.* unterhalb; unter ... hin, unter.

subter-fugiō, fūgī, - 3 heimlich entfliehen; sich heimlich entziehen.

subter-lābor 3 hinfließen *unter*; entschlüpfen.

sub-terrāneus 3 unterirdisch.

sub-texō 3 umschleiern, verhüllen.

subtīlis, e fein, dünn; scharfsinnig, subtil; gründlich; geschmackvoll; schlicht, einfach.

subtīlitās, ātis *f* Feinheit; Scharfsinn, Genauigkeit; geistreiche Formulierung *od.* Führung (*e-s Gesprächs*); Geschmack; Schlichtheit.

sub-trahō 3 entziehen, wegreißen.

sub-urbānus 3 vorstädtisch; *subst.* -um, *ī n* Landgut bei Rom.

sub-vectiō, ōnis *f* Zufuhr.

sub-vectō 1 herbeischaffen.

sub-vehō 3 stromaufwärts transportieren; herbeischaffen.

sub-veniō 4 zu Hilfe kommen, helfen, beistehen; abhelfen.

sub-vertō 3 umstürzen; umwerfen; vernichten, zu Fall bringen.

sub-volō 1 emporfliegen.

sub-vortō = **sub-vertō.**

suc-cēdō 3 unter etw. treten; eintreten; heranrükken; vordringen; vonstatten gehen, glücken, gelingen; emporsteigen, nachfolgen; Nachfolger sein; *in etw.* einrücken; an *j-s* Stelle treten, *j-n* ablösen; *zeitl.* folgen.

suc-cendō, ndī, ēnsus 3 von unten anzünden *od.* in Brand stecken.

suc-cessiō, ōnis *f* Nachfolge.

successor, ōris *m* Nachfolger.

successus, ūs *m* Anrücken; Erfolg.

suc-cīdō, cīdī, cīsus 3 unten abschneiden; (ab)mähen.

suc-cidō, cidī, - 3 niedersinken.

succiduus 3 niedersinkend, wankend.

succingō 3 aufschürzen; umgürten; ausstatten.

suc-clāmātiō, ōnis *f* Zuruf.

suc-clāmō 1 zurufen.

suc-crēscō 3 nachwachsen.

suc-cumbō, cubuī, cubitum 3 niedersinken; erliegen.

suc-currō, currī, cursum 3 zu Hilfe eilen, beistehen; in den Sinn kommen, einfallen.

sūcus, ī *m* Saft; Arzneitrank; Geschmack; Frische, Kraft, Schwung (*der Rede*).

sudis, is *f* (spitzer) Pfahl.

sūdō 1 (aus)schwitzen.

sūdor, ōris *m* Schweiß; Mühe, Anstrengung.

sūdus 3 trocken, heiter.

suēscō, ēvī, ētum 3 sich gewöhnen; **suēvisse** gewohnt sein, pflegen.

suētus 3 gewöhnt an.

suf-ferō, sustulī, sublātus 3, sufferre ertragen, erdulden.

suf-ficiō, fēcī, fectum 3 darreichen; als Ersatz wählen; ersetzen; färben; genügen, ausreichen.

suf-fīgō 3 an *etw.* heften *od.* befestigen.

suf-flō 4 räuchern; entsühnen.

suffiāmen, inis *n* Sperrbalken.

suf-fōcō 1 erwürgen, ersticken.

suf-fodiō 3 untergraben.

suffrāgātiō, ōnis *f* Empfehlung *zu e-m Amte.*

suffrāgātor, ōris *m* Empfehler, Begünstiger.

suffrāgium, ī *n* 1. Stimme; *sg. u. pl.* Abstimmung; 2. Wahlrecht, Stimmrecht; Beifall.

suf-frāgor 1 für *j-n* stimmen; unterstützen.

suī-fugiō, fūgī, - 3 fliehen.

suī-fugium, ī *n* Zufluchtsort.

suf-fundō 3 übergießen.

sug-gerō 3 von unten heranbringen; beifügen; darreichen, liefern, angeben.

suggestum, ī *n und* -us, ūs *m* erhöhter Platz, Tribüne.

sūgō, sūxī, sūctus 3 saugen.

suī¹ *gen. refl.* seiner, ihrer, gegen sich.

sui² s. suō.

sulco 1 durchfurchen, -pflügen.

sulcus, ī m Furche; Grube; Bahn (*Meteor*).

sulp(h)ur, uris n Schwefel.

sulpureus 3 schwefelig.

sum, fuī, esse sein; dasein, vorhanden sein (*oft:* „*es gibt*"); leben; stattfinden; sich befinden; sich verhalten; Geltung haben; besitzen; gehören; dienen, gereichen.

sum-moveō 2 wegschaffen; vertreiben; fernhalten.

summus 3 (*sup. v. superus*) höchster; oberster; größter; bedeutendster; letzter; voll, allgemein, ganz.

sūmō, sūmpsī, sūmptus 3 (an sich *od.* zu sich) nehmen; anführen; erwähnen; aussuchen; festsetzen, bestimmen; unternehmen, beginnen; sich anmaßen.

sūmptuārius 3 den Aufwand betreffend.

sūmptuōsus 3 kostspielig; verschwenderisch.

sūmptus, ūs m Aufwand, Kosten.

suō, suī, sūtus 3 nähen.

su-ove-taurīlia, ium n/pl. Reinigungsopfer e-s Schweins, e-s Schafs und e-s Stiers.

supellex, ectilis f Hausgerät; *fig.* Vorrat, Schatz.

super *adv.* darüber; überdies; *prp. b. acc.* über, oberhalb; über ... hinaus;

während; außer (*zusätzlich*); *prp. b. abl.* über, oberhalb; über (= *hinsichtlich*).

superābilis, e übersteigbar; bezwingbar.

super-addō 3 noch hinzufügen.

superātor, ōris m Überwinder.

superbia, ae f Hochmut, Stolz.

superbiō, -, - 4 hochmütig sein, sich brüsten.

superbus 3 hochmütig, stolz, tyrannisch; erhaben, ausgezeichnet, großartig, prächtig.

super-cilium, ī n Augenbraue; finsteres Aussehen, Ernst; Dunkel; Anhöhe.

super-ēmineō 2 überragen.

super-ficiēs, ēī f Oberfläche.

super-fluō, -, - 3 überfließen.

super-fuī s. super-sum.

super-fundō 3 darübergießen.

super-iaciō, iēcī, iectus 3 daraufwerfen; übergießen.

super-impōnō 3 oben darauflegen.

super-incidō 3 von oben hineinfallen.

super-iniciō 3 darüberwerfen.

super-insternō 3 oben darüberbreiten.

supernē *adv.* von oben.

supernus 3 oben befindlich, oberer; himmlisch.

superō 1 hervorragen; über-

221   **surculus**

legen sein; reichlich vorhanden sein; übrig sein;
übersteigen; überragen;
vorübergehen; übertreffen;
überwinden, besiegen.
super-sedeō 2 sitzen *auf*;
unterlassen.
super-stes, stitis überlebend.
super-stitiō, ōnis *f* Aberglaube.
superstitiōsus 3 abergläubisch.
super-stō, -, - 1 oben dar-
aufstehen.
super-sum, -fuī, -esse übrig
(*od.* noch vorhanden) sein;
noch am Leben sein, über-
leben; im Überfluß vor-
handen sein.
superus 3 *adv; subst.*
superī, ōrum *m/pl.* die
himmlischen Götter; Ober-
welt; *comp.* **superior** höher
gelegen, oberer; früherer,
voriger; überlegen; *sup.*
suprēmus 3 *od.* **summus** 3
höchster; oberster; letzter.
super-vacāneus 3 über-
flüssig.
supervacuus 3 = **super-**
-vacāneus.
super-vādō 3 übersteigen.
super-veniō 4 unvermutet
dazu kommen; überfallen.
super-volō 1 überfliegen.
supīnō 1 zurückbeugen.
supīnus 3 zurückgelehnt;
auf dem Rücken liegend;
(sanft) ansteigend *od.* ab-
fallend.
sup-peditō 1 verschaffen,

liefern; vorhanden (*od.*
vorrätig) sein; ausreichen,
genügen.
sup-petō 3 vorhanden sein;
ausreichen.
supplēmentum, ī *n* Ergän-
zung; Verstärkung, Re-
serven.
sup-pleō, ēvī, ētus 2 nach-
füllen, ergänzen; vervollständigen; *mil.* auffüllen.
sup-plex, icis schutzflehend,
demütig bittend, flehent-
lich.   [*fest.*]
sup-plicātiō, ōnis *f* Dank-
supplicium, ī *n* Todesstrafe;
harte Strafe; *pl.* demütiges
Flehen; Dankfest.
sup-plicō 1 demütig bitten,
anflehen (*zu den Göttern*)
beten.
sup-pōnō 3 unter *etw.* legen;
hinzufügen; an die Stelle
setzen; unterschieben; *fig.*
unterwerfen.
sup-portō 1 herbeischaffen.
sup-primō, pressī, pressus 3
versenken; aufhalten, zum
Stehen bringen; verber-
gen, verschweigen.
sup-pudet 2 **mē** ich schäme
mich ein bißchen.
suprā 1. *adv.* oben; darüber
hinaus, mehr; aus früherer
Zeit; ~ peteere weiter ausholen; 2. *prp. b. acc.* oberhalb, über ... hin(aus),
mehr als.
suprēmus 3 *sup. zu* superus.
sūra, ae *f* Wade.
surculus, ī *m* Zweig; Setzling *m.*

surdus 3 taub; unempfind-
lich; lautlos.

surgō, surrēxī, surrēctum 3
sich erheben, aufstehen,
emporsteigen, entstehen;
an-, aufbrechen.

sur-rēpō 3 = sub-rēpō.

sur-rigō 3 = sub-rigō.

sur-ripiō, ripuī, reptus 3
heimlich entwenden; steh-
len.

sur-rogō 1 nachwählen lassen.

sūrsum (*und* sūrsus) *adv.*
aufwärts.

sūs, suis *f u. m* Schwein,
Sau; Wildschwein.

sus-cēnseō, uī, - 2 zürnen,
grollen.

susceptiō, ōnis *f* Übernah-
me.

sus-cipiō, cēpī, ceptus 3 auffangen; (unter)stützen;
(*als neugeborenes Kind*)
anerkennen; erzeugen; an-
nehmen, aufnehmen; über-
nehmen, auf sich nehmen;
unternehmen, verrichten;
erdulden.

sus-citō 1 in die Höhe richten; aufwecken, antreiben,
ermuntern; verursachen.

su-spectō 1 hinaufsehen;
verdächtigen.

su-spectus[1], ūs *m das* Hin-
aufblicken; Bewunderung.

su-spectus[2] 3 verdächtig.

sus-pendium, ī *n das* Er-
hängen.

sus-pendō, ndī, ēnsus 3 aufhängen; emporheben;
stützen; oben *od.* unentschieden lassen.

sus-pēnsus 3 schwebend;
abhängig; schwankend,
ungewiß; ängstlich.

su-spiciō[1], exī, ectus 3 aufblicken; bewundern, verehren.

su-spiciō[2], ōnis *f* Vermutung, Ahnung; Verdacht.

susurrō 1 flüstern.

susurrus, ī *m das* Flüstern.

sūtilis, e zusammengenäht.

sūtor, ōris *m* Schuster.

suus 3 *poss. adi. refl.* sein;
ihr; eigen, angemessen,
gehörig, günstig, passend;
subst. suī, ōrum *m/pl. die*
Seinigen *od.* Ihrigen; seine
Freunde *od.* Anhänger *od.*
Truppen.

sȳcophanta, ae *m* gewinn-
süchtiger Ankläger; Ver-
leumder; Schmarotzer.

syn-grapha, ae *f* Schuld-
schein.

syrma, atis *n* langes Gewand (*der Tragöden*);
Tragödie.

Syrtis, is *f* Sandbank; *bsd.*
Syrte *f* (*zwei an Sand-
bänken reiche Meerbusen
Nordafrikas*).

T

tabella, ae *f* Brett(chen); Täfelchen; Gemälde; Schreibtafel; Vertrag; Dokument, Urkunde; Stimmtäfelchen.

tabellārius 3 die Abstimmung (*od.* e-n Brief) betreffend; *subst.* ~, I *m* Briefbote.

tābeō, -, - 2 (zer)schmelzen; dahinschwinden.

taberna, ae *f* Bretterbude; Laden; Wirtshaus.

tabernāc(u)lum, I *n* Hütte; Zelt; Standort der Auguren.

tabernārius, I *m* Ladenbesitzer.

tābēs, is *f* Verwesung; Schlamm; Schwindsucht; Pest.

tābēscō, buī, - 3 schmelzen; dahinschwinden.

tābidus 3 schmelzend; verzehrend.

tabula, ae *f* Brett; Gemälde, Bild; Gesetzestafel; Rechen-, Schreibtafel; Liste, Verzeichnis; Urkunde; Testament; Rechnungsbuch.

tabulārium, I *n* Archiv.

tabulātum, I *n* Stockwerk, Etage.

tābum, I *n* Eiter; Pest.

taceō, uī, itum 2 (ver)schweigen.

taciturnitās, ātis *f* Stille; Schweigsamkeit.

taciturnus 3 schweigsam.

tacitus 3 stillschweigend, ruhig; verschweigend, unerwähnt, heimlich, unbemerkt.

tāctus, ūs *m* Berührung; Gefühl, Tastsinn; Einfluß.

taeda, ae *f* Kiefer; (Hochzeits-)Fackel; Hochzeit.

taedet, uit *od.* **taesum est** anekeln.

taedium, I *n* Ekel, Überdruß.

taenia, ae *f* Band, Binde.

taeter, tra, trum häßlich, garstig.

tālāris, e bis an die Knöchel reichend; *subst.* **tālāria, ium** *n/pl.* Flügelschuhe (*bsd. Merkurs*).

tālārius 3 Würfel...

tālea, ae *f* Stab; Spitzpfahl.

talentum, I *n* Talent (*Gewicht = Zentner od. Geldsumme = 5000 Mark*).

tālis, e solcher; so beschaffen; so bedeutend; so schlecht, so verwerflich.

talpa, ae *f* Maulwurf.

tālus, I *m* Fußknöchel; Würfel.

tam *adv.* so sehr.

tam-diū *adv.* so lange.

tamen *adv.* doch, dennoch, jedoch.

tam-etsī *cj.* obwohl; jedoch.

tam-quam 1. *adv.* gleichsam; **2.** *ci.* = **sī** als ob.

tandem *adv.* endlich.

tangō, tetigī, tāctus 3 be-

rühren; schlagen, treffen;
ergreifen; bewegen; an-
grenzen; erwähnen.

tan-quam = tam-quam.

tantĭdem *gen. pretii* ebenso-
hoch, ebenso teuer.

tantis-per *adv.* so lange.

tant-opere *adv.* so sehr.

tantulus 3 so klein, so gering.

tantum 1. ~, *I n* so viel,
solche Menge, so hoher
Grad; ~ temporis so lange
Zeit; 2. *adv.* so sehr; so
viel; nur so viel, so wenig.

tantum-modo *adv.* nur,
lediglich.

tantundem *n* 1. *subst.* ebensoviel; 2. *adv.* ebensoweit.

tantus 3 so groß, so bedeutend; nur so groß, so klein.

tapēs, ētis *m und* **tapēte, is** *n*
Teppich, Decke.

tardĭtās, ātis *f* Langsamkeit;
Trägheit.

tardō 1 zögern; verzögern,
aufhalten.

tardus 3 langsam; lange
dauernd; träge, schwer-
fällig, dumm.

taureus 3 von Rindern,
Rinds...

taurīnus 3 von Stieren,
Stier...

taurus, I *m* Stier.

taxus, I *f* Eibe *f*.

tech(i)na, ae *f* listiger
Streich.

tēctōrium, I *n* Wandmalerei;
Stuckarbeit.

tēctum, I *n* Dach; Zimmer-
decke; Obdach, Haus.

tēctus 3 bedeckt; über-
dacht; versteckt; ge-
schützt; zurückhaltend;
verblümt.

teges, etis *f* Matte.

tegimen, inis *n* Decke, Hülle;
Schutz.

tegimentum, tēgmentum, I
n Decke, Bedeckung; Be-
kleidung, Überzug; Schutz

tēgmen, inis *n s.* tegimen.

tegō, tēxī, tēctus 3 bedecken;
verstecken; schützen, verteidigen.

tēgula, ae *f* Dachziegel; *pl.*
Ziegeldach.

**tegumen, -mentum = tegi-
men(tum).**

tēla, ae *f* Gewebe; Webstuhl.

tellūs, ūris *f* Erde; Erdboden, Grund und Boden;
Landschaft, Gebiet.

tēlum, I *n* Geschoß; An-
griffswaffe; Waffe;
Schwert, Dolch.

temerārius 3 unbesonnen,
leidenschaftlich; drauf-
gängerisch, waghalsig, verwegen.

temere *adv.* zufällig, aufs
Geratewohl, planlos; (so)
ohne weiteres; non ~ nicht
leicht, kaum.

temerĭtās, ātis *f* Zufall;
Unbesonnenheit, Leicht-
fertigkeit; Draufgänger-
tum, Verwegenheit.

temerō 1 beflecken, entweihen; entehren, schän-
den.

tēmētum, I *n* Met *m*; Wein.

temnō, -, - 3 verachten.

temperāmentum, ī n richtige Mischung; Mäßigung; Ausweg.

temperāns, antis maßvoll.

temperantia, ae f Mäßigung, Selbstbeherrschung, Maßhalten.

temperātiō, ōnis f das rechte Maß, rechte Beschaffenheit; zweckmäßige Organisation; gesunder Zustand; ordnendes Prinzip; Ausgeglichenheit, Selbstbeherrschung, Seelenruhe; ~ caelī gemäßigtes Klima.

temperātus 3 mild, wärmer; gemäßigt; maßvoll, ausgeglichen, selbstbeherrscht.

temperī adv. rechtzeitig.

temperiēs, ēī f = temperātiō.

temperō 1 trans. richtig mischen; zweckmäßig gestalten, richtig organisieren; mäßigen, mildern; richtig regieren; intr. Maß halten, sich mäßigen; sich zurückhalten; sich enthalten; (ver)schonen; temperāre mihi non possum quīn ... ich lasse nichts unversucht, um zu ...

tempestās, ātis f Wetter; (An-)Sturm; große Gefahr; Vernichter; Zeit.

tempestīvus 3 rechtzeitig; geeignet, günstig; reif; frühzeitig.

templum, ī n heilige Stätte; Tempel.

temptāmen, inis und temptāmentum, ī n = temptātiō.

temptātiō, ōnis f Versuch, Probe.

temptō 1 betasten; angreifen; untersuchen, prüfen; in Versuchung führen, verlocken, beunruhigen; versuchen, probieren.

tempus¹, oris n Zeit; Zeitabschnitt; Zeitpunkt, Augenblick; passende Zeit, gute Gelegenheit; Zeitgeist; mst. pl. mißliche Umstände, unglückliche Lage; ad tempus 1. eine Zeitlang; für den Augenblick; 2. (a. in tempore) zur rechten Zeit.

tempus², oris n (mst. pl.) Schläfe.

tēmulentus 3 betrunken.

tenāx, ācis festhaltend; fest, zäh; geizig; hartnäckig; dickköpfig.

tendō, tetendī, tentum (u. tēnsum) 3 anspannen; ausdehnen, verlängern; darreichen; verleihen; richten, lenken; intr. lagern; sich aufstellen; eilen, marschieren; sich anstrengen.

tenebrae, ārum f/pl. Finsternis, Dunkelheit; dunkler Ort; Verborgenheit; Unklarheit.

tenebricōsus 3, tenebrōsus 3 dunkel, finster.

teneō, uī, - 2 halten; festhalten; geistig erfassen;

verstehen, begreifen; fest richten; besitzen; besetzt halten; befehligen; (e-n Besitz) behaupten; verpflichten, binden; (Gefühle) bezwingen, unterdrücken; zurück-, hinhalten; intr. steuern, segeln, zu Schiff erreichen, landen; anhalten, fortdauern.

tener, era, erum zart; jung; empfindsam; verzärtelt.

tenor, ōris m ununterbrochener Lauf od. Verlauf; Dauer; unō tenōre in einem fort.

tēnsa, ae f Götterwagen.

tentāmen, inis n = temptāmen.

tentīgō, inis f Geilheit, Wollust.

tentō 1 = temptō.

tentōrium, ī n Zelt.

tenuis, e dünn, fein; schmal, eng; flach; scharfsinnig, subtil; unbedeutend, gering, schwach; dürftig, niedrig; einfach, schlicht.

tenuitās, ātis f Dünnheit, Feinheit; Schmächtigkeit; Ärmlichkeit; Schlichtheit.

tenuō 1 dünn machen; vermindern, schwächen, verringern.

tenus postp. b. abl. u. gen. bis an, bis zu.

tepe-faciō 3 (er)wärmen

tepeō, uī, - 2 lauwarm sein; verliebt sein.

tepēscō, puī, - 3 lauwarm (od. warm) werden.

tepidus 3 lau(warm), warm; kühl; erkaltet; gleichgültig.

tepor, ōris m Lauheit; milde Wärme; Kühle; farblose Schilderung

ter adv. dreimal.

ter-deciē(n)s adv. dreizehnmal.

terebrō 1 durchbohren.

teres, etis glattrund; glatt; rundlich, drall; rhet. geschmackvoll, abgerundet.

tergeō, sī, sus 2 abwischen.

tergiversātiō, ōnis f Zögern.

tergiversor 1 sich sträuben; Ausflüchte suchen.

tergum, ī n Rücken; Fell.

tergus, ōris n = tergum.

terminātiō, ōnis f Begrenzung.

terminō 1 begrenzen.

terminus, ī m Grenzstein; Grenze, Ende.

ternī 3 je drei.

terō, trīvī, trītus 3 (ab-, auf-, zer-)reiben; oft benutzen; (Zeit) verbringen.

terra, ae f Erde; Land(schaft).

terrēnus 3 erdig, Erd.

terreō, uī, itus 2 (er)schrecken.

terrestris, e irdisch, Erd..., Land...

terribilis, e schrecklich.

terriculum, ī n Schreckmittel.

terri-ficō 1 = terreō.

terri-ficus e = terribilis.

territō 1 oft *od.* stark erschrecken.

terror, ōris *m* Schrecken.

terruī *s.* terreō.

tersī *s.* tergeō.

tertius 3 *der* dritte; *adv.* tertiō *und* -um.

ter-ūncius, ī *m ein* Viertel (*eines As*); Pfennig.

tesqua, ōrum *n/pl.* Einöden.

tessera, ae *f* Würfel; Holztafel mit Tagesparole; Parole *f*, Losung.

testa, ae *f* Ziegelstein; Krug; Scherbe; Schale (*der Schaltiere*); Schaltier.

testamentārius 3 die Testamente betreffend; *subst.* ~, ī *m* Testamentsfälscher.

testāmentum, ī *n* Testament.

testātus 3 offenkundig.

testificātiō, ōnis *f* Zeugenbeweis; Feststellung.

testi-ficor 1 zum Zeugen anrufen; bezeugen; beweisen.

testimōnium, ī *n* Zeugenaussage; Beweis.

testis[1], is *m u. f* Zeuge, Zeugin.

testis[2], is *m* Hode.

testor 1 = testificor; *intr.* ein Testament machen.

testūdineus 3 mit Schildpatt ausgelegt.

testūdo, inis *f* Schildkröte; Schildpatt *n*; gewölbte Stelle; Schutz-, Sturmdach; Schilddach.

tetendī *s.* tendō.

tetigī *s.* tangō.

tetrachmum, ī *n* Vierdrachmenstück.

tetrarchēs, ae *m* Tetrarch *m*, Regent.

tetricus 3 finster, grimmig.

texī *s.* tegō.

texō, xuī, xtus 3 weben; flechten.

téxtilis, e gewebt.

textor, ōris *m* Weber.

textrīnum, ī *n* Weberstube, Weberei.

textum, ī *n* Gewebe; Geflecht; Bau.

thalamus, ī *n* Frauengemach; Brautbett; Ehe.

theātrālis, e theatermäßig; Theater...

theātrum, ī *n* Theater; Zuhörerschaft; Schauplatz.

thēca, ae *f* Büchse; (Geld-) schachtel.

thēsaurus, ī *m* Schatz; Vorrat.

thiasus, ī *m* Bacchusreigen.

tholus, ī *m* Kuppeldach.

thōrāx, ācis *m* Brustharnisch.

thyias, adis *f* Bacchantin.

thymum, ī *n* Thymian.

thyrsus, ī *m* Bacchusstab.

tiāra, ae *f und* tiārās, ae *m* Tiara *f*, Turban; Diadem *n*.

Tiberis, is *m* Tiber.

tibia, ae *f* Flöte, Pfeife.

tībī-cen, inis *m* Flötenspieler.

tībicina, ae *f* Flötenspielerin.

tigillum, ī *n* kleiner Balken.

tignum, I *n* Balken.

tigris, is *u.* idis *m* (*a. f*) Tiger(in).

tilia, ae *f* Linde.

timeō, uī, - 2 (sich) fürchten.

timiditās, ātis *f* Ängstlichkeit.

timidus 3 furchtsam, scheu.

timor, ōris *m* Furcht.

tinea, ae *f* Motte.

tingō, tīnxī, tīnctus 3 bestreichen; eintauchen; färben.

tinnītus, ūs *m das* Klingeln.

tinnulus 3 klinge(l)nd.

tīnxī *s.* tingō.

tīrō, ōnis *m* Rekrut *m*; Neuling.

tīrōcinium, I *n* erster Militärdienst; Rekruten.

tītillātiō, ōnis *f das* Kitzeln; Kitzel *m*.

tītillō 1 kitzeln.

titubō 1 (sch)wanken.

titulus, I *m* Aufschrift; Inschrift; Ehrentitel; Vorwand.

tōfus, I *m* Tuffstein.

toga, ae *f* Toga *f* (*röm. Gewand*).

togātus 3 mit der Toga bekleidet; im Friedensgewand.

tolerābilis, e erträglich.

tolerō 1 ertragen, aushalten; notdürftig ernähren.

tollēnō, ōnis *m* Schwungbalken.

tollō, sustulī, sublātus 3 empor-, aufheben; (*Anker*) lichten; mit sich

nehmen; verherrlichen; aufrichten; aus dem Wege räumen, beseitigen; vereiteln; ausstreichen; weglassen.

tondeō, totondī, tōnsus 2 scheren; abpflücken.

tonitrus, ūs *m* Donner.

tonō, uī, - 1 donnern.

tōnsa, ae *f* Ruder *n*.

tōnsor, ōris *m* Friseur.

torāl, ālis *n* Bettdecke.

toreuma, atis *n* Relief(arbeit).

tormentum, I *n* Winde; Wurfmaschine; Folter *f*; Marter *f*, Plage.

tornō 1 drechseln; abrunden.

tornus, I *m* Drechseleisen (*des Tischlers*).

torpeō, uī, - 2 starr sein.

torpēscō, uī, - 3 erstarren.

torpidus 3 starr, erstarrt, betäubt.

torpor, ōris *m* Betäubung, Erstarrung.

torqueō, torsī, tortus 2 drehen; schwingen; verdrehen; foltern; beunruhigen.

torquis, is *m u.* f Halskette.

torrēns, entis glühend, heiß; reißend.

torreō, torruī, tostus 2 trocknen, dörren; braten, rösten; verbrennen.

torridus 3 ausgedörrt, ausgetrocknet; erfroren.

torris, is *m* brennendes Holzscheit.

torsī *s.* torqueō.

tórtilis, e gewunden.

tortor, ōris m Folterknecht, Henker.

tortuōsus 3 voller Windungen; verworren.

tortus, ūs m Windung.

torus, ī m Muskel; Polster.

torvus 3 finster, grimmig.

tot *indecl.* so viele.

tóti-dem *indecl.* ebensoviele.

totiēns *adv.* so oft.

totondī s. tondeō.

tōtus (*gen.* -íus, *dat.* -ī) **3** ganz; gänzlich, völlig.

toxicum, ī n Gift.

trabea, ae f Trabea, Staatstoga.

trabs, trabis f Balken; Schiff.

tractābilis, e berührbar; nachgiebig.

tractātiō, ōnis f Handhabung; Behandlung; Beschäftigung *mit etw.*

tractim *adv.* nach und nach.

tractō 1 herumziehen; berühren; handhaben; verwalten; sich befassen *mit*; untersuchen; bearbeiten; verhandeln.

tractus, ūs m *das* Ziehen; Lage, Richtung; Landstrich, Gegend.

trāditiō, ōnis f Übergabe; Überlieferung.

trā-dō, didī, ditus 3 übergeben; überliefern; anvertrauen; ausliefern; verraten; vortragen; **sē trādere** sich hingeben.

trā-dūcō 3 hinüber-, hin-

durchführen; übersetzen; versetzen; hinüberziehen; vorbeiführen; (*Zeit*) zubringen.

trā-ductiō, ōnis f Versetzung; Verlauf.

tragicus 3 tragisch; schrecklich.

tragoedia, ae f Tragödie, Trauerspiel.

tragoedus, ī m tragischer Schauspieler.

trāgula, ae f Wurfspieß.

trahō, trāxī, tractus 3 ziehen, (weg)schleppen; überdenken, erwägen; bewegen, bestimmen, verleiten; auslegen, deuten; sich aneignen, an sich reißen; herausziehen; hinziehen, verzögern; *a.* verprassen.

trā-iciō, iēcī, iectus 3 hinüberwerfen; *Truppen* über einen Fluß setzen; überschreiten, überqueren; durchbohren.

trā-iectiō, ōnis f Überfahrt.

trāmes, itis m Seitenweg.

trā-natō *und* **trā-nō 1** (hin)durchschwimmen.

tranquillitās, ātis f Ruhe.

tranquillō 1 beruhigen.

tranquillus 3 ruhig.

trāns *prp. b. acc.* jenseits; über.

trāns-abeō 4 durchbohren.

trāns-adigō 3 durchstoßen.

trāns-alpīnus 3 jenseits der Alpen.

trānscendō, ndi, ēnsus 3 (hin)überschreiten.

trānscrībō 230

trānscrībō 3 umschreiben; übertragen, verschreiben.

trāns-currō, (cu)currī, cursum 3 hinüberlaufen.

trāns-eō, iī, itum, īre *intr.* hinübergehen; übergehen; verstreichen; *trans.* überschreiten; vorbeigehen; übergehen.

trāns-ferō, tulī, lātus, ferre hinüberschaffen; versetzen, verlegen; übertragen; (*in e-e Sprache*) übersetzen; in übertragenem Sinne gebrauchen; verschieben.

trāns-fīgō 3 durchbohren.

trāns-fodiō 3 durchbohren.

trāns-fōrmō 3 umgestalten.

trāns-fuga, ae *m* Überläufer.

trāns-fugiō 3 überlaufen.

trāns-fundō 3 übertragen.

trāns-gredior, gressus sum 3 (hin)überschreiten.

trāns-gressiō, ōnis *f* Überschreiten.

trāns-igō, ēgī, āctus 3 durchführen, vollenden; sich *mit j-m* vergleichen.

trānsiliō, siluī, - 4 (hin)überspringen; *fig.* übergehen.

trāns-itiō, ōnis *f* Übergang; *fig.* Übertritt.

trāns-itus, ūs *m* Übergang; Durchzug; *fig.* Übertritt.

trāns-lātīcius 3 überliefert.

trāns-lātiō, ōnis *f* Übertragung, Versetzung; Über setzung (*in e-e Sprache*);

Vertauschung; Metapher *f*.

trāns-marīnus 3 überseeisch.

trāns-migrō 1 übersiedeln.

trāns-missiō, ōnis *f* *und* -missus, ūs *m* Überfahrt.

trāns-mittō 3 hinüberschicken; übersetzen lassen; durchlassen; anvertrauen; unbeachtet lassen; *intr.* hinüberziehen, -fahren, -schwimmen.

trāns-mūtō 1 vertauschen.

trāns-portō 1 hinüberbefördern; übersetzen.

trāns-rhēnānus 3 jenseits des Rheins.

trānstrum, I *n* Querbalken.

trāns-vehō 3 hinüberschaffen; übersetzen; P. vorbeifahren, vorbeimarschieren.

trāns-verberō 1 durchbohren.

trāns-versus 3 querliegend, seitwärts gehend, schräg.

trāns-volō 1 (hin)überfliegen.

tre-cēnī 3 je dreihundert.

trē-decim *indecl.* dreizehn.

tremebundus 3 zitternd.

treme-faciō 3 erzittern lassen.

tremendus 3 furchtbar.

tremēscō *und* -īscō, -, - 3 erzittern, erbeben.

tremō, uī, - 3 zittern, beben.

tremor, ōris *m* das Zittern.

tremulus 3 zitternd.

trepidātiō, ōnis *f* Durcheinanderlaufen, Verwirrung.

trepidō 1 ängstlich hin und her laufen; sich ängstigen; schwanken.

trepidus 3 ängstlich umherlaufend, unruhig, ratlos.

trēs, tria, trium drei.

trēs-virī, triumvir(ōr)um = triumvirī.

triāriī, ōrum m/pl. Triarier, Reserve.

tribūlis, is m Mitglied derselben Tribus, Gaugenosse, Landsmann.

tribūnal, ālis n Tribüne, Hochsitz; Richterstuhl.

tribūnātus, ūs m Tribunat n (Amt od. Würde e-s Tribunen).

tribūnicius 3 tribunizisch, die Volks- od. Militärtribunen betreffend.

tribūnus, ī m Tribusvorsteher; Reiteroberst; Militärtribun, Oberst; Volkstribun.

tribuō, uī, ūtus 3 einteilen; zuteilen, verleihen, gewähren; zuschreiben, beimessen.

tribus, ūs f Stammtribus f; Tribus f, Wahlbezirk (in Rom), Gau, Bezirk.

tribūtim adv. tribus-, bezirksweise.

tribūtum, ī n Tribut m, Abgabe, Steuer.

tribūtus 3 nach den Tribus eingeteilt.

trīcae, ārum f/pl. Widerwärtigkeiten; Possen, dummes Zeug.

tri-ceps, cipitis dreiköpfig.

trīcēsimus 3 dreißigster.

tri-clīnium, ī n Speisesofa; Eßzimmer.

tri-corpor, oris dreileibig.

tri-dēns, entis dreizackig.

tri-duum, ī n Zeitraum von drei Tagen.

tri-ennium, ī n Zeitraum von drei Jahren.

triēns, entis m Drittel(as).

trietēricus 3 jedes dritte Jahr gefeiert.

trifāriam adv. an drei Stellen.

tri-fōrmis, e dreigestaltig.

tri-geminus 3 dreiwüchsig, dreigestaltig; dreileibig, -köpfig.

trigintā indecl. dreißig.

tri-linguis, e 3 dreizüngig.

trīmus 3 drei Jahre alt.

trīnī 3 drei (beim pl. tantum): **trīna castra** drei Lager. [stirn.]

triōnēs, um m/pl. Bärenge-)

tri-partītus 3 dreiteilig; adv. **trīpartītō.**

tri-pēs, pedis dreifüßig.

tri-plex, icis dreifach.

tripudiō 1 im Dreischritt tanzen.

tri-pudium, ī n dreischrittiger Waffentanz; Kriegstanz.

tripūs, odis m Dreifuß; dreifüßiger Kessel (od. Stuhl); pl. delphisches Orakel.

tri-rēmis, e mit drei Ruderdecks.

tristis, e traurig; finster.

tristitia, ae f Traurigkeit; finsterer Ernst.

tri-sulcus 3 dreifurchig.

triticum, i n Weizen.

tritus 3 abgetragen; vielbesucht; oft betreten; allgemein bekannt.

triumphālis, e Triumph...

triumphō 1 einen Triumph feiern; völlig besiegen.

triumphus, i m Triumph.

trium-vir, i m Triumvir, Mitglied eines Dreimännerrats.

trivī s. **terō**.

trivium, ī n Scheideweg; Straße.

trochus, i m (Spiel-)Reifen.

tropaeum, ī n Trophäe, Siegeszeichen; Sieg.

trucīdātiō, ōnis f Niedermetzelung.

trucīdō 1 abschlachten.

truculentus 3 unfreundlich, grimmig, mürrisch, wild.

trūdō, sī, sus 3 stoßen, (ver)drängen.

trulla, ae f Schöpfkelle; Feuerpfanne.

truncō 1 beschneiden, verstümmeln.

truncus¹ 3 gestutzt; verstümmelt. [Rumpf.]

truncus², i m Stamm;

tū du.

tuba, ae f Trompete.

tūber, eris n Höcker, Auswuchs.

tubi-cen, cinis m Trompeter.

tueor, tūtātus sum 2 anblicken; beschützen.

tugurium, i n Hütte.

tulī s. **ferō**.

tum adv. damals, darauf, dann.

tume-faciō 3 anschwellen lassen.

tumeō, uī, - 2 angeschwollen sein; aufgeblasen sein; aufbrausen.

tumēscō, muī, - 3 anschwellen.

tumidus 3 geschwollen; aufgeblasen.

tumor, ōris m Geschwulst; Unruhe.

tumulō 1 begraben.

tumultuārius 3 in aller Eile aufgeboten (od. gewählt od. hergestellt).

tumultuor 1 unruhig sein.

tumultuōsus 3 unruhig.

tumultus, ūs m Unruhe; Aufruhr.

tumulus, i m (Grab-)Hügel.

tunc adv. damals; hierauf.

tundō, tutudī, tū(n)sus 3 stoßen, schlagen.

tunica, ae f Tunika f.

tunicātus 3 eine Tunika tragend.

turba, ae f Unruhe; Getümmel; Haufen.

turbātor, ōris m Aufwiegler.

turbidus 3 unruhig; aufgeregt.

turbō¹, inis m Wirbel, Drehung; Sturm; Kreisel.

turbō² 1 Unruhe stiften; verwirren, aufregen.

turbulentus 3 unruhig, aufgeregt, stürmisch.

turdus, i m Drossel.

tūreus 3 Weihrauch ...

turgeō, rsī, - 2 geschwollen sein.

turgēscō, -, - 3 anschwellen.

turgidus 3 geschwollen.

tūri-cremus 3 von Weihrauch brennend.

turma, ae f (Reiter-)Schar.

turmātim *adv.* scharenweise.

turpis, e häßlich; schimpflich.

turpitūdō, inis f Häßlichkeit; Schmach, Schande.

turpō 1 verunstalten; entehren.

turri-ger 3 mit Türmen umkränzt.

turris, is f Turm.

turtur, uris m Turteltaube.

---

tūs, tūris n Weihrauch.

tussis, is f Husten.

tutātus sum *s.* tueor.

tū-te *intens.* = tū.

tūtēla, ae f Fürsorge; Vormundschaft; Schutzherr; Schützling.

tūtō *adv.* sicher.

tūtor[1], ōris m Beschützer; Vormund.

tūtor[2] 1 beschützen.

tutudī *s.* tundō.

tūtus 3 sicher, geschützt.

tuus 3 dein.

tympanum, ī n Handpauke; Wagenrad ohne Speichen.

tyrannicus 3 tyrannisch.

tyrannis, idis f Gewaltherrschaft.

tyrannus, ī m Tyrann, Gewaltherrscher.

U

über[1], eris n Euter n; Fruchtbarkeit.

über[2], eris fruchtbar.

übertās, ātis f Fruchtbarkeit; Fülle.

ubi (*und* ubī) *interr.* wo?; wo; *ci.* sobald; sooft.

ubi-cumque überall.

ubi-nam *interr.* wo denn (nur)?

ubī-que *adv.* überall.

ubi-vīs *adv.* überall.

ūdus 3 feucht, naß.

ulcerō 1 wund drücken.

ulcīscor, ultus sum 3 sich rächen.

ulcus, eris n Geschwür.

ūlīgō, inis f Feuchtigkeit.

ūllus 3 irgendein; irgend jemand.

ulmus, ī f Ulme.

ulna, ae f Ellenbogen.

ulterior, ius *comp.* jenseitig; weiter.

ultimus 3 *sup.* äußerster; entferntester; letzter; ältester; höchster, größter; unterster.

ultiō, ōnis f Rache.

ultor, ōris m Rächer.

ultrīx, īcis *adi./f* rächend.

ultrō *adv.* nach der anderen Seite; darüber hinaus; *prp. b. acc.* jenseits; über ... hinaus, länger als.

ultus sum *s.* ulcīscor.

ululātus, ūs *m* wildes Geschrei.

ululō 1 laut schreien.

ulva, ae *f* Schilf.

umbilīcus, ī *m* Nabel; Mittelpunkt; Buchrollenkopf.

umbō, ōnis *m* Schild(buk-
kel) *m*.

umbra, ae *f* Schatten; Finsternis; Totenschatten;
ungeladener Gast; Schutz;
ruhiges Privatleben;Trug-
bild; Vorwand.

umbrāculum, ī *n* Laube;
Sonnenschirm; *pl.* Stu-
dierzimmer.

umbrātilis, e beschaulich;
schulmäßig.

umbri-fer schattenspen-
dend. (hüllen.)

umbrō 1 in den Schatten}

umbrōsus 3 schattig.

ūmectō 1 befeuchten.

ūmeō, -, - 2 feucht sein.

umerus 3 *m* Schulter.

ūmidus 3 feucht, naß.

ūmor, ōris *m* Feuchtigkeit,
Nässe.

umquam *adv.* jemals.

ūnā *adv.* zusammen; zu-
gleich.

ūn-animus 3 einmütig.

uncia, ae *f* As; Zwölftel;
Unze (= *27,3 Gramm*).

ūnctus 3 gesalbt, bestri-
chen; fett; kostbar.

uncus¹, ī *m* Haken.

uncus² 3 hakenförmig, ge-
krümmt.

unda, ae *f* Welle, Woge;
Wasser; Strom; wogende
Menge.

unde *interr.* woher?; von
wo aus.

ūn-decim *indecl.* elf.

ūn-dēnī 3 je elf.

ūn-dē-vigintī *indecl.* neun-
zehn.

ūndique von allen Seiten;
überall; in jeder Hinsicht.

undō 1 wallen, wogen.

undōsus 3 wogend.

ungō, ūnxī, ūnctus 3 salben,
bestreichen.

unguentārius, ī *m* Salben-
händler.

unguentum, ī *n* Salbe.

unguiculus, ī *m* Finger-,
Zehennagel.

unguis, is *m* Nagel; Kralle,
Huf.

ungula, ae *f* Huf. [ungō.)

unguō, ūnxī, ūnctus =}

ūnicus 3 einzig(artig); außerordentlich.

ūni-gena, ae *m/f* von einer-
lei Abstammung.

ūniversitās, ātis *f* Gesamtheit.

ūni-versus 3 gesamt, ganz.

unquam *adv.* = umquam

ūnus 3 einer; nur einer, ein
einziger; allein; nur; ~
quisque jeder einzelne.

urbānitās, ātis *f* Stadtleben; städtische Manie-
ren; feine Bildung; Gewandtheit, Höflichkeit; Witz,
Humor.

urbānus 3 städtisch; gebildet; geistreich; gewandt,
höflich; witzig; dreist.

urbs, urbis *f* (Haupt-)Stadt;
Rom.

urceolus, ī *m* kleiner Krug.

urgeō, ursī, - 2 (be)drängen; hart zusetzen; auf etw. bestehen; eifrig betreiben.

ūrīna, ae *f* Urin *m*, Harn.

urna, ae *f* Wasserkrug; Wahlurne: (Aschen-)Urne.

ūrō, ūssī, ūstus 3 *trans.* ver-, ausbrennen; einäschern; verheeren; ausdörren; entflammen; *spätl.* heimsuchen.

ursa, ae *f* Bärin.

ursī *s.* urgeō.

ursus, ī *m* Bär.

urtīca, ae *f* Brennessel *f*.

ūrus, ī *m* Auerochse.

ūsitātus 3 gebräuchlich, üblich.

ūspiam *adv.* irgendwo.

ūsquam *adv.* irgendwo(-hin).

ūsque *adv.* in einem fort, ununterbrochen; ~ ad bis zu; ~ eō bis zu dem Grade, so sehr; ~ quāque überall.

ūssī *s.* ūrō.

ūstor, ōris *m* Leichenverbrenner.

ūsū-capiō 3 durch Verjährung erwerben.

ūsūra, ae *f* Gebrauch, Nutzung, Genuß; Zinsen.

ūsūrpātiō, ōnis *f* Gebrauch, Anwendung.

ūsūrpō 1 anwenden, gebrauchen, benutzen; in Besitz nehmen; benen-

nen; *spätl.* sich widerrechtlich aneignen.

ūsus, ūs *m* Gebrauch, Anwendung, Benutzung; Ausübung; Nutznießung; Umgang; praktische Ausübung, Praxis, Erfahrung, Wirklichkeit; Nutzen, Vorteil; Bedarf; ūsū venīre wirklich vorkommen, sich ereignen.

ūsus sum *s.* ūtor.

ut *adv.* wie (zum Beispiel); ~ sī wie wenn; als ob; *ci.* sobald; seitdem; so daß; damit, daß, um ... zu; wenn auch, obwohl; sooft, jedesmal wenn; (*begründend*) da (*od.* wie) nun einmal, da ja; (*einschränkend*) soweit; ~ quī weil er ja; (*Wunsch*) (= utinam) o daß doch.

ut-cumque *adv.* (*ohne Verb*) allenfalls, nach Möglichkeit; *ci.* wie immer; je nachdem; sobald nur, (*zeitl.*) wenn nur.

ūtēnsilia, ium *n/pl. spätl.* Gerätschaften; Lebensmittel.

uter¹, tris *m* Schlauch.

uter², utra, utrum wer von beiden.

uter-cumque 3 wer immer von beiden.

utér-libet 3 jeder von beiden.

utérque, útraque, utrúmque jeder von beiden.

uterus, ī *m* Bauch; *bsd.* Mutterleib.

utérvīs, útravīs, utrúmvīs jeder von beiden.

utī = ut.

ūtilis, e nützlich; vorteilhaft.

ūtilitās, ātis f Nutzen; Vorteil.

úti-nam ci. o daß doch.

útique adv. auf jeden Fall, unbedingt; besonders.

ūtor, ūsus sum 3 gebrauchen, benutzen; genießen, sich erfreuen; haben, besitzen; walten lassen, an den Tag legen, geltend machen; verkehren, Umgang haben (od. pflegen).

ut-pote adv. nämlich; (mit

coni.) ~ quī der ja; ~ cum da ja.

utrim-que adv. von od. auf beiden Seiten.

utrō adv. nach welcher von beiden Seiten?

utrobíque adv. auf beiden Seiten.

utrum adv. ob.

ut-ut adv. wie auch immer.

ūva, ae f Weintraube.

ūvēscō, -, - 3 feucht (od. naß) werden.

ūvidus 3 feucht, naß.

uxor, ōris f Ehefrau, Gattin.

uxōrius 3 der Ehefrau gehörig; die Gattin betreffend.

V

vacātiō, ōnis f Freisein, Befreitsein, Entlastung; Dienstbefreiung; Urlaub.

vacca, ae f Kuh.

vaccīnium, ī n Hyazinthe.

vacillō 1 (sch)wanken.

vacō 1 leer (frei, unbesetzt) sein; herrenlos sein; *etw.* nicht haben, entbehren; *spätl.* sich widmen.

vacuitās, ātis f *das* Freisein od. Freiwerden.

vacuus 3 leer, unbesetzt, frei, ohne; menschenleer; herrenlos; unterminiert, ausgehöhlt; ohne Statthalter od. Herrscher; geräumig; ledig; unbeschäftigt, müßig.

vadimōnium, ī n Bürg-

schaft(sleistung); Erscheinen vor Gericht.

vādō, -, - 3 wandeln, schreiten, gehen.

vador 1 vor Gericht fordern.

vadum, ī n Furt f, seichte Stelle.

vae int. wehe!, ach!

vafer, fra, frum schlau, verschmitzt.

vāgīna, ae f Scheide.

vāgiō 4 wimmern.

vāgītus, ūs m *das* Wimmern.

vagor 1 umherschweifen.

vagus 3 umherschweifend, unstet, herumirrend; unbestimmt.

vāh int. ach!, ha!, ei!

valdē adv. sehr, besonders.

valēns, entis stark, kräftig; gesund; mächtig.

valeō, uī, itūrus 2 stark (kräftig, gesund, wohlauf, mächtig) sein; gelten; vermögen; geeignet sein; Einfluß haben; Erfolg haben, die Oberhand behalten; sich beziehen.

valētūdō, inis f *das* Befinden, Gesundheitszustand: Gesundheit; Krankheit, Schwäche, Leiden.

validus 3 stark, kräftig; gesund; fest; einflußreich.

vallis, is f Tal.

vallō 1 verschanzen; schützen.

vallum, ī n Wall.

vallus, ī m Pfahl; Palisade f.

valvae, ārum f/pl. Flügeltür.

vānēscō, -, - 3 verschwinden.

vāni-loquus 3 großsprecherisch.

vānitās, ātis f Nichtigkeit, Inhaltslosigkeit, leerer Schein, Gehaltlosigkeit, Zwecklosigkeit; leeres Geschwätz, Prahlerei, Lügenhaftigkeit.

vānum, ī n Wahn, Schein, Trugbild, Unwahrheit, falsche Quelle, fragwürdiger Hintergrund.

vānus 3 gehaltlos, nichtssagend, inhaltslos, erfolglos, vergeblich; großsprecherisch, lügnerisch, unzuverlässig, leichtsinnig, charakterlos, lügnerisch,

eingebildet; unbegründet, unwahr, unglaubwürdig.

vapor, ōris m Dampf.

vapōrō 1 dampfen; durchräuchern.

vappa, ae f verdorbener Wein; Tunichtgut, Taugenichts. [men.]

vāpulō 1 Schläge bekom-)

varietās, ātis f Buntheit, Mannigfaltigkeit, (Meinungs-)Verschiedenheit; Unbeständigkeit, Wankelmut; a. pl. Wechsel(fälle), Schwankung.

variō 1 verschiedenartig gestalten, abwechseln mit, verändern; schwanken; verschiedener Meinung sein.

varius 3 mannigfaltig, verschieden(artig); vielseitig; wankelmütig, veränderlich, charakterlos.

vārus 3 auseinandergebogen; krummbeinig.

vas¹, vadis m Bürge.

vās², vāsis n Gefäß; pl. **vāsa, ōrum** (dat. **īs**) n/pl. Haus-, Kriegsgeräte; Gepäck.

vāstātiō, ōnis f Verwüstung.

vāstātor, ōris m Verwüster.

vāstitās, ātis f Leere, Öde; Verödung; Verheerung.

vāstō 1 menschenleer machen; verwüsten.

vāstus¹ 3 öde, wüst, leer; fig. ungeschliffen, ungebildet.

vāstus² 3 ungeheuer groß; weit.

vātēs, is *m* Wahrsager, Prophet; Sänger, Dichter.

vāticinātiō, ōnis *f* Weissagung, Prophezeiung.

vāticinor 1 weissagen, prophezeien; phantasieren.

vāti-cinus 3 prophetisch. **-ve** *ci.* oder.

vēcordia, ae *f* Verrücktheit; Tobsucht.

vē-cors, rdis verrückt; unsinnig.

vectīgālia, ium *n/pl.* staatl. Einnahmen, Abgaben, Steuern. [fahren.]

vectō 1 transportieren,]

vector, ōris *m* Träger, Transporteur; Fahrgast, Passagier.

vectūra, ae *f* Transport.

vegetus 3 rüstig; rege, lebhaft.

vehemēns, entis heftig, leidenschaftlich, stürmisch; energisch, nachdrücklich; bedeutend, gewichtig, schwerwiegend; *adv.* vehementer stark, ganz außerordentlich; äußerst.

vehiculum, i *n* Fahrzeug.

vehō, vēxī, vectus 3 *trans.* transportieren, befördern, *etw. od. j-n* fahren; P. fahren (*intr.*), reiten, befördert werden.

vel *ci.* oder (auch), oder vielmehr; vel ... vel entweder ... oder; *adv.* (*steigernd*) sogar; schon, bereits; so zum Beispiel; (*vor sup.*) doch wohl, unstrittig, zweifellos.

vēlāmen, inis *n* Hülle; Gewand.

vēlāmentum, i *n* Hülle; *pl.* weiße Wollbinden der Schutzflehenden.

vēli-fer 3 segeltragend.

vēli-ficor (*und* -ficō) 1 segeln; *fig. etw. od. j-n* fördern.

vēlitēs, um *m/pl.* Plänkler.

vēli-volus 3 segelbeflügelt.

vellicō 1 zupfen; verspotten.

vellō, vellī (volsī, vulsī), vulsus (*od.* volsus) 3 abreißen, zupfen, rupfen; einreißen.

vellus, eris *n* Wolle; Schafsfell, Vlies *n*; Fell.

vēlō 1 verhüllen; verheimlichen.

vēlōcitās, ātis *f* Schnelligkeit.

vēlōx, ōcis schnell; gewandt.

vēlōx, ōcis schnell; gewandt.

vēlum, i *n* Segel *n*; Decke, Vorhang, Tuch, Plane *f*.

vel-ut(ī) *adv.* gleichwie; wie; gleichsam; zum Beispiel.

vēmēns, entis = vehemēns.

vēna, ae *f* Ader; Pulsader; Metallader; *pl.* Inneres, Herz, Charakter, innerstes Wesen; Begabung.

vēnābulum, i *n* Jagdspieß.

vēnālis, e verkäuflich, käuflich; *subst.* Sklave, ium *m/pl.* zum Verkauf angebotene Sklaven.

vēnāticus 3 Jäger...

vēnātiō, ōnis f Jagd; Tierhetze.

vēnātor, ōris m Jäger.

vēnātrix, īcis f Jägerin.

vēnātus, ūs m Jagd.

vēndibilis, e (leicht) verkäuflich; beliebt.

vēndidī s. **vēndō**.

vēnditātiō, ōnis f Prahlerei.

vēnditiō, ōnis f Verkauf; mst. Versteigerung.

vēnditō 1 zum Verkauf anbieten; verschachern; anpreisen.

vēnditor, ōris m Verkäufer.

vēndō, didī, ditus (nur als part. verwendet!; das P. wird ersetzt durch **vēneō**!) 3 verkaufen; versteigern; verschachern; anpreisen.

venē-fica, ae f Giftmischerin; Zauberin.

venēficium, ī n Giftmischerei; Zauberei.

venē-ficus, ī m Giftmischer; Zauberer.

venēnātus 3 giftig, vergiftet.

venēnō 1 vergiften.

venēnum, ī n Schminke; Zaubertrank; Gift.

vēn-eō, iī, -, īre verkauft werden, verkäuflich sein.

venerābilis, e verehrungswürdig, ehrwürdig.

venerābundus 3 ehrerbietig.

venereus u. **venerius** 3 sinnlich, geschlechtlich, wollüstig.

veneror 1 verehren; anflehen.

vēnī s. **veniō**.

venia, ae f Gefälligkeit, Gunst; Gnade, Verzeihung.

vēn-iī s. **vēn-eō**.

veniō, vēnī, ventum 4 kommen; vorrücken; auftreten gegen; erscheinen; anbrechen; in e-n Zustand geraten; zum Vorschein kommen; sich ereignen; zufallen.

vēnor 1 jagen.

venter, tris m Bauch; Schlemmerei; Leibesfrucht. [schwenken.]

ventilō 1 schwingen;}

ventitō 1 oft kommen.

ventōsus 3 windig; nichtig; unbeständig.

ventus, ī m Wind; Geschick, Umstände.

vēnus[1] (nur im dat. u. acc. vorkommend) m Verkauf; **vēnō dare** feilbieten; **vēnum dare** (= **vēndere**) verkaufen; **vēnum īre** (= **vēnīre**) verkauft werden.

venus[2], **eris** f Liebe; Charme m, Anmut f; **Venus** die Göttin Venus.

venustās, ātis f Schönheit, Anmut, Liebreiz; Liebenswürdigkeit; feiner Scherz.

venustus 3 schön, charmant, anmutig; liebenswürdig.

veprēs, ium m/pl. Dornbüsche.

vēr, vēris n Frühling.

vērāx, ācis wahrhaftig.

verbēnae, ārum f/pl. heilige Kräuter od. Zweige.

verber, eris n Schlag; *pl.*
verbera Hiebe, Prügel *f,*
Geißelung; Peitsche,
Geißel *f*. [strick.]
verbero¹, ōnis m Galgen-}
verbero² 1 schlagen, verprügeln; geißeln; beschie-
ßen.
verbōsus 3 wortreich.
verbum, ī n Wort, Ausdruck; Äußerung; *gramm.*
Verb; *pl.* Worte, Rede,
Aussage; leere Worte,
bloßes Gerede.
vērē *adv.* der Wahrheit gemäß; wirklich, echt; richtig, vernünftig; aufrich-
tig; ernst.
verēcundia, ae *f* Scheu; Bescheidenheit; Feingefühl,
Takt; Schamgefühl; Ver-
ehrung, Ehrfurcht.
verēcundus 3 schüchtern,
bescheiden; sittsam, ver-
schämt; taktvoll.
vereor, veritus sum 2 sich
scheuen, sich fürchten;
Bedenken tragen; fürch-
ten; verehren.
vergō, rsī, - 3 sich neigen;
sich erstrecken, liegen;
zur Neige gehen, sich dem
Ende nähern.
vergō-bretus, ī m Vergobret
(*oberster Beamter der Hä-
duer*).
vēri-dicus 3 = **vērāx.**
vērī-similis, e wahrscheinlich.
vēritās, ātis *f* Wahrheit;
Wirklichkeit; Wahrhaf-
tigkeit; Unparteilichkeit.

veritus sum s. **vereor.**
verna, ae m (*und f*) Haus-
sklave.
vernāculus 3 inländisch,
einheimisch; großstäd-
tisch.
vernō 1 frühlingsmäßig
werden; wieder singen.
vernus 3 Frühlings ...
vērō *adv.* in der Tat; ja,
allerdings; (*steigernd*) sogar, vollends; *ci.* aber,
jedoch.
verrēs, is m Eber.
verrō, -, versus 3 fegen; am
Boden schleifen; *über etw.*
hingleiten.
versātilis, e beweglich; gewandt.
versicolor, ōris bunt schil-
lernd.
versiculus, ī m Verschen.
versō 1 oft drehen; hin und
her wenden; beunruhigen;
auslegen, deuten; über-
legen, erwägen.
versor 1 sich befinden, sich
aufhalten; sich *mit etw.*
beschäftigen.
versūra, ae *f* (Tilgungs-)
Anleihe.
versus¹ *adv.* (*nachgestellt*)
nach ... hin, in Rich-
tung.
versus², ūs m Reihe, Zeile;
Vers; *pl.* Dichtung.
versūtus 3 gewandt; schlau,
verschlagen.
vertex, icis m Wirbel, Strudel; Wirbelwind; Scheitel,
Gipfel.
vertīgō, inis *f* Umdrehung.

Strudel, Wirbel; Schwin-
delgefühl.

vertō (*archaisch* **vortō**),
rti, rsus 3 wenden; *zu etw.*
machen; ansehen *als*; zuschreiben, auslegen; um-
wenden, umdrehen; ab-
wenden; in die Flucht
schlagen; vernichten, zu-
grunde richten; verän-
dern, verwandeln; *in e-e*
Sprache übersetzen; um-
pflügen, umwühlen; *intr.,
refl.* u. P. sich wenden,
sich drehen, sich hinwen-
den; sich befinden; ab-
laufen, ausgehen; verlau-
fen; sich ändern, sich verwandeln; beruhen *auf,*
abhängen *von*; **fortūna
vertit** das Schicksal ist
wechselhaft.

veru, ūs n Bratspieß.

vērum¹ *adv.* aber, indessen;
sondern.

vērum², ī n das Wahre,
Wirkliche, Rechte; Wahr-
heit; Wirklichkeit.

vērus 3 wahr, wirklich, tatsächlich, echt; wahrheits-
liebend; aufrichtig.

verūtum, ī n Wurfspieß.

vē-sānus 3 verrückt, unsinnig, überspannt, wütend.

vēscor, -, - 3 sich ernähren,
leben von; genießen.

vēscus 3 ausgezehrt, dünn,
mager.

vēsīca, ae f (Harn-)Blase.

vesper, erī (*und* -eris) m
Abendstern; Abend; We-
sten.

vespertīnus 3 abendlich,
Abend ...

Vesta, ae f Vesta (*Göttin des
Herdes u. Herdfeuers*).

Vestālis, e der Vesta ge-
weiht; *subst.* **Vestālis, is** f
Vestalin, Priesterin der
Vesta.

vester, tra, trum euer.

vestibulum, ī n Vorhalle;
Eingang.

vestīgium, ī n Fußspur;
Spur; Fußsohle; Augen-
blick.

vestīgō 1 nach-, aufspüren,
nachforschen.

vestīmentum, ī n Klei-
dungsstück.

vestiō 4 (be)kleiden; bedecken.

vestis, is f Anzug, Kleid,
Gewand; Kleidung; Tep-
piche, Decken.

vestītus, ūs m Kleidung;
rhet. Ausschmückung.

veterānus 3 (*und subst. m*)
mil. altgedient; Veteran
m.

veterātor, ōris m alter
Fuchs, Schlaukopf.

veterātōrius 3 durchtrieben,
schlau; gewandt; auf er-
langer Erfahrung beruh-
end.

veternus, ī m Schläfrigkeit.

vetitum, ī n Verbot.

vetō, uī, itus 1 verbieten.

vetulus 3 ziemlich alt.

vetus, eris (*comp.* **vetustior,**
sup. **veterrimus**) alt; lang-
jährig; ehemalig, früher;
subst. **veterēs, um** m/*pl.*

vetustās   242

die Vorfahren; Altsiedler; *die* alten Schriftsteller.

vetustās, ātis *f* (hohes) Alter, lange Dauer; alte Freundschaft; Altertum; Nachwelt.

vetustus 3 alt; altehrwürdig.

vexātiō, ōnis *f* Strapaze, Qual; Mißhandlung.

vĕxī *s.* vehō.

vexillārius, ī *m* Fahnenträger; *pl.* Reserveveteranen.

vexillum, ī *n* Fahne; Abteilung.

vexō 1 stark bewegen; hart mitnehmen, beunruhigen, quälen, mißhandeln; angreifen.

via, ae *f* Weg, Straße, Gasse, Pfad; Marsch, Reise, Fahrt; *fig.* Weg, Bahn; Art u. Weise, Verfahren, Methode; Gelegenheit.

viāticum, ī *n* Reisegeld.

viātor, ōris *m* Wanderer; Reisender; Amtsbote.

vibrō 1 schwingen, erzittern lassen, erschüttern; *intr.* zittern; schimmern, funkeln.

vīcānus 3 dörflich.

vīcārius 3 stellvertretend; *subst.* **~, ī** *m* Stellvertreter.

vīcātim *adv.* überall auf den Straßen; straßenweise; in einzelnen Dörfern.

vice *und* **vicem** *s.* vicis.

vīcēnī je zwanzig.

vīcēsimus 3 zwanzigster.

vīcī *s.* vincō.

vicia, ae *f* Wicke.

viciē(n)s zwanzigmal.

vīcīnia, ae *f und* **vīcīnitās, ātis** *f* Nähe, Nachbarschaft, Umgebung.

vīcīnus 3 benachbart, in der Nähe (wohnend, befindlich); *subst.* **~, ī** *m*, **-a, ae** *f* Nachbar(in).

vicis (*gen.*), *acc.* **em**, *abl.* **e**, *pl.* **vicēs**, *abl.* **vicibus** *f* Wechsel, Wechselung, Wechsel; Gegenleistung, Erwiderung; Los, Geschick, Wechsel des Schicksals; Platz, Stelle; Aufgaben, Rolle, Tätigkeit, Verrichtung; **vicem** wegen, im Hinblick auf; *bisw.* nach Art j-s, wie; **in vicem** abwechselnd; gegenseitig; dagegen, statt dessen; **vice** an Stelle; für, um.

vicissim *adv.* abwechselnd; andrerseits.

vicissitūdō, inis *f* Wechsel.

victima, ae *f* Opfertier; Opfer.

victor, ōris *m* Sieger; *adi./m* siegreich.

victrīx, īcis *f* Siegerin; *adi./f* siegreich.

victus, ūs *m* Lebensunterhalt, Nahrung; Lebensweise.

vīcus, ī *m* Dorf; Gehöft; Stadtviertel.

vidē-licet *adv.* offenbar, sicherlich; *iron.* natürlich; (*erklärend*) nämlich.

videō, vīdī, vīsus 2 sehen, erblicken; aufsuchen; erkennen, begreifen; sich umsehen nach; überlegen, bedenken; darauf achten, zusehen.

videor, vīsus sum 2 gesehen *od.* sichtbar werden, erscheinen, sich zeigen; scheinen; den Eindruck erwecken; **vidētur** (*dat.*) es scheint richtig, es gefällt, man beschließt.

vidua, ae *f* Witwe.

viduitās, ātis *f* Witwenstand.

viduō 1 berauben.

viduus 3 verwitwet; unverheiratet, ledig; beraubt, ohne; leer; vereinsamt.

viĕtus 3 (*Greis*) kraftlos; (*Kleidung*) zerlumpt; (*Frucht*) vertrocknet.

vigeō, uī, – 2 sich in voller Frische befinden; kräftig (*od.* stark) sein; in Blüte stehen; sich e-s hohen Ansehens erfreuen; herrschen.

vigil, ilis *m* Wächter; *adi.* wachend; munter, wach.

vigilāns, antis wachsam.

vigilantia, ae *f* Wachsamkeit.

vigilia, ae *f a. pl.* Schlaflosigkeit; Nachtwache (*als Zeitrechnung*); *pl.* Wache, Wachtposten; *fig.* rastlose Fürsorge.

vigilō 1 wach sein, wachen; wachsam sein; wachend zustande bringen; durchwachen.

vigintī *indecl.* zwanzig.

vigor, ōris *m* Lebenskraft, Frische, Energie.

vīlicus, ī *m* (Guts-)Verwalter.

vīlis, e billig; wertlos, unbedeutend, nichtig.

vīlitās, ātis *f* Billigkeit, niedriger Preis.

vīlla, ae *f* Landhaus, -gut.

villōsus 3 zottig.

vīllula, ae *f* kleines Landhaus, -gut.

villus, ī *m* (*mst. pl.*) zottiges Haar.

vīmen, inis *n* Weide(nrute).

vīmineus 3 geflochten.

vīnārius 3 Wein ...

vinciō, vīnxī, vīnctus 4 binden; fesseln; umschließen; hemmen.

vincō, vīcī, victus 3 (be)siegen; die Oberhand erlangen *od.* behalten; s-n Willen durchsetzen; übertreffen; überzeugend darlegen, beweisen.

vinculum, ī *n* Fessel; *pl.* Gefängnis.

vīn-dēmia, ae *f* Weinlese.

vindex, icis *m* Beschützer; Retter; Rächer; Bestrafer. [Rechtsanspruch.]

vindiciae, ārum *f/pl.*]

vindicō 1 beanspruchen; befreien; rächen, bestrafen; (be)schützen, retten; **manū vindicāre** im Kampf rächen.

vindicta, ae *f* Befreiung, Rettung; Strafe.

vinea, ae *f* Weinberg; *mil.* Schutzdach.

vīnētum, ī n Weinberg.

vīnitor, ōris m Winzer.

vīnolentia, ae f Trunksucht.

vīnolentus 3 betrunken; trunksüchtig.

vīnum, ī n Wein.

vīnxī s. vinciō.

viola, ae f Veilchen; Levkoje.

violābilis, e verletzbar.

violārium, ī n Veilchenbeet.

violātiō, ōnis f Verletzung.

violātor, ōris m Verletzer, Schänder.

violentia, ae f Gewalttätigkeit, Heftigkeit; Tücke.

violentus 3 gewalttätig, ungestüm, heftig.

violō 1 mißhandeln, verletzen; entweihen; beleidigen.

vīpera, ae f Viper f; Schlange.

vir, virī m Mann; Ehemann; Soldat; pl. Menschen, Leute.

virāgō inis f tapfere od. kräftige Frau, Heldin.

vireō, uī, - 2 grünen; frisch od. kräftig od. rüstig sein.

virēscō, ruī, - 3 grün werden.

virga, ae f Zweig, Rute.

virgeus 3 aus Ruten.

virginālis, e jungfräulich.

virginitās, ātis f Jungfräulichkeit.

virgō, inis f Jungfrau.

virgula, ae f kleiner Zweig.

virgultum, ī n (mst. pl.) Gebüsch.

viridis, e grün; jugendlich, frisch.

viriditās, ātis f das Grün; Frische, Jugendkraft, Rüstigkeit.

viridō 1 grünen.

virīlis, e männlich; mannbar; mutig.

virītim adv. Mann für Mann.

virtus, ūtis f Mannhaftigkeit, Tapferkeit, Kraft, Stärke, Entschlossenheit; Tüchtigkeit, Tugend, sittliche Haltung, edler Trieb, Hingabe, Sichbemühen, Einsatzfreudigkeit, Ehrenhaftigkeit, Verdienst n; pl. Vorzüge.

vīrus, ī n Schleim; Gift; salziger Geschmack.

vīs (im sg. nur acc. **vim,** abl. **vī;** pl. **vīrēs, ium** usw.) f Kraft, Stärke, Gewalt(tat); Zwang; Macht; Wirksamkeit, Nachdruck, Einfluß; Wesen, Eigenart, Natur; Bedeutung, Menge; pl. Streitkräfte, Truppen; Mittel pl.

viscātus 3 mit Vogelleim bestrichen.

viscerātiō, ōnis f öffentliche Fleischspende.

viscera, um n/pl. Fleisch; Eingeweide; die eigenen Kinder od. Mitbürger; das Innerste, Herz.

vīsiō, ōnis f Erscheinung, Vorstellung, Idee.

vīsō, sī, - 3 genau betrachten; besuchen.

vīsum, ī n Erscheinung

Traumbild; Sinneswahrnehmung, Vision, Phantasiebild.

vīsus, ūs *m* Blick, Anblick; Erscheinung, Vision; Aussehen, Gestalt.

vīsus sum *s.* **videor**.

vīta, ae *f* Leben(szeit); Lebensweise, -wandel; Lebensbeschreibung, Biographie; Bild.

vītābundus 3 immer ausweichend.

vītālis, e Lebens...; lebenspendend.

vītātiō, ōnis *f* Vermeidung.

vitellus, ī *m* Kälbchen.

vitiō 1 verderben, verletzen, beschädigen; schänden; (ver-)fälschen.

vitiōsus 3 fehlerhaft, mangelhaft; lasterhaft.

vītis, is *f* Weinrebe, -stock; Kommandostab e-s Zenturionen.

vitium, ī *n* Fehler, Mangel, schlechte Beschaffenheit, Unvollkommenheit; Fehltritt, Verstoß, Versehen; Laster.

vītō 1 (ver)meiden.

vitreus 3 gläsern; glashell, kristallklar.

vitricus, ī *m* Stiefvater.

vitrum, ī *n* Glas.

vitta, ae *f* (Kopf-)Binde.

vitula, ae *f* Kalb, junge Kuh.

vitulus, ī *m* Kalb.

vituperātiō, ōnis *f* Tadel; tadelnswertes Verhalten.

vituperātor, ōris *m* Tadler.

vituperō 1 tadeln.

vīvārium, ī *n* Park, Tiergarten; Fischteich.

vīvāx, ācis langlebig, lebenskräftig, vital; dauerhaft; lebhaft.

vīvidus 3 belebt; lebhaft, energisch.

vīvō, vīxī, victūrus 3 leben, am Leben sein; noch bestehen; wohnen; verkehren.

vīvus 3 lebend; zu j-s Lebzeiten; in natürlichem Zustande; frisch; dauerhaft, bleibend; lebhaft; sprechend ähnlich.

vix *od.* **vix-dum** *adv.* kaum; (*zeitl.*) gerade.

vīxī *s.* **vīvō.**

vocābulum, ī *n* Bezeichnung, Name, Wort.

vōcālis, e stimmbegabt, klangvoll, tonreich, singend.

vocātus, ūs *m* das Rufen.

vōciferātiō, ōnis *f* lautes Rufen, Geschrei.

vōciferor (*und* -rō) 1 laut rufen, schreien.

vocitō 1 zu nennen pflegen.

vocō 1 rufen; vorladen; einladen; auffordern, reizen; (be)nennen; *in e-e Lage od. Stimmung* bringen. [Stimme.]

vōcula, ae *f* schwache]

volāticus 3 fliegend; flüchtig, unbeständig.

volātilis, e fliegend, befiedert; schnell, vergänglich.

volātus, ūs *m das* Fliegen, Flug.

volēns, entis absichtlich;
willig, gern; geneigt, gewogen, günstig; zusagend,
erfreulich, willkommen,
angenehm.

volgus, volgāris archaisch =
vulgus, vulgāris.

volitō 1 hin und her fliegen;
sich tummeln.

volō¹ fliegen; eilen.

volō², voluī, velle wollen;
wünschen; beschließen;
behaupten; bedeuten; quid
tibi vīs? was hast du im
Sinn?

volō³, ōnis m Freiwilliger.

volūbilis, e sich drehend;
unbeständig; fließend;
schlagfertig, gewandt.

volūbilitās, ātis f Kreisbe-
wegung; Wandelbarkeit;
Schlagfertigkeit, Gewandtheit.

volucer, cris, cre fliegend,
geflügelt; eilend, schnell;
flüchtig; vergänglich;
subst. **volucris, is** f Vogel.

voluī s. **volō²**.

volūmen, inis n Windung;
Schriftrolle; Buch, Schrift;
Band.

voluntārius 3 freiwillig;
subst. **~, I** m Freiwilliger.

voluntās, ātis f Wille; Be-
reitwilligkeit; Zuneigung,
Geneigtheit, Wohlwollen,
Gunst; Gesinnung.

volup adv. angenehm.

voluptārius 3 Vergnügen
bereitend, genußreich; ge-
nuß-, vergnügungssüchtig.

voluptās, ātis f Vergnügen,

Freude, Genuß; Sinnen-
lust, Wollust.

volūtō 1 (sich) wälzen;
überdenken.

volva, ae f Gebärmutter.

volvō, lvī, lūtus 3 wälzen,
rollen, drehen, empor-
wälzen; überdenken; kreisen
lassen; P. herabstürzen;
P. kreisen.

vōmer, eris m Pflugschar.

vomō, uī, itum 3 sich erbrechen, sich übergeben;
etw. ausbrechen.

vorāgō, inis f Abgrund;
Strudel.

vorāx, ācis gefräßig.

vors .. s. vers ..

vortex, vortō archaisch =
vertex, vertō.

vōs ihr; euch.

voster archaisch = vester.

vōtīvus 3 gelobt, geweiht.

vōtum, I n Weihgeschenk;
Gelübde, Gelöbnis; sehn-
licher Wunsch.

voveō, vōvī, vōtus 2 geloben, feierlich versprechen.

vōx, vōcis f Stimme; Laut,
Ton, Schall, Klang, Ruf;
Rede, Sprache; Wort;
Ausdruck; Sinnspruch;
Zauberformel; Befehl.

vulgāris, e allgemein üblich,
alltäglich, gewöhnlich,
vulgär.

vulgātus 3 allgemein bekannt, üblich, überall verbreitet.

vulgō¹ adv. vor aller Welt,
öffentlich, überall, allgemein.

vulgō² 1 unter das Volk bringen, verbreiten; allen preisgeben; veröffentlichen.

vulgus, I *n* Volk, *die Leute, die breite Masse,* Publikum; *der große Haufe,* Pöbel *m,* Plebs *f.*

vulnerātiō, ōnis *f* Verwundung; Kränkung.

vulni-ficus 3 verwundend.

vulnus, eris *n* Wunde; Schlag, Schuß; Geschoß.

Schwert; Unglück, Not, Schmerz, Kummer, Kränkung.

vulpēcula, ae *f* Füchslein.

vulpēs, is *f* Fuchs.

vultur, uris *m* Geier.

vulturius, I *m* Geier.

vultus, ūs *m* Gesichtsausdruck, Miene, *fig.* Züge; finsterer Blick, zornige Miene; *mst. pl.* Gesicht, Aussehen, äußere Gestalt.

X, Z

xystus, I *m* Terrasse (*vor dem Portikus der Landhäuser*).

zephyrus, I *m* Westwind.

zōna, ae *f* Frauengürtel; Zone, Landstrich.

Deutsch-Lateinisches Wörterverzeichnis

A

Abbild simulācrum n.

abbrechen: e-e Brücke ~ pontem rescindere; ein Lager ~ castra movēre.

abbrennen dēflagrāre.

abbringen dēterrēre.

Abbruch (*Schaden*) dētrīmentum n.

abdecken dētegere.

Abend vesper, -erī m; am ~ vesperī, *bisw.* vespere; vom Morgen bis zum ~ ā māne ūsque ad vesperum; gegen ~ sub vesperum; ~ werden advesperāscere (*pf.* advesperāvit).

abendlich vespertīnus.

abends sub vesperum, vesperī, *bisw.* vespere.

Abenteuer cāsus, -ūs m.

aber sed; autem (*nachgest.*); at, vērō; ~ nicht neque vērō; ~ ja! immō!

Aberglaube superstitiō, -ōnis f.

abermals rūrsus, iterum.

abfahren proficīscī; (*zu Schiff*) nāvigāre, nāvigia (nāvēs) solvere, ancorās tollere, vēla dare.

abfallen: ~ von dēficere ā, dēscīscere ā.

abfangen intercipere.

abfassen scrībere; (*Gesetz*) compōnere.

abführen abdūcere.

Abgabe tribūtum n, vectīgal, vectīgālis n, stīpendium n.

abgehärtet dūrus; patiēns, -entis.

abgehen (*von der Bühne*) exīre.

abgeneigt aliēnus (ā).

Abgesandter lēgātus m.

abgesondert sēcrētus.

abgewandt āversus.

abhalten (*fernhalten*) arcēre, prohibēre, prōpulsāre; Spiele, Komitien ~ lūdōs, comitia habēre.

Abhängigkeit diciō, -ōnis f.

abhärten dūrāre.

Abhärtung dūritia f.

abhelfen medērī (dat.).

abhören auscultāre.

abirren aberrāre (ā), deerrāre (dē).

abkochen cēnam parāre.

Abkömmling prōlēs, -is f, stirps, stirpis f.

ablassen intr. dēsistere, dēsinere (abl.).

ablegen dēpōnere.

ablehnen recūsāre, (dē)negāre, abnuere.

ableiten dērīvāre.

ablenken āvertere; die Sorge um den Staat abgewandt ā prōcūrātiōne reī pūblicae cōgitātiōnēs impediuntur.

abliefern dēdere, trādere.

ablösen: j-n ~ succēdere alicui.

Abmarsch profectiō, -ōnis f.

abmessen (dē)mētīrī (pf. dīmēnsus sum).

abmühen: sich ~ labōrāre.

abnehmen (geringer werden) dēcrēscere (das Obst vom Baum ~ pōma arbore dēmere (dēmō, dēmpsī, dēmptus).

abpflücken dēcerpere (dēcerpō, dēcerpsī, dēcerptus).

Abrede: in ~ stellen negāre.

abreisen proficīscī.

abreißen rescindere (pf. rescidī, P.P.P. rescissus).

abschaffen abrogāre (lēgem), abolēre (pf. abolēvī, P.P.P. abolitus), tollere (tollō, sustulī, sublātus).

abschlachten trucīdāre.

abschlagen (ablehnen) negāre, recūsāre. [cere.]

abschließen fīnīre, cōnfi-

Abschluß fīnis, -is m.

abschneiden dēsecāre (pf. dēsecuī, P.P.P. dēsectus), amputāre; von der Zufuhr ~ commeātū interclūdere.

abschrecken dēterrēre.

abschüssig praeruptus.

abschütteln excutere.

absegeln in altum prōvehī; nävem (nāvēs) solvere.

absetzen (verkaufen) vēndere; mil. sich ~ sē recipere.

Absicht: die ~ haben in animō habēre, cōnsilium habēre; ich habe die ~ auch: mihi in animō est; in der ~, daß eō cōnsiliō (hāc mente), ut; ferner durch umschr. fut.

absichtlich cōnsultō, ex (dē) industriā, sciēns.

absondern sēcernere.

abstammen nātum (ortum) esse.

abstammend ortus, prōgnātus.

Abstammung orīgō, -inis f.

Abstand spatium n.

abstehen (von) dēsistere (abl.).

Abstieg dēscēnsus, -ūs m.

abstoßend horridus.

abstreifen dēstringere.

Abteilung turma f, classis, -is f, manipulus m.

abwägen pēndere.

abwarten exspectāre.

abwaschen ablúere.

Abwechslung varietās, -ātis f.

abwehren arcēre, dēfendere, prohibēre, prōpulsāre, āvertere.

abweisen repudiāre.

abwenden āvertere.

abwesend: ~ sein abesse.

Abwesenheit absentia f; oder mit absēns, -entis.

abwiegen pēndere.

abwinken abnúere.

abwischen (von der Tafel) dētergēre (pf. dētersī, P.P.P. dētersus).

Abzeichen insigne, -is n.

abziehen (*weggehen*) discēdere, dēcēdere, abīre; (*herunterreißen*) dētrahere, abstrahere.

Abzug discessus, -ūs *m*; *oder mit* discēdere.

Abzugskanal cloāca *f*.

ach! heu!, prō!

Achäer *pl.* Achaeī *m/pl.*

Achse axis, -is *m*.

acht: sich in ~ nehmen cavēre.

achten diligere; (*schätzen*) aestimāre, facere (*gen. pretii*); nicht ~ neglegere; für nichts ~ prō nihilō habēre (*od.* putāre); gering ~ parvī dūcere (*od.* aestimāre).

ächten prōscrībere, interdīcere aquā et ignī.

Achterdeck *n* puppis, -is *f*.

Achtung reverentia *f*.

Achtung prōscrīptiō, -ōnis *f*.

Acker(land) ager, agrī *m*.

Ackerbau agricultūra *f*; ~ treiben agrōs colere, agricultūrae studēre.

Ackergesetz lex agrāria *f*.

Adel nōbilēs *m/pl.*, nōbilitās, -ātis *f*.

Adelspartei optimātēs, -(i)um *m/pl.*

Ädil *m* aedīlis *m*.

Adler aquila *m*.

adlig nōbilis, patricius.

Adliger nōbilis *m*, patricius *m*.

Affe sīmia *f*.

Afrikaner Āfer, Āfrī *m*; ~in Āfra *f*.

ägäisch Aegaeus; ~es Meer mare Aegaeum *n*.

ahnen dīvīnāre, suspicārī.

Ahnen *pl.* próaví *m/pl.*, māiōrēs *m/pl.*

Ahnherr próavus *m*.

ähnlich similis, -e.

Ähnlichkeit similitūdō, -inis *f*.

ahnungslos inopīnāns.

Ähre spīca *f*.

albern stultus.

all omnis, -e; vor ~em imprīmīs.

alle cūnctī *m/pl.*, omnēs *m*, *f/pl.*; ~ bis auf den letzten Mann, ~ ohne Ausnahme ad ūnum omnēs; ~s, was quidquid; quodcumque; quaecumque *n/pl.*; ~ 3 Tage tertiō quōque diē.

allein *adi.* sōlus, ūnus; *adv.* sōlum.

Alleinherrschaft dominātiō, -ōnis *f*, rēgnum *n*.

Alleinherrscher tyrannus *m*.

Alleinsein sōlitūdō, -inis *f*.

allenthalben (*überall*) passim.

allerdings! sānē!; (*zwar*) quidem.

allerlei varius.

allerletzte ultimus.

alles, was (*was auch immer*) quodcumque, quidquid, quicquid; quaecumque *n/pl.*

allgemein (*allen gemein*) commūnis, pūblicus; (*nicht ins einzelne gehend*) ūniversus; es ist ~ bekannt inter omnēs cōnstat.

alljährlich quotannis (*adv.*).

allmählich paulātim (*adv.*).

allzu groß *adi.* nimius (*adi.*).

allzusehr nimis, nimium.

Alpen Alpēs, -ium *f/pl.*

als cum *coni.*; (*zu der Zeit, als, in dem Augenblick, wo*) cum *ind.*; *nach dem comp.*: quam; *nach aliter:* atque, ac, ~ ob quasi.

alsbald (*sogleich*) statim, extemplō.

also ergō, igitur, itaque, proinde.

alt antīquus, vetus, vetustus; (*ehrwürdig*) prīscus; (*ehemalig*) prīstinus; (*betagt*) grandis nātū; **14 Jahre** ~ quattuordecim annōs nātus; **alte Frau** anus, -ūs *f*; **alter Mann** senex, senis *m*; **alter Soldat** veterānus, -ī *m*; ~ werden inveterāscere, senēscere.

Altar *m* āra *f*; Brand♀ altāria, -ium *n/pl.*

altehrwürdig prīscus.

Alten: die ~ (= *Menschen der Antike*) veterēs *m/pl.*, antīquī *m/pl.*

Alter *n* (*Lebens♀*) aetās, -ātis *f*; (*Greisen♀*) senectūs, -ūtis *f*; hohes ~ (*a. v. Dingen*) vetustās, -ātis *f*; im ~ von 30 Jahren trigintā annōs nātus; im blühenden ~ aetāte flōrēns; im vorgerückten ~ aetāte prōvectus.

älter māior (nātū).

altern (*alt werden*) (cōn)se-

nēscere (*pf.* cōnsenuī), inveterāscere (*pf.* inveterāvī).

alters: seit ~ antīquitus *adv.*

Altersgenosse aequālis *m*.

Altertum antīquitās, -ātis *f*; antīqua tempora *n/pl.*; im ~ antīquīs temporibus.

älteste maximus (nātū).

altertümlich prīscus.

Ältestenrat senātus, -ūs *m*.

Ameise formīca *f*.

Amme nūtrīx, īcis *f*.

Amphitheater amphitheātrum *n*.

Amt mūnus, -eris *n*, honor (honōs), -ōris *m*; (*Standesamt*) magistrātus, -ūs *m*; ~ des Prätoren praetūra *f*; ein ~ verwalten mūnere fungī; ~ niederlegen abīre; sē abdicāre magistrātū.

Amtsbereich *n* prōvincia *f*.

Amtsgenosse collēga *m*.

Amtssessel sella *f* curūlis.

an in *abl. bzw. acc.*, ad *acc.*; ~ ... vorbei praeter (*acc.*); ~ den Tag legen dēmōnstrāre.

Anbau cultūra *f*.

anbauen serere (serō, sēvī, satus).

anbeten adōrāre.

Anbetracht: in ~ prō *abl.*

Anbetung adōrātiō, -ōnis *f*.

anbieten offerre (*gewähren*) praebēre.

anbinden alligāre, dēligāre.

Anblick spectā(cu)lum *n*, aspectus, -ūs *m*, cōnspectus, -ūs *m*, speciēs, -eī *f*.

anblicken adspicere, intuērī, contemplārī.

anbrechen (*sich nähern*) appropinquāre.

anbringen afferre; (*anheften*) affīgere.

andauernd *adv.* continenter.

Andenken *n* memoria *f.*

andere *pl.* allī *m/pl.*

anderer: ein ~ alius (*gen.* alterīus, *dat.* alterī); die einen, die anderen allī ... allī; der andere (*von zweien*) alter (*gen.* alterīus, *dat.* alterī); andere allī; die anderen (*die übrigen*) cēterī; anderer Meinung sein dissentīre.

andermal: ein ~ aliās.

ändern mūtāre; sich ~ mūtārī.

andernfalls aliter; nisī hoc faciēmus *u. ä.*

anders (als) aliter (atque, ac).

anderswo alibī; ~her aliunde; ~hin aliō.

Änderung commūtātiō, -ōnis *f.*

andeuten significāre.

Andrang impetus, -ūs *m*, incursus, -ūs *m.*

androhen minārī.

aneinanderreihen cōnserere.

anerkennen agnōscere.

Anfang initium *n*, prīncipium *n*; (*Ursprung*) orīgō, -inis *f*; am ~ des Frühlings vēre ineunte, prīmō vēre.

anfangen incipere (*pf.* coepisse), incohāre, (ex)ōrdīrī.

anfangs initiō, prīmō.

Anfangsgründe elementa *n/pl.*

Anfeindung obtrectātiō, -ōnis *f.*

anfertigen fabricāre, fabricārī.

anfeuern incitāre, impellere, cohortārī, adhortārī.

anflehen implōrāre (*acc.*), obsecrāre (*acc.*), obtestārī (*acc.*), supplicāre (*dat.*).

anführen praeesse (*dat.*); *fig.* (*ein Beispiel*) afferre.

Anführer dux, ducis *m*; ~ einer Centurie centuriō, -ōnis *m.*

anfüllen implēre, complēre.

angeben (*sagen*) dīcere.

angeblich *durch* dīcī.

angeboren innātus, īnsitus.

angefangen haben coepisse.

angehen: es geht mich nichts an meā nihil refert, nōn est meum.

Angehöriger propinquus *m.*

Angeklagter reus *m.*

angelegen: sich ~ sein lassen sibi cūrae esse.

Angelegenheit rēs, reī *f*, negōtium *n.*

angemessen commodus.

angenehm iūcundus, grātus, suāvis, -e.

angesehen nōbilis, -e.

angespannt (*aufmerksam*) attentus.

angreifen aggredī, adorīrī, petere, incursāre (in aliqm), oppūgnāre, sīgna (bellum) īnferre (in *acc.*), invādere (in *acc.*).

angrenzend affīnis, -e.

Angriff impetus, -ūs *m*, incursiō, -ōnis *f*; ~**swaffen** tēla *n/pl.*

Angst timor, -ōris *m*, metus, -ūs *m*, pavor, -ōris *m*; ~ **haben** timēre, angī, pavidum esse.

ängstigen angere (*ohne pf. u. P.P.P.*), terrēre.

ängstlich timidus, pavidus, anxius, trepidus.

Anhänger (*pol.*) fautor, -ōris *m*; qui stat ab aliquō; **die** ~ **Katilinas** Catilīnāriī *m/pl.*

Anhänglichkeit fidēs, fideī *f*, favor, -ōris *m*, amor, -ōris *m*.

anheften (af)fīgere.

anhören audīre, auscultāre.

Anker ancora *f*; **die** ~ **lichten** ancorās tollere, nāvēs solvere.

Anklage accūsātiō, -ōnis *f*, crīmen, -inis *n*.

anklagen accūsāre, argúere, rēum *gen.* facere.

anklopfen pulsāre.

ankommen advenīre; **es kommt darauf an interest**, refert.

ankündigen dēnūntiāre.

Ankunft adventus, -ūs *m*.

Anlage (*Veranlagung*) indolēs, -is *f*, ingenium *n*; ~*n pl.* (*Park*) hortī *m/pl.*

Anlaß causa *f*.

anlegen (*ein Stadt*) collocāre; (*bauen*) aedificāre; (*ein Kleid*) induēre; **e-e Straße** ~ **viam** mūnīre.

anleiten docēre; ducem esse.

Anliegen: es ist mir ein ~ **mihi cordī** (cūrae) **est**.

anlocken allicere (*pf.* allēxī, *P.P.P.* allectus), illicere (*pf.* illēxī, *P.P.P.* illectus).

Anmarsch: auf dem ~ **sein** accēdere, adventāre.

anmarschieren appropinquāre, accēdere, adventāre, **in itinere esse**.

anmaßend arrogāns, -antis.

Anmaßung arrogantia *f*.

anmutig amoenus.

annehmen accipere; (*glauben*) putāre, existimāre.

Annehmlichkeit voluptās, -ātis *f*.

anordnen ēdīcere, praecipere.

Anordnung ēdictum *n*.

anpflanzen cōnserere (*pf.* cōnsēvī, *P.P.P.* cōnsitus).

Anprall *m* impetus, -ūs *m*.

anrechnen: zum Lobe ~ **laudī dare** (tribúere, vertere); **als Fehler** ~ **vitiō dare**.

anreden appellāre, alloquī.

anreizen excitāre.

anrichten parāre.

anrücken accēdere.

anrufen inclāmāre, invocāre.

anrühren attingere, tangere.

ansagen indīcere, nūntiāre.

anschauen spectāre, aspicere, cōnspicere, intuērī.

Anschein: den ~ **erwecken, dem** ~ **nach** *durch* vidērī.

anscheinend *durch* vidērī.

anschicken: sich ~ parāre; durch umschr. fut.

Anschlag (Plan) cōnsilium n; Anschläge īnsidiae f/pl.

anschlagen afflīgere.

anschließen: sich ~ sē applicāre (aggregāre, cōnferre) ad, sequī (acc.), colere (acc.).

anschließend adv. deinde.

anschuldigen accūsāre, argúere.

Anschuldigung crīmen, -inis n, accūsātiō, -ōnis f.

ansehen (a[d])spectāre, a(d)spicere; ~ als habēre prō, putāre (acc.).

Ansehen auctōritās, -ātis f, māiestās, -ātis f.

ansehnlich pulcher, -chra, -chrum.

Ansicht (Meinung) sententia f, opīniō, -ōnis f.

ansiedeln: sich ~ cōnsīdere.

Ansied(e)lung colōnia f.

Ansiedler colōnus m.

anspannen intendere, (con)tendere; adiungere.

anspornen incitāre, concitāre.

Ansprache ōrātiō, -ōnis f; e-e ~ halten an verba facere apud (acc.).

ansprechen alloquī.

Anspruch: in ~ nehmen occupāre.

Anspruchslosigkeit temperantia f.

anstacheln incitāre, stimulāre.

Anstand pudor, -ōris m.

anständig honestus, mode-

stus, dīgnus, probus, bonus.

anstatt prō (abl.).

anstecken (anzünden) īnflammāre, incendere, accendere.

anstelle von locō (gen.).

anstoßen afflīgere, offendere.

anstreben (ap)petere, affectāre.

anstrengen: sich ~ contendere, (ē)nītī, labōrāre.

Anstrengung labor, -ōris m.

Ansturm impetus, -ūs m, oppūgnātiō, -ōnis f.

anstürmen māgnō impetū accurrere.

Antlitz ōs, ōris n; faciēs, -ieī f.

Antrag rogātiō, -ōnis f.

antreiben incitāre, agitāre, impellere, appellere.

antreten incēdere; (Amt) inīre.

Antrieb impulsus, -ūs m, incitātiō, -ōnis f, impetus, -ūs m; aus eigenem ~ meā (tuā, suā usw.) sponte.

antun afficere; afferre, īnferre; Gewalt ~ vim īnferre.

Antwort respōnsum n; zur ~ geben respondēre.

antworten respondēre.

anvertrauen crēdere, mandāre, committere, trādere.

Anwalt patrōnus m.

anweisen attribuere, dare.

anwenden adhibēre (acc.), ūtī (abl.).

anwerben cōnscrībere.

anwesend praesēns; ~ sein adesse; der 2e is, qui adest.
Anzahl cōpia *f*, numerus *m*.
Anzeige indicium *n*.
anzeigen indicāre, dēnūntiāre, sīgnificāre.
Anzeiger index, -icis *m*.
anzetteln excitāre.
anziehen (*Gewand*) induēre.
Anzug (*Kleid*) vestis, -is *f*, vestimentum *n*.
anzünden inflammāre, accendere, incendere.
Apfel mālum *n*; ~baum mālus *f*.
Apostel apóstolus *m*.
Appische Straße via Appia *f*.
April Aprīlis, -is (mēnsis) *m*.
Arbeit labor, -ōris *m*, opera *f*, opus, operis *n*.
arbeiten labōrāre, operārī, opus facere.
Arbeiter qui opus facit, operārius *m*, faber, -brī *pl. a.*; operae, -ārum *m/pl.*
arbeitsam labōriōsus.
arbeitsscheu fugiēns labōris.
Architekt architectus *m*.
arg mágnus.
Ärger offēnsiō, -ōnis *f*, aegritūdō, -inis *f*.
ärgerlich werden exasperārī, irrītārī, molestē ferre.
ärgern: sich ~ aegrē (indignē, molestē) ferre alqd, indignārī alqd.
Argwohn suspiciō, -ōnis *f*.
argwöhnen suspicārī.
argwöhnisch suspiciōsus.
Aristokraten *pl.* optimātēs, -(i)um *m/pl.*
Arm bracchium *n*.

arm pauper, -is; (*elend*) miser, miserī; mendicus; inops, inopis.
ärmlich miser, miserī.
armselig miser, miserī.
Armspange armilla *f*.
Armut paupertās, -ātis *f*, inopia *f*.
Art (*Weise*) modus *m*, ratiō, -ōnis *f*; (*Gattung*) genus, -eris *n*; (*Brauch*) mōs, mōris *m*, cōnsuētūdō, -inis *f*; auf jede mögliche Art quōquo modō.
artig modestus.
Arverner Arvernus *m*.
Arznei medicīna *f*.
Arzt medicus *m*.
As (*Münzeinheit*) as, assis *m*. [favilla *f*.]
Asche cinis, cineris *m*,}
Ast rāmus *m*.
Asyl asylum *n*.
Atem spiritus, -ūs *m*, anima *f*.
Athen Athēnae, -ārum *f/pl.*
Athene Minerva *f*.
Athener Athēniēnsis *m*.
Athlet athlēta *m*.
atmen spirāre.
auch etiam; quoque (*nachgest.*); vel (*beim Superlativ*); wenn ~ quamquam, etsī, etiamsī; quamvis *coni.*; ~ nicht nē ... quidem.
Auerochse ūrus *m*.
auf! age, agedum!
auf in *acc. bzw. abl.*; auf ... hin ad *acc.*
aufbahren in lectum *od.* feretrum (lectō *od.* feretrō) impōnere.

aufbauen aedificāre, ex-
struĕre.

aufbewahren cōnservāre.

aufbrauchen cōnsumere,
abūtī.

aufbrechen proficīscī, abīre,
castra movēre.

aufbürden impōnere.

aufdecken detegere, aperīre, patefacere.

aufdringlich molestus; ācer,
ācris, ācre; vehemēns, -en-
tis.

auferlegen impōnere; es ist
mir auferlegt dēbeō, oportet, obligor.

aufessen comedere.

auffällig ēgregius.

auffangen excipere.

auffinden investīgāre.

auffordern iubēre *a.c.i.*,
imperāre (ut), adhortārī
(ut), admonēre (ut).

auffressen dēvorāre, comedere.

Aufgabe mūnus, -eris *n*,
mandātum *n*, negōtium *n*,
officium *n*; *durch* esse; es
ist e-e schwierige ~ rēs
difficilis est; Tages2 pēnsum *n*; ~ erfüllen mūnus
exsequī, mūnere fungī.

aufgeben omittere, abstinēre (*abl.*); Hoffnung ~
dēspērāre, spem abicere
(dēdere, dēpōnere); die
Belagerung ~ obsidiōne
dēsistere; die Philosophie
~ dē (ex) philosophiā dēcēdere.

aufgebracht sollicitātus.

aufgebraust īrātus.

aufgehen (*v. Gestirnen*) orīrī.

aufgescheucht excitātus.

aufgestellt īnstrūctus, collo-
cātus.

aufgraben effodere.

aufhalten retinēre; sich ~
habitāre, versārī, esse, sē
tenēre, morārī.

aufhängen *trans.* (sus)pēn-
dere.

aufheben levāre, tollere,
auferre; ein Gesetz ~ lē-
gem abrogāre.

aufhören cessāre (*acc.*);
dēsinere, dēsistere *abl.*

aufjagen excitāre.

auflauern *dat.* īnsidiās parāre *dat.*, īnsidiārī *dat.*

aufleben: neu ~ renovārī;
revīvīscere.

auflegen impōnere.

auflösen dīluere, (dis)sol-
vere, retexere.

aufmachen: sich ~ (*nach*)
proficīscī, prōcēdere.

aufmerken attendere.

aufmerksam attentus.

aufnehmen excipere, recipere (tēctō), concipere.

aufopfern: sich ~ vītam prō-
fundere.

aufpassen attentum esse,
(animum) attendere.

aufpeitschen impellere, incitāre.

aufrechterhalten sustinēre.

aufregen excitāre, concitāre.

aufreiben cōnficere, atterere
(*pf.* attrīvī, *P.P.P.* attrī-
tus).

aufreizen concitāre.

aufrichten ērigere, exstrúere, stabilíre; wieder ~ restitúere, renováre, recreáre.

aufrichtig vērus.

aufrufen vocáre, appelláre.

Aufruhr sēditiō, -ōnis *f*.

aufsagen recitáre, déclamáre.

aufscheuchen fugáre, excitáre.

aufschieben differre.

aufschlagen: ein Lager ~ castra locáre (facere, pōnere); ein festes Lager ~ castra munīre; ein Buch ~ librum évolvere.

aufschreiben inscríbere, cónscríbere.

Aufschrift titulus *m*.

Aufschub mora *f*.

Aufsicht cēnsúra *f*; ~ über die Sitten cēnsúra mōrum.

aufspießen praefígere.

aufspringen (*auf ein Pferd*) insilíre.

aufspüren investígáre.

aufstacheln sollicitáre.

Aufstand sēditiō, -ōnis *f*, tumultus, -ūs *m*, mōtus, -ūs *m*.

aufständisch rebellis, -e.

aufstehen surgere (surgō, surrēxī, surrēctum); wieder ~ resurgere.

aufsteigen ascendere.

aufstellen collocáre, statúere, cōnstitúere, pōnere.

aufstellen collocáre, statúere, cōnstitúere, pōnere, (in)strúere; sich ~ cōnsistere; das Heer in

Schlachtordnung ~ aciem (*od.* exercitum) īnstrúere; Soldaten (Wachen) ~ milítēs (statiōnēs) dispōnere.

aufsuchen petere; j-n ~ convenīre alqm; (*besuchen*) visitáre, adíre.

auftauchen émergere (ēmergō, ēmersī, ēmersum).

Auftrag mandátum *n*.

auftragen mandáre.

auftreten exsistere; (*in der Volksversammlung usw.*) pródíre.

aufwachen expergīscī (*pf.* experrēctus sum).

Aufwand sūmptus, -ūs *m*, luxus, -ūs *m*; impénsa *f*.

aufwecken (ē somnō) excitáre.

aufwenden impéndere.

aufwerfen: e-n Wall ~ vallum exstrúere (dúcere).

aufwiegeln incitáre, sollicitáre.

aufwühlen excitáre, turbáre.

aufzählen ēnumeráre.

aufzehren comedere (comedō, comédī, comésus).

aufzeichnen (in)scríbere.

aufzeigen dēmōnstráre.

aufziehen ēducáre; ein Unwetter zieht auf tempestās óritur.

Auge oculus *m*; vor ~n haben in cōnspéctū (*od.* ante oculōs) habēre.

Augenblick mōmentum (temporis) *n*; entscheidender ~ discrímen (rērum) *n*; in diesem entscheidenden

~ in hōc discrīmine rērum;
sonst oft = Zeit; im rechten ~ (in) tempore; suō
tempore.

augenblicklich *adv.* statim,
extemplō.

Augenlicht oculī *m/pl.*;
lumina *n/pl.* oculōrum.

Augenmerk: sein ~ richten
auf spectāre; animum intendere (ad, in *acc.*).

Augsburg Augusta *f* Vindelicōrum.

Augur augur, -uris *m.*

August (mēnsis) Augustus
m.

aus ē, ex (*abl.*).

ausbessern sarcīre (*pf.* sarsī,
P.P.P. sartus), ein Schiff
~ reficere nāvem.

ausbilden: (sich) ~ excolere
(animum); ērudīre, ēdocēre.

ausblasen efflāre.

ausbleiben morārī.

ausbrechen *intr.* ērumpere;
(*entstehen*)coorīrī,(ex)orīrī,
exardēscere; in den Ruf ~
exclāmāre.

ausbreiten sternere (*pf.*
strāvī, *P.P.P.* strātus),
(ex)pandere (*pf.* pandī,
P.P.P. passus *od.* pānsus),
propāgāre, extendere.

Ausbruch ēruptiō, -ōnis *f.*

Ausdauer patientia *f,* cōnstantia *f,* persevērantia *f.*

ausdauernd patiēns; (*standhaft*) cōnstāns, -antis.

ausdehnen propāgāre.

ausdrücken: etw. ~ verbīs
dīcere (*od.* exprimere).

auseinanderfallen dīlābī.

auseinandergehen dīgredī,
discēdere.

auseinanderlaufen discurrere.

auseinandersetzen expōnere.

auseinanderweichen discēdere.

auserlesen (d)ēlēctus; (*vortrefflich*) ēgregius.

ausfahren *intr.* (*mit dem
Schiff*) ēnāvigāre; *sonst:*
proficīscī.

Ausfall *mil.* excursiō, -ōnis *f.*

ausfindig: ~ machen investīgāre.

Ausflug excursiō, -ōnis *f.*

ausfragen percontārī.

ausführen exportāre; *fig.*
gerere; (*durchführen*) perficere.

Ausführung (*Verrichtung*)
actiō, -ōnis *f.*

ausfüllen explēre.

Ausgang exitus, -ūs *m*;
(*Erfolg*) ēventus, -ūs *m.*

ausgebreitet passus; mit
~en Händen passīs manibus.

ausgedehnt lātus, amplus;
~e Kenntnisse multae litterae *f/pl.*

ausgehen in pūblicum prōd
īre; (*schwinden*) dēficere
(*acc.*); (*enden*) ēvenīre;
darauf ~, daß (nicht) id
spectāre, ut ut nē; in studeō *inf. bzw. a.c.i.*

ausgemacht perāctus.

ausgestattet praeditus.

ausgestreckt ērēctus.

9*

ausgesucht conquīsītus.

ausgezeichnet ēgregius, singulāris, -e, īnsignis, -e, praeclārus, optimus, eximius.

ausgießen (ef)fundere.

ausgraben effodere.

aushalten tolerāre, sustinēre, sustentāre, patī, dūrāre.

ausharren obdūrāre.

aushauchen exspīrāre, (animam) efflāre.

aushauen excīdere.

ausheben *mil.* cōnscrībere.

Aushebung *mil.* dīlēctus, -ūs *m.*

aushöhlen cavāre.

auskundschaften explōrāre.

Auskunft: um ~ bitten rogāre, quaerere; sich ~ geben lassen cōnsulere *acc.*

auslachen irrīdēre.

Ausländer peregrīnus *m.*

ausländisch aliēnus.

auslaufen prōdīre; mit Schiffen ~ nāvēs solvere, in altum prōvehī.

auslegen dare, tribuere, vertere; dūcere; als Feigheit ~ tribuere ignāviae; (*deuten*) interpretārī.

auslegen ēligere. [ēdere.]

ausliefern trādere, dēdere,]

auslöschen exstinguere.

ausmessen dīmētīrī.

Ausnahme exceptiō, -ōnis *f.*; alle ohne ~ ad ūnum omnēs.

ausnehmen excipere.

ausnehmend (*außerordentlich*) eximius.

ausnutzen (ab)ūtī.

auspeitschen virgīs caedere.

ausplündern dīripere, (dē)spoliāre.

ausreichend *adv.* satis *adv.*

ausreißen (*herausreißen*) ēvellere (ēvellō, ēvellī, ēvulsus); (*fliehen*) (ef)fugere.

ausrichten (*vermögen*) valēre, posse; etw. ~ (*Fortschritte machen*) prōficere, efficere; etw. ausgerichtet zu haben īnfectā rē.

ausrotten exstinguere.

ausrücken (*aufbrechen*) prōficīscī.

ausrufen exclāmāre; *in die dir. Rede eingeschoben:* inquam, inquis, inquit, inquiunt; zum König ~ rēgem dēclārāre.

ausruhen (re)quiēscere.

ausrüsten (ex)ōrnāre, īnstruere.

Aussaat sēmentis, -is *f.*

aussagen ēnūntiāre.

ausschauen exspectāre, prōspicere.

ausschicken ēmittere.

ausschließen (*von etw.*) exclūdere (ā domō); interclūdere (*abl.*).

ausschmücken exōrnāre.

Ausschmückung exōrnātiō, -ōnis *f.*

ausschneiden execāre.

ausschöpfen exhaurīre.

Ausschweifung luxuria *f.*, lascīvia *f.*

Aussehen speciēs, -ēī *f.*, faciēs, -ēī *f.*, habitus, -ūs *m.*

aussehen: so ~, als ob vi-
dēri.
außer praeter; *nach Nega-
tionen:* nisi; *fig.* ~ sich perturbātus.
außerdem praetereā.
äußerer exterior, -ōris, ulterior, -ōris.
außerhalb extrā (*acc.*).
außerordentlich eximius, ingēns, -entis; *durch den Superlativ.*
äußerster extrēmus, suprēmus, ultimus; *oft* = größter, höchster; *a. durch den
Superlativ.*
Äußerung dictum *n.*
aussetzen expōnere; sich
e-r Gefahr ~ sē offerre perīculō; in discrīmen offerre
salūtem suam; adīre capi-
tis perīculum; (*versprechen*) prōmittere, polli-
cērī.
Aussicht: in ~ stellen prōpōnere.
aussprechen prōnūntiāre.
Ausspruch vōx, vōcis *f*, dictum *n;* e-n ~ tun vōcem
ēdere.
ausstatten (ex)ōrnāre, īnstrúere.
ausstoßen movēre, ēicere,
expellere; aus dem Senat
~ senātū movēre.
ausstrecken porrigere, tendere.
ausstreuen dispergere (*pf.*

dispersī, *P.P.P.* dispersus), spargere.
aussuchen (*auswählen*) ēligere, dēligere, exquīrere.
austauschen permūtāre,
commūtāre, mūtāre.
austeilen distribúere, dīvidere, partīrī.
austreiben (*heraustreiben*)
exigere.
ausüben fungī.
auswählen (d)ēligere.
auswandern ēmigrāre.
auswärtig *adi.* externus,
éxterus; ~ Nationen ex-
terae nātiōnēs.
Ausweg: e-n ~ finden: *wörtlich:* sē expedīre; *übertragen:* diversam ratiōnem
inīre.
ausweichen cēdere.
auswendig: ~ lernen ēdisce-
re, memoriae mandāre.
auszahlen (per)solvere, numerāre.
auszeichnen ōrnāre; j-n mit
Lob ~ laudibus efferre
alqm; sich ~ sē praestāre;
flōrēre praeter alqm; ex-
cellere alci *od.* praeter *od.*
inter alqm.
Auszeichnung praemium *n.*
ausziehen (*Kleid*) exúere;
(*auswandern*) ēmigrāre.
autoritär auctōritāte praeditus.
Autorität auctōritās, -ātis *f.*
Axt secūris, -is *f.*

B

Bach rivus *m.*

Backe gena *f.*

Backtrog pistrilla *f.*

Bad balneum *n.*

Badeanstalt thermae *f/pl.*, balneae *f/pl.*, balnea *n/pl.*

baden *intr.* lavāri, natāre.

Bagage impedīmenta *n/pl.*

Bahn (*der Sterne*) cursus, -ūs *m.*

bahnen (*öffnen*) patefacere; sich e-n Weg ~ sibi viam facere, iter parāre.

Bahre lectus, -i *m*, feretrum *n.*

bald mox, brevī; ~ ... ~ modo ... modo; tum ... tum; ~ darauf paulō post; brevī post; so ~ wie möglich, möglichst ~ quam prīmum.

Balken trabs, trabis *f.*

Ball pila *f*; ~ spielen pilā lūdere.

Band vinculum *n.*

bändigen domāre, coërcēre.

bangen (*für*) metúere, timēre *dat.*

Bank (*zum Sitzen*) scamnum *n* [*m.*]

Bannerträger sīgnifer, -erī]

Bär ursus *m.*

Barbar bárbarus *m.*

Barbier tōnsor, -ōris *m.*

barmherzig misericors, -dis; 2keit misericordia *f.*

barsch asper, -era, -erum.

Bart barba *f.*

Bau aedificium *n*, monumentum *n.*

Bauch venter, -tris *m.*

bauen aedificāre, cōnstrúere, exstrúere.

Bauer agricola *m*, rūsticus *m*, colōnus *m.*

Bauernhof villa *f.*

Bauholz māteria *f.*

Baum arbor, -oris *f.*

Baumeister artifex, -ficis *m.*

Baumstamm truncus *m.*

bäurisch rūsticus.

Bausch (*der Toga*) sinus, -ūs *m.*

Bauten *pl.* aedificia *n/pl.*, *gen.* aedificiōrum; domūs, -uum *f/pl.*; ~ errichten aedificia exstrúere.

Bauwerk aedificium *n.*

Bayern Bavária *f.*

beabsichtigen intendere, in animō habēre; *durch umschreibendes fut. auf* -ūrus sum.

beachten observāre; nicht ~ neglegere.

Beamter magistrātus, -ūs *m.*

beanspruchen vindicāre.

beantragen rogāre; ein Gesetz ~ lēgem ferre (*od.* rogāre).

bearbeiten colere.

Bearbeitung cultūra *f.*

beaufsichtigen observāre.

bebauen (*den Acker*) colere.

beben: die Erde bebt terra movētur.

Beben (*v. Personen u. Sachen*) tremor, -ōris *m.*

Becher pōculum n.

bedacht (auf) studiōsus gen.; (versehen mit) (ex)ōrnātus, praeditus abl.

bedauern miserērī, dolēre, aegrē ferre.

Bedauern miserātiō, -ōnis f.

bedecken tegere, operīre.

bedeckt ōbrutus.

Bedenken: ~ haben dubitāre inf.

bedenken dēlīberāre, cōnsīderāre, cōgitāre.

bedenkenlos durch nōn dubitāre inf.

bedeuten (v. Wörtern) significāre; das hat nichts zu ~ prō nihilō habendum est.

bedeutend īnsīgnis, ēgregius, gravis, māgnus; ein sehr ~er Mann vir summus; e-e ~e Sache rēs māgnī mōmentī.

Bedeutung: es ist von ~ interest a.c.i. bzw. inf.; e-e Sache von solcher ~ rēs tantī mōmentī.

bedienen ministrāre; sich ~ ūtī abl.

Bedingung condiciō, -ōnis f.

bedrängen premere, opprimere, īnstāre, urgēre (pf. ursī; ohne P.P.P.).

bedrohlich: ~ e Lage perīculum n, rēs adversae f/pl.

bedrücken gravāre acc., onerī esse dat.

bedürfen egēre, indigēre abl.

Bedürfnis durch egēre, indigēre.

beeilen: sich ~ festīnāre, properāre, mātūrāre.

beeindrucken permovēre.

beeinträchtigen minuere; obtrectāre dat.

beenden fīnīre; den Krieg ~ bellum cōnficere.

beerdigen humāre, sepelīre.

Beere baca f.

befallen (v. e-r Krankheit) invādere (in corpus); von e-r Krankheit ~ werden morbō implicārī.

Befehl imperium n, mandātum n, praeceptum n; auf ~ iussū; ohne ~ iniussū; den ~ geben ~e erteilen imperāre (ut; nē).

befehlen imperāre, ēdīcere (ut; nē); iubēre a.c.i.

befehligen (= an der Spitze stehen) praeesse dat.

Befehlshaber imperātor, -ōris m, dux, ducis m, praefectus m.

befestigen mūnīre, firmāre.

Befestigung mūnīmentum n, castellum n, mūnītiō, -ōnis f; ~en pl. mūnītiōnēs, -ōnum f/pl.

befinden: sich ~ esse, versārī.

Befinden n valētūdō, -inis f.

befindlich situs; quī ... versātur.

beflecken contāmināre.

befleißigen: sich ~ studēre acc.

befolgen (gehorchen) obtemperāre, pārēre, obsequī, oboedīre (alle mit dem dat.); (Regeln) diligenter adhibēre acc., ūtī abl., sequī acc.

befördern trānsportāre.

befragen interrogāre, cōnsulere; ein Orakel ~ adīre ōrāculum; e-n Senator um s-e Meinung ~ senātōrem sententiam rogāre.

befreien līberāre, vindicāre, expedīre.

Befreier līberātor, -ōris *m*.

Befreiung līberātiō, -ōnis *f*; *pass.* vacātiō, -ōnis *f*.

befreunden: j-n mit j-m ~ conciliāre alqm alcī.

befreundet amīcus, -a, -um; familiāris, -e.

befürchten timēre, metuere, verērī.

Befürchtung timor, -ōris *m*, metus, -ūs *m*.

begabt (*klug*) ingeniōsus; (*versehen mit*) praeditus *abl.*

Begabung ingenium *n*, indolēs, -is *f*.

begeben: sich ~ sē cōnferre, īre, proficīscī.

Begebenheit rēs (gesta) *f*, factum *n*.

begegnen occurrere, obviam īre (*od.* sē ferre *od.* venīre); (= antreffen, vorfinden) invenīre.

begehen: ein Verbrechen ~ scelus committere.

begehren cupere, appetere, expetere, concupīscere.

Begierde cupiditās, -ātis *f*, libīdō, -inis *f*.

begierig cupidus, avidus, appetēns, -entis (*alle mit dem gen.*).

Beginn initium *n*; zu ~ des

Sommers prīmā aestāte, aestāte ineunte.

beginnen incipere (*pf.* coepisse), inchoāre, inīre, ordīrī, īnstituere; den Kampf ~ proelium committere.

begleiten comitārī, sequī, beglückt beātus.

Begleiter comes, -itis *m*.

beglückt beātus.

beglückwünschen grātulārī.

begraben humāre, sepelīre, condere, efferre.

Begräbnis sepultūra *f*.

begreifen intellegere.

begrenzen termināre; fīnīre.

Begriff: im ~, etwas zu tun factūrus, -a, -um.

Begründer auctor, -ōris *m*.

begrüßen salūtāre; als Diktator ~ cōnsalūtāre dictātōrem.

begünstigen favēre *dat.*

begütert locuplēs, -ētis.

behagen placēre.

behaglich commodus.

behalten tenēre, servāre, retinēre; im Gedächtnis ~ memoriā tenēre.

behandeln tractāre; (*ärztlich*) cūrāre; j-n ~ (= mit j-m verfahren) cōnsulere in alqm.

beharren persevērāre.

beharrlich assiduus.

Beharrlichkeit: geduldige ~ patientia *f*.

behaupten (= bestimmt aussagen) affirmāre, dīcere, contendere; (*s-e Macht, e-e Stadt*) obtinēre; ich behaupte (= sage) āiō; ~, daß nicht negāre.

Behauptung dictum *n*, verbum *n*; id, quod affirmās; e-e ~ aufstellen = behaupten.

Behausung domus, -ūs *f*, domicilium *n*.

behend vēlōx, -ōcis.

beherrschen imperāre *dat.*, regere *acc.*, praeesse *dat.*; sich ~ sē cohibēre.

beherzt impavidus, animōsus, fortis, -e, strēnuus.

behindern prohibēre, impedīre.

behüten servāre, custōdīre.

behutsam cautus.

bei ad *acc.*; apud *acc.* (*bei e-r Person*); (*in der Hand von*) penes *acc.*

beibehalten servāre.

beibringen: j-m e-e Niederlage ~ clādem afferre alci, clāde afficere alqm.

beide (*jeder von* ~*n*) uterque; ~ zusammen ambō, -ae, -ō; auf ~n Seiten utrimque; keiner von ~n néuter.

Beifall plausus, -ūs *m*; ~ klatschen (*od.* spenden) plaudere (plaudō, plausī, plausum); plausum dare.

beifügen appōnere.

Beil secūris, -is *f.*

beilegen: Streitigkeiten ~ contrōversiās compōnere (*od.* dirimere).

beinah(e) paene; nōn multum āfuit, quīn *coni.*

Beiname cognōmen, -inis *n.*

beipflichten assentīrī.

beiseite: ~ gehen sēcēdere; ~ stellen dēstituēre.

Beispiel exemplum *n*; ein ~ geben exemplum ēdere; (wie) zum ~ velut.

beispielsweise exemplī causā.

beispringen auxilium ferre, auxiliō venīre.

beißen mordēre.

Beistand: ~ leisten adesse, opem (*od.* auxilium) ferre, auxiliārī, auxiliō venīre, subvenīre, succurrere (*alle mit dem dat.*); (ad)iuvāre *acc.*

beistehen adesse *dat.*, (ad)iuvāre *acc.*; *s. auch unter ,,Beistand''.*

bekämpfen oppūgnāre, impūgnāre.

bekannt nōtus, nōbilis, -e; es ist allgemein ~ inter omnēs cōnstat.

bekanntlich durch nōtum est, cōnstat (*beide mit dem a.c.i.*).

Bekanntmachung ēdictum *n*. [profitērī.]

bekennen cōnfitērī, fatērī.

beklagen querī, dēplōrāre, gemere, dolēre, lāmentārī; sich ~ querī.

bekleiden vestīre, induēre, amicīre; (*ein Amt*) fungī *abl.*

bekleidet (*mit*) indūtus *abl.*

bekommen accipere.

bekränzen corōnāre.

bekriegen bellō persequī *acc.*, bellum īnferre *dat.*

bekümmert aeger, -gra, -grum.

beladen onerāre, complēre; *P.P.P.* onerātus; *adi.* onustus.

belagern (*ausdauernd*) obsidēre; (*bestürmend*) oppūgnāre.

Belagerung obsessiō, -ōnis *f*, obsidiō, -ōnis *f*, oppūgnātiō, -ōnis *f*.

belanglos inānis, -e; ~e Sache rēs nullīus mōmenti.

belasten onerāre; dieses Amt belastet mich hoc officium mē gravat.

belästigen molestum esse alci.

belebt celeber, -bris, -bre.

belegen: mit Beschlag ~ occupāre.

belehren docēre *acc.*

Belehrung doctrīna *f*.

beleidigen violāre, laedere, offendere, iniūriā afficere (*alle mit dem acc.*); iniūriam īnferre *dat.*

beleidigend contumēliōsus.

Beleidigung contumēlia *f*, offēnsiō, -ōnis *f*, iniūria *f*.

beleuchten illūstrāre.

Belgien Belgium *n*.

Belgier *pl.* Belgae *m/pl.*

belieben libēre; es beliebt libet.

beliebig: jeder ~e quīvīs, quīlibet.

beliebt (*bei*) grātus, acceptus (*beide mit dem dat.*).

bellen lātrāre.

Bellen lātrātus, -ūs *m*.

belohnen: j-n ~ praemiō afficere alqm.

Belohnung praemium *n*, mercēs, -ēdis *f*.

belustigen dēlectāre.

bemächtigen: sich ~ potīrī *abl.*; sich der Herrschaft ~ rērum potīrī.

bemerken animadvertere, cernere, percipere, cognōscere.

bemerkenswert notābilis, memorābilis, memoriā dīgnus.

bemessen mētīrī.

bemitleiden miserērī; miseret alqm alcis rei.

bemühen: sich ~ studēre *dat.*, mōlīrī, nītī; operam dare *dat.*; sich darum ~, zu ... id studēre, ut.

Bemühung studium *n*, labor, -ōris *m*.

benachbart vicīnus, propinquus; (*vom Nachbarvolk*) fīnitimus.

benachrichtigen certiōrem facere; *pass.* certiōrem fierī.

benehmen: sich ~ sē gerere.

beneiden invidēre *dat.*; beneidet werden invidia esse *dat.*

benennen nomināre, dīcere, appellāre (*nach:* ā).

Benennung vocābulum *n*.

benetzen imbuere.

benötigen opus esse, egēre, indigēre (*alle mit dem abl.*).

benutzen ūtī *abl.*, ūsurpāre.

beobachten observāre.

bequem commodus.

beraten, beratschlagen cōnsulere, cōnsultāre, dēlīberāre.

berauben spoliāre, prīvāre, exuere, orbāre, nūdāre (*alle mit dem abl. der Sache*).

Berechnung ratiō, -ōnis f.

Beredsamkeit ēloquentia f, fācundia f.

beredt fācundus, ēloquēns, -entis.

bereit: ~ zu parātus ad.

bereiten parāre.

bereitmachen expedīre.

bereits iam.

bereitwillig prōmptus.

bereuen paenitēre (mē paenitet alcis reī).

Berg mōns, montis m.

Bergbewohner montānus m.

Bergwald saltus, -ūs m.

Bergwerk metalla n/pl.

berichten nūntiāre, referre, narrāre, scrībere, dīcere; (= überliefern) trādere, memoriae prōdere, ferre.

berichtigen (= verbessern) corrigere.

beritten equester, -tris, -tre.

berücksichtigen respicere.

berufen convocāre.

beruhen: auf etwas ~ positum esse (*od.* nītī) in aliquā rē.

beruhigen plācāre, sēdāre, permulcēre.

berühmt clārus, nōbilis, -e, illūstris, -e, celeber, -bris, -bre.

Berühmtheit nōbilitās, -ātis f.

berühren tangere, attingere, contingere.

besäen cōnserere (*pf.* cōnsēvī, *P.P.P.* cōnsitus).

besänftigen plācāre, lēnīre, mollīre, permulcēre.

Besatzung praesidium n.

beschaffen comportāre, (com)parāre, expedīre.

beschäftigen: sich ~ mit etwas versārī in aliquā rē.

beschäftigt occupātus.

Beschäftigung negōtium n, opera f, studium n.

beschämen: es beschämt mich pudet mē.

bescheiden modestus.

Bescheidenheit modestia f.

beschenken dōnāre.

beschimpfen maledīcere dat.

Beschimpfung contumēlia f, maledictiō, -ōnis f.

beschleunigen mātūrāre.

beschließen cōnstituere, dēcernere, statuere, cōnsilium capere; man beschließt placet, vidētur; sein Leben ~ vītam fīnīre, diem suprēmum obīre, ē vītā cēdere.

Beschluß dēcrētum n, cōnsultum n.

beschmutzen maculāre.

beschreiben dēscrībere.

beschuldigen arguere, culpāre.
       [-inis n.]

Beschuldigung crīmen,

beschützen cūstōdīre, tuērī, prōtegere.

Beschützer patrōnus m, cūstōs, -ōdis m; ~in patrōna f.

Beschwerde querēla *f.*

beschweren (*bedrücken*) gravāre, onerāre, onerī esse; sich ~ (= sich beklagen) querī.

beschwerlich molestus.

Beschwerlichkeit molestia *f.*

beschwichtigen permulcēre (*pf.* permulsī, *P.P.P.* permulsus), sēdāre, mītigāre, plācāre.

beschwören (ōrāre atque) obsecrāre.

beseelt: ~ sein von esse *abl.*

beseitigen tollere (*pf.* sustulī, *P.P.P.* sublātus); (= töten) ē (*od.* dē) mediō tollere; interimere.

besetzen occupāre, possidere.

besichtigen īnspicere, intuērī, vīsere.

besiegen superāre, vincere, pellere (*pf.* pepulī, *P.P.P.* pulsus).

besingen cantāre, canere, celebrāre.

Besitz possessiō, -ōnis *f,* opēs, -um *f/pl.;* in ~ nehmen possidere; occupāre; potīrī *d.abl.;* im ~e von penes *acc.*

besitzen possidere; esse, inesse *dat. des Besitzers;* ich besitze mihi est *bzw.* sunt.

besonderer: ein ~ singulāris, -e, praecipuus.

besonders imprīmīs, praecipuē, māximē; ~ da praesertim cum *coni.*

besorgen cūrāre; (*tun*) facere.

Besorgnis metus, -ūs *m,* timor, -ōris *m.*

besorgt anxius; ~ sein um timēre *dat.*

besprechen colloquī, disserere, disputāre (etwas dē alqā rē).

besprengen spargere (*pf.* sparsī, *P.P.P.* sparsus), respergere (*pf.* respersī, *P.P.P.* respersus).

besser melior, melius; es ist ~ praestat; melius est.

bessern corrigere, ēmendāre.

Besserung corrēctiō, -ōnis *f.*

Bestand: der ~ (*Fortbestand*) des Staates salūs *f* reī pūblicae; ~ haben valēre.

beständig *adi.* (*dauernd*) perpetuus, diūturnus; (*standhaft*) cōnstāns, -antis; *adv.* (*dauernd*) perpetuō.

Beständigkeit (*Standhaftigkeit*) cōnstantia *f,* stabilitās, -ātis *f;* (*Dauer*) diūturnitās, -ātis *f.*

bestärken cōnfirmāre.

bestatten humāre, sepelīre, condere, efferre.

Bestattung fūnus, -eris *n.*

bestechen corrumpere.

Bestechung corruptiō, -ōnis *f.*

bestehen cōnstāre (aus ex); noch ~ exstāre; Gefahren ~ perīcula ferre (*od.* subīre).

besteigen ascendere, cōn-scendere.

bestellen (*Felder*) colere, arāre.

bester optimus.

bestimmen statúere, cōn-stitúere, dēstināre; j-n zum König ~ alqm rēgem ēligere; e-n Platz für ein Lager ~ locum castris dē-ligere.

bestimmt certus.

bestrafen multāre, pūnīre, poenā afficere, vindicāre; bestraft werden poenās dare.

bestrebt: ~ sein ēnīti, con-tendere, id studēre (ut).

Bestrebung studium *n*.

bestreiten negāre.

bestürmen oppūgnāre.

bestürzt attónitus.

Bestürzung trepidātiō, -ōnis *f*.

besuchen visitāre, visere, adīre, convenīre *acc.*; (*re-gelmäßig*) frequentāre; die Schule ~ scholam frequen-tāre; Gegenden ~ loca obīre.

beteiligt particeps, -ipis; nicht ~ expers, -tis.

beten ōrāre, precārī *acc.*; ~ zu adōrāre *acc.*

beteiteln inscrībere.

betrachten spectāre, adspec-tāre, adspicere, intuērī, cōnsīderāre, contemplārī; sich ~ als sē putāre *acc.*; als Feind ~ prō hoste ha-bēre.

beträchtlich amplus.

betragen: sich ~ sē gerere.

betrauen: j-n mit der Füh-rung des Heeres ~ alqm exercituī praeficere.

betrauern lūgēre, dēplōrāre, maerēre.

betreffen: etwas ~ attinēre ad alqd.

betreiben tractāre, exercē-re, agere (*alle mit dem acc.*); studēre *dat.*

Betreiben agitātiō, -ōnis *f*; auf ~ Hannibals Hanni-bale auctōre.

betreten intrāre, invādere, inīre, introīre, ingredī.

betreuen cūrāre.

Betriebsamkeit industria *f*.

betroffen: ~ werden afficī *abl.*

betrübt maestus, tristis, -e; ~ sein dolēre.

Betrug fraus, fraudis *f*; do-lus *m*.

betrügen (dē)fraudāre, dē-cipere, fallere, fraudem parāre. [ēbrius.]

betrunken vīnolentus,)

Bett lectus, -ī *m*; cubīle, -is *n*; zu ~ gehen quiētī sē dare, cubāre.

bettelarm pauperrimus, mendicus.

Bettler mendīcus *m*.

beugen flectere (*pf.* flexī, *P.P.P.* flexus).

beunruhigen (per)turbāre, vexāre, sollicitāre.

Beute praeda *f*; ~ machen, auf ~ ausgehen praedārī.

beutebeladen praedā onu-stus.

Bevölkerungszahl multitūdō *f* (*od.* numerus *m*) hominum.

bevor antequam, prius-
quam (*ind., wenn rein zeit-*
lich).

bevorstehen imminēre, impendēre, īnstāre; nahe ~
in eō esse, ut.

bewachen custōdīre.

bewaffnen armāre.

Bewaffnete armātī *m/pl.*,
armātūra *f.*

Bewaffnung armātūra *f.*

bewahren: ~ vor servāre ex
(*od.* ā); vor dem Tode ~
ēripere ā morte.

bewähren: sich ~ sē praestāre *acc.*

bewährt probātus.

bewältigen superāre.

bewässern irrigāre.

bewegen (com)movēre, permovēre, mōlīrī; sich ~
movērī, ferrī.

Bewegung mōtus, -ūs *m*; in
~ setzen mōlīrī; sich in ~
setzen prōcēdere.

beweinen dēflēre.

beweinenswert flēbilis, -e.

Beweis argūmentum *n*, documentum *n*; als ~ dienen
documentō (*od.* indiciō)
esse.

beweisen dēmōnstrāre.

Beweismittel documentum
n.

bewerben: sich ~ petere
acc.; sich um ein Amt (um
das Konsulat) ~ magistrā-
tum (cōnsulātum) petere.

bewilligen concēdere.

bewirken efficere, cōnficere.

bewohnen incolere, habitāre.

Bewohner incola *m.*

bewölkt nūbilus.

bewundern admīrārī; von
j-m bewundert werden ad-
mīrātiōnī esse alci.

bewundernswert admīrābilis, -e.

Bewunderung admīrātiō,
-ōnis *f.*

bewußt cōnscius *gen.*; sich
~ sein sibi cōnscium esse.

Bewußtsein cōnscientia *f.*

bezahlen pendere, solvere.

bezähmen cohibēre, domāre.

bezeichnen significāre; appellāre, nomināre, dicere;
notāre.

Bezeichnung *abstr.* notātiō,
-ōnis *f*, significātiō, -ōnis
f; *concr.* nota *f*, signum *n*;
(*Wort*) vōx, vōcis *f.*

bezeugen (con)tēstārī.

bezichtigen arguere, accūsāre, īnsimulāre.

beziehen: ~ auf referre ad;
sich ~ auf referrī *od.* pertinēre ad.

Bezirk tribus, -ūs *f*; heilig-
ger ~ templum *n.*

bezweifeln dubitāre (alqd
od. dē alqā rē), alqd in
dubium vocāre.

bezwingen domāre, vincere; (*Gemütsregungen*) domāre, coërcēre, cohibēre,
continēre.

Bibliothek bibliothēca *f.*

bieder probus.

biegen flectere (*pf.* flexī, *P.P.P.* flexus).

Biene apis, -is *f.* [dare.)

bieten praebēre, offerre.)

Bild imāgō, -inis *f*, effigiēs, -ēī *f*, tabula *f*; (*Götter2*) simulācrum *n*; (*Standbild*) statua *f*; (*Gemälde*) pictūra *f*; (*Anblick*) aspectus, -ūs *m.*

bilden hūmānitās, -ātis *f*, ērudītiō, -ōnis *f.*

Bildnis imāgō, -inis *f.*

Bildsäule statua *f.*

Bildung hūmānitās, -ātis *f*, ērudītiō, -ōnis *f.*

billig (*Ware*) vīlis, -e; (*gerecht*) aequus; ~ (sehr ~) kaufen parvō (minimō) emere.

billigen probāre.

binden alligāre, illigāre, vincīre.

Birnbaum pirus *f.*

Birne pirum *n.*

bis: *prp.* ~ zu ūsque ad; ~ heute, ~ jetzt adhuc; *ci.* dōnec, dum.

bisher adhūc.

Biß morsus, -ūs *m.*

bisweilen intérdum, nōnnumquam.

bitte! quaesō!

bitten ōrāre, rogāre, implōrāre; etwas von j-m erbitten petere aliquid ab aliquō; dringend ~ ōrāre atque obsecrāre; obtestārī; sich bittend an j-n wegen etw. wenden adīre alqm de aliquā rē.

Bitten *pl.* precēs, precum *f*/*pl.*; durch ~ erreichen (erlangen) impetrāre.

bitter acerbus, amārus; *bisw. adv.* = sehr.

blasen (*Wind*) flāre; Flöte ~ tibiā canere.

Blatt folium *n.*

blau caerúleus.

Bleibe: e-e ~ finden tēctum subīre.

bleiben manēre; an der Spitze der Truppen ~ pergere cōpiīs praeesse.

bleiern plúmbeus.

blenden (*der Augen berauben*) oculīs prīvāre, (oc-) caecāre.

blendend splendidus.

blind caecus.

blindlings témere.

Blitz (*Blitzschlag*) fulmen, -inis *n*; (*Wetterleuchten*) fulgur, -is *n.*

blitzen fulgurāre, fulgēre.

blitzschnell *adv.* celerrimē.

Blockade obsidiō, -ōnis *f*, obsessiō, -ōnis *f.*

blöken (*v. Schafen*) bālāre.

blond flāvus.

bloß ipse; (*nur*) solum, modo; beim ~en Anblick ipsō aspectū; (*nackt*) nū-dus.

blühen flōrēre; *fig.* vigēre.

Blume flōs, flōris *m.*

Blut sanguis, -is *m*; geronnenes ~ cruor, -ōris *m.*

Blutbad caedēs, -is *f.*

Blüte flōs, flōris *m*; ~ stehen flōrēre.

blutig (*blutbefleckt*) cruentus; (*schrecklich*) atrōx, -ōcis.

blutjung admodum adulēscēns.

Blutsverwandter cōnsanguíneus.

Boden (*Erde*) humus *f*, solum *n*, tellūs, -ūris *f*; auf dem ~ liegen humī iacēre.

Bogen (*auch* Triumphbogen) arcus, -ūs *m*.

Bogenschütze sagittārius *m*.

Bohne faba *f*.

bohren fodere.

Bollwerk praesidium *n*.

Boot nāvicula *f*, nāvigium *n*.

bösartig malēficus, malignus.

böse malus, malignus, improbus.

Böses: ~ sprechen über maledícere *dat*.

Bösewicht scelestus *m*.

boshaft malus.

Bosheit malitia *f*.

böswillig malus.

Bote nūntius *m*.

Botmäßigkeit diciō, -ōnis *f*.

Botschaft nūntius *m*.

Brand incendium *n*; in ~ stecken incendere, īnflammāre.

Brandung aestus, -ūs *m*.

Brauch mōs, mōris *m*, ūsus, -ūs *m*, īnstitūtum *n*.

brauchbar ūtilis, -e.

brauchen (= benötigen) opus esse, egēre, indigēre (*alle mit dem abl.*).

Braut nūpta *f*, spōnsa *f*.

Bräutigam spōnsus -ī *m*.

Brautschleier flammeum *n*.

brav bonus, probus, honestus, modestus.

brechen *trans.* frangere, rumpere; sein Wort ~ fidem laedere (frangere, violāre, fallere); *intr.* frangī, rumpī.

breit lātus.

Breite lātitūdō, -inis *f*.

brennen flagrāre, ardēre; (*v. der Sonne*) urere.

brennend ardēns, -entis.

Brett tabula *f*.

Brief epistula *f*, litterae *f/pl*.

bringen portāre, apportāre, trānsportāre, afferre, ferre; ans Licht ~ prōferre in lūcem; Unglück ~ exitiō (dētrīmentō) esse.

Brot pānis *m*.

Brücke pōns, pontis *m*; kleine ~ ponticulus *m*; e-e ~ über den Fluß bauen pontem in flūmine facere; e-e ~ abbrechen pontem rescindere.

Bruder frāter, frātris *m*; ~mörder frātricīda *m*.

brüllen clāmāre.

brummen fremere (*pf.* fremuī, *P.P.P.* fremitum).

Brunnen pūteus *m*; ~wasser aqua *f* pūteī.

Brust pectus, pectoris *n*.

brüsten: sich ~ sē iactāre; glōriārī.

Buch liber, librī *m*; cōdex, -icis *m*; kleines ~ libellus *m*.

Buche fāgus *f*.

Bücherei bibliothēca *f.*

Büchse arca *f.*

Buchstabe littera *f.*

Bucht sinus, -ūs *m.*

Bude taberna *f.*

Bug (*Schiff*) prōra *f.*

Bühne scaena *f.*   [*m/pl.*\

Bühnenspiele lūdī scaenicī

Bündel fascis, -is *m.*

Bundesgenosse socius *m.*

Bündnis foedus, foederis, *n;*
   societās, -ātis *f;* ~ schließen foedus facere.

bunt varius.

Buntheit varietās, -ātis *f.*

Burg arx, arcis *f.*

Bürger cīvis -is *m;* ~krieg
   bellum *n* cīvīle.

bürgerlich cīvīlis, -e; plēbēius.

Bürger|recht, ~schaft cīvi-
   tās, -ātis *f;* ~stand plēbs,
   -is *f.*

Busen sinus, -ūs *m.*

büßen lúere; *vgl. auch* verbüßen.

C

Cannae (*am Aufidus in
Apulien, Süditalien*) Cannae, -ārum *f/pl.;* die
Schlacht bei ~ pūgna *f*
apud (*od.* ad) Cannās,
pūgna *f* Cannēnsis.

Charakter ingenium *n,* animus *m,* mōrēs, -um *m/pl.;*
ein Mann von ~ vir *m*
cōnstāns.

charakterfest cōnstāns, -an-
tis.   [tia *f.*\

Charakterstärke cōnstan-/

Cherusker *pl.* Cheruscī *m/pl.*

Chor chorus *m.*

Christ Chrīstiānus *m.*

Christi Geburt: vor (nach) ~
ante (post) Chrīstum nā-
tum.

christlich Chrīstiānus.

D

da (*zeitlich*) tum; (*örtlich*)
ibi; ~ endlich tum dēmum;
(= weil) quod, quia; (*cum
coni.*); ~ ja quoniam; ~!
ecce!; ~ sein adesse.

dabei: ~ sein interesse *dat.;*
nicht ~ sein dēesse.

dabeistehen astāre (*pf.* ásti-
tī).

Dach tēctum *n.*

Dachfirst culmen *n* tēctī.

Dachziegel tēgula *f.*

dagegen at, sed.

daheim domī; ~ und im
Felde domī bellīque (*od.*
mīlitiaeque).

daher ītaque, proptereā,
ergō; igitur (*nachgest.*); *bei
e-r Aufforderung:* proin-
de.

dahinraffen rapere, absū-
mere, exstingúere, per-
dere.

da ja *coni.* quoniam, quandōquidem.

daliegen iacēre.

damalig illīus temporis (aetātis); *auch durch* ille.

damals tum, tunc; ~ als cum *ind.*

damit ut *coni.*; ~ nicht nē *coni.*

Damm agger, -eris *m.*

danach deinde, post *adv.*

Danaer (*Griechen*) Danaī *m/pl.*

daniederliegen iacēre.

Dank grātia *f.*; ~ abstatten grātiam referre; ~ schulden grātiam dēbēre; ~ sagen grātiās agere.

dank (= *wegen*) grātiā *gen.* (*nachgest.*).

danken (*mit Worten*) grātiās agere; (*mit der Tat*) grātiam referre; (*in Wort u. Tat*) grātiās agere et referre.

Dankopfer victima *f.*

dann deinde, tum, tunc.

darauf(hin) tum, tunc, deinde.

daraurlegen impōnere.

darbieten praebēre, offerre.

darbringen offerre; Opfer ~ sacrificāre.

darlegen dēmōnstrāre, explicāre, expōnere.

darreichen porrigere, praebēre.

darstellen fingere.

darum (*besser:* deshalb) ĭtaque, ob eam rem, quam ob rem, quā rē, quā dē causā.

dasein adesse.

daß (*im Finalsatz; als Folge*) ut *coni.*; *final:* ~ nicht nē

coni.; ~ doch (nicht)! utinam (nē)! *coni.*; *nach* timēre, metuere, verēri, cavēre, impedīre: nē *coni.*; *nach* nōn dubitāre: quin *coni.*; *nach abhängigen Aussagesätzen, unpersönlichen Ausdrücken, nach* a.c.i.; dadurch, daß cum *ind. bzw. durch das Gerundium.*

dauerhaft solidus.

dauernd perpetuus, sempiternus, perennis, -e, diūturnus.

davonfliegen āvolāre, ēvo-)
davonfliehen aufugere.

davonjagen *intr.* aufugere, sē prōripere; *trans.* fugāre, in fugam conicere.

davonschleppen asportāre.

davontragen (= wegtragen) asportāre; *fig.* e-n Sieg ~ victōriam reportāre.

dazwischenkommen intervenīre.

dazwischentreten intercēdere, intervenīre.

Dazwischentreten intercursus, -ūs *m.*

decken (*den Tisch*) ōrnāre; (*bedecken*) tegere.

dein tuus, -a, -um.

Delphin delphīnus *m.*

delphisch Delphicus *adi.*

demnach igitur (*nachgest.*).

demütig supplex, -icis, humilis, -e.

Denar (*Münze*) dēnārius *m.*

Denkart mēns, mentis *f.* ratiō, -ōnis *f.*

denken cōgitāre; ~ an memorem esse, meminisse, recordāri, reminisci *(alle mit dem gen.)*.

Denken: sein ~ und Trachten auf etw. richten animum et industriam pōnere in aliquā rē.

Denkfähigkeit ratiō, -ōnis *f.*

Denkmal monumentum *n.*

Denkweise mēns, mentis *f,* ratiō, -ōnis *f.*

denkwürdig memorābilis, -e.

denn nam; enim *(nachgest.);* ~ nicht neque enim.

dennoch (at) tamen; *auch* quamquam *als adv.*

Denunziant *(der j-n anzeigt)* delātor, -ōris *m.*

der, die, das *(betont)* is, ea, id; *(* welcher, welche, welches) quī, quae, quod; der nicht *(Relativsatz)* quī nōn, quīn *coni.*

derartig ēiusmodī, tālis.

derselbe īdem *(f:* eadem, *n:* idem); ~ wie īdem ac (atque).

deshalb ítaque, prōptereā, quāpropter, ob eam rem, quamobrem, ídeō, hāc dē causā; *bei Imperativen:* proinde.

desto eō; je ... ~ quō ... eō.

deswegen prōptereā, ítaque, idcircō, quāpropter.

deuten (= auslegen) interpretāri.

deutlich clārus, distīnctus; ~ werden (aus) appārēre (ex).

deutsch Germānus; auf ~ Germānicē.

Deutschland Germānia *f.*

dicht dēnsus.

dichten versūs facere.

Dichter poēta *m.*

dichterisch poēticus.

Dichtkunst ars *f* poētica.

Dichtung *(Gedicht)* carmen, -inis *n.*

dick crassus.

Dicke *f* crassitūdō, -inis *f.*

Dieb fūr, -is *m,* lātrō, -ōnis *m.*

Diebstahl fūrtum *n.*

dienen servīre, īnservīre.

Diener servus *m,* minister, -trī *m,* famulus *m; ~in* serva *f,* ancilla *f.*

dienlich: ~ sein expedīre.

Dienst officium *n;* e-n ~ erweisen officium praestāre.

dienstbar: ~ sein servīre.

dieser hic *(f:* haec, *n:* hoc; is *(f:* ea, *n:* id); ~ da iste *(f:* ista, *n:* istud).

diesseitig *adi.* citerior.

diesseits *prp.* citrā, cis *acc.;* ~ der Alpen cisalpīnus *adi.*

Diktator dictātor, -ōris *m.*

Diktatur dictātūra *f.*

Ding rēs, reī *f.*

dingen condūcere.

dir tibi; mit ~ tēcum.

Disziplin disciplīna *f.*

doch (= aber) sed, at, autem *(nachgest.);* tamen; *(in Wunschsätzen)* utinam!; ~ nicht! utinam nē!

Dolch pūgiō, -ōnis *m,* sīca *f; in Lehrbüchern bisw.* ēnsis, -is *m.*

Dolchstich ictus, -ūs *m.*

Dolmetscher interpres, -etis *m.*

Dom templum *n.*

Donau: obere ~ Dānuvius *m;* untere ~ Hister amnis *m.*

Donner tonitrus, -ūs *m.*

donnern tonāre.

doppelköpfig anceps, -cipitis.

doppelt duplex, -icis.

Dorf vicus *m.*

Dorn spina *f.*

dörren (*trocknen*) *trans.* torrēre (torreō, torruī, tōstus).

dort ibi, illīc.

drängen urgēre (*pf.* ursī).

draußen foris; nach ~ forās; ~ sein abesse.

drehen torquēre (torqueō, torsī, tortus); sich ~ movērī.

Drehung vertex, -icis *m.*

drei trēs; ~ Jahre triennium *n;* ~ Tage trīduum *n.*

dreieckig trīquetrus.

dreifach triplex, -icis.

Dreifuß tripūs, -odis *m.*

dreigeteilt tripertītus, tripartitus.

dreihundert trecentī.

dreimal ter.

Dreimännerbund triumvirātus, -ūs *m.*

dreist audāx, -ācis.

Dreistigkeit audācia *f.*

dreiteilig trigeminus.

dringend gravis, -e; j-n ~ zu sprechen wünschen māgnopere alqm velle.

drinnen *adv.* intus.

dritter tertius.

drohen (*bevorstehen*) imminēre, impendēre, īnstāre; (*mit Worten*) minārī; Gefahr droht periculum imminet (impendet, īnstat).

drohend mināx, -ācis.

dröhnen strepere, concrepāre, fremere.

Drohungen minae *f/pl.*

drücken premere, opprimere.

drückend gravis, molestus; ~ werden ingravēscere.

du tū.

Duft odor, -ōris *m.*

dulden patī, sinere.

dumm stultus, stupidus.

Dummheit stultitia *f.*

Dummkopf homō *m* stultus.

Dünger stercus, -oris *n.*

dunkel obscūrus; āter, ātra, ātrum; ~braun fuscus.

Dunkelheit tenebrae *f/pl.*

dünn tenuis, -e.

durch (= hindurch) per *acc.;* (*Mittel, Werkzeug*) *bloßer abl.;* durch Vermittlung von per *acc.;* auxiliō (*od.* operā) alcis.

durchaus prōrsus.

durchbohren perforāre, fodere, percutere, trānsfīgere, cōnfodere.

durchbrechen perrumpere.

durcheilen pervolāre.

durchfahren percursāre.

durchfliegen pervolāre.

durchforschen perquīrere (*pf.* perquīsīvī, *P.P.P.* perquisītus).

durchführen peragere, perficere.

durchlaufen percurrere.

durchlesen perlegere.

durchmessen ēmētīrī (*pf.* ēmēnsus sum).

durchnehmen (*in der Schule*) tractāre.

durchqueren proficīscī per.

durchschauen perspicere.

durchschlagen: sich ~ perrumpere.   [tāre.]

durchschwimmen trānsnā-]

durchsetzen efficere, pervincere, perficere (ut); sich ~ valēre; (*durch Bitten*) impetrāre.

Durchstich compertūsiō, -ōnis *f*.

durchstreifen pervagārī, perlūstrāre, peragrāre.

durchwandern peragrāre, ēmētīrī (*pf.* ēmēnsus sum).

durchziehen permeāre.

dürfen: ich darf mihi licet; nicht ~ non dēbēre; *auch durch verneintes Gerundiv:* -ndum non esse.

Dürftigkeit egestās, -ātis *f*.

dürr macer, -cra, -crum.

Durst sitis, -is *f*; ~ haben sitīre.

dürsten sitīre.

düster āter, ātra, ātrum.

E

ebenda ibīdem.

eben dieser īdem, *f*: eadem, *n*: idem.

Ebene campus *m*, plānitiēs, -ēī *f*.

ebenfalls etiam.

ebenso item; ~ ... wie ita (sīc) ... ut; pariter ... ac.

ebensoviel tantundem; tantīdem.

ebenso viele totidem.

ebensowenig nōn magis.

Eber aper, aprī *m*.

Ebro (*Grenzfluß zwischen dem punischen u. römischen Teil Spaniens*) Hibērus *m*.

echt vērus, sincērus; ~er Römer vir vērē Rōmānus.

edel nōbilis; edle Gesinnung liberālitās, -ātis *f*.

edelmütig generōsus.

Edelstein gemma *f*.

Efeu hédera *f*.

Ehe mātrimōnium *n*, coniugium *n*; zur ~ geben in mātrimōniō collocāre.

ehe (= *bevor*) antequam, priusquam.

ehedem quondam, aliquandō, ōlim.

Ehefrau uxor, -ōris *f*, coniux, -ugis *f*.

Ehegatte marītus *m*.

Ehegatten *pl.* marītī *m/pl.*

ehemalig prīstinus; ~er Konsul cōnsulāris *m*; ~er Zensor cēnsōrius *m*.

ehemals ōlim, aliquandō, quondam, anteā.

eher *adv.* potius; *zeitlich:* prius, mātūrius, citius.

Eherecht cōnūbium *n*.

ehrbar honestus.

Ehre honor (*od.* honōs), honōris *m*; ~ erweisen honōrem habēre (*od.* tribúere); die letzten ~n erweisen iusta solvere; in hohen ~n stehen in māgnō honōre esse.

ehren honōre afficere, honōrāre, verērī, colere, honōrem habēre (alci).

ehren|haft, ~voll honestus.

Ehrenkranz corōna *f* honōris.

Ehrenstelle honor (honōs), -ōris *m*.

Ehrfurcht reverentia *f*, verēcundia *f*.

Ehrgeiz ambitiō, -ōnis *f*, cupiditās *f* glōriae.

ehrgeizig cupidus honōris, appetēns glōriae, ambitiōsus.

ehrlich probus, bonus, integer, -gra, -grum.

ehrlos īnfāmis, -e.

ei! hem!

Ei ōvum *n*.

Eiche quercus, -ūs *f*.

Eid iūs iūrandum *n*.

Eidechse lacerta *f*.

eidlich: ein ~es Versprechen geben iūs iūrandum dare.

Eifer studium *n*, industria *f*; ~ betreiben īnservīre (*dat.*).

eifrig strēnuus, studiōsus.

eigen (= sein) suus, proprius; (= selbst) ipse; aus eigenen Mitteln prīvātim, dē prīvātō.

Eigenschaft ars, artis *f*, quālitās, -ātis *f*.

eigentlich ipse.

Eigentum: zum ~ machen facere *gen.*; ~ werden fierī *gen.*; mein ~ werden meum fierī.

eigentümlich proprius.

Eile celeritās, -ātis *f*, festinātiō, -ōnis *f*.

eilen festināre, properāre, currere, ferrī, contendere.

eilends *durch* mātūrāre m. dem *inf.*, properāre m. dem *inf.*

Eilmarsch iter māgnum *n*.

ein ūnus; *s.* einer.

einander inter sē; alius alium; alter alterum.

einäschern incendere, incendiō dēlēre.

einbalsamieren condīre.

einbilden: sich ~ sibi vidērī.

einblasen īnflāre.

einbrechen (*in ein Land*) invādere, irrumpere, irrúere.

einbringen: ein Gesetz ~ lēgem ferre.

Einbuße damnum *n*.

eindämmen coёrcēre.

eindringen intrāre, inīre, penetrāre, invādere, ingredī, irrumpere, incurrere, incursāre, invehī (*alle mit der prp. in m. dem acc.*).

Eindruck: ~ erwecken vidērī; großen ~ auf die Zuhörer mit etwas machen animōs audientium aliquā rē māgnopere commovēre.

einer (*von*) ūnus (ex); der eine (*von zweien*) alter; der eine ... der andere alter ... alter; die einen ... die anderen aliī ... aliī.

einerseits: ~ ... andererseits et ... et; ~ nicht, andererseits aber neque ~ sed.

einfach simplex.

Einfachheit simplicitās, -ātis *f*.

einfahren invehī; (*Getreide*) convehere.

Einfahrt aditus, -ūs *m*.

Einfall incursiō, -ōnis *f*.

einfallen (*in ein Land*) irrumpere, invādere, irruere.

Einfalt stultitia *f*.

einfältig stultus.

einflößen īnferre, inicere; afficere.

Einfluß auctōritās, -ātis *f*; ~ haben valēre; multum posse.

einführen importāre.

einfüllen implēre.

Eingang intrōitus, -ūs *m*, iānua *f*, ingressus, -ūs *m*, ōstium *n*, aditus, -ūs *m*.

eingebildet superbus, fastidiōsus, arrogāns, -antis.

eingeboren (*angeboren*) īnsitus; (*aus dem gleichen Lande*) in ipsā terrā nātus *m*, indigena *m od. f.*

Eingeborener indigena *m od. f.*

eingedenk memor; ~ sein meminisse, memorem esse.

eingepflanzt īnsitus.

eingestehen fatērī, cōnfitērī.

Eingeweide viscera, -um *n/pl.*, intestīna *n/pl.*; (*der Opfertiere*) exta, -ōrum *n/pl.*

eingewurzelt invēterātus.

einhalten (= beachten) observāre.

einheimisch domesticus, vernāculus.

einher|gehen, ~schreiten incēdere.

einholen (= erreichen) assequī, cōnsequī.

einig concors, -dis.

einige *pl.* nōnnūllī; quīdam (quaedam), aliquot.

einigen: sich ~ pacīscī (*pf.* pactus sum); wir ~ uns über den Frieden pāx convenit inter nōs.

Einigkeit concordia *f.*

einjagen inicere (terrōrem); īnferre.

einkaufen (co)emere.

einkehren dēvertī.

einladen invītāre.

Einladung invītātiō, -ōnis *f.*

einlassen: sich in ein Gefecht ~ proelium (certāmen) inīre; sich auf etwas ~ dēscendere ad aliquid.

Einleitung exōrdium *n.*

einleuchten: es ist ~ appāret; persuāsum est alcī.

einmal (*zeitlich*) quondam, aliquandō, ōlim; (*Zahlbegriff*) semel; auf ~ (*plötzlich*) subitō; nicht ~ nē ... quidem.

einmeißeln īnsculpere (*pf.* īnsculpsī, *P.P.P.* īnsculptus).

einnehmen (*erobern*) captāre, capere, expūgnāre, occupāre; die erste Stelle ~

obtinēre prīncipem locum, tenēre prīncipātum.

Einöde sōlitūdō, -inis *f*.

einpflanzen inserere (inserō, īnsēvī, insitus), ingenerāre.

einprägen: sich ~, dem Gedächtnis ~ memoriae mandāre.

einräumen concēdere.

einreden persuādēre *dat*.

einreiben (per)ungere (ungō, ūnxī, ūnctus).

einreihen inserere.

einreißen rescindere, interrumpere. [struere.]

einrichten īnstituere, īn-

Einrichtung īnstitūtum *n*.

einsam sōlus, sōlitārius, dēsertus.

Einsamkeit sōlitūdō, -inis *f*.

einsammeln colligere.

Einsammeln perceptiō, -ōnis *f*.

einschiffen in nāvēs impōnere.

einschlafen dormitāre, obdormīre, obdormīscere.

einschlagen: e-n Weg ~ viā ūtī.

einschließen circumclūdere, inclūdere, saepīre, obsidēre.

einschneiden incīdere, īnsecāre.

einschränken coërcēre.

einschreiben īnscrībere.

einschreiten: ~ gegen animadvertere in *acc*.

einschüchtern terrēre.

einsehen intellegere.

einsetzen īnstituere; sich ~ für j-n adesse *dat*.

Einsicht sapientia *f*.

einst(mals) ōlim (*auch in der Zukunft*), aliquandō, quondam.

einstimmig omnium cōnsēnsū.

Einsturz ruīna *f*; zum ~ bringen subruere.

einstürzen concidere, corruere; collābī; das Haus stürzt ein domus corruit.

eintauchen mergere.

einteilen dispōnere.

Eintracht concordia *f*.

einträchtig concors, -cis.

eintreffen: e-e Nachricht trifft ein nūntius affertur.

eintreiben exigere.

eintreten intrāre, introīre, ingredī, inīre; *fig.* ~ für favēre *dat.*; in das politische Leben ~ accēdere ad rem pūblicam.

Eintritt introitus, -ūs *m*; bei ~ der Nacht nocte ineunte.

einverstanden: ~ sein cōnsentīre, assentīrī.

einverleiben adiungere.

einwandern immigrāre.

einweihen dēdicāre.

Einwilligung: mit ~ voluntāte *gen*.

Einwohner incola *m*.

einwurzeln inveterāscere (*pf.* inveterāvī).

Einzelheiten singula *n/pl*.

einzelnen: die ~ singulī *m/pl*.; ~ Zwecken dienen singulīs rēbus opportūnum esse.

einziehen: in e-e Stadt ~ in

urbem ingredī (*od.* intrāre); er zieht im Triumph ein triumphāns ingredītur.

einzig ūnus, sōlus.

einzigartig singulāris.

einziger sōlus, ūnus.

Eis glaciēs, -ēī *f.*

Eisen ferrum *n.*

eisern férreus.

eitel vānus; inānis, -e.

Eiter saniēs, -ēī *f.*

Ekel taedium *m.*; ~ empfinden taedēre.

ekeln: es ekelt mich taedet mē.

Elbe Albis, -is *m.*

Elefant elephantus *m.*

Element elementum *n.*

elend miser, -era, -erum.

Elend miseria *f.*

Elfenbein ebur, eboris *n.*

Elle (*Längenmaß*) ulna *f.*

Eltern parentēs, -um *m/pl.*

empfangen accipere.

empfehlen: ein Gesetz ~ lēgem suādēre.

empfinden: schmerzlich ~ dolēre.

emporblicken suspicere.

emporheben: die Hände zum Himmel ~ manūs ad caelum ferre.

empört (über) indīgnātus *acc.*

Ende fīnis, -is *m;* exitus, -ūs *m; ~* der Welt novissima nox *f;* zu ~ führen cōnficere, peragere, ad fīnem addūcere; ein ~ nehmen dēsinere; am ~ des Jahres annō exeunte.

endlich *adv.* dēnique, tandem, dēmum, postrēmō.

endlos īnfīnītus.

energisch strēnuus, fortis.

eng angustus.

England Britannia *f.*

Engpaß angustiae, -ārum *f/pl.*

Enkel nepōs, -ōtis *m.*

entbehren carēre *abl.*; egēre, indigēre *abl.*

entblößen (dē)nūdāre, dētegere.

entblößt nūdus.

entbrennen exārdēscere (*pf.* exārsī, *P.P.P.* exārsum).

entdecken dētegere.

entfernen amovēre, removēre, eximere, auferre; sich ~ discēdere.

entfernt remōtus, longinquus, extrēmus, ultimus; ~ sein von distāre ā (ab).

entflammen īnflammāre, accendere.

entfliehen aufugere; effugere *acc.*

entflohen quī aufūgit.

entfremden abaliēnāre (ā).

entgegen obviam.

entgegenarbeiten obtrectāre *dat.*

entgegengehen obviam īre.

entgegengesetzt contrārius.

entgegenkommen obviam venīre.

entgegenschicken obviam mittere.

entgegenstehen obstāre.

entgegenstehend adversus.

entgegenstellen oppōnere.

entgegenstrecken ostendere.

entgegentreten obsistere, obviam īre, occurrere, resistere; prohibēre.

entgegnen respondēre.

entgehen effugere, ēvādere, ēlābī; es entgeht mir (= ich weiß nicht) mē fugit (fallit, praeterit).

enthalten continēre, complectī (*pf.* complexus sum); sich ~ abstinēre, temperāre (ab iniūriā).

enthaltsam abstinēns, -entis; moderātus.

Enthaltsamkeit abstinentia *f,* moderātiō, -ōnis *f.*

enthaupten secūrī percutere.

entkommen effugere *acc.*; ēvādere.

entlang (= längs) secundum *acc.*

entlangfahren praetervehī.

entlassen dīmittere.

Entlassung (dī)missiō, -ōnis *f.*

entlaufen effugere.

entlegen remōtus, longinquus.

entreißen ēripere.

entrichten: Abgaben ~ tribūta pendere (*od.* solvere).

entrinnen ēvādere, ēlābī (ex).

Entsatz (*Hilfe*) auxilium *n*; (*Hilfstruppen*) auxilia *n/pl.*

entscheiden (dī)iūdicāre, dēcernere.

Entscheidung dēcrētum *n,* discrīmen, -inis *n.*

entschlossen parātus; *durch das umschreibende fut.*

Entschlossenheit praesentia *f* animī.

entschlüpfen ēlābī.

entschließen: sich ~ cōnstituere, animum indūcere.

Entschluß cōnsilium *n.*

entschuldigen excūsāre.

Entschuldigung excūsātiō, -ōnis *f.*

entseelt exanimis, -e.

entsetzen: sich ~ vor abhorrēre ā; terrērī ā (*vor e-r* Person).

entsprechend prō *abl.*

entstammen nātum (ortum) esse.

entstehen orīrī, fierī, nāscī, exsistere.

entstellt dēfōrmis, -e.

entsühnen expiāre.

entweder ... oder aut ... aut; vel ... vel.

entwenden auferre; heimlich ~ surripere.

entwickeln explicāre.

entwischen (*entfliehen*) effugere, fugam capere (*od.* petere), in fugam sē conicere.

entziehen (*aberkennen*) abrogāre; (*entreißen*) ēripere, adimere, subdūcere, subtrahere.

entzücken dēlectāre.

entzünden īnflammāre.

entzweien abaliēnāre.

er, sie, es (*betont*) is, ea, id.

erbarmen: sich ~ miserērī.

erbauen aedificāre, cōnstruere.

Erbe *m* hērēs, -ēdis *m.*

Erbgut patrimōnium *n.*

erbitten petere.

erbittert (*Schlacht*) acer, -cris, -cre; īrātus, īrā incēnsus; (*feindselig*) īnfēnsus; ~ werden īrā incendī.

erbeuten capere.

erblicken cōnspicere, spectāre, cōnspicārī.

erbrechen (*aufbrechen*) effringere (*pf.* effrēgī, *P.P.P.* effrāctus). [-ūs *m.*]

Erdbeben terrae mōtus,/

Erdboden solum *n*, humus *f*; dem ~ gleichmachen solō (ad)aequāre.

Erde terra *f*, tellūs, -ūris *f*; aus ~ terrēnus.

erdenken cōgitāre.

erdichten fingere.

Erdkreis orbis *m* terrārum.

Erdreich humus, -ī *f*, tellūs, -ūris *f*.

erdrücken opprimere.

erdulden perpetī, tolerāre.

ereignen: sich ~ accidere, ēvenīre, fierī, contingere.

Ereignis rēs, reī *f*, ēventus, -ūs *m*.

ereilen (*Tod*) obruere.

ererbt (*von den Ahnen*) patrius.

erfahren[1] *adi.* perītus, gnārus.

erfahren[2] (*Verb*) accipere, cōgnōscere, experīrī, comperīre, certiōrem fierī; ich erfahre certior fīō.

Erfahrung ūsus, -ūs *m*, perītia *f*, scientia *f*.

erfassen percipere.

Erfindung inventiō, -ōnis *f*, inventum *n*.

Erfolg ēventus, -ūs *m*, successus, -ūs *m*; Erfolge rēs gestae *f/pl.*; ~ haben in prōficere (prōgredī) in.

erfolglos frūstrā.

erforschen explōrāre, investīgāre, exquīrere, scrūtārī, perspicere.

erfragen quaerere (aliquid ex, ab, dē aliquō).

erfreuen afficere, gaudiō afficere, laetitiam parāre; sich s-s Lebens ~ fruī vītā.

erfreulich iūcundus.

erfrischen recreāre.

erfüllen (*mit Lärm, Freude, Sorgen, Ruhm*) implēre, complēre; (*e-e Hoffnung*) explēre; s-e Pflicht ~ officiō fungī, officium praestāre (servāre, explēre); j-n mit Bewunderung ~ alqm admīrātiōne imbuere.

ergänzen supplēre.

ergeben dēdere; sich ~ sē dēdere (*od.* trādere).

Ergebnis ēventus, -ūs *m*, exitus, -ūs *m*.

ergötzen delectāre.

ergreifen captāre, capere, capessere, (com)prehendere, dēprehendere; (*seelisch*) ~ (animōs) (com)movēre.

Erhabenheit māiestās, -ātis *f*.

erhalten (*bewahren*) continēre, (cōn)servāre; (*beibehalten, die Freiheit behaupten*) obtinēre; (*empfangen*) accipere, nancīscī; ~ bleiben cōnservārī; ~ sein exstāre, manēre.

erhaschen captāre.

erheben tollere; sich ~ exorīrī, (ex)surgere.

erheblich valdē *adv.*

erheitern dēlectāre.

erhoffen spērāre.

erhöhen augēre.

erholen: sich ~ sē recreāre, sē reficere, recreārī; (= sich sammeln) sē colligere.

Erholung ōtium *n*, quiēs, -ētis *f*.

erhören exaudīre.

erinnern: ~ an (ad)monēre dē; sich ~ meminisse, reminiscī, recordārī.

Erinnerung memoria *f*, recordātiō, -ōnis *f*.

erkennen intellegere, (cog-) nōscere.

Erkenntnis cognitiō, -ōnis *f*.

erklären (*etwas Unklares*) explicāre; (*äußern, darlegen, kundtun*) dēclārāre, dicere, affirmāre, expōnere, prōpōnere; (*den Krieg*) indīcere; ~ für etwas iūdicāre.

erklettern, erklimmen ascendere.

erklingen sonāre (*pf.* sonuī, *P. fut.* sonātūrus).

erkranken in morbum incidere.

erkunden explōrāre.

erkundigen: sich ~ percontārī, rogāre, quaerere, inquīrere, explōrāre.

erlangen adipiscī, assequī, cōnsequī; (*durch Zufall*)

nancīscī; (*durch Bitten*) impetrāre; zu ~ suchen petere; wieder ~ recuperāre.

Erlaß ēdictum *n*.

erlauben concēdere, permittere; es ist erlaubt licet.

Erlaubnis licentia *f*.

erlaubt sein licēre.

erlaucht illūstris, -e.

erleben experīrī, vidēre.

Erlebnis rēs, reī *f*, ēventus, -ūs *m*.

erledigen cōnficere, trānsigere; expedīre.

erlegen necāre, interficere.

erleichtern levāre.

erleiden patī, perpetī, perferre; e-e Niederlage (*Kränkung*) ~ clādem (iniūriam) accipere; erlittenes Unrecht illāta iniūria *f*.

erlernen percipere.

erlesen (*Speise*) exquīsītus.

erleuchten illūstrāre, collūstrāre.

erlöschen *intr.* exstinguī.

erlosen sortīrī.

erlösen redimere, līberāre (ā).

ermächtigen potestātem dare.

ermahnen (ad)monēre, (ad-) hortārī, cohortārī.

ermattet fessus, fatīgātus.

ermessen ēmētīrī (*pf.* ēmēnsus sum).

ermorden necāre, interficere, occīdere, trucīdāre.

Ermordung caedēs, -is *f*, interfectiō, -ōnis *f*; *auch* *durch*: occīsus (*vollzogen*); occīdendus (*bevorstehend*).

ermüden fatīgāre.

ermuntern adhortārī, admonēre.

Ermunterung adhortātiō, -ōnis *f*, admonitiō, -ōnis *f*.

ermutigen cōnfirmāre, ērigere.

ernähren alere, nūtrīre.

Ernährer nūtrītor, -ōris *m*.

Ernährerin nūtrīx, -īcis *f*.

ernennen creāre.

erneuern renovāre, redintegrāre.

Ernst *m* gravitās, -ātis *f*, sevēritās, -ātis *f*; (*Vorname*) Ernestus *m*.

ernst gravis, -e; sevērus.

ernten metere (metō, *pf*. messem fēcī, *P.P.P.* messus); *fig*. percipere.

erobern expūgnāre, capere, potīrī.

Eroberung: nach der ~ Galliens post Galliam expūgnātam; Galliā expūgnātā.

eröffnen aperīre.

erörtern disserere, tractāre, disputāre.

erproben probāre, experīrī.

erquicken recreāre, dēlectāre.

erregen excitāre (*z. B.* admīrātiōnem alicis), incitāre, (per)movēre, concitāre; heftig ~ sollicitāre.

erreichen assequī, cōnsequī; (*durch Anstrengung*) adipīscī; (*durch Zufall*) nancīscī; (*durchsetzen*) effice-

re; (*durch Bitten*) impetrāre; (*gleichkommen*) adaequāre *acc.*; zu ~ suchen petere; erreicht werden attingī, capī; *durch* fierī.

errichten exstruere, cōnstruere, cōnstituere, ērigere, aedificāre.

erringen (com)parāre; e-n Sieg ~ victōriam parere (ex) *od.* reportāre (ā).

erschaffen creāre.

erschallen personāre.

erscheinen (*sichtbar werden*) appārēre; (*ankommen*) advenīre; (*scheinen*) vidērī.

Erscheinung speciēs, -ēī *f*; schreckliche ~ mōnstrum *n*, prōdigium *n*.

erschlagen necāre, trucīdāre, percutere, opprimere, occīdere.

erschöpfen exhaurīre.

erschöpft cōnfectus, exhaustus, dēfatīgātus.

Erschöpfung fatīgātiō, -ōnis *f*, lassitūdō, -inis *f*.

erschrecken *trans*. (per)terrēre; *intr*. terrērī, extimēscere, horrēscere.

erschrocken perterritus.

erschüttern perturbāre, percellere, concutere, percutere, labefacere; (*seelisch*) commovēre.

ersehnen dēsīderāre.

ersinnen fingere, mentīrī.

erst (*endlich*) dēmum; ~ wenn nōn antequam (*od.* priusquam).

erstarken convalēscere, cōnfirmārī, corrōborārī.

erstarren concrēscere, torpēscere (*pf.* torpuī).

erstatten: Bericht ~ renūntiāre, referre.

Erstaunen: in ~ setzen obstupefacere.

erstaunlich mīrābilis, -e.

erstechen trānsfīgere, interficere.

ersteigen cōnscendere.

erster prīmus, prīnceps, -ipis; ~ Monatstag Kalendae *od.* Calendae *f/pl.*; zum ersten Mal prīmum.

erstklassig prīmārius.

erstreben appetere *acc.*, studēre *dat.*, sequī *acc.*

erstrecken: sich ~ pertinēre, patēre.

erstürmen expūgnāre.

ertappen dēprehendere.

ertönen sonāre; (*Instrument*) canere; e-e Trompete ertönt tuba canit.

ertragen tolerāre, sustinēre, (per)ferre, perpetī.

Ertragen patientia *f*.

ertragreich fēcundus, fertilis, frūctuōsus.

erwachsen adultus; nicht ~ impūbis, -e.

erwägen dēlīberāre, pendere.

Erwägung cōgitātiō, -ōnis *f*, dēlīberātiō, -ōnis *f*.

erwähnen (com)memorāre, mentiōnem facere (alcis reī).

erwärmen calefacere.

erwarten exspectāre, opperīrī.

Erwarten: wider ~ contra

(*od.* praeter) opīniōnem, praeter exspectātiōnem; inopīnāns, -antis (*Beziehung!*); wider ~ schnell opīniōne (exspectātiōne) celerius.

Erwartung spēs, speī *f*; exspectātiō, -ōnis *f*.

erweisen: Ehre ~ honōrem habēre *od.* tribúere *dat.*, honōre afficere *acc.*; j-m Wohltaten erweisen beneficia cōnferre (praestāre) in alqm, alqm beneficiīs afficere, beneficia dare (*od.* tribúere) alcī; sich ~ als sē praebēre, (*nur lobend*) sē praestāre (*beide mit dem acc.*).

erweitern propāgāre, amplificāre.

Erwerb quaestus, -ūs *m*.

erwerben (com)parāre, sibi comparāre, (sibi) párere, assequī, cōnsequī, acquīrere, conciliāre; sich Gunst ~ conciliāre sibi grātiam.

erwidern respondēre.

erwürgen strangulāre.

Erz aes, aeris *n*.

erzählen (von) narrāre (dē).

Erzählung fābula *f*, narrātiō, -ōnis *f*, narrātiuncula *f*.

erzeugen gignere, párere, creāre.

Erzeugung prōcreātiō, -ōnis *f*.

erziehen ēducāre, ērudīre.

Erzieher praeceptor, -ōris *m*, paedagōgus *m*, magister, -trī *m*.

Erziehung ēducātiō, -ōnis *f.*

erzittern contremīscere (*pf.* contremuī).

erzürnt īrātus.

Esel asinus *m.*

Eselchen asellus *m.*

Eseltreiber asinārius *m.*

Essen *n* cēna *f.*; ~ bereiten (machen) cēnam parāre.

essen cēnāre; edere, mandūcāre, vescī (*ohne part.*).

Essig acētum *n.*

Etrusker *pl.* Etrūscī *m/pl.*

etwa (*Fragesatz*) num; oder ~? an? (*fast*) ferē; ~ folgendes haec ferē.

etwas aliquid; (*ein wenig*) paulum.

euch *dat.* vōbīs; *acc.* vōs; mit ~ vōbīscum.

euer vester, -tra, -trum.

ewig aeternus, sempiternus.

exerzieren *intr.* exercērī.

Exil exilium *n.*

F

Fabel fābula *f.*

Fabrik officīna *f.*

Fachausdruck terminus technicus *m.*

Fackel fax, facis *f.*

Faden fīlum *n.*

Fähigkeit facultās, -ātis *f.*, potestās, -ātis *f.*

Fahne vexillum *n*, signum mīlitāre *n*; die ~ aufstellen vexillum prōpōnere.

Fahneneid sacrāmentum *n.*

Fahnenträger signifer, -erī *m.*

fahren *intr.* vehī, proficīscī; (*zu Schiff*) nāvigāre; *trans.* (*transportieren*) vehere.

Fahrt cursus, -ūs *m*; eine ~ (*mit dem Schiff*) machen nāvigāre.

Fahrzeug vehiculum *n*; (*Schiff*) nāvigium *n.*

Fall cāsus, -ūs *m*; (*Sturz*) lāpsus, -ūs *m.*

Falle īnsidiae *f/pl.*; in e-e ~ gehen in īnsidiās incidere.

fallen (*auch: getötet werden*) cadere; (*gleiten*) lābī; (*im Kampf*) necārī.

fällen caedere.

Fallgrube fovea *f.*

fällig dēbitus.

falls (*wenn*) sī.

falsch falsus.

fälschlich *adv.* falsō.

Familie familia *f.*

Familienname nōmen *n* gentilicium (*od.* patrium).

Familienvater pater familiās *m.*

fangen captāre, capere, dēprehendere, comprehendere.

Farbe color, -ōris *m.*

färben tingere.

Faß dōlium *n.*

fassen: e-n Plan ~ (*ergreifen*) comprehendere; capere; cōnsilium capere *od.* inīre.

Fassung (*Gleichmut*): mit ~ tragen aequō animō ferre; sich aus der ~ bringen lassen perturbārī.

fast bei Zahlen: ferē (nach-gest.); paene (vorgest.).

faul piger, -gra, -grum, ignāvus.

Faulheit pigritia f, ignāvia f.

Faulpelz ignāvus m, piger m.

Februar (mēnsis) Februārius m.

Fechter gladiātor, -ōris m.

Fechterspiel lūdus gladiātōrius m, mūnus gladiātōrium n.

Feder penna f.

federleicht pennā levior.

fegen pūrgāre.

Fehde: innere ~ discordia interna f.

fehlen (nicht da sein) abesse; (vermißt werden) dēesse; (schwinden) dēficere; (sündigen) peccāre; es fehlt an etwas alqd dēficit; es fehlt nicht viel daran, daß nōn multum abest, quīn coni.

Fehler error, -ōris m; (Schaden; Laster) vitium n; (Fehltritt) peccātum n; mir unterläuft ein ~ errō (od. peccō).

feierlich sollemnis, -e; ~es Opfer sacrificium sollemne n.

Feierlichkeit caerēmōnia f.

feiern celebrāre; (preisen) praedicāre; ein Fest ~ diem festum agere; e-n Triumph ~ triumphum agere.

Feiertage fēriae f/pl.

feige ignāvus.

Feigheit ignāvia f.

fein tenuis, -e; (geschmack-voll, fein gebildet) polītus.

Feind (Landesfeind) hostis m; (persönlicher ~) inimicus m; allg. adversārius m.

feindlich inimicus, infestus; oft durch gen. pl.: hostium.

Feindschaft inimicitiae f/pl.

Feindschaft inimicitiae f/pl.; in ~ leben mit inimicitiās gerere od. exercēre cum abl.

feindselig infēnsus.

Feinheit ēlegantia f.

Feld ager, -grī m, campus m; (= Krieg) ins ~ ziehen ad bellum proficīscī; im ~ (= in der Schlacht) schlagen aciē vincere.

Feldfrüchte frūgēs, -um f/pl.

Feldherr imperātor, -ōris m, dux, ducis m.

Feldherrnkunst ars imperātōria f.

Feldherrnzelt praetōrium n.

Feldlager castra, -ōrum n/pl.

Feldmaus mūs (gen. mūris) rūsticus m.

Feldmesser mēnsor, -ōris m.

Feldschlacht aciēs, -ēī f.

Feldzeichen signum n.

Feldzug expedītiō, -ōnis f.

Fell pellis, -is f.

Fels(en) saxum n, rūpēs f.

Felsentür porta saxea f.

Fenster fenestra f.

Ferien fēriae f/pl.

fern alqd. longinquus; adv. (auch: aus der Ferne) procul; (aus weiter Ferne) ē longinquō; ~ der Heimat procul ā domō.

fernhalten arcēre, prohibēre; **sich ~** (sē) abstinēre
abl.

fertigen fabricārī, cōnficere.

fertigmachen parāre, expedīre.   [ficere.]

fertigstellen perficere, cōn-

Fessel vinculum *n.*

fesseln vincīre.

Fest fēstum *n.*

fest (= stark) firmus; solidus, stabilis, -e.

festbinden vincīre, alligāre.

festgesetzt: am ~en Termin
diē certā.

festhalten tenēre, retinēre,
obtinēre.

festhängen haerēre.

festigen firmāre, mūnīre.

Festigkeit stabilitās, -ātis *f*;
auch fig. firmitās, -ātis *f*;
nur fig. cōnstantia *f.*

Festland terra continēns *f.*

festlegen sancīre.

Festland terra continēns *f.*

festlegen sancīre.

festnehmen comprehendere.

festschnüren astringere.

festsetzen (= bestimmen)
statūere, cōnstituēre, sancīre.

festsitzen haerēre.

feststehen: es steht fest
cōnstat.

Festtag diēs fēstus *m.*

Festung oppidum mūnītum
n.

Festzug pompa *f.*

fett pinguis, -e.

Feuer ignis, -is *m*; **mit ~ und**
Schwert ferrō ignīque,
flammā ferrōque.

feurig (*stürmisch*) ācer,
ācris, ācre; alacer, -cris,
-cre; (*glühend*) īgneus.

Feuersbrunst incendium *n.*

Feuerstätte focus *m.*

Feuerungsanlage hypocau-
stum *n.*

Fibel (*Spange*) fībula *f.*

Fichte pīnus, -ūs *od.* -ī *f.*

Fieber(anfall) febris, -is *f.*

Figur: geometrische ~ fōrma geōmetrica *f.*

finden (*zufällig*) invenīre;
(*durch Suchen*) reperīre;
den Tod ~ mortem obīre;
sich ~ durch das Leben;
(*halten für*) putāre, aestimāre.

Finger digitus *m.*

Fingernagel unguis, -is *m.*

Fisch piscis, -is *m.*

fischen piscārī.

Fischer piscātor, -ōris *m.*

Fläche aequor, aequoris *n.*

flackern flagrāre.

Flamme flamma *f*; **in ~n**
aufgehen dēflagrāre, cōn-
flagrāre; **in ~n stehen** ardēre.

Flanke latus -eris *n*, cornū,
-ūs *n*; **auf beiden ~n ab**
utrōque latere.

Fleck macula *f.*

flehen: ~ zu j-m implōrāre
alqm.

flehend supplex, -icis.

Fleisch carō, carnis *f.*

Fleiß industria *f*, studium
n.

fleißig sēdulus, impiger,
-gra, -grum, industrius,
dīligēns, -entis, assiduus.

flicken sarcīre (sarciō, sarsī, sartus).

Fliege musca *f*.

fliegen volāre.

fliehen fugere, fugae sē mandāre, tergum vertere.

fließen mānāre, flúere.

flink prōmptus.

Floß ratis, -is *f*.

Flöte tibia *f*, (h)arundō, -inis *f*; ~ blasen tibiā canere.

Flotte classis, -is *f*.

Flucht fuga *f*; die ~ ergreifen fugam capessere, fugere; sich zur ~ wenden fugae sē mandāre; in die ~ schlagen fugāre, fundere, in fugam vertere.

flüchten cōnfugere.

flüchtig fugitīvus, fugāx, -ācis.

Flüchtling prófugus *m*, fugitīvus *m*, fugiēns, -ientis *m*.

Flügel (*des Heeres*) cornū, -ūs *n*; āla *f*; (*vom Vogel*) āla *f*.

Fluß fluvius *m*, flūmen, -inis *m*, amnis, -is *m*.

flüssig: ~ machen liquefacere.

Flut fluctus, -ūs *m*, aestus, -ūs *m*.

folgen sequī *acc.*; (= an die Stelle treten, in der Regierung, im Amt, als Nachfolger) succēdere *dat.*; (*gehorchen*) obtemperāre, pārēre, obsequī, oboedīre.

folgend (*f*) posterus, secundus; der folgende Tag posterus diēs; am folgen-

den Tage postrīdiē, posterō diē; folgende Worte haec verba *n*/*pl.*

folgendes hoc, haec.

folglich ergō; igitur (*nachgest.*).

Folter tormentum *n*.

foltern torquēre (torqueō, torsī, tortus).

fordern postulāre, pōscere, exigere, flāgitāre; vor Gericht ~ in iūs vocāre; arcessere (*wegen* Verrats prōditiōnis).

fördern (ad)iuvāre, augēre; favēre *dat.*

Forderung postulātum *n*, id quod postulāmus.

Form fōrma *f*, speciēs, -ēī *f*.

Formel fōrmula *f*.

formen fōrmāre.

formulieren concipere, cōnscrībere, scrībere.

Forschung: wissenschaftliche ~ rērum cognitiō atque doctrīna *f*.

fort: in einem ~ semper.

Fortbestand: der ~ des Staates salūs *f* reī pūblicae.

fortbewegen āmovēre.

fortfahren (*etwas zu tun*) persevērāre, pergere.

fortfliegen āvolāre.

fortgehen, fortlaufen discēdere.

fortnehmen adimere.

fortpflanzen propāgāre.

fortschaffen āmovēre, asportāre.

fortschleppen raptāre, abstrahere.

Fortschritt prŏgressus, -ūs
m; ~e machen prŏfícere.
fortstoßen ämovēre.
fortwährend continuō.
fortziehen intr. discēdere.
fragen (inter)rogāre, quaerere (ex, ā), sciscitāri, per-
contāri; um Rat ~ cōnsu-
lere.
Frau fēmina f, mulier, -is f;
(Ehe♀) uxor, -ōris f, co-
niux, -iugis f; junge ~ vir-
gŏ, -inis f.
frech protervus, petulāns,
-antis.
Frechheit audācia f.
frei līber, -era, -erum; ~ sein
vacāre; ~ Zeit ōtium n.
Freier procus, -ī m.
freigebig largus, līberālis,
-e.
Freigebigkeit līberālitās,
-ātis f.
frei geboren ingenuus.
Freigelassener lībertus m.
Freiheit (ssinn) lībertās,
-ātis f.
freiheitsliebend lībertātis
amāns.
freikaufen redimere; sich ~
sē redimere.
freilassen (Sklaven) manū-
mittere, dīmittere.
freilich (zwar) quidem (nachgest.); ~ (aber, dennoch) vērō,
quamquam, tamen; (für
süddeutsch „ja") immō.
freimachen (befreien) expedīre.
freimütig līber, -era, -erum;
adv. līberē.
freisprechen: von der Todes-

strafe ~ capitis absolvere;
j-n von s-m Verbrechen ~
alqm scelere solvere.
Freistaat lībera rēs pūblica f.
freiwillig adi. voluntārius;
adv. meā (tuā, suā usw.)
sponte, ultrō.
fremd (nicht eigen) aliēnus;
(auswärtig) peregrīnus; ~e
Sprache peregrīna lingua
f, sermō externus m.
fremdartig aliēnus.
Fremde f: in der ~ péregrē.
Fremder m peregrīnus m,
hospes, -itis m.
Fremdling hospes, -itis m.
fressen dēvorāre.
Freude (äußere) laetitia f;
(innere) gaudium n; ~
machen dēlectāre, gau-
dium (od.laetitiam) afferre
(od. parāre); es macht mir
~ iuvat mē, mihi gaudiō
est; ~ haben an sē dēlec-
tāre abl., dēlectārī abl.,
voluptātem (od. gaudium)
capere ex.
freudig alacer, -cris, -cre;
laetus.
freuen: sich ~ laetārī abl.,
gaudēre abl., dēlectārī abl.;
sich sehr ~ laetitiā exsultāre; es freut mich iuvat
mē.
Freund amīcus m; vertrauter ~ familiāris m.
Freundin amīca f.
freundlich benīgnus, blandus, cōmis, -e.
Freundlichkeit cōmitās,
-ātis f.

Freundschaft amīcitia *f*;
~en schließen amīcitiās
conciliāre.

freundschaftlich familiāris,
-e; in ~em Verkehr mit
j-m stehen aliquō familiāriter ūtī.

Frevel nefās *indecl.*, scelus,
-eris *n.*

frevelhaft nefārius.

Freveltat scelus, eris *n.*

frevlerisch scelestus, scelerātus.

Friede pāx, pācis *f*; ~en
schließen pācem facere.

friedlich placidus.

frieren algēre (algeō, alsī, -).

frisch recēns, -entis, novus.

Friseur tōnsor, -ōris *m.*

fristen: sein Leben ~ vītam
tolerāre.

froh(gemut) laetus.

fröhlich laetus.

frohlocken (laetitiā) exsultāre.

fromm pius, religiōsus.

Frömmigkeit pietās, -ātis *f*;
religiō, -ōnis *f.*

Frosch rāna *f.*

Frost frīgus, -oris *n.*

Frucht frūctus -ūs *m.*

fruchtbar fertilis, -e, frūgi-
fer, -era, -erum, fēcundus,
ferāx, -ācis.

Früchte (*Feld*²) frūgēs, -um
f/pl.; *sonst*: frūctūs, -uum
m/pl.

fruchttragend frūgifer, -era,
-erum.

früh *adv.* māne, prīmā lūce,
prīmō dīlūculō.

Frühe *f*: in der ~ māne; in

aller ~ bene māne, prīmā
lūce.

früher *adi.* prior, -ōris; *adv.*
ante(ā), prius; viel ~ mul-
tō ante.

Frühling vēr, vēris *n.*

frühmorgens māne, prīmā
lūce, bene māne.

Frühstück prandium *n.*

frühstücken ientāre.

frühzeitig *adv.* māne, prīmā
lūce, prīmō dīlūculō, mā-
tūrē; *adi.* praemātūrus,
immātūrus, mātūrus.

Fuchs vulpēs, -is *f.*

Fügung: durch göttliche ~
dīvīnitus *adv.*

fühlen sentīre.

führen dūcere *acc.*, praeesse *dat.*; Krieg ~ bellum
gerere, bellāre; ein Leben
~ vītam agere (*od.* vīvere);
Worte im Munde ~ verba
in ōre habēre; zu weit ~
longum esse; über e-n
Fluß ~ trādūcere; Ge-
spräche ~ colloquia habēre;
e-e Diktatur ~ dictātūram
gerere; die Straße führt
(nach) via fert; den Oberbefehl ~ praeesse *dat.*

Führer(in) *m* dux, ducis
m (*f*).

Führung prīncipātus, -ūs
m; unter j-s ~ imperiō
(ductū *od.* auspiciīs) alcis,
aliquō duce.

Fülle cōpia *f*, abundantia *f.*

füllen complēre.

Fundament fundāmentum
n.

fünfmal quīnquiēs.

fünfter quīntus.

fünfzehn quīndecim.

für *durch den bloßen dat.*; *(zum Schutz; an Stelle von)* prō *abl.*

Furcht timor, -ōris *m*, metus, -ūs *m*; ~ haben = fürchten; in ~ geraten extimēscere; in ~ und Schrecken setzen perterrēre.

furchtbar atrōx, -ōcis, horribilis, -e, terribilis, -e

fürchten (re)formīdāre, timēre, metuere, verērī; sich ~, daß timēre, metuere, verērī, nē *coni.*

furchtlos impavidus.

furchtsam timidus, pavidus.

Fürsorge cūra *f*, cūrātiō, -ōnis *f*.

Fürst prīnceps, -ipis *m*, rēgulus *m*.

Furt vadum *n*.

fürwahr equidem, sānē, vērō.

Fuß pēs, pedis *m*; zu ~ pedibus; *adi.* pedester, -tris, -tre; am ~e der Alpen sub Alpibus; am ~e der Burg sub arce; auf vertrautem ~ mit j-m stehen familiāriter ūtī alqō.

Fußmarsch iter pedestre *n*.

Fußsoldat pedes, -itis *m*.

Fußspur vestīgium *n*.

Fußtruppen peditēs, -um *m/pl.*, cōpiae pedestrēs *f/pl.*

Fußvolk peditātus, -ūs *m*.

Futter pābulum *n*, cibus *m*, ēsca *f*; ~ holen pābulārī.

G

Gabe dōnum *n*.

Gabel furca *f*.

gackern clāmāre.

Gallien Gallia *f*.

Gallier Gallus *m*.

Gans ānser, -eris *f*.

ganz omnis, -e, tōtus, cūnctus, ūniversus; *adv.* ~ glücklich sein ex omnī parte beātum esse; ~ und gar omnīnō, admodum; ~ alt veterrimus; ~ verwirren perturbāre.

gänzlich plānē, prōrsus.

garstig foedus.

Garten hortus *m*.

Gartenblume flōs *m* hortī.

Gast convīva *m*, hospes, -itis *m*.

Gastfreund hospes, -itis *m*.

gastfreundlich hospitālis, -e.

Gastfreundschaft hospitium *n*.

Gasthaus taberna *f*.

Gastmahl convīvium *n*.

Gatte coniux, -iugis *m*, marītus *m*.

Gattin coniux, -iugis *f*, uxor, -ōris *f*.

Gattung genus, -eris *n*.

Gau pāgus *m*.

Gaul equus *m*.

geachtet ~e Stellung dignitās, -ātis *f*.

Geächteter is, cui aquā et igni interdictum est; prōscriptus m.

gebärden: sich ~ sē gerere, sē praebēre.

gebären párere, parturīre (pf. parturīvī u. parturiī).

Gebäude aedificium n.

Gebeine ossa, ossium n/pl.

Gebell lātrātus, -ūs m, clāmor, -ōris m.

geben dare; es gibt est bzw. sunt; Befehl ~ imperāre; sich Mühe ~ operam dare; es gibt Leute, die sunt quī coni.

Gebiet agrī m/pl., regiō, -ōnis f, fīnēs, -ium m/pl.

gebieten imperāre.

Gebieter dominus m.

Gebieterin domina f.

gebildet ērudītus, excultus, doctus, polītus.

Gebirge montēs, -ium m/pl.

Gebirgs... montānus adi.

geboren nātus m.; ~ werden nāscī.

Gebot praeceptum n.

Gebrauch ūsus, -ūs m.

gebrauchen ūtī abl., ūsurpāre acc., adhibēre acc.

gebräuchlich ūsitātus.

gebrechlich dēbilis.

gebrochen (erschöpft) cōnfectus, fatigātus.

Gebrüll clāmor, -ōris m.

gebührend iūstus.

Geburtstag (diēs) nātālis m; ~ feiern diem nātālem agere.

Gedächtnis memoria f; im ~ behalten (od. haben) me-

moriā tenēre; aus dem ~ memoriter.

Gedanke cōgitātiō, -ōnis f, sententia f.

gedeihen crēscere.

gedenke! mementō!

gedenken meminisse, reminīscī, recordārī.

Gedenkstein monumentum n.

Gedicht carmen, -inis n.

gediegen solidus.

Gedränge turba f, tumultus, -ūs m.

Geduld patientia f.

geduldig patiēns, -entis; ~e Beharrlichkeit patientia f.

geehrt honōrātus.

geeignet aptus, idōneus.

Gefahr perīculum n, discrīmen, -inis n; in ~ geraten venīre in perīculum; ~ laufen perīclitārī; ~ auf sich nehmen perīculum subīre; in ~ schweben in perīculō esse.

gefährlich perīculōsus; (feindlich bedrohend) īnfestus.

Gefährte socius m, comes, -itis m, sodālis, -is m.

Gefallen ~ an ~ tun grātum facere; ~ finden (od. haben) an durch placēre nom.; gaudēre, laetārī, dēlectārī alle mit d. abl.

gefallen[1] placēre.

gefallen[2] (tot) mortuus, interfectus.

gefangen captus, captīvus.

gefangennehmen capere.

Gefangener captīvus m.

Gefangenschaft captīvitās, -ātis *f*; in ~ geraten capī.

Gefängnis carcer, -eris *m*, vincula, -ōrum *n*/*pl*.; ins ~ werfen in vincula conicere.

Gefäß vās, vāsis *n* (*pl*. vāsa, -ōrum).

Gefecht proelium *n*.

gefeiert celeber, -bris, -bre.

Gefühl sēnsus, -ūs *m*; kein ~ haben nihil sentīre.

gegen (*freundlich*) ergā *acc*.; (*feindlich*) contrā *acc*.; (*ungefähr*) circā *acc*.; (*freundlich od. feindlich*) in *acc*., adversus *acc*.; verteidigen ~ dēfendere ā (ab); ~ j-s Willen *durch* invītus.

Gegend regiō, -ōnis *f*, loca *n*/*pl*.

Gegenschlag: e-n ~ führen opprimere.

Gegenstand rēs, reī *f*.

Gegenteil: im ~ immō; ē contrāriō.

gegenüber *prp.* contrā *acc*.; mir ~ in (ergā) mē.

Gegenwart praesentia *f*; in ~ von cōram *abl*.

gegenwärtig praesēns, -entis.

Gegner adversārius *m*.

gegrüßt: sei ~! salvē! sed; ~! salvēte!

gehässig invidus.

geheim occultus; *adv.* clam.

Geheimnis sēcrētum *n*.

Geheiß: auf ~ iussū.

gehen incēdere, īre, meāre, vādere; es geht mir gut valeō; bene mihi est; geht

es noch gut? satisne salvē (*sc.* agis)?; ins Haus ~ domum intrāre; zu Werke ~ (rem) agere.

Gehilfe minister, -trī *m*.

Gehöft aedificium *n*, vīcus *m*.

Gehör: ~ schenken aurēs praebēre.

gehorchen obtemperāre, pārēre, oboedīre, obsequī.

gehören esse *mit dem dat.*; *bei Betonung des Besitzers* steht *der gen.*; *zum Lebensunterhalt* ~ pertinēre (opus esse) ad victum; sich decet, oportet, convenit; est *mit dem dat.*; es gehört sich für mich mōrum est.

gehörig *adv.* rīte.

Geisel (*Gefangener als Bürge*) obses, obsidis *m*.

Geist ingenium *n*, animus *m*, mēns, mentis *f*, ratiō, -ōnis *f*; spīritus, -ūs *m*; den ~ aufgeben animam efflāre; ~er der Verstorbenen mānēs, mānium *m*/*pl*.

geistreich māgnī ingeniī.

geistvoll: ~e Redeweise sermō facētus (subtīlis, acūtus) *m*.

Geiz avāritia *f*.

Geizhals homō avārus *m*.

geizig avārus *m*.

gekräftigt: ~ werden convalēscere (*pf.* convaluī).

Gelächter rīsus, -ūs *m*.

Gelage convīvium *n*.

Gelände loca *n*/*pl*.

gelangen pervenīre.

gelaufen: ~ kommen advoläre.

gelb flāvus.

Geld pecūnia f, aes, aeris n; viel ~ māgna pecūnia, multum pecūniae.

Geldbetrag pecūnia f.

geldgierig pecūniae avidus.

Geldmünze nummus m.

Geldsumme: gewaltige ~ grandis (od. permāgna) pecūnia f.

Geldstrafe: mit e-r ~ belegen pecūniā multāre.

Geldstück nummus m.

gelegen situs; günstig ~ opportūnus; höher ~ altior; mir ist (daran) ~ meā interest; ~ kommen bene (opportūnē, commodē) accidere.

Gelegenheit occāsiō, -ōnis f, facultās, -ātis f; e-e ~ bietet sich occāsiō offertur (datur).

Gelehrsamkeit doctrīna f.

gelehrt doctus.

Gelehrter homō (od. vir) doctus m.

geleiten prōsequī, comitārī.

Gelenk articulus m, artus, -ūs m.

gelernt id quod didicī.

gelingen contingere, prosperē ēvenīre.

geloben vovēre, spondēre.

gelten valēre; viel ~ (= Einfluß haben) multum valēre; (= wert sein) māgnī esse; (angesehen werden als) putārī, existimārī, iūdicārī, habērī, dūcī.

Gelübde vōtum n.

Gemach aedēs, -is f, conclāve, -is n.

gemächlich adi. quiētus.

Gemahlin uxor, -ōris f, coniux, -iugis f.

Gemälde pictūra f, tabula picta f.

gemäß secundum acc.

gemein (gemeinsam) commūnis, -e; der ~e Soldat mīles gregārius m.

Gemeinde cīvitas, -ātis f.

gemeinsam commūnis, -e; adv. ~ in ūnā cum.

Gemeinschaft societās, -ātis f.

Gemeinwesen (Staat) rēs pūblica f.

Gemeinwohl salūs pūblica (od. commūnis) f, salūs omnium f.

Gemetzel caedēs, -is f.

Gemüt animus m.

genau: ~ wissen nōn ignōrāre.

Genauigkeit diligentia f, cūra f, subtīlitās, -ātis f.

geneigt propitius; parātus (ad).

genesen convalēscere (pf. convaluī).

genial ingeniōsus.

genießen fruī abl., dēlectārī abl.; (haben) ūtī abl.

Genosse socius m.

Genossenschaft collēgium n.

genug satis; ~ Geld satis pecūniae.

Genüge: ~ leisten satisfacere dat.

genügen satis esse, sufficere.

genügend satis.

Genugtuung: ~ fordern rēs repetere.

Genuß dēliciae f/pl.; sich dem ~ hingeben voluptātibus sē trādere.

Genußsucht luxuria f, libīdō, -inis f, voluptātem cupiditās, -ātis f.

geöffnet: ~ werden patefierī.

Geometrie geōmetria f.

geordnet compositus.

Gepäck impedīmenta n/pl.

geprägt signātus.

gerade adi. rēctus; (adv. = genau, unmittelbar) ipse; ~ etwas tun factūrum esse; ~ deshalb ob id ipsum.

geradeaus: ~ gerichtet adi. prōrsus adi.

geradewegs rēctā viā, rēctō itinere.

geradezu (zur Verstärkung von Adjektiven) quīdam; e-e ~ bewundernswerte Tugend admīrābilis quaedam virtūs; e-e ~ unersättliche Begierde īnsatiābilis quaedam cupiditās.

Gerät īnstrūmentum n.

geraten pervenīre; in Gefahr ~ venīre in perīculum.

geratener: es ist ~ satius est.

geraubt raptus.

geräumig amplus.

Geräusch strepitus, -ūs m.

gerecht iūstus.

Gerechtigkeit iūstitia f, aequitās, -ātis f.

Gerede rūmor, -ōris m.

Gericht iūdicium n, forum

n; vor ~ (wo?) in iūdiciō; (wohin?) apud iūdicēs, in iūs; vor ~ stehen ante iūdicēs dēstitūtum esse; vor ~ stellen (ziehen, fordern) ante iūdicēs dēstitūere, in iūs vocāre, reum facere.

Gerichtshalle basilica f.

Gerichtstag diēs fāstus m.

Gerichtsverhandlung iūdicium n.

gering parvus, tenuis, -e, exiguus.

geringer dēterior, -ius.

Germane Germānus m.

Germanien Germānia f.

gern libenter; ~ haben amāre.

Geruch odor, -ōris m.

Gerücht fāma f, rūmor, -ōris m; häufig pl. rūmōrēs m/pl.

gesamt ūniversus, tōtus, cūnctus.

Gesamtheit summa f.

Gesandter lēgātus m; als Gesandten schicken lēgāre.

Gesandtschaft lēgātiō, -ōnis f.

Gesang cantus, -ūs m, canticum n; carmen, -inis n.

geschädigt: ~ werden damnum (dētrīmentum) capere.

Geschäft negōtium n, mūnus, -eris n; ~e treiben negōtia gerere.

geschehen fierī, accidere, ēvenīre; es geschieht, daß fit, ut; dadurch geschah es, daß quō factum est, ut; es ist geschehen um ∾ āctum est dē *abl.*

gescheit callidus, prūdēns.

Geschenk dōnum *n,* mūnus, -eris *n.*

Geschichte fābula *f;* (*Geschichtswerk*) historia *f,* rēs gestae *f/pl.;* römische ∾ rēs *f/pl.* populī Rōmānī; kleine ∾ fābella *f,* narrātiuncula *f.*

Geschichtsschreiber (rērum) scrīptor *m.*

Geschichtsschreibung historia *f.*

Geschick fortūna *f,* sors, sortis *f.*

Geschicklichkeit sollertia *f,* dexteritās, -ātis *f.*

geschickt sollers, -ertis, aptus, dīligēns, -entis.

Geschirr vāsa, -ōrum *n/pl.*

Geschlecht genus, -eris *n;* (*Volksstamm*) gēns, gentis *f.*

Geschlechts... gentīlicius *adi.*

Geschlechtsname gentīlicium nōmen, -inis *n.*

geschmackvoll ēlegāns, -antis.

Geschöpf animal, -ālis *n.*

Geschoß tēlum *n.*

Geschrei clāmor, -ōris *m;* ein ∾ erheben clāmōrem tollere.

Geschütz tormentum *n.*

geschützt tūtus.

geschwächt dēfatigātus, dēbilitātus.

geschwätzig loquāx, -ācis, garrulus.

geschwind *adi.* vēlōx, -ōcis; *adv.* citō, vēlōciter.

gesehnet faustus.

gesellen congregāre.

Gesellschaft societās, -ātis *f.*

Gesetz lēx, lēgis *f;* ein ∾ beantragen lēgem ferre.

gesetzlich lēgitimus.

Gesicht ōs, ōris *n;* vultus, -ūs *m;* zu ∾ bekommen cōnspicere.

Gesichtssinn (*Sehvermögen*) oculī *m/pl.,* sēnsus *m* videndī.

Gesinde familia *f.*

Gesinnung animus *m;* edle ∾ līberālitās, -ātis *f.*

gespannt intentus.

Gespräch sermō, -ōnis *m,* colloquium *n.*

Gestade lītus, -oris *n.*

Gestalt fōrma *f,* statūra *f,* figūra *f,* speciēs, -ēī *f.*

gestehen fatērī, cōnfitērī.

gestern herī.

Gestirn sīdus, -eris *n.*

gestorben mortuus.

gestrig hesternus.

gesund sānus, salvus; (*stark, kräftig*) validus; (*heilsam*) salūber, -bris, -bre; (*wieder*) ∾ werden (recon)valēscere; ∾ sein valēre, salvēre.

Gesundheit(*szustand*) valētūdō, -inis *f.*

Getöse strepitus, -ūs *m,* fragor, -ōris *m,* sonitus, -ūs *m.*

Getränk pōtiō, -ōnis *f.*

Getreide frūmentum *n;* ∾ holen frūmentārī.

Getreidespeicher horreum n.

Getreidevorrat rēs frūmentāria f.

gewachsen (*gleich stark*) pār, paris.

gewahren (= anschauen) intuērī.

gewähren praebēre.

gewährleisten servāre.

Gewahrsam: in ~ halten custōdīre.

Gewährsmann auctor, -ōris m.

Gewalt vīs f (*davon gibt es im sing. nur noch den acc.* vim *u. den abl.* vī; *pl.* vīrēs, vīrium *usw.*); (*Amts*2) potestās, -ātis f; diciō, -ōnis f; in seine ~ bringen in potestātem (*od.* in diciōnem) suam redigere; diciōnis suae facere; ~ antun vim īnferre *dat.*; oberste ~ summa f imperiī; ~ mit ~ vergelten vim vī referre; unumschränkte ~ potestās īnfīnīta.

Gewaltherrschaft dominātiō, -ōnis f, tyrannis, -idis f.   [m.]

Gewaltherrscher tyrannus

gewaltig ingēns, -entis, immēnsus, -a, -um, vehemēns, -entis, potēns, -entis.

gewaltsam adv. per vim; vī.

Gewand vestīmentum n, vestis, -is f.

Geweih cornua, -uum n/pl.

geweiht sacer, sacra, sacrum.

gewendet versus, -a, -um.

Gewicht pondus, -eris n.

Gewimmel turba f.

Gewinn lucrum n, quaestus, -ūs m.

gewinnen cōnsequī, (sibi) párere; (*z. B. Gunst*) conciliāre; die Legionen mit Geld für sich ~ sibi legiōnēs pecūniā conciliāre; e-n Sieg ~ victōriam párere.

gewiß certus.

Gewissen cōnscientia f.

gewissenhaft adi. dīligēns, -entis; adv. dīligenter.

Gewissenhaftigkeit dīligentia f, fidēs, fideī f.

gewissenlos impius.

gewisser: ein ~ quīdam (*meist nachgest.*), quaedam, quoddam; in gewissem Sinne quōdam modō.

gewissermaßen quasi.

gewogen: ~ sein favēre *dat.*

gewöhnen assuēfacere; sich ~ assuēscere, cōnsuēscere, suēscere, assuēfierī.

Gewohnheit mōs, mōris m, cōnsuētūdō, -inis f.

gewöhnlich durch solēre, cōnsuēvisse; adi. ūsitātus.

gewohnt assuēfactus, assuētus, cōnsuētus; nicht ~ īnsuētus; ~ sein solēre, cōnsuēvisse, assuēvisse.

geworden factus.

Gewürz condīmentum n.

gewürzt condītus.

geziemen: sich ~ decēre.

gezwungen coāctus.

Gier aviditās, -ātis f, cupiditās, -ātis f.

gierig avidus, cupidus gen.

gießen fundere (fundō, fūdī, fūsus).

Gift venēnum *n*; ~ nehmen venēnum haurīre.

Gipfel cacūmen, -inis *n*, summus vertex, -icis *m*.

Gladiator gladiātor, -ōris *m*.

Gladiatorenkampf mūnus gladiātōrium *n*.

Gladiatorenspiele lūdī gladiātōriī *m/pl*.

Glanz splendor, -ōris *m*.

glänzen splendēre, nitēre, fulgēre.

glänzend splendidus, prae-clārus, candidus, illūstris; (*sauber*) lautus.

Glas vitrum *n*.

gläsern vitreus.

Glaube fidēs, -eī *f*; religiō, -ōnis *f*; (*religiös*) opīniō *f* deōrum, fidēs *f*; ~n schenken fidem habēre, crēdere.

glauben putāre, crēdere, dūcere, arbitrārī, opīnārī, rērī, iūdicāre.

gleich aequus; (com)pār, *gen.* paris; aequālis, -e; *adv.* (= zu gleichen Teilen) aequīs partibus, pariter; (= sofort) statim, continuō, cōnfestim; *durch das umschreibende fut.*

gleichaltrig aequālis, -e.

gleichgültig (*gegen*) negle-gēns, -entis.

gleichkommen (ad)aequāre *acc.*

gleichmachen (ad)aequāre; dem Erdboden ~ solō aequāre.

Gleichmut aequus animus *m*.

gleichmütig *adv.* aequō ani-mō.

gleichsam quasi; ~, wie tamquam.

gleichwohl (at) tamen, quamquam *adv.*

gleichzeitig *adv.* simul.

gleiten lābī.

Glied membrum *n*.

Glück (= Geschick) fortū-na *f*; (= glücklicher Zu-stand) fēlicitās, -ātis *f*; (= günstige Verhältnisse) rēs secundae *f/pl.*; im ~ in rē-bus secundīs; ~ wünschen grātulārī.

glücken contingere; es glückt contingit, ut *coni.*

glücklich beātus; fēlix, -ī-cis; fortūnātus; (*günstig*) prosper(us); faustus; ganz ~ sein ex omnī parte beā-tum esse; ~ kämpfen rem bene gerere.

Glücksgüter fortūnae *f/pl.*, opēs *f/pl.*

Glückwunsch grātulātiō, -ōnis *f*.

glühen fervēre (*pf.* ferbuī), ardēre.

glühend (*heiß*) fervidus; igneus; ein ~er Patriot vir patriae amantissimus *m*.

Glut aestus, -ūs *m*, ardor, -ōris *m*.

Gnade clēmentia *f*, venia *f*.

gnädig propitius, clēmēns, -entis.

Gold aurum *n*.

golden aureus.

goldgelb flāvus.

Gönner fautor, -ōris *m.*

Gott deus *m.*

Götterbild simulācrum *n.*

Götterspruch fātum *n.*

Gottesdienst sacra *n/pl.*, rēs dīvīnae *f/pl.*, rēs dīvīna *f.*

gottesfürchtig religiōsus.

Gottverehrung religiō, -ōnis *f.*

Gottheit nūmen, -inis *n.*

Göttin dea *f.*

göttlich dīvīnus.

gottlos impius.

Gottlosigkeit impietās, -ātis *f.*

Grab (~denkmal, ~mal) sepulcrum *n*, monumentum *n.*

Graben fossa *f;* e-n ~ ziehen fossam dūcere (*od.* facere *od.* fodere).

graben fodere (fodiō, fōdī, fossus).

Grabhügel tumulus *m.*

Grabstein sepulcrum *n.*

Grad gradus, -ūs *m.*

Grammatik grammatica *f.*

Gras grāmen, -inis *n.*

gräßlich atrōx, -ōcis.

gratulieren grātulārī.

grau cānus.

grausam crūdēlis, saevus, trux, -ucis.

Grausamkeit crūdēlitās, -ātis *f,* saevitia *f.*

greifen (com)prehendere, capere; zu den Waffen ~ arma capere; zu einer List ~ dolum adhibēre.

Greis senex, senis *m.*

Greisen... *adi.* senīlis, -e.

Greisenalter senectūs, -ūtis *f.*

greisenhaft senīlis, -e.

Grenze fīnis *m*, terminus *m.*

grenzenlos īnfīnītus.

Grenznachbar fīnitimus *m.*

Grenzstein terminus *m.*

Grenzwall līmes, -itis *m.*

Grieche Graecus *m.*

Griechenland Graecia *f.*

griechisch Graecus *adi.*

Griffel stilus *m.*

Grille cicāda *f.*

grimmig ferōx, -ōcis, atrōx, -ōcis, saevus.

Groll īra *f.*

grollen suscēnsēre, īrāscī.

groß māgnus; so ~ tantus; wie ~ quantus; zu ~ nimius; māior, -ōris.

großartig māgnificus, splendidus.

Größe māgnitūdō, -inis *f;* (*Hoheit*) māiestās, -ātis *f.*

Großeltern avus et avia.

größer: māior, -ōris; ~ werden augērī.

Großgriechenland Magna (*od.* Māior) Graecia *f,* Graecia Māgna (*od.* Māior) *f.*

Großmutter avia *f.*

größte maximus, summus.

größtenteils maximam partem.

Großvater avus *m.*

Grube fovea *f.*

grün viridis, -e; (*unreif*) immātūrus; ~ werden virēscere.

Grund (*Ursache*) causa *f;* (*Boden*) fundus *m;* von ~

aus funditus *adv.*; es liegt kein ~ vor, weswegen, ich habe keinen ~ zu nön est quod *coni.*, nön habeö quod *coni.*; aus diesem ~e eä (quä *od.* häc) dē causä.

Grundbesitzer possessor *m* agrörum, dominus *m*.

gründen condere; e-e Kolonie ~ colōniam dēdücere.

Gründer conditor, -ōris *m*.

Grundlage fundämentum *n*.

gründlich funditus *adv.*

Grundsatz sententia *f.*

Grundstück praedium *n*, possessiō, -ōnis *f.*

Gründung: seit der ~ der Stadt Rom ab urbe conditä.

grünen virēre (*pf.* viruī).

Gruß: den ~ erwidern resalütäre.

grüßen salütäre, salütem dicere; sei gegrüßt! salvē!

gucken spectäre.

Gunst favor, -ōris *m*, grätia *f*, venia *f.*

günstig secundus, prosper (-us), -a, -um; (= gelegen) opportunus; (*wohlwollend*) aequus; ~ sein favēre.

gut *adi.* bonus; *adv.* bene; weniger ~ *adi.* dēterior, -ōris; ~en Tag! salvē(te)!

Gut (*wünschenswerter Besitz*) bonum *n*; (*Vermögen*) rēs familiäris *f/sg.*, opēs *f/pl.*; (*Landgut*) praedium *n*.

Gutachten (*Empfehlung*) auctōritäs, -ätis *f*; auf das ~ des Vaters hin patre auctōre.

Gutdünken arbitrium *n*.

Güte benignitäs, -ätis *f.*

gutheißen probäre.

gütig benignus.

Gutshaus, Gutshof villa *f.*

Gutsherr dominus *m* fundī.

Gutsverwalter vilicus *m*.

H

Haar capillus *m*, crīnis, -is *m*, coma *f*; starkes Tier2 saeta *f.*

Haarschneider tönsor, -ōris *m*.

Habe *f* rēs, rērum *f/pl.*; meine ~ mea *n/pl.*

haben habēre; esse *dat.*; ūtī *abl.*; ich habe mihi est bzw. sunt; Furcht ~ timēre; im Gedächtnis ~ memoriä tenēre; Schmerzen ~ dolēre.

Habicht accipiter, -tris *m*.

Habsucht avāritia *f.*

habsüchtig avärus.

Hafen portus, -ūs *m*.

Hafer avēna *f.*

Haft custōdia *f*; in ~ halten custōdiä tenēre.

Hahn gallus *m*.

Hain lūcus, -ī *m*; nemus, -oris *n*.

halb *adi.* dīmidius.

halber (*wegen*) causä *gen.*, nachgest.

Halbinsel paenīnsula *f.*

halbnackt sēminūdus.

Hälfte dīmidium *n.*

Halle ātrium *n.*

Hals collum *n.*

Halskette torquis, -is *m od. f.*

halten (*festhalten*) tenēre; ~ für putāre, existimāre, iūdicāre, arbitrārī (*alle mit dem dopp. acc.*); ~ dūcere *dopp. acc. od. prō;* habēre *im Aktiv selten mit dopp. acc., meist mit prō;* (*hochhalten*) sustentāre; (*fig. abhalten*) habēre; es mit j-m ~ facere cum aliquō; etw. in der Hand ~ alqd manū tenēre; versteckt ~ occultāre, abscondere.

haltmachen cōnsistere, subsistere.

Haltung habitus, -ūs *m.*

Hand manus, -ūs *f;* rechte ~ dextra *f;* in der ~ (von), in den Händen (von) penes *acc.;* in die Hände j-s fallen in manūs alcis incidere; ~ an sich legen (= sich töten) manūs sibi afferre.

Handel mercātūra *f,* commercium *n;* ~ treiben negōtiārī.

handeln agere, facere, agitāre; (*geschäftlich*) negōtiārī.

Handelsmann mercātor, -ōris *m.*

Handelsschiff nāvis mercātōria *f.*

handgemein: ~ werden manūs cōnserere.

handgreiflich (= offenkun-

dig) manifestus; (*gewalttätig*) ~ werden vim afferre.

Handlung (*Tat*) factum *n.*

Handvoll manus, -ūs *f.*

Handwerker faber, -brī *m.*

hängen: *intr.* ~ an pendēre ex *abl.; trans.* j-n ~ laqueō gulam alcis frangere.

hart dūrus; asper, -era, -erum; (*Kampf*) ācer, ācris, ācre.

Härte dūritia *f.*

hartherzig dūrus.

hartnäckig obstinātus.

Hartnäckigkeit pertinācia *f.*

haschen (nach) captāre *acc.*

Hase lepus, -oris *m.*

Haß ōdium *n.*

hassen ōdisse; von j-m gehaßt werden ōdiō esse alci.

häßlich foedus, turpis, -e, horridus, horribilis, -e.

Häßlichkeit turpitūdō, -inis *f.*

Hauch spīritus, -ūs *m.*

hauchen spīrāre.

Haufen (*auch:* Haufe) turba *f,* caterva *f;* der große ~ vulgus, -ī *n*.

häufig *adi.* crēber, -bra, -brum; *adv.* saepe, crēbrō.

Haupt caput, -itis *n;* Häupter der Stadt capita *n/pl.* rērum, prīncipēs *m/pl.* urbis.

Haupthaar capillus, -ī *m.*

Häuptling rēgulus *m,* prīnceps, -ipis *m.*

Hauptmann centuriō, -ōnis *m.*

Hauptsache rēs gravissima

(*od.* praecipua) *f*; in der ~
quod ad summam reī at-
tinet.

hauptsächlich *adv.* impri-
mīs; *adi.* praecipuus, gra-
vissimus.

Hauptstadt caput, -itis *n*;
die ~ des Reiches caput *n*
(*od.* sēdēs *f*) imperiī.

Haus domus, -ūs *f*, tēctum
n, villa *f*, aedificium *n*,
aedēs, -ium *f/pl.*; zu Hause domī; nach ~ domum;
von ~ domō.

hausen habitāre, esse,
inesse.

Hausfrau domina *f*, māter
familiās *f*.

Hausgötter pēnātēs, pēnā-
tium *m/pl.*

Haushalt familia *f*.

Hausherr dominus *m*.

häuslich domesticus.

Haustür iānua *f*.

Hausvater pater familiās *m*.

Hauswesen domus, -ūs *f*.

Haut pellis, -is *f*.

heben tollere (tollō, sustulī,
sublātus).

Heck puppis, -is *f*.

Heer exercitus, -ūs *m*.

Heeresabteilung pars *f* exer-
citūs; manus, -ūs *f*.

Heereszug āgmen, -inis *n*.

Heerführer imperātor, -ōris
m, dux, ducis *m*.

Heft libellus *m*.

heften figere; die Augen auf
die Erde ~ dēfigere oculōs
in terrā.

heftig vehemēns, -entis;
ācer, -cris, -cre; violentus.

Heftigkeit vehementia *f*.

heil (*unversehrt*) integer,
-gra, -grum.

Heil salūs, -ūtis *f*; sein ~ in
der Flucht suchen fugā
salūtem petere.

heilen sānāre *acc.*, medērī
dat.

heilig (*geweiht*) sacer, -cra,
-crum; (*unverletzlich*) sānctus.

Heiligtum sacrārium *n*.

Heilkunde, Heilkunst medicīna *f*.

Heilmittel medicīna *f*, remedium *n*.

Heilquellen aquae *f/pl.*

heilsam salūber, -bris, -bre;
salūtāris, -e.

heim *adv.* (*nach Hause*) domum.

Heimat(stadt) patria *f*.

heimkehren (domum) revertī, redīre.

heimlich clam *adv.*

heimsuchen vexāre, cruciāre; heimgesucht wer-
den *auch*: cōnflictārī.

heimzahlen (= rächen) ulcīscī.

heiraten (*vom Mann gesagt*)
in mātrimōnium dūcere;
uxōrem dūcere; (*von der
Frau gesagt*) nūbere *dat.*

heiß calidus, fervidus;
(*Kampf*; = heftig) ācer,
ācris, ācre; vehemēns,
-entis.

heißen (*genannt werden*) nō-
minārī, appellārī; (*v. Personen*) vocārī, dīcī; (*befehlen*) iubēre *a.c.i.*; wie es

heißt dīcunt, trādunt, ferunt *a.c.i.*; dīcī *n.c.i.*; ich heiße *auch*: mihi nōmen est.

heiter serēnus, hīlarus, hīlaris, -e.

Held vir fortissimus *m.*

Heldenmut fortitūdō māgna *f*, audācia *f*.

Heldentat facinus *n* forte.

helfen adesse *dat.*, auxiliārī *dat.*, (ad)iuvāre *acc.*, subvenīre *dat.*

Helfer adiūtor, -ōris *m*, socius *m*, comes, -itis *m*, amīcus *m*.

hell clārus; (Stimme) acūtus; ~er Tag lūx, lūcis *f.*

Helm galea *f.*

Helvetier Helvētius *m.*

Hemd tunica *f.*

Henne gallīna *f.*

herabfallen dēcidere.

herabsteigen dēscendere.

herabstürzen praecipitāre.

heranbewegen admovēre.

heranbringen afferre, addūcere, admovēre.

heranfliegen advolāre.

heranführen addūcere.

herangehen accēdere ad *acc.*

herankommen appropinquāre, accēdere, advenīre, appetere.

heranlaufen accurrere.

heranmachen: sich ~ accēdere ad *acc.*

herannahen appropinquāre, appetere.

heranrücken accēdere, appropinquāre; proficīscī ad;

zur Schlacht ~ in aciem prōdīre.

heranschaffen apportāre.

heranschieben admovēre.

heranschwimmen adnatāre.

heransprengen adequitāre.

heranstürmen advolāre.

herantragen afferre, apportāre.

herantreten accēdere ad *acc.*

heranwachsen adolēscere (*pf.* adolēvī, *P.P.P.* adultum).

heranwachsend adulēscēns, praetextātus.

heranziehen: ~ zu adhibēre ad *acc.*

herausfliegen ēvolāre.

herausfordern ēvocāre.

herausführen ēdūcere.

herausgeben ēdere.

herausgehen ēgredī, exīre, excēdere.

heraushauen excīdere.

herauslocken ēlicere (ēliciō, ēlicuī, ēlicitus).

herausragen exstāre.

herausreißen ēvellere (ēvellō, ēvellī, ēvulsus), revellere.

herausrufen ēvocāre.

herausspringen exsilīre.

herausstrecken: die Zunge ~ linguam exserere.

heraussuchen dēligere (dēligō, dēlēgī, dēlēctus).

heraustragen efferre (efferō, extulī, ēlātus).

heraustreiben exigere (exigō, exēgī, exāctus).

heraustreten exsistere (exsistō, exstitī, -).

herausziehen extrahere (*pf.* extrāxī, *P.P.P.* extractus).

herb acerbus.

herbeibringen apportāre, afferre (afferō, attulī, allātus).

herbeieilen advolāre, accurrere (*pf.* ac(cu)currī, *P.P.P.* accursus).

herbeifliegen advolāre.

herbeiholen arcessere (*pf.* arcessīvī, *P.P.P.* arcessītus).

herbeilaufen accurrere (*pf.* ac(cu)currī, *P.P.P.* accursus).

herbeinennen accurrere.

herbeirufen advocāre, arcessere.

herbeischaffen apportāre, supportāre, afferre, arcessere.

herbeisehnen dēsīderāre.

herbeitragen apportāre, afferre.

Herberge hospitium *n.*

Herbst autumnus *m.*

Herd focus *m.*

Herde grex, gregis *m,* armentum *n.*

hereinbrechen irrumpere.

hereinfallen incidere.

hereinhangen impendēre.

hereinkommen introīre.

hereintragen imminēre.

hergeben: sich zu etw. ~ dēscendere ad aliquid.

Herkunft orīgō, -inis *f;* genus, -eris *n;* locus *m* (*im abl.*).

hernach posteā *adv.*

Herold praecō, -ōnis *m.*

Herr dominus *m;* ~ sein über potentem esse *gen.*

Herrin domina *f.*

herrichten apparāre.

herrlich praeclārus, māgnificus, splendidus, īnsīgnis, -e.

Herrlichkeit māgnificentia *f.*

Herrschaft (*Ober2*) imperium *n,* prīncipātus, -ūs *m;* (*Gewalt2*) dominātiō, -ōnis *f,* tyrannis, -idis *f;* (*Königs- 2*) rēgnum *n;* sich der ~ bemächtigen, die ~ an sich reißen rērum potīrī.

herrschen *intr.* (*als König*) rēgnāre; (= ~ über, befehlen) imperāre *dat.;* (*vorhanden sein*) esse; (*Tyrann sein*) dominārī; über j-n ~ imperium tenēre in alqm; es herrscht die Meinung opīniō *f* est *a.c.i.*

Herrscher dominus *m,* tyrannus *m,* prīnceps, -ipis *m.*

Herrschsucht cupiditās *f* imperiī (*od.* rēgnī *od.* dominandī).

herstellen fabricāre, parāre, facere.

herum: um ... ~ circā *acc.*

herumfahren circumvehī.

herumführen circumdūcere.

herumgehen circumīre.

herumkommen circumvagārī.

herumstehen circumstāre.

herumstellen: sich ~ circumsistere.

herunterreißen dētrahere.

herunterwirtschaften perdere ac vexāre.

hervorbrechen ērumpere, ēgredī.

hervorbringen gignere, párere, ferre, (prō)creāre.

hervorgehen: ~ aus orīrī (ortum esse) ex *abl.*; es geht daraus hervor appāret *a.c.i.*; dies geht schon daraus hervor, daß ... hoc vel ex eō (*od.* inde) appāret (*od.* intellegitur) quod ...

hervorholen prōmere (prōmō, prōmpsī, prōmptus).

hervorkommen prōdīre, prōvenīre.

hervorlocken ēlicere (ēliciō, ēlicuī, ēlicitus).

hervorragen ēminēre, praecellere, excellere, praestāre.

hervorragend ēgregius, praestāns, -antis, excellēns, -entis, insignis, -e.

hervorrufen excitāre.

Herz animus *m*; (*bsd. als Körperteil*) cor, -dis *n*; am ~en liegen cordī esse.

hetzen agitāre.

heute hodiē; bis ~ adhūc; ~ noch hodiē quoque.

heutig *adi.* hodiernus; der ~e Tag hic diēs *m*.

heutzutage hodiē.

Hieb ictus, -ūs *m*.

hier hīc; von ~ hinc.

hierauf deinde.

hierher hūc.

Hilfe auxilium *n*, subsidium

n, ops, opis *f*; zu ~ kommen (*eilen*) auxiliō (*od.* subsidiō) venīre; succurrere; subvenīre; ~ bringen auxilium ferre; zu ~ schicken submittere, auxiliō mittere; j-n um ~ bitten auxilium petere ab aliquō; mit ~ ope.

hilflos inops, inopis.

Hilfskräfte auxilia, -ōrum *n/pl.*

Hilfsmittel *n* subsidium *n*.

Hilfstruppen auxilia, -ōrum *n/pl.*

Himmel caelum *n*; unter freiem ~ sub dīvō.

himmlisch caelestis, -e.

Himmlische *pl.*: die ~n superī *m/pl.*

hinabführen dēdūcere.

hinabspringen dēsilīre.

hinabsteigen dēscendere.

hinabwerfen dēicere.

hinausfahren: auf die hohe See ~ in altum prōvehī.

hinausgehen exīre, excēdere, ēgredī; discēdere.

hinauskommen prōdīre.

hinauslaufen excurrere.

hinausschieben differre, prōferre, prōlātāre.

hinausschwimmen ēnatāre.

hinaustreiben exigere (exigō, exēgī, exāctus).

hinauswerfen ēicere.

hinbewegen admovēre.

hinbringen dēdūcere.

hinderlich: ~ sein obstāre, obesse, impedīre.

hindern prohibēre *meist mit*

inf., impedīre *mit* quōminus; vetāre *a.c.i.*

Hindernis impedīmentum *n.*

hindurch per *acc.*

hineilen dēcurrere.

hineinfallen incidere.

hineinführen indūcere, intrōdūcere.

hineingehen introīre, ingredī.

hineinlassen immittere, admittere.

hineinlegen impōnere.

hineinschicken immittere.

hineinstürzen irrúere, invādere.

hinfallen cadere.

hinfällig cadūcus.

hinführen dēdūcere, addūcere.

hingeben: sich dem Genuß ~ voluptātibus sē trädere.

hingegeben dēditus.

hingehen adīre.

hinkend claudus.

hinkommen dēvenīre.

hinlenken dīrigere.

hinnen: von ~ gehen (*weggehen*) excēdere.

hinreichend *adv.* satis.

hinreißen *fig.* permovēre.

hinrichten: j-n ~ alqm suppliciō afficere (*od.* necāre); dē alqō supplicium sūmere.

Hinrichtung supplicium *n.*

hinschaffen trānsportāre.

hinschwimmen adnatāre.

hinstellen statúere, cōnstitúere, collocāre, pōnere.

hinstrecken prōsternere

(prōsternō, prōstrāvī, prōstrātus); porrigere (porrigō, porrēxī, porrēctus).

hintansetzen postpōnere.

hinterbringen (ē)nūntiāre.

Hinterdeck puppis *f.*

hintere posterior.

Hinterhalt *m* īnsidiae *f/pl.*

hinterlassen relinquere.

Hinterlist īnsidiae *f/pl.*, dolus *m.*

hinterlistig per īnsidiās, per fraudem, per dolum.

hintreiben appellere.

hinüberbringen trānsportāre.

hinüberführen trādūcere.

hinübergehen trānsīre, trānsgredī.

hinüberschaffen trānsportāre, trādūcere.

hinüberschwimmen trānsnatāre.

hinüberspringen trānsilīre.

hinübertragen trānsferre, trānsportāre.

hin- und hergehen commeāre.

hin- und herlaufen trepidāre.

hin- und herwerfen iactāre.

hinunterschlingen dēvorāre.

hinwandern dēmigrāre.

hinweggraffen absūmere.

hinwegreißen abripere, rapere, dēlēre.

hinweisen: auf etw. ~ prōpōnere alqd.

hinwenden convertere, advertere.

hinwerfen prōicere.

hinziehen trahere; e-n Krieg ~ bellum dūcere.

hinzufügen addere, adiungere, adicere.

hinzukommen accēdere.

hinzulernen addiscere (*pf.* addidicī, *P.P.P.* -).

hinzuspringen accurrere, auxiliō venīre.

hinzuziehen adhibēre.

Hirsch cervus *m.*

Hirschkuh cerva *f.*

Hirt(e) pāstor, -ōris *m.*

Hirtenflöte (h)arundō, -inis *f.*

Hitze calor, -ōris *m*, aestus, -ūs *m*, fervor, -ōris *m.*

hitzig ācer, ācris, ācre.

hoch altus; hohe Ehren māgnus honor *m*; ~ schätzen māgnī aestimāre; hohes Meer altum *n.*

hochberühmt celeberrimus, praeclārus.

hochbetagt māgnus (*od.* grandis) nātū, gravis annīs.

hocherfreut laetissimus.

hochfahrend superbus; ~es Wesen superbia *f.*

hochgemut: ~ sein māgnō animō esse.

hochheben tollere.

Hochmut superbia *f.*

hochmütig superbus.

hochnäsig superbus, arrogāns, -antis.

hochragen ēminēre.

hochschätzen māgnī aestimāre (*od.* putāre); (*liebend achten*) dīligere.

höchst(er) summus, suprēmus; aufs höchste schätzen plūrimi aestimāre (facere, dūcere, putāre); die höchste Stelle innehaben summīs rēbus praeesse, prīncipem locum obtinēre.

höchstwahrscheinlich: ~ ist er zurückgekehrt vērisimillimum est eum redīsse.

hochverdient (quī) bene (optimē) meritus (est).

Hochverrat parricīdium *n,* prōditiō, -ōnis *f.*

hochvornehm nōbilissimus.

Hochwasser flūmen auctum *n.*

Hochzeit nuptiae *f/pl.*

Hochzeitsruf talassiō, -ōnis *m.*

Hof aula *f.*

hoffen spērāre.

hoffentlich *durch* spērāre *mit dem a.c.i. fut.*

Hoffnung spēs, speī *f*; die ~ aufgeben dēspērāre; die ~ setzen auf spem pōnere in *abl.*

Höfling purpurātus *m.*

Höhe altitūdō, -inis *f.*

Hoheit māiestās, -ātis *f.*

Höhepunkt: den ~ s-s Ruhmes erreichen summam glōriam assequī.

höher: ~ schätzen plūris aestimāre.

Höhle caverna *f,* -ūs *m,* spēlunca *f,* caverna *f.*

hold: ~ sein favēre.

holen apportāre, accessere, captāre; petere; Getreide ~ frūmentārī; Holz ~ lignārī; Wasser ~ aquārī.

Holz lignum *n.*

hölzern ligneus.

Honig mel, mellis *n.*

horchen auscultāre.

hören audīre; ~ auf obtemperāre *dat.*, pārēre *dat.*, obsequī *dat.*, oboedīre *dat.*

hörig obnoxius.

Höriger cliēns, -entis *m.*

Horn cornu, -ūs *n.*

hübsch pulcher, -chra, -chrum, amoenus.

Hügel collis, -is *m*, clīvus *m*; kleiner ~, Grab~ tumulus *m.*

Huhn gallīna *f.*

Huld grātia *f*, clēmentia *f.*

Hülle vēlāmen, -inis *n.*

Hund canis, -is *m.*

hundert centum.

hundertmal centiēs.

hundertste centēsimus.

Hunger famēs, -is *f*, inedia *f.*

hungern ēsurīre, fame labōrāre.

Hungersnot famēs, -is *f.*

hüpfen saltāre.

Husten tussis, -is *f.*

hüten servāre, custōdīre; sich ~ cavēre (*z. B.* canem *od.* ā cane; nē).

Hüter custōs, -ōdis *m.*

Hütte casa *f.*

I

ich egō.

Iden *pl.* Īdūs, -uum *f/pl.*; die ~ des März (*der 15. März*) Īdūs Mārtiae.

ihr vōs; *poss. pron.* 1. *refl.* suus; 2. *nicht refl.* ēius; eōrum, eārum.

immer semper, numquam nōn; *od. durch* nōn dēsinere; ~ wieder iterum iterumque, semel atque iterum, idéntidem, iterum atque iterum, saepius atque iterum, ūsque; für ~ in perpetuum; wo auch ~ ubicumque; ~ wenn cum *ind.* [nus.]

immerwährend sempiter-

imstande sein posse.

in (*wohin?*) in *acc.*; (*wo?*) in *abl.*; (*wann?*) bloßer *abl. bzw. loc.*

indes(sen) (*zeitlich*) intereā.

Infanterie peditātus, -ūs *m.*

Infanterist pedes, -itis *m.*

innehaben tenēre, obtinēre.

innere internus, interior.

innerhalb intrā *acc.*

innerster intimus.

innig intimus.

innewohnen inesse.

insbesondere *adv.* imprīmīs.

Inschrift inscrīptiō, -ōnis *f.*

Insel īnsula *f.*

insgeheim *adv.* sēcrētō.

inständig: ~ bitten ōrāre atque obsecrāre.

inzwischen interim, intereā.

irden terrēnus, fictilis.

irgendeiner *subst.* aliquis (aliquid); *adi.* aliquī (aliqua, aliquod); nach si,

nisi, ne, num u. quo: quis
bzw. quī; *in verneinten*
Sätzen: ūllus, quisquam
(quidquam).
irgendeinmal aliquandō.
irgend etwas aliquid.
irgendwann aliquandō.

irgendwer (*in negativen*
Sätzen) quisquam, ūllus.
irgendwo usquam.
irreführen fallere.
irren: (sich) ~ errāre.
Irrfahrt error, -ōris *m.*
Irrtum error, -ōris *m.*

J

ja: *durch e-n kurzen Satz;*
sānē; ~ sogar immō, quīn
etiam; ~ nicht! *durch* cavē
bzw. cavēte *m. coni. od.* nē;
mach das ja nicht! cavē
(nē) istud faciās!
Jagd vēnātiō, -ōnis *f,* vēnātus, -ūs *m;* auf die ~ gehen
vēnārī, vēnātum īre.
jagen agitāre, vēnārī;
(*scheuchen*) fugāre, fundere (*pf.* fūdī, *P.P.P.*
fūsus).
Jäger vēnātor, -ōris *m.*
Jahr annus *m.*
Jahreszeit tempus *n* annī.
Jahrhundert saeculum *n.*
jährig: ein neunzehn~er
Jüngling adulescēns unde-
vigintī annōs nātus.
jährlich quotannīs *adv.*
Jähzorn īrācundia *f.*
jähzornig īrācundus.
jammern lāmentārī, mise-
rārī, clāmāre; es jammert
mich me miseret *gen.*
jammervoll miser, miserābilis, -e. lūctuōsus.
Januar Iānuārius (mēnsis)
m.
jauchzen exsultāre.
jawohl sānē.

je: ~ ein, zwei, drei, vier,
fünf, zehn, hundert sin-
gulī, bīnī, ternī, quaternī,
quīnī, dēnī, centēnī; je ...
desto quō ... eō, quantō ...
tantō.
jeder omnis, nēmō nōn,
quisque; ~, der quīcum-
que, quisquis; ~ beliebige
quīvīs, quīlibet; ~ einzelne
(ūnus)quisque; ~ von bei-
den uterque.
jedesmal, wenn cum *ind.*,
quotiēnscumque *ind.*
jedoch sed, autem (*nachgest.*); at, (*dennoch*) tamen.
jemals umquam, unquam.
jemand 1. aliquis; quis-
piam, quisquam; da könn-
te ~ sagen dīxerit aliquis
(quispiam); kaum ~ vix
quisquam; wenn ~ sī quis;
2. quīdam; quisque; es be-
gegnete mir ~, der mir nur
dem Namen nach bekannt
war occurrit quīdam nōtus
mihi nōmine tantum; so-
oft mich ~ sah, erzählte er
von Verres tut quisque mē
vīderat, dē Verre nārrābat;
3. ich habe jemanden, den
ich schicken kann habeō

quem mittam; schwerlich ~ haud sciō an nēmō.

jener ille (illa, illud).

jenseitig *adi.* ulterior.

jenseits *prp.* ultrā, trāns *acc.* [-ōrum *n/pl.*

Jerusalem Hierosolyma, *pl.*

jetzt nunc; ~ noch adhūc.

Joch iugum *n*; ans ~ treten ad iugum accēdere; unters ~ bringen sub diciōnem (*od.* sub potestātem) redigere.

jubeln exsultāre.

Jubiläum iūbilaeum *n.*

Jude Iudaeus *m.*

Jugend (*1. bis etwa 16. Jahr*) pueritia *f*; (*etwa vom 16. bis 30. Jahr*) adulēscentia *f*; (*30. — 45. Jahr*) iuventūs, -ūtis *f*; von ~ auf ā pueris (ā puerō).

jugendlich: ~es Ungestüm zeigen iuveniliter exsultāre.

jung parvulus, parvus;

noch recht ~ (*etwa vom 17. — 25. Jahr*) adulēscentulus; (*bis zum 30. Jahr*) adulēscēns, -entis; jung (*vom 20. — 45. Jahr*) iuvenis, -is.

Junge *m* puer, pueri *m*; kleiner ~ puérulus *m*; ~ *n*: pullus *m.*

junge Frau nupta *f.*

junge Leute *pl.* adulēscentēs, -ium *pl.*; iuvenēs, -um *pl.*

junge Mannschaft iuventūs, -ūtis *f*, pūbēs, -is *f.*

jünger minor nātū.

junger Mann adulēscēns, -entis *m*; iuvenis, -is *m.*

Junges *n* pullus *m.*

junges Mädchen puella *f.*

Jungfrau virgō, -inis *f.*

Jüngling adulēscentulus *m*, adulēscēns, -entis *m*; iuvenis, -is *m*; ein ~ werden iuvenēscere (*ohne pf. u. P.P.P.*).

K

kahl nūdus.

Kahn nāvicula *f*, linter, -tris *f.*

Kaiser imperātor, -ōris *m*, Caesar, -aris *m.*

kaiserlich imperātōrius.

Kalenden (*der erste Tag im Monat*) *pl.* Kalendae, -ārum *f/pl.*, *auch:* Calendae *f/pl.*

Kalender fāstī, -ōrum *m/pl.*

kalt frīgidus.

Kälte frīgus, -ōris *n.*

Kamel camēlus *m.*

Kamerad socius *m*, amīcus *m*, comes, -itis *m*, sodālis, -is *m*; (*Kriegs2*) commīlitō, -ōnis *m.*

Kamm pecten, -inis *m*; *fig.* ~ des Gebirges iugum *n.*

Kammer cella *f.*

Kampf pūgna *f*, proelium *n*, dīmicātiō, -ōnis *f*; in ~ geraten manūs cōnserere; in den ~ ziehen ad pūgnam proficīscī.

kämpfen pūgnāre, dīmi-
cāre, cōnflīgere, certāre,
congredī, contendere,
proeliārī; (*entscheidend* ~)
dēcertāre; (*ringen*) luctārī; für Haus und Hof ~
prō ārīs et focīs dīmicā-
re.
kampferprobt pūgnandī perītus.
Kampflinie aciēs, -ēī f.
Kampfplatz arēna f.
Kaninchen cunīculus m.
kann: man ~ licet.
Kapitän magister m nāvis.
Kapitulation dēditiō, -ōnis
f.
kapitulieren sē dēdere, sē
trādere.
kärglich parcus.
Karren carrus m.
Karte tabula f.
Karthager Carthāginiēnsis
m.
Karthago Carthāgō, -inis f.
Käse cāseus m.
Kastell castellum n.
Katze fēlis, -is f.
kaufen emere, mercārī;
teuer ~ māgnō (billig parvō) emere.
käuflich vēnālis, -e.
Kaufmann mercātor, -ōris
m.
kaum vīx, aegrē.
Keckheit audācia f.
Keiler m aper, aprī m.
Keim sēmen, -inis n.
kein(er) nūllus, nēmō; ~
von uns nēmō nostrum;
auch durch nōn; ~ von beiden neuter; und ~ neque

quisquam (ūllus); so daß ~
ut nēmō; damit ~ nē quis.
keinesfalls minimē.
keineswegs minimē, nēquā-
quam.
Kelch calix, -icis m.
Kelten Celtae, -ārum m/pl.
kennen sc re, nōvisse, nōtum esse; nicht ~ īgnōrāre,
nescīre.
kennenlernen (cog)nōscere.
Kenntnis: j-n in ~ setzen
aliquem certiōrem facere
(dē *abl.*; *a.c.i.*).
Kenntnisse scientia f/sg.;
doctrīnae et artēs f/pl.
Kennzeichen īnsīgne, -is n.
kennzeichnen significāre.
kennzeichnend: es ist ~ für
e-n Tyrannen tyrannī est.
Kerker carcer, -eris m,
vincula, -ōrum n/pl.
Kerntruppe rōbur, -oris n.
Kette catēna f.
Keule clāva f.
keusch castus.
Kilometer 666 passūs; 15 ~
decem mīlia passuum.
Kimbern Cimbrī m/pl.
Kind īnfāns, -antis m, puer,
puerī m, puerulus m.
Kinder pl. liberī, -ōrum
m/pl.; (*im Ggs. zu den Er-
wachsenen*) puerī, -ōrum
m/pl.
Kindesliebe pietās, -ātis f.
Kindheit puerītia f.
kindlich puerīlis, -e.
Kirche templum n, ecclē-
sia f.
Kirschbaum cérasus f.
Kirsche cérasum n.

Kiste arca *f*, cista *f*.

Klage querēla *f*, querimōnia *f*.

klagen queri (über etw. dē aliquā rē; aliquid).

Kläger accūsātor, -ōris *m*; is, qui accūsat.

kläglich miser, -era, -erum.

Klang sonitus, -ūs *m*, sonus, -ī *m*.

klar clārus; (*Wetter*) serēnus; es ist ~, daß ... appāret, apertum est *a.c.i.*

Klasse classis, -is *f*.

klatschen (*mit den Händen*) plaudere (*pf.* plausī, *P.P.P.* plausum).

Klaue (*Kralle*) unguis, -is *m*.

Kleid(ungsstück) vestīmentum *n*, vestis, -is *f*; tunica *f*.

kleiden vestīre.

Kleidung vestēs *f/pl.*, vestīmenta *n/pl.*

klein parvus, exiguus; ~es Kind īnfāns, -antis *m*.

Kleinasien Asia *f*.

Kleinbauer colōnus *m*.

kleinkriegen: sich ~ lassen minuī.

Klient cliēns, -entis *m*.

Klima caelum *n*.

Klippe saxum *n*, scopulus *m*.

klirren sonāre (sonō, sonuī, sonitus).

klopfen percutere (percutiō, percussī, percussus).

klug prūdēns, -entis.

Klugheit prūdentia *f*.

Knabe puer, puerī *m*; wie-

der ein ~ werden repuerāscere (*ohne pf. u. P.P.P.*).

knapp exiguus; ~ werden dēficere.

Knappheit (*v. Anzug, Gewand*) exiguitās, -ātis *f*.

knarren crepāre.

Knecht servus *m*.

knechtisch servīlis, -e.

Knechts... servīlis, -e.

Knechtschaft servitūs, -ūtis *f*, servitium *n*.

Knie genu, -ūs *n*.

knirschen: mit den Zähnen ~ dentibus frendere (*ohne pf.*; *P.P.P.* frēsum od. frēnsum); der Schnee knirscht nix crepat od. crepitat.

Knochen os, ossis *n*.

Knoten nōdus *m*, nexus, -ūs *m*.

knüpfen nectere (nectō, nexuī od. nexī, nexus); serere (serō, seruī, sertus).

kochen: das Essen ~ cēnam parāre.

Kohorte cohors, -tis *f*.

Kollege collēga *m*.

Kollegium: das ~ der Fünfzehn quīndecimvirī *m/pl.*

Köln Colōnia Agrippīna *f*.

Kolonie colōnia *f*.

Kolonist colōnus *m*.

kommandieren praeesse *dat.*

Kommando imperium *n*; mit dem ~ betrauen praeficere; das ~ erhalten praeficī.

kommen venīre; zu Hilfe ~ auxiliō venīre; subvenīre;

gelaufen ~ advolāre; zu-
rückgeflogen ~ revolāre;
in Gefahr ~ periclitāri; es
kommt vor, daß fit (Eve-
nit, accidit), ut; so kommt
es, daß ita fit, ut; so kam
es, daß ita (quō) factum
est, ut; wie kommt es,
daß? qui fit, ut?; auf etw.
~ invenīre *acc.*; an die Regierung ~ imperiō potīri.

König rēx, rēgis *m*; ~ sein
rēgnāre.

Königin rēgīna *f*.

königlich rēgius *od. umschr. m.* rēgis.

Königsburg rēgia *f*.

Königsherrschaft rēgnum *n.*

Königssohn fīlius rēgis *m.*

können posse; nicht ~ nōn
posse; nequīre (*wird wie
ire „gehen" konjugiert*).

Konsul cōnsul, -is *m*; gewesener ~ cōnsulāris *m.*

Konsulat cōnsulātus, -ūs *m.*

Kopf caput, -itis *n.*

kopfüber: ~ (herab)stürzen
trans. u. intr. praecipitāre.

Korinther *pl.* Corinthii,
-ōrum *m/pl.*   [tum *n.*]

Korn grānum *n*; frūmen-

Körper corpus, -oris *n.*

Körpergröße māgnitūdō *f*
corporis.

Körperkraft rōbur, -ōris *n.*

Kost victus, -ūs *m.*

kostbar pretiōsus, splendidus.

Kosten *pl.* sūmptus, -ūs
m/sg.; impēnsa *f/sg.*; ~
verursachen impēnsam
facere.

kosten (*vom Preis*) stāre,
cōnstāre (*z. B.* parvō; san-
guine); viel ~ māgnō cōn-
stāre; (*den Geschmack
prüfen*) dēgustāre.

köstlich pulcher, -chra,
-chrum.

kostspielig sūmptuōsus.

Krach: ~ machen fragōrem
edere.

Krachen *n* fragor, -ōris *m.*

krachen crepāre (*pf.* crepuī,
P.P.P. crepitum); tonāre
(*pf.* tonuī, *P.P.P.* —).

Kraft rōbur, -oris *n*; vīs *f*
(*im sg. nur: acc.* vim, *abl.*
vī; *pl.* vīrēs, vīrium *usw.*);
mit aller ~ summā ope,
summā (*od.* maximā) vī;
in ~sein vigēre; nach Kräften prō vīribus; aus eige-
ner ~ ipse.

kräftig rōbustus, validus; ~
sein vigēre (*pf.* viguī); ~es
Mittel strēnuum reme-
dium *n.*

kräftigen firmāre.

kraftlos īgnāvus, dēbilis, -e.

Krähe cornīx, -īcis *f.*

krähen cantāre.

Kralle unguis, -is *m.*

Kranich grūs, gruis *f.*

krank aegrōtus; aeger, -gra,
-grum; ~ sein an aegrōtāre
abl., labōrāre morbō.

kranken labōrāre (*m. ex*).

kränken violāre, laedere,
iniūriā afficere, offendere.

Krankheit morbus *m.*

kränklich aeger, -gra,
-grum.

Kränkung iniūria *f.*

Kranz corōna *f.*

Kraut herba *f.*

Kreide crēta *f.*

Kreis orbis, -is *m.*

Kreuz crux, crucis *f.*; ans ~ schlagen crucī affigere (*od.* suffigere).

kreuzigen cruciāre, crucī affigere.

kriechen rēpere (rēpō, rēpsī, rēptum), serpere (serpō, serpsī, serptum).

Krieg bellum *n.*; e-n ~ beenden bellum cōnficere (*od.* fīnīre); durch e-n Vertrag: bellum compōnere; den ~ erklären bellum indīcere; ~ führen bellum gerere, bellāre; den ~ in die Länge ziehen bellum dūcere; zum ~e rüsten bellum parāre.

Krieger mīles, -itis *m.*

kriegerisch (*kriegsliebend*) bellicōsus; *allg.* bellicus.

Kriegs... bellicus.

Kriegsdienst mīlitia *f.*, stipendium *n.*; ~ leisten (*od.* tun) stīpendia merēre (*od.* facere); mīlitāre.

kriegserfahren bellī perītus.

Kriegserfahrung ūsus *m* mīlitāris, bellī ūsus *m*, reī mīlitāris perītia *f.*

Kriegsgefahr perīculum *n* bellī.

kriegsgefangen, Kriegsgefangener captīvus *m.*

Kriegsglück fortūna bellī *f.*

kriegskundig bellī perītus.

Kriegskunst ars bellica *f.*

Kriegslist stratēgēma, -atis

n; cōnsilium *n*; ars (*od.* fraus) bellica *f.*

Kriegsmann bellātor, -ōris *m.*

Kriegsrat concilium *n.*

Kriegsruhm laus bellica *f.*

Kriegsschauplatz: den ~ verlegen bellum trānsferre (in *acc.*).

Kriegsschiff nāvis longa *f.*

Kriegstat rēs gesta *f.*

Kriegstribun tribūnus *m* mīlitum.

Kriegswesen rēs mīlitāris *f*, rēs bellicae *f/pl.*

Krokodil crocodīlus *m.*

Krone corōna *f.*

krönen corōnāre.

Krug urna *f.*; (*zweihenklig*) ámphora *f.*

Krümmung sinus, -ūs *m.*

Küche culīna *f.*

Küken pullus *m.*

Kugel globus *m.*

Kuh vacca *f.*; bōs, bovis *f.*

kühl frīgidus.

kühn audāx, -ācis.

Kühnheit audācia *f.*

Kultur cultus *m* (atque hūmānitās *f*); durch ex-colere.

Kummer aegritūdō, -inis *f.*

kümmern: sich um etw. ~ cūrāre aliquid; sich um fremde Dinge ~ negōtia aliēna cūrāre.

Kunde *f* fāma *f*; (*Nachricht*) nūntius *m*; ~ erhalten certiōrem fierī; resciscere (*pf.* rescīvī, rescītus); die ~ dringt irgendwohin nūntius affertur aliquō.

kundig perītus.

Kundschafter explōrātor, -ōris *m.*

Kunst ars, artis *f*; die schönen Künste artēs bonae *od.* līberālēs *f/pl.*

kunstfertig sollers, -ertis.

Kunstfertigkeit sollertia *f.*

Künstler artifex, -icis *m.*

kunstreich artificiōsus.

kunstverständig intellegēns artium.

Kunstwerk artificium *n*; opus, -eris *n*; plastisches ~ signum *n.*

Kupfer aes, aeris *n*; cuprum *n* (*bei Plinius*).

Kurie (*Versammlungsort*) *der Senatoren*) *f* cūria *f.*

Kurs cursus, -ūs *m.*

kurz brevis, -e; ~ darauf paulō post; ~ vorher, vor ~em paulō (*od.* brevī) ante.

kürzlich *adv.* nūper.

Kusine cōnsobrīna *f.*

küssen ōsculārī *acc.*; ōsculum ferre *dat.*

Küste(nstrich) ōra *f*; lītus, -oris *n.*

Kutscher aurīga *m.*

L

Labyrinth labyrinthus *m.*

lächeln subrīdēre.

lachen rīdēre (rīdeō, rīsī, rīsum).

Lachen rīsus, -ūs *m.*

lächerlich rīdiculus.

laden (= zu Besuch einladen) invītāre; (*e-e Last* ~) impōnere.

Laden taberna *f.*

Ladung onus, -eris *n.*

Lage rēs *f/sg. u. f/pl.*, condiciō, -ōnis *f*; fortūna *f*; (*rein örtlich*) situs, -ūs *m*; günstige ~ opportūnitās *f* locī; in dieser mißlichen ~ in hōc discrīmine rērum; in schwieriger ~ in rēbus arduīs.

Lager *mil.* castra, -ōrum *n/pl.*; ein ~ aufschlagen castra pōnere (*od.* collocāre); zum ~ gehörig castrēnsis, -e.

Lagerhütte casa *f.*

lagern cōnsīdere.

Lagerstätte (*Bett*) cubīle, -is *n.*

lahm claudus.

Lamm agnus *m.*

Lampe lucerna *f.*

Land terra *f*; (*Ggs. zur Stadt*) rūs, rūris *n*; (*Feld*) ager, agrī *m*; auf dem ~ rūrī; aufs ~ rūs; vom ~e rūre; an ~ setzen *trans.* in terram (*od.* in lītus) expōnere.

landen *intr.* appellī; nāvem appellere.

Landesfeind hostis, -is *m.*

Landgut praedium *n*, vīlla *f.*

Landhaus vīlla *f.*

Landkarte tabula *f.*

Landleben vīta rūstica *f.*

Landleute agricolae *m/pl.*

ländlich rūsticus.

Landmann agricola *m*, rūsticus *m*.

Landschaft regiō, -ōnis *f*.

Landsleute cīvēs, -ium *m/pl*.

Landsmann populāris, -is *m*, cīvis, -is *m*.

Landstadt mūnicipium *n*.

Landtag conventus, -ūs *m*.

Landweg iter pedestre *n*.

Landwirt agricola *m*.

Landwirtschaft *abstr*. rēs rūstica *f*.

lang *adi*. longus; *zeitlich auch*: diuturnus; viele Jahre ~ multōs annōs.

langdauernd diuturnus, diūtinus *u*. diutinus.

lange (*Zeit*) diū *adv*.; länger diūtius; am längsten diūtissimē; wie ~ quamdiū.

Länge longitūdō, -inis *f*, longinquitās, -ātis *f*; in die ~ ziehen trahere.

längs *prp*. secundum *acc*., praeter *acc*.

langsam lentus, tardus.

Langschild *m* scūtum *n*.

längst (*Zeit*) *adv*. prīdem *adv*.

langwierig diūturnus, diūtinus *u*. diutinus.

Lanze hasta *f*, lancea *f*, tēlum *n*.

Lappen (*Tafellappen*) linteum *n*.

Lärm strepitus, -ūs *m*, tumultus, -ūs *m*, sonitus, -ūs *m*, turba *f*.

lärmen strepere (strepō, strepuī, strepitum), concrepāre (*pf*. concrepuī, *P.P.P.* –).

lassen (*befehlen*) iubēre *a.c.i.*; (*besorgen*) cūrāre mit prädikativem Gerundiv; (*zulassen*) sinere, patī *a.c.i.*; nichts unversucht ~ nihil praetermittere, nihil nōn experīrī; es dazu kommen ~ committere; der Schriftsteller läßt Cato reden scrīptor Catōnem dīcentem facit (*od*. indūcit); erzählen ~ facere (*od*. indūcere) narrantem; Cäsar läßt eine Brücke bauen Caesar pontem fierī iubet; *wird od*. *wird nicht übersetzt*: Cäsar ließ einen Graben ziehen Caesar fossam perdūxit; in Flammen aufgehen ~ incendere; laßt uns ...! *durch 1. pers. pl. coni. praes.*; sich ... *durch das Passiv*; sich erschrecken ~ terrērī; laß dich nicht verwirren! nē perturbātus sīs!; im Stiche ~ dēserere; den Mut sinken ~ animō dēficere (*od*. cadere); e-e Gelegenheit vorübergehen ~ occāsiōnem praetermittere.

laßt onus, -eris *n*.

lasten: das lastet schwer auf mir graviter ferō.

Laster vitium *n*.

lasterhaft improbus, turpis, vitiōsus.

lästig molestus.

Lastschiff nāvis onerāria *f*.

Lasttier iūmentum *n*.

Lastwagen plaustrum *n*.

lateinisch Latīnus.

Laterne lucerna *f.*

Laub frōns, frondis *f.*

Lauf cursus, -ūs *m.*

laufen properāre, currere, festīnāre.

Läufer cursor, -ōris *m.*

lauschen auscultāre.

laut māgnā vōce; ~ rufen clāmitāre.

Lautenspieler fīdicen, -inis *m.*

lauter *(rein)* sincērus; *(alle)* omnēs.

Lauterkeit sincēritās, -ātis *f.*

leben vīvere, vītam agere; esse; lebe wohl! avē!; valē!

Leben vīta *f*; das ~ fristen vītam sustentāre; ein ~ führen vītam agere; das ~ opfern animam profundere; sich das ~ nehmen mortem sibi cōnscīscere; aus dem ~ scheiden dē vītā dēcēdere.

lebendig vīvus.

Lebensalter aetās, -ātis *f.*

Lebensart cultus, -ūs *m.*

Lebensbeschreibung vīta *f.*

Lebensende (vītae) exitus, -ūs *m.*

Lebensjahr aetātis annus *m*; im 10. ~ novem annōs nātus; decimum annum agēns.

Lebenslage condiciō *f* vītae.

Lebensmittel *pl.* vīctus, -ūs *m/sg.*, cibāria *n/pl.*

Lebensmittelversorgung rēs frumentāria *f.*

lebensnotwendig ad vītam

(*od.* ad vīvendum) necessārius.

Lebensunterhalt vīctus, -ūs *m.*

Lebensweise vīctus (et cultus) *m*; geregelte ~ diaeta *f.*

Lebensweisheit philosophia *f.*

Lebenszeit tempus *n* vītae, aetās, -ātis *f.*

Lebewesen animal, -ālis *n.*

Lebewohl valē!

lebhaft alacer, -cris, -cre.

Lebhaftigkeit alacritās, -ātis *f.*

Lebzeiten: zu ~ umschrieben *m.* vīvus, -a, -um *(als abl. abs. bzw. part. coniunctum).*

Leckerbissen cibus dēlicātus *m*; feinster ~ cībus dēlicātissimus *m.*

ledig caelebs, -libis.

leer vacuus *abl.*; *(nichtig)* vānus, inānis, -e; ~ sein vacāre *abl.*

Legat lēgātus *m.*

legen pōnere, (col)locāre; sich ~ accumbere; sich ~ auf etw. incumbere *dat.*; in Asche ~ comburere; an den Tag ~ prae sē ferre.

Legion legiō, -ōnis *f.*

Legionär, Legionssoldat (miles) legiōnārius *m.*

Lehensverhältnis clientēla *f.*

Lehm lutum *n.*

Lehre *f* doctrīna *f*, praeceptum *n*; j-m gute ~n geben (*od.* erteilen) bene praecipere alicui.

lehren docēre *doppelter acc.*

Lehrer magister, -trī *m*; praeceptor, -ōris *m*; doctor, -ōris *m*.

Lehrerin magistra *f*.

Lehrmeister magister, -trī *m*.

Lehrmeisterin magistra *f*.

Leib corpus, -oris *n*.

leiblich corporis *gen. sg.*

Leibwache ~ des Kaisers praetōria cohors *f*.

Leibwächter custōs *m* corporis.

Leiche corpus *n* mortuum; (*Tierleiche*) cadāver, -eris *n*.

Leichenbegängnis fūnus, -eris *n*.

leicht (*zu tragen*) levis, -e; (*zu tun*) facilis, -e.

leichtathletisch gymnicus.

leichtbekleidet nūdus.

Leichtigkeit *fig.* levitās, -ātis *f*.

Leichtsinn levitās, -ātis *f*.

leichtsinnig levis, -e.

Leid malum *n*, dolor, -ōris *m*.

leid: es tut mir ~ doleō, aegrē (molestē) ferō, paenitet mē.

leiden: ~ an patī, labōrāre *abl. bzw.* ex; an e-r Krankheit, am Kopf ~ labōrāre morbō, ex capite.

Leiden malum *n*.

Leidenschaft cupiditās, -ātis *f*, impetus *m* animī.

leidenschaftlich ārdēns, -entis; ācer, -cris, -cre.

leider: *durch* dolēre (quod *od. a.c.i.*).

leid tun dolēre.

Leier fidēs, -ium *f/pl.*, lyra *f/sg.*

leihen: sein Ohr ~ aurēs praebēre.

Leintuch linteum *n*.

Leinwand linteum *n*.

leisten perficere; (*vollbringen*) efficere, cōnficere; e-n Dienst im Beruf ~ officium praestāre; e-n Eid ~ iūs iūrandum dare; iūrāre; e-r Sache Genüge ~ satisfacere alicui reī; Kriegsdienste ~ stipendia merēre (*od.* facere).

Leistung opus, -eris *n*, rēs *f* gesta, facinus, -oris *n*; (*Geschenk*) mūnus, -eris *n*.

leiten gubernāre, regere; (*anfeuern*) agitāre, incitāre; ein Spiel ~ lūdō praeesse; öffentliche Angelegenheiten ~ rēs gerere.

Leiter dux, ducis *m*; praefectus *m*.

Leitung: mit der ~ betraut werden praeficī *dat.*

lenken gubernāre, regere, dīrigere.

Lerneifer studium *n* discendī.

lernen discere (*pf.* didicī; *P.P.P.* —).

lesen legere; wir ~ bei Cicero apud Cicerōnem (scrīptum) est.

Leser *sg.* quī legit; *pl.* quī legunt.

Lesestück lēctiō, -ōnis *f*.

letzter ultimus, postrēmus, suprēmus; bis auf den

letzten Mann ad ūnum
omnēs.
Leuchte lūmen, -inis *n*.
leuchten lūcēre, micāre, fulgēre (*pf.* fulsī; *P.P.P.* —).
leuchtend (*weiß*) candidus; lūcidus, splendidus.
leugnen negāre.
Leute hominēs, -um *m/pl.*
Leutseligkeit cōmitās, -ātis *f.*, facilitās, -ātis *f.*
Licht lūx, lūcis *f.*; (*Lichtkörper*) lūmen, -inis *n*; ans ~ bringen prōferre in lūcem.
lichten: den Anker ~ ancoram levāre (*od.* ancorās tollere (*od.* solvere), nāves solvere.
Lichtung lūcus, -ī *m.*
lieb cārus; ~e (*Jungen*) *wird in der Anrede nicht übersetzt*; am ~sten potissimum. [tās, -ātis *f.*]
Liebe amor, -ōris *m*, cāri-
lieben hominēs, dīligere.
liebenswert amandus, dīgnus amōre.
liebenswürdig amābilis, -e; lepidus.
lieber *adv.* libentius, potius *adv.*, *oder durch* praeferre, anteferre.
lieber wollen mālle.
liebgewinnen dīligere, adamāre.
lieblich suāvis, -e, dulcis, -e; (*lieblich gelegen*) amoenus.
Lieblichkeit suāvitās, -ātis *f.*; amoenitās, -ātis *f.*
Lied carmen, -inis *n*; canticum *n*; cantus, -ūs *m.*

liederlich nēquam *indecl.*
liefern cōnferre, comportāre, subvehere; *fig.* e-e Schlacht ~ proelium committere.
liegen (*Örtlichkeit*) (situm) esse; (*am Boden daniederliegen*) iacēre; (*ruhen, zu Tische* ~) iacēre; accubāre (*ohne pf. u. P.P.P.*); es ist j-m daran gelegen (*auch*: es ist für j-n von Wichtigkeit) interest, refert alcis; im Sterben ~ moritūrum esse.
lind lēnis, -e.
lindern (sub)levāre, mollīre, lēnīre.
Linie linea *f.*
link sinister, -tra, -trum; laevus.
links *adv.* sinisträ.
Lippe labrum *n*.
List dolus *m.*
listenreich dolōsus.
listig dolōsus.
listigerweise per dolum.
Literatur litterae *f/pl.*
Lob laus, laudis *f.*
loben laudāre, laudibus efferre; aufs höchste ~ summīs laudibus efferre.
lobenswert laudābilis, -e; laude dīgnus.
Lobesworte laudēs, -um *f/pl.*
löblich laudābilis, -e; laudandus.
Lobredner laudātor, -ōris *m.*
Lobspruch laus, laudis *f.*
locken (*herauslocken*) ēlicere (ēliciō, ēlicuī, ēlicitus).
lockern laxāre.

lodern flagrāre.

Lohn praemium *n*, mercēs, -ēdis *f*, pretium *n*.

Lorbeer(baum) laurus *f*.

Lorbeerkranz laurea *f*.

Los sors, sortis *f*.

losbrechen orīrī; ein Geschrei bricht los clāmor tollitur; ein Sturm bricht los tempestās coorītur.

löschen exstinguére.

Lösegeld pretium *n*; ~ zahlen pretium solvere.

lösen solvere; ein Rätsel ~ aenigma solvere.

losfahren (*mit Worten*) invehī. [aliquem.\]

losgehen: auf j-n ~ petere\]

loskaufen redimere.

losschlagen bellum inferre.

losen sortīrī.

loslassen āmittere, ēmittere; (*entlassen*) dīmittere.

loslösen absolvere.

lossagen: sich ~ von sē abdicāre *abl.*

losschicken mittere.

Löwe leō, -ōnis *m*.

Löwin leaena *f*, lea *f*.

Luft āēr, āēris *m* (*acc.:* āēra); aura *f*.

Lüge mendācium *n*.

lügen mentīrī.

lügnerisch mendāx, -ācis.

Lust voluptās, -ātis *f*, libīdō, -inis *f*, studium *n*, cupīdō, -inis *f*, cupidītās, -ātis *f*; dēliciae *f/pl.*

lustig iocōsus, laetus.

lustwandeln ambulāre.

Luxus luxuria *f*, luxus, -ūs *m.*

M

machen facere; (*bereiten*) parāre; ~ zu facere, reddere *doppelter acc.*; *pass. dopp. nom.*; sich verdient ~ bene merērī; zur Provinz ~ in prōvinciam redigere.

Macht (*Einfluß*) potentia *f*; (*Amtsgewalt*) potestās, -ātis *f*; (*politische*) opēs, -um *f/pl.*, diciō, -ōnis *f*; (*Gewalt, Wucht*) vīs *f*; die ~ an sich reißen rērum potīrī.

mächtig potēns, -entis; compos, -potis; (*über Machtmittel verfügend*) opulentus; (*riesig*) ingēns, -entis.

Machtmittel (*wirtschaftliche* ~) opēs, -um *f/pl.*

Mädchen puella *f*.

Magd ancilla *f*.

Magen venter, -tris *m*.

mager macer, -cra, -crum.

Mahl(zeit) cēna *f*; epulae *f/pl.*; (*Gastmahl*) convīvium *n*; die Mahlzeit einnehmen epulārī.

mahlen molere (molō, moluī, molitus).

mahnen monēre.

Mal: zum ersten, zweiten, dritten ~ prīmum, iterum, tertium; zum letzten ~ postrēmum.

malen pingere.

Maler pictor, -ōris *m.*

man *mst. durch das Passiv.*

manche nōnnūlli; quīdam (quaedam, quaedam) (*nachgest.*).

mancherlei varii *m/pl.*

manchmal interdum, nōn-numquam.

Mangel inopia *f.*; ~ haben an carēre *abl.*

mangeln dēficere *acc.*, dē-esse *dat.*

Manipel (*3. Teil e-r Kohorte, etwa 200 Mann*) manipu-lus *m.*

Manipel... manipulāri(u)s.

Mann vir, virī *m.*; (*EheΩ*) marītus *m.*; alter ~ senex, senis *m.*; junger ~ iuvenis, -is *m.*; ~ zu Fuß pedes, -itis *m.*; ~ für ~ virītim.

mannhaft fortis, -e; cōn-stāns, -antis; masculus.

Mannhaftigkeit virtūs, ūtis\

mannigfach varius.   [*f.*]

Mannigfaltigkeit varietās. -ātis *f.*

männlich virīlis, -e; mascu-lus.

Mannschaft manus, -ūs *f.*

Mantel pallium *n.*

Märchen fābula *f*, fābella *f.*

Markt(platz) forum *n.*

Marmor marmor, -oris *n.*

Marmor... marmóreus.

marmorn marmóreus.

Mars Mārs, Mārtis *m.*

Marsch iter, itineris *n.*

marschieren proficīscī, iter facere.

Marschweg iter, itineris *n.*

Marsfeld campus Mārtius *m.*

Marter *f* cruciātus, -ūs *m.*

März (*mēnsis*) Mārtius *m.*

Maschine māchina *f*, īn-strūmentum *n.*

Maß modus *m*; ~ halten modum servāre (adhibē-re); temperāre.

Masse (*Volk*) vulgus, -ī *n*; plēbs, plēbis *f.*

mäßigen temperāre *dat.*, moderārī *dat.*

Mäßigung temperantia *f*, modestia *f*, moderātiō, -ōnis *f.*

maßlos immódicus.

maßvoll modestus.

Mathematiker mathēmati-cus *m.*

mathematisch mathēmati-cus.

Matrose nauta *m.*

Mauer mūrus *m*; ~n moe-nia, -ium *n/pl.*

Maul rictus, -ūs *m*; ōs, ōris *n.*

Maulbeerbaum mōrus, -ī *f.*

Maultier mūlus *m.*

Maus mūs, mūris *m.*

Medaille decus, -oris *n.*

Medizin medicīna *f.*

Meer mare, -is *n*; pon-tus, -ī *m*; hohes ~ altum *n*; am ~ gelegen maritimus.

Meer... maritimus *adi.*

Meerbusen sinus, -ūs *m.*

Meerenge fretum *n.*

Meeresarm fretum *n*, stā-gnum *n.*

Meeresfläche aequor, -oris *n.*

Meeresgrund īmum mare *n.*

Meeresküste ōra maritima*f.*

mehr (*comp. zu „sehr"*) magis *adv.*; (*comp. zu „viel"*)
plūs; ~ Menschen plūrēs
hominēs; ~ als magis
quam; nicht ~ nōn iam;
um so ~ *od.* desto ~ eō
magis; je ~, desto besser
quō magis, eō melius; ~
wert sein plūris esse.

mehrere (com)plūrēs, -a,
gen. -ium.

meiden (ē)vītāre.

Meierhof villa *f.*

Meile mīlle passūs *m/pl.*

Meilen mīlia *n/pl.* passuum.

mein meus, -a, -um.

Meineid periūrium; e-n ~
schwören pēierare, periū-
rāre.

meinen putāre, crēdere, arbitrārī, opīnārī, cēnsēre,
sentīre, exīstimāre.

meinetwegen per mē licet.

Meinung sententia *f.* opīniō, -ōnis *f.*; der ~ sein, die
~ vertreten cēnsēre; nach
m-r ~: *verbal mit* putāre
usw.; s-e ~ sagen dīcere
quid sentiās (quod sentīs).

meißeln sculpere (sculpō,
sculpsī, sculptus).

meisten: am ~ maximē, plūrimum; die ~ plēraque, plē-
raeque, plēraque; plūrimī,
-ae, -a; am ~ können plū-
rimum posse; die ~ Men-
schen plūrimī *m/pl.*

meist(ens) *adv.* plērumque.

Meister magister, -trī *m.*

meistern superāre.

melden nūntiāre.

Menge cōpia *f.*; (*Vielzahl*)

multitūdō, -inis *f.*; (*Masse*)
vīs *f.* (*z. B.* aurī)

Mensch homō, -inis *m.*; ich
bin kein ~, der nōn is sum,
quī *coni.*

menschenfreundlich hūmānus.

Menschenfreundlichkeit hūmānitās, -ātis *f.*

Menschengedenken: seit ~
post hominum memoriam.

menschlich hūmānus.

Menschlichkeit hūmānitās,
-ātis *f.*

merken (etw.) animadvertere, sentīre alqd.; sich ~
notāre, memoriae man-
dāre. [mēnsus sum].)

messen mētīrī (mētior,)

Messer culter, -trī *m.*

Metall metallum *n.*

Meuterei sēditiō, -ōnis *f.*
tumultus, -ūs *m.*

meutern sēditiōnem facere.

mich mē.

Miene vultus, -ūs *m.*

mieten condūcere.

Milch lac, lactis *n.*

mild lēnis, -e; clēmēns, -en-
tis; mītis, -e.

Milde clēmentia *f.* mānsuētūdō, -inis *f.*

mildern lēnīre, mollīre.

Militär n mīlitēs *m/pl.*

Militär... mīlitum *gen. pl.*

militärisch mīlitāris, -e.

Militärtribun tribūnus *m*
mīlitum.

mindern minuere.

mir mihi; mit ~ mēcum.

mischen miscēre; den Wein
richtig ~ vīnum temperāre.

mißachten contemnere, neglegere.

mißbrauchen abūtī *abl.*

Mißerfolg cāsus adversus *m*, offensiō *f*.

Missetat facinus, -oris *n*; scelus, -eris *n*.

Missetäter homō maléficus *m*.

mißfallen displicēre.

Mißgeschick rēs adversae *f/pl.*; es ist ein ~ male accidit.

Mißgunst invidia *f*.

mißgünstig malignus.

mißtrauen diffīdere (diffīdō, diffīsus sum).

mit (*zusammen*) cum *abl.*; (*Mittel od. Werkzeug*): bloßer *abl.*

mitbringen apportāre.

Mitbürger civis, -is *m*.

miteinander inter sē; ~ sprechen colloquī.

mitgeben addere.

Mitgefühl: ~ haben miserērī *gen.*

Mitgift *f* dōs, dōtis *f*.

Mitleid misericordia *f*; ~ haben miserērī *gen.*; miserēre *impers.*; ich habe ~ misereor *gen.*, me miseret *gen.*

mitleidig miséricors, -cordis; ein ~es Herz haben misericordem esse.

mitmachen interesse.

mitnehmen sēcum dūcere.

mitsamt cum *abl.*

mitspielen lūdō interesse.

Mittag merídiēs, -ēī *m*.

mittäglich merīdiānus.

Mitte medium *n*; *meist durch adi.* medius; auf der ~ der Brücke mediō in ponte.

mitteilen nūntiāre *dat.*, certiōrem facere *a.c.i.*; communicāre alqd cum alqō.

Mittel instrumentum *n*; (*Sache*) rēs, reī *f*; (*Geld, Hilfs2*) *pl.* opēs, -um *f/pl.*; aus eigenen ~n prīvātim, dē prīvātō.

Mittelalter aetās media *f*, medium aevum *n*.

Mittelländisches Meer, Mittelmeer mare mediterrāneum *n*, mare internum *n*, mare medium *n*.

mittellos inops, ínopis; egēnus.

mitten (in) *umschr. als adi. durch* medius; in mediō, in mediā *usw.*

mittlere medius.

mitwissend cōnscius.

mögen velle; *durch coni. praes. od. pf. ausgedrückt;* es mag sein licet *a.c.i. bzw. inf.*

möglich: es ist ~ licet; fierī potest.

Möglichkeit facultās, ātis *f*; potestās, -ātis *f*; es besteht die ~ fierī potest.

möglichst quam *b. sup.*; ~ schnell quam celerrimē; ~ lange quam diūtissimē; ~ bald quam prīmum.

Monat mēnsis, -is *m*.

Mond lūna *f*.

Mondfinsternis lūnae dēfectiō, -ōnis *f*.

Mord

Mord caedēs, -is *f*; parricīdium *n*; nex, necis *f*; mit ~ und Brand ferrō ignique.

Mörder parricīda *m*, percussor, -ōris *m*, interfector, -ōris *m*.

morgen crās *adv.*

Morgen: am ~ māne; am frühen ~ bene māne.

Morgengrauen: beim ~ prīmā lūce.

Morgenröte aurōra *f*.

morgens māne *adv.*

morgig crāstinus *adi.*

Mosaikboden pavīmentum *n* tessellātum.

Mücke culex, -icis *m*.

müde fessus, fatigātus.

Mühe opera *f*, labor, -ōris *m*; ~n auf sich nehmen labōrēs subīre; (große) ~ geben, ~ aufwenden (māgnopere *od.* maximē) operam dare, ut *coni.*; ~ vergeuden operam perdere; (nur) mit ~ (kaum) *adv.* aegrē; mit großer ~ aegerrimē; keine ~ sparen labōrī (operae) non parcere.

mühen: sich ~ (= sich bemühen) id studēre, operam dare, contendere (*alle mit ut coni.*).

mühevoll labōriōsus.

Mühsal labor, -ōris *m*.

mühselig aeger, -gra, -grum.

Mund ōs, ōris *n*; den ~ halten tacēre; im ~e führen in ōre habēre.

Mündel pupillus *m*.

münden influere.

Mündung ōs, ōris *n*, ōstium *n*.   [laetus.]

munter alacer, -cris, -cre;

Münze nummus *m* (*der gen. pl.* nummum *ist häufiger als* nummōrum).

murren fremere (fremō, fremuī, fremitum); indīgnārī.

mürrisch mōrōsus.

Musik (ars *f*) mūsica *f*.

musisch mūsicus.

Muße (*freie Zeit*) ōtium *n*.

müssen dēbēre; *auch durch das Gerundivum:* -ndum esse; oportet *a.c.i.*, necesse est *a.c.i.*

müßig ōtiōsus.   [tia *f*.]

Müßiggang dēsidia *f*, iner-

Müßiggänger ōtiōsus *m*.

Muster exemplum *n*; als ~ dienen exemplō esse.

mustern recēnsēre.

Mut animus *m*, audācia *f*, virtūs, -ūtis *f*, fortitūdō, -inis *f*; guten ~es sein bonō animō esse; den ~ sinken lassen, den ~ verlieren animō dēficere (*od.* cadere), animum dēmittere; den ~ haben audēre (audeō, ausus sum); der ~ wächst animus (alicuius) augētur, animus (alicui) accēdit.

mutig animōsus, audāx, -ācis, fortis, -is, alacer, -cris, -cre.

mutlos: ~ werden animō dēficere (*od.* cadere).

Mutter māter, -tris *f*.

Muttersprache sermō patrius *m*.

mutwillig petulāns, -antis.

N

nach (*örtlich*) in *acc.*; (*zeitlich*) post *acc.*; nach Christi Geburt post Christum nātum; (*gemäß*) secundum *acc.*; ~ und ~ paulātim; ~ Rom Rōmam; ~ Athen Athēnās, ~ Italien in Italiam.

nachahmen imitārī.

Nachahmung imitātiō, -ōnis *f.*

Nachbar vīcīnus *m*, propinquus *m*.

Nachbarschaft vīcīnitās, -ātis *f.*

Nachbarvolk fīnitimus *m*

nachbilden simulāre.

nachdem ci. postquam, posteāquam *ind. pf.*

nachdenken cōgitāre, meditārī (über dē *abl.*).

nacheifern aemulārī.

nacheinander deinceps.

Nachfahren posterī *m/pl.*

Nachfolge: die ~ antreten succēdere *dat.*

nachfolgen succēdere *dat.*, subsequī *acc.*; (*auf dem Fuße*) īnsequī *acc.*

Nachfolger successor, -ōris *m*; ~ sein succēdere *dat.*

nachgeben (con)cēdere, indulgēre.

nachher *adv.* posteā, deinde.

Nachhut *f* āgmen *n* novissimum.

nachjagen (cōn)sectārī *acc.*

nachkommen (*gehorchen*) obtemperāre, pārēre.

Nachkommen posterī *m/pl.*

nachkommend posterus.

Nachkommenschaft prōgeniēs, -ēī *f*; prōlēs, -is *f.*

nachlassen cessāre, dēsinere, dēsistere.

nachlässig neglegēns, -entis

ōtiōsus; sēgnis, -e; socors, -rdis.

Nachlässigkeit neglegentia *f*, sēgnitia *f*, indīligentia *f*, sōcordia *f.*

nachmittags post merīdiem.

Nachrede: üble ~ invidia *f.*

Nachricht nūntius *m*; ~ geben aliquem certiōrem facere *a.c.i.*; ~ erhalten certiōrem fīerī, audīre, cognōscere.

nachrücken succēdere *dat.*

nachsetzen (*verfolgen*) persequī *acc.*

Nachsicht venia *f*; ~ schenken veniam dare, indulgēre (*pf.* indulsī).

nachsichtig clēmēns, indulgēns, benīgnus; ~ sein indulgēre *dat.*

nächst (*entlang*) *prp.* secundum; *adi.* proximus; *adv.* proximē; am ~en Tage postrīdiē.

nachstehen cēdere.

nachstellen insidiās parāre, īnsidiārī; (*ein Wort*) postpōnere.

Nachstellungen insidiae *f/pl.*

nächstens *adv.* proximē.

nächster *adi.* proximus.

Nacht nox, noctis *f*.

Nachteil dētrīmentum *n*, incommodum *n*.

nachteilig: sich ~ auswirken dētrīmentō esse.

Nachtigall luscinia *f*.

nächtlich *adi*. nocturnus.

nachts noctū, nocte.

Nachtwache vigilia *f*.

nachweisen dēmōnstrāre.

Nachwelt posterī *m/pl.*, posteritās, -ātis *f*; der ~ überliefern memoriae prōdere.

Nacken cervīx, -īcis *f*; *meist pl.*: cervīcēs, -um *f/pl.*

nackt nūdus.

Nadel acus, -ūs *f*.

Nagel (*am Finger*) unguis, -is *m*.

nahe *adi*. propinquus, finitimus, vīcīnus; ~ bei prope *prp. mit dem acc.*

Nähe propinquitās, -ātis *f*; in der ~ von prope *acc.*; in der ~ der Stadt prope (*od.* apud) urbem.

nahen (*sich nähern*) appropinquāre, appetere.

näher *adi*. propior, -ius; ~ kommen appropinquāre.

nähern: sich ~ appropinquāre.

nähren alere (alō, aluī, altus *u.* alitus); nūtrīre; sich ~ vēscī *abl.*

Nahrung cibus *m*; geregelte ~ diaeta *f*.

Nahrungsmittel *pl.* cibāria *n/pl.*

Name nōmen, -inis *n*.

namentlich nōminātim *adv.*

nämlich enim (*nachgest.*), vidēlicet.

Nase nāsus, -ī *m*; nārēs, -ium *f/pl.*

Nation nātiō, -ōnis *f*.

Natur nātūra *f*; von ~ nātūrā; von der ~ ā nātūrā.

natürlich *adi*. nātūrālis, -e; genuīnus; *adv.* quippe, nīmīrum; ~e Lage nātūra *f* locī.

Nebel nebula *f*.

neben iūxtā *acc.*, prope *acc.*

neblig nebulōsus.

Neffe nepōs, ōtis *m*.

nehmen capere, captāre, sūmere, prehendere; (*entreißen*) ēripere, auferre; (*an sich ~*) adimere, dēmere; *z. B.* pōma arbore dēmere; cibum sūmere; (*annehmen*) accipere; Gift nehmen venēnum haurīre (*od.* sūmere); auf sich ~ suscipere, subīre, sustinēre; j-n als Führer ~ alqm ducem sūmere.

Neid invidia *f*.

neigen: zum Aufruhr ~ novīs rēbus studēre; sich ~ vergere (*klass. ohne pf. u. ohne P.P.P.*).

nein: *durch e-n kurzen verneinten Satz auszudrücken*; (= im Gegenteil) immō.

nennen appellāre, nōmināre, dīcere, vocāre.

Nest nīdus *m*; ein ~ bauen nīdificāre.

Netz plaga *f*.

neu novus, recēns, -entis; von ~em dēnuō.

Neugier cupiditās *f* videndī, cūriōsitās, -ātis *f*.

neugierig cūriōsus.

Neuheit novitās, -ātis *f*.

Neuigkeit rēs nova *f*, novitās, -ātis *f*.

neulich *adv.* nūper.

Neumond lūna nova *f*.

neun novem.

neunter nōnus *m*.

nicht nōn; (*in Wunschsätzen*) nē *coni. pf.*; nōli(te) *inf.*!; (*in Fragesätzen*) nōnne; ~ einmal nē ... quidem; ~ nur, sondern auch nōn modo (*od.* nōn sōlum), sed etiam; ~ mehr nōn iam; noch ~ nōndum; ~ dasein abesse; *vor adi. und adv.* haud; oder ~ (*in Fragen*) an nōn, necne; und ~ neque, nec; (*final*) nēve, neu; aber ~ neque vērō, neque tamen.

nichtig vānus.

nichts nihil, *gen.* nūllīus reī; und ~ neque quicquam; ~ außer nihil nisi; für ~ achten nihil putāre (aestimāre); ~ mehr nihil iam.

nichtsahnend inopīnāns, -antis.

nichtsdestoweniger nihilō minus, nihilō sētius, nihilōminus.

nichtsnutzig nēquam *indecl.*

nicht wollen nōlle.

nie numquam.

niederbrennen dēflagrāre.

niederfallen prōcumbere.

niederhauen trucīdāre, percutere, interficere.

niederkämpfen dēbellāre.

niederknien prōcumbere.

Niederlage clādēs, -is *f*; j-m e-e ~ beibringen alicui clādem afferre, aliquem clādē afficere; e-e ~ erleiden clādem accipere; ~ bei Kannä clādēs Cannēnsis *f*.

niederlassen: sich ~ cōnsīdere.

niederlegen dēpōnere; sich ~ prōcumbere; sich zum Schlaf ~ somnō sē dare; die Diktatur ~ dictātūrā sē abdicāre; im Amt ~ magistrātū sē abdicāre.

niedermachen interficere.

niedermetzeln trucīdāre.

niederreißen dēicere.

niederschlagen prōflīgāre, prōsternere, afflīgere, opprimere, occīdere.

niedersetzen: sich ~ cōnsīdere.

niederstechen trucīdāre, concīdere.

niederwerfen prōsternere, afflīgere (afflīgō, afflīxī, afflīctus), percellere (percellō, perculī, perculsus); superāre; sich ~ prōcumbere. [domāre.]

niederzwingen dēbellāre.)

niedlich lepidus.

niedrig humilis.

niemals numquam.

niemand nēmō; und ~ neque quisquam; damit ~ nē quis; so daß ~ ut nēmō.

nirgends nūsquam, nūllō locō.

nisten habitāre; nīdificāre.

noch: ~ einmal iterum; ~
heute etiam hodiē, hodiē
quoque, adhūc; immer ~
nicht nē nunc (tum) qui-
dem; *(beim comp.)* etiam;
~ nicht so alt nōn admo-
dum (plānē) grandis nātū;
bleibt oft unübersetzt: ~ am
selben Tage eōdem diē; ~
während der Nacht dē
nocte.
nochmals iterum, dēnuō.
Norden septentriōnēs, -um
m/pl.; im ~ sub septen-
triōnibus.
nördlich septentriōnālis, -e.
Not inopia *f.*; *(Notlage)* rēs
arduae *f/pl.*, miseria *f.*;
egestās, -ātis *f.*, angustiae
f/pl.; *(Gefahr)* discrīmen,
-inis *n.*; *(Zwang)* necessitās,
-ātis *f.*; in ~ sein labōrāre.
notgedrungen *adv.* necessi-
tāte coāctus; necessāriō.
nötig necessārius; es ist ~
opus *(od.* necesse) est *a.c.i.*
nottun opus esse.

notwendig necessārius; es
ist ~ necesse *(od.* necessā-
rium) est *a.c.i.*
Notwendigkeit necessitās,
-ātis *f.*
November (mēnsis) November *m.*
nun tum; von ~ an posthāc.
nur: *(fällt bei Zahlenangaben
weg):* sōlum, modo, tan-
tum; nihil nisi; ~ der Gute
nēmō nisi bonus; nicht ~,
sondern auch nōn modo,
sed etiam; nōn sōlum, sed
etiam.
Nuß nux, nucis *f.*
nützen prōdesse.
nutzen *(gebrauchen)* ūtī *abl.*
Nutzen ūtilitās, -ātis *f.*;
ūsus, -ūs *m.*; ~ bringen prōdesse; es ist von ~ ūsuī est.
nützlich ūtilis, -e; ~ sein
prōdesse, ūtilitātī esse
dat.
nutzlos inūtilis, -e.
Nutznießung: ~ haben von
fruī *abl.*

<h1 style="text-align:center">O</h1>

o (weh)! vae!
ob num, -ne; *nach Verben
des Wartens und Versu-
chens:* sī; ~ ... oder utrum
... an; -ne ... an; ... - an.
oben in summō.
obendrein īnsuper.
Oberbefehl imperium *n.*; den
~ führen praeesse *dat.*;
unter j-s ~ auspiciīs alcis.
Oberbefehlshaber imperātor, -ōris *m.*

obere superior; die ~n Göt-
ter superī *m/pl.*
oberhalb suprā *acc.*
Oberherrschaft summum
imperium *n.*
Oberitalien Gallia Cisalpī-
na *f.*
Oberkörper corpus, -oris *n.*
Oberpriester pontifex, -icis
m.
Oberschenkel femur, -oris *n.*
Oberst tribūnus *m* mīlitum.

oberste suprēmus, summus *m.*

obgleich quamquam; etsī, etiamsī, tametsī; quamvīs, cum, ut.

Obhut tūtēla *f.*

obliegen (*sich widmen*) incumbere (*in od.* ad alqd).

Obrigkeit magistrātus, -ūs *m.*

Obst pōma, -ōrum *n/pl.*

Obstbaum arbor *f* pōmifera.

Obstfrucht pōmum *n.*

obwohl quamquam *ind.*; etsī, etiamsī, tametsī *ind. bzw. coni.*; cum, ut, quamvīs *coni.*

Ochse bōs, bovis *m*; taurus *m.*

o daß doch (**nicht**) **...!** utinam (nē) *coni.*

öde vāstus, dēsertus.

oder aut; vel; sīve, seu; *in Doppelfragen:* an; ~ nicht (*in Fragen*) an nōn, necne; entweder ... ~ aut ... aut; vel ... vel.

Ofen forāx, -ācis *m.*

offen *adi.* apertus; *adv.* palam; ~ eingestehen profitērī.

offenbar ēvidēns, -entis, manifestus, apertus; ~ werden apparēre.

offenkundig manifestus.

offenstehen patēre.

öffentlich *adi.* pūblicus; *adv.* pūblicē, pūblicā; ~ bekennen profitērī; ~ verbreiten pūblicāre.

Öffentlichkeit pūblicum *n.*

Offizier tribūnus *m.*

öffnen patefacere, aperīre (aperiō, aperuī, apertus).

oft saepe (*gesteigert:* saepius, saepissimē).

ohne sine *abl.*; ~ Wissen (nicht wissend) īnscius, nescius; ~ Pflichtverletzung salvō officiō; ~ etwas sein carēre *abl.*; ~ Zweifel *durch:* nōn dubium est, quin *coni.* [tis.]

ohnmächtig impotēns, -en-

Ohr auris, -is *f*; zu ~en j-s kommen ad aurēs alcis venīre; audīre.

Öl oleum *n.*

Ölbaum olīva *f.*

Olympische Spiele Olympia, -ōrum *n/pl.* (*urspr. adi. zu* certāmina *n/pl.*); lūdī Olympia *m/pl.*

Ölzweig olīva *f.*

Onkel (*Muttersbruder*) avunculus *m.* (*Vatersbruder*) patruus *m.*

Opfer sacrificium *n.*; ~ darbringen sacrificāre, sacrifacere. [m.]

Opferdeuter haruspex, -icis

Opferhandlung rēs dīvīna *f.*

opfern immolāre, sacrificāre, sacra facere.

Opferpriester haruspex, -icis *m.* [-icis *m.*]

Opferschauer haruspex,

Opfertier hostia *f.*

Optimaten (*die Vornehmen, die Aristokraten*) optimātēs, -(i)um *m/pl.*

Orakel ōrāculum *n*; ein ~ geben (verkünden) ōrāculum ēdere.

Orakelspruch respōnsum (ōrāculī) n.

Orakelstätte ōrāculum n.

ordnen (Staat) temperāre, moderārī (rem pūblicam); allg. compōnere, ōrdināre; (verteilen) dispōnere.

Ordnung ōrdō, -inis m; in ~ bringen reficere.

ordnungsgemäß rite.

Orient oriēns, -entis m.

Ort locus m (pl. loca n/pl.); am rechten ~ in locō; suō locō; an diesem ~ hōc locō.

ortskundig perītus locōrum.

Osten oriēns, -entis m.

Ozean Ōceanus m.

P

paar: ein ~ nōnnūllī m/pl.

Paar pār, paris n.

Pachtsumme vectīgal, -ālis n.

packen captāre, capere, prehendere.

Palast palātium n, rēgia f, aedēs, -ium f/pl., domus rēgia f.

Palatin (Hügel in Rom) Palātīnus m.

Palme, Palmzweig palma f.

Panzer (e-r Rüstung) lōrīca f.

Pappel pōpulus f.

Park hortī, -ōrum m/pl.

Partei pars, partis f; factiō, -ōnis f.

Paß (Engpaß) angustiae f/pl.; iugum n.

passen (zu etwas) convenīre dat.

passend aptus, idōneus.

Patrizier patricius m; pl. patriciī m/pl., patrēs m/pl., optimātēs, -(i)um m/pl.

patrizisch patricius.

Patriot vir m amāns patriae.

peinigen cruciāre, vexāre, torquēre (torsī, tortus).

Pelz pellis, -is f.

Penaten pl. penātēs, -ium m/pl.

Perle margarīta f.

Perser Persa m.

Perserreich rēgnum n Persārum.

persisch Persicus.

Person persōna f, homō, -inis m.

persönlich ipse.

Pest pestis, -is f, pestilentia f.

Pfahl pālus, -ī m, sudis, -is f.

Pfau pavō, ōnis m.

Pfeil sagitta f.

Pfeilschütze sagittārius m.

Pferd equus m.

Pfirsich persicum n.

Pflanze planta f.

pflanzen serere (serō, sēvī, satus).

Pflege cultus, -ūs m; cultūra f; cūrātiō, -ōnis f; etw. zur ~ übergeben colendum aliquid trādere (od. committere).

pflegen (Kranken) cūrāre; (Wissenschaft) colere; (gewohnt sein) solēre, cōnsuē-

visse; *durch das impf. auszudrücken;* s-n Geist ~
animum (ex)colere.

Pflicht officium *n;* ~ erfüllen
officiō fungi, officium servāre (*od.* facere *od.* praestāre *od.* explēre); ~ versäumen officiō dēesse.

pflichttreu dīligēns officii,
pius.

pflichtvergessen neglegēns
officii, impius.

pflücken carpere (carpō,
carpsī, carptus), dēcerpere.

Pflug arātrum *n.*

pflügen arāre.

Pforte porta *f.*

Pfosten postis, -is *m.*

Philosoph philósophus *m.*

Philosophie philosóphia *f.*

philosophisch philosophi-
cus.   [*m/pl.*]

Phönizier Phoenīcēs, -um]

Pinie pīnus *f.*

Pirat pīrāta *m.*

plagen vexāre.

Plan cōnsilium *n,* ratiō,
-ōnis *f;* e-n ~ fassen cōnsilium capere (*od.* inīre).

planen cōnārī.

plattfüßig plautus.

Platz locus *m/sg.* (*pl.* loca
n/pl.); ~ nehmen cōnsi-
dere.

Plebejer plēbēïus *m; pl.*
plēbēii *m/pl.,* plēbs, plēbis
f/sg.

plebejisch plēbēïus.

plötzlich *adi.* subitus, repentīnus; *adv.* subitō, repente.

plündern spoliāre, dīripere.

Plünderung dīreptiō, -ōnis
f; durch dīripere.

Pöbel vulgus, -ī *n.*

Politik rērum pūblicārum
scientia *f;* ~ treiben rem
pūblicam gerere.

Pompejaner *pl.* Pompēïānī
m/pl.

Pompeji Pompēï *f.,* -ōrum
m/pl.

Posten *mil.* statiō, -ōnis *f;
allg.* locus *m* (*pl.* loca *n/pl.*).

Pracht pulchritūdō, -inis *f;*
splendor, -ōris *m;* mägni-
ficentia *f.*

prächtig praeclārus, mägni-
ficus, amplus.

Präfekt praefectus *m.*

prägen percutere.

Prahlen iactantia *f.*

prahlen glōriārī; sē iactāre.

Prahler, prahlerisch glōriōsus.

Prätor praetor, -ōris *m;*
Amt des ~s praetūra *f.*

Praxis ūsus, -ūs *m.*

Preis pretium *m;* (*Belohnung*) praemium *n.*

preisen laudāre, praedicāre,
celebrāre, laudibus ad
caelum efferre; j-n glücklich ~ beātum dīcere
alqm.

Priester sacerdōs, -ōtis *m;*
(*Ober2*) pontifex, -icis *m.*

Priesteramt sacerdōtium *n;*
(*des Oberpriesters*) pontificātus, -ūs *m.*

Priesterin sacerdōs, -ōtis *f.*

privat (*Privatmann*) (homō)
prīvātus (*m*).

Privatbesitz pecūlium *n.*

Probe

Probe: auf die ~ stellen
temptāre, experīrī.

Prokonsul (*gewesener Konsul*) prōcōnsul, -is *m*; Amt
des ~s prōcōnsulātus, -ūs
m.

Prophet prophēta *m.*

Proprätor (*gewesener Prätor; Statthalter e-r Provinz*)
prōpraetor, -ōris *m.*

Prosa prōsa ōrātiō *f* (*eigtl.
gerade, ungebundene, reimlose Redeweise*).

Proviant cibus *m*; victus,
-ūs *m*; commeātus, -ūs
m.

Provinz prōvincia *f.*

Provinzbewohner prōvinciālis *m.*

prüfen exāmināre, dēlīberāre, sēcum reputāre, probāre, temptāre.

Prunk luxus, -ūs *m*, pompa
f, apparātus, -ūs *m.*

prunkvoll praeclārus.

Punier Poenus *m.*

punisch Pūnicus.

pünktlich in tempore *adv.*

Puppe pūpa *f.*

Purpur purpura *f.*

Purpurgewand: ein ~ tragend purpurātus.

purpurn, purpurrot purpúreus.

putzen (*reinigen*) pūrgāre;
(*schmücken*) ōrnāre.

Pyramide pyramis, -idis *f.*

Pyrenäen Pȳrēnaeī *m/pl.*

Q

Quadriga (*Viergespann*)
quadrīgae *f/pl.*; mit e-r ~
quadrīgātus.

quälen vexāre, cruciāre.

Quästor quaestor, -ōris *m.*

Quelle fōns, fontis *m.*

Quinta quīnta *f.*

Quiriten (*röm. Bürger*) *pl.*
Quirītēs, -um *m/pl.*

R

Rabe corvus *m.*

Rache ultiō, -ōnis *f*; ~ nehmen ulcīscī (an j-m alqm;
für etw. alqd; an j-m für
etw. alqm prō alqā rē).

rächen: (sich) ~ ulcīscī,
vindicāre, pūnīre.

Rammbalken rōstrum *n.*

Rappe(n) (*schwarzes Pferd*)
equus niger *m.*

rasch *adi.* celer, celeris,
celere; *adv.* citō, celeriter.

Rasen(stück) caespes, -itis
m.

rasen (*toben*) furere (*ohne pf.
u. P.P.P.*).

rasend saevus.

Raserei furor, -ōris *m.*

rasten cōnsīdere, quiēscere.

rastlos impiger, -gra, -grum.

Rat, Ratschlag cōnsilium *n*;
um ~ fragen, zu ~e ziehen
cōnsulere *acc.*; ~ erteilen
cōnsulere *dat.*; auf j-s ~

durch auctor *od.* suādēre; ~ und Tat cōnsilium et opera.

raten suādēre *dat.*, cōnsulere *dat.*

Rathaus cūria *f.*

ratheischend cōnsulēns, -entis.

Ratschlag cōnsilium *n.*

Rätsel aenigma, -atis *n.*

Raub rapīna, -ārum *f/pl.*

rauben raptāre, rapere.

Räuber latrō, -ōnis *m*; praedō, -ōnis *m.*

Raubvogel avis *f* rapāx.

Rauch fūmus *m.*

rauh asper, -era, -erum.

Raum spatium *n.*

räumen: aus dem Wege ~ dē mediō tollere, interimere.

Rauschen strepitus, -ūs *m.*

rauschen strépere (strepō, strepuī, strepitum).

Rebe vītis, -is *f.*

Rebell rebellis, -is *m.*

Rechenschaft ratiō, -ōnis *f*; ~ geben ratiōnem reddere (alcis reī).

rechnen: ~ zu in numerō habēre (*acc.*), numerāre in *abl.*

Recht (*menschliches* ~) iūs, iūris *n*; (*göttliches* ~) fās *n indecl.*; mit ~ meritō, iūre; (*richtig*) rēctē; (*von Rechts wegen*) suō (*od.* optimō) iūre; ich habe das ~ meum est; ~ sprechen iūs dīcere.

recht (*richtig*) rēctus; (*Ggs. zu link*) dexter, -t(e)ra,

-t(e)rum; *adv.* (*sehr*) *durch* Superlativ; zur ~en Zeit (in) tempore; ~ tun rēctē agere.

rechtfertigen excūsāre, pūrgāre.

Rechte (*Hand*) dextra *f.*

Rechtlichkeit probitās, -ātis *f*, honestās, -ātis *f.*

rechts *adv.* dextrā.

rechtschaffen probus.

Rechtschaffenheit probitās, -ātis *f.*

Rechtsgelehrter iūris perītus *m.*   [tus.]

rechtskundig iūris cōnsul-

rechtsrheinisch trānsrhēnānus.

Rechtssache causa *f.*

Rechtsstreit līs, lītis *f.*

rechtzeitig *adv.* (in) tempore; suō tempore.

Rede ōrātiō, -ōnis *f*; sermō, -ōnis *m*; ~ halten ōrātiōnem habēre, cōntiōnārī; es ist die ~ von etw. mentiō fit alcis reī.

redegewandt fācundus.

Redekunst ars dīcendī, ars *f* ōrātōria.

reden dīcere, loquī, verba facere.

redlich probus.

Redlichkeit probitās, -ātis *f*, innocentia *f.*

Redner ōrātor, -ōris *m.*

Rednertribüne rōstra, -ōrum *n/pl.*

Regel rēgula *f*, praeceptum *n*; praescrīptum *n.*

regelmäßig: ~ kommen commeāre.

Regen

Regen pluvia *f*; es fällt ~ pluit.

Regenguß imber, -bris *m*, nimbus, -i *m*.

regieren imperāre; (*als König*) rēgnāre; regere *acc.*, praeesse *dat.*

Regierung imperium *n*; in der ~ nachfolgen succēdere *dat.*; der Staat hat e-e gute ~ rēs pūblica bene administrātur.

Regierungsgewalt summa *f* imperii.

regnen: es regnet pluit.

Reh caprea *f*.

reiben térere (terō, trīvī, trītus).

reich dīves, -itis; lócuplēs, -ētis; opulentus; ~ sein (an) abundāre, redundāre *abl.*; ~e Früchte multae (opimae) frūgēs.

Reich imperium *n*; rēgnum *n*; Römisches ~ imperium Rōmānum *n*.

reichen praebēre; ~ bis (*sich erstrecken*) pertinēre ad *acc.*

reichlich largus, amplus; *adv.* largiter, līberāliter.

Reichtum dīvitiae, -ārum *f/pl.*; opēs, opum *f/pl.*

reif mātūrus; ~ werden mātūrēscere (*pf.* mātūruī).

reifen mātūrēscere (*pf.* mātūruī).

Reigen chorus *m*; den ~ tanzen chorōs dūcere.

Reihe ōrdō, -inis *m*, seriēs, -ēi *f*; der ~ nach ōrdine, deinceps.

reihen (*knüpfen*) serere (serō, seruī, sertus).

rein pūrus; integer, -gra, -grum.

Reinheit *fig.* integritās, -ātis *f*.

reinigen pūrgāre; (*sühnen*) lūstrāre.

Reinigungsopfer suovetaurilia *n/pl.*

Reise iter, itineris *n*; sich auf die ~ machen proficisci; e-e ~ machen iter facere; auf ~n in itinere.

Reisegeld viāticum *n*.

reisen iter facere, proficisci, migrāre; (*zur See*) nāvigāre.

Reisender viātor, -ōris *m*.

Reisbaus: ~ nehmen fugere.

reißen: an sich ~ arripere; mit sich ~ trahere; die Herrschaft an sich ~ rērum potīrī.

reißend rapidus.

reiten equitāre, equō vehī.

Reiter eques, -itis *m*.

Reiterei equitātus, -ūs *m*.

Reitergefecht proelium equestre *n*. [-tre.]

reiterlich equester, -tris,]

Reiteroberst praefectus *m* equitum.

Reitertruppen cōpiae equestrēs *f/pl.*, equitātus, -ūs *m*.

reizen incitāre, lacessere, movēre, sollicitāre.

Rekrut tīrō, -ōnis *m*.

Religion religiō, -ōnis *f*.

Rennbahn stadium *n*, circus *m*.

reparieren reparāre.

republikanische Zeit tempus n līberae reī pūblicae.

Reserve subsidium n.

Rest(e) reliquiae, -ārum f/pl.

retten servāre.

Rettung salūs, -ūtis f.

Reue paenitentia f.

reuen: es reut mich paenitet mē.

Rhein Rhēnus m.

Rhone Rhódanus m.

richten iūdicāre; (lenken, leiten) regere; (bereiten) parāre; ~ auf intendere in $acc.$; advertere in $od.$ ad $acc.$; Worte an j-n ~ verba habēre cum aliquō.

Richter iūdex, -icis m.

richtig rēctus.

Richtschnur rēgula f.

Richtspruch iūdicium n.

Richtung regiō, -ōnis f.

Riemen lōrum n.

riesig immānis, -e; ingēns, -entis.

Rind bōs, bovis m.

Rinde cortex, -icis m.

Ring ānulus m.

ringen luctārī.

Ringkampf luctātiō, -ōnis f.

ringsherum circum, circumcircā; alles ~ omnia circā.

ringsum circum, circā.

Ritter eques, -itis m.

ritterlich equester, -tris, -tre. [m.]

Ritterstand ōrdō equester]

Ritze rīma f.

roh inhūmānus, rudis, -e; bárbarus.

Röhre fistula f.

rollen $trans.$ volvere.

Rom Rōma f.

Römer, römisch Rōmānus m.

Römerkastell castellum n Rōmānōrum.

Rose rosa f.

Roß equus m.

rösten torrēre (torreō, torruī, tostus).

rot ruber, -bra, -brum; (Haar) rūfus.

ruchlos scelestus, nefārius, improbus, nefandus.

Rücken tergum n; ($v.$ Tieren) dorsum n; im ~ ā tergō; den ~ wenden tergum ($bzw.$ terga) vertere; discēdere.

Rückhalt subsidium n, praesidium n.

Rückkehr reditus, -ūs m.

Rücksicht: ~ nehmen auf ratiōnem habēre $gen.$; respicere $acc.$

rücksichtsvoll verēcundus.

rückwärts retrō.

Rückwege reditus, -ūs m.

Rückzug receptus, -ūs m; zum ~ blasen receptuī canere.

Ruder n rēmus m.

Ruf fāma f.

rufen vocāre; (ausrufen) exclāmāre; gemeinsam ~ conclāmāre; (herbeirufen) advocāre.

rügen notāre, vituperāre.

Ruhe quiēs, -ētis f; requiēs, -ētis f; tranquillitās, -ātis f; ōtium n; silentium n.

ruhen cubāre, quiēscere.

ruhig tacitus, quiētus, tranquillus.

Ruhm glōria *f*, fāma *f*, laus, laudis *f*.

rühmen praedicāre, celebrāre, laudibus efferre; **sich ~** glōriārī *abl*.

ruhmvoll glōriōsus.

rühren (com)movēre.

rührig alacer, -cris, -cre; impiger, -gra, -grum; industrius.

Rührigkeit industria *f*.

Ruinen ruīnae *f/pl*.

Rumpf truncus *m*.

rund rotundus.

rüsten armāre; **zum Kriege ~** bellum parāre.

rüstig strēnuus.

Rüstung spolium *n*, arma, -ōrum *n/pl*.

Rute virga *f*.

Rutenbündel fascis, -is *m*; **~ *der Liktoren*:** fascēs, -ium *m/pl*.

S

Saat(feld) seges, -etis *f*.

Sabiner Sabīnus *m*.

sabinisch Sabīnus.

Sache rēs, reī *f*; **es ist ~ des Lehrers** magistrī est.

Sachlage rēs *f*, causa *f*, rērum condiciō *f*.

Sachverhalt rēs, reī *f*.

Sachwalter patrōnus *m*.

Sack saccus *m*.

säen serere (serō, sēvī, satus); **sēmentem facere.**

Sage fābula *f*, fāma *f*.

Säge serra *f*.

sagen dīcere; **sagte er, sie** (*eingeschobener Satz*) inquit; **ich sage** (behaupte) āiō; **Dank ~** grātiās agere.

sagenhaft fābulōsus.

Saite nervus *m*.

Saitenspiel fidēs, -ium *f/pl*.

Salbe unguentum *n*.

salben unguere, ungere (unguō *od*. ungō, ūnxī, ūnctus).

Salz sāl, salis *m*, *nachkl.* *n*.

Same(nkorn) sēmen, -inis *n*; **Samen ausstreuen** serere, sēmentem facere.

sammeln comportāre, colligere; congregāre; (*Truppen*) cōgere; **sich ~** (*sich erholen*) sē colligere.

sämtliche ūniversī, -ae, -a.

Sand (h)arēna *f*.

sanft clēmēns, -entis; lēnis, -e; (*friedfertig*) placidus.

Sänger cantor, -ōris *m*.

Saône Arar, -is *m* (*acc*. -im, *abl*. -ī).

Sarg arca *f*; (*Sarkophag*) sarcóphagus, -ī *m*.

Satrap (*persischer Statthalter*) sátrapa, -ae *m*; praefectus *m*.

sättigen satiāre, saturāre, explēre.

Satyr sátyrus *m*.

Satz sententia *f*.

sauber lautus.

säubern pūrgāre.

Säule columna *f*.

Säulenhalle porticus, -ūs *f*.

säumen (*zögern*) cessāre, cūnctārī.

säumig piger, -gra, -grum.

saumselig tardus.

schaben rādere (rādō, rāsī, rāsus).

schäbig sordidus.

Schach: in ~ halten coër-cēre.

Schaden damnum *n*, dētrī-mentum *n*, calamitās, -ātis *f*; ~ zufügen obesse, nocēre.

schaden nocēre, obesse, dētrīmentō esse.

schädigen damnō (dētrī-mentō) afficere.

schädlich noxius.

Schaf ovis, -is *f*.

Schäfer pāstor, -ōris *m*.

schaffen creāre, facere, fin-gere; (*arbeiten*) labōrāre; (*transportieren*) dūcere, vehere; übers Meer ~ trā-dūcere.

Schall vōx, vōcis *f*; sonitus, -ūs *m*.

Scham pudor, -ōris *m*.

schämen: ich schäme mich (wegen) mē pudet (*gen.*).

Schamgefühl pudor, -ōris *m*.

schamlos impudīcus.

Schande ignōminia *f*; dēde-cus, -oris *n*; īnfāmia *f*; es ist e-e ~ dēdecus est; nōn decet.

schändlich turpis, -e; foe-dus.

Schandtat flāgitium *n*, sce-lus, -eris *n*.

Schanze castellum *n*, mū-nīmentum *n*.

Schanzwerk mūnītiō, -ōnis *f*.

Schar āgmen, -inis *n*; ma-nus, -ūs *f*; caterva *f*; cohors, -tis *f*; (*ungeordnete* ~) turba *f*.

scharf ācer, ācris, ācre; acūtus.

Scharfblick ingenium *n* ācre (*od.* acūtum).

Schärfe aciēs, -ēī *f*.

schärfen acuere.

Scharfsinn sagācitās, -ātis *f*.

scharfsinnig acūtus; sagāx, -ācis; subtīlis, -e.

Schatten umbra *f*.

Schatz thēsaurus *m*, opēs, -um *f/pl*.

Schätze *pl.* dīvitiae *f/pl.*; opēs, -um *f/pl*.

schätzen dīligere; hoch, mehr, am meisten ~ māgnī, plūris, plūrimī aestimāre, facere, dūcere, putāre; (*in Steuerklassen einteilen*) cēnsēre.

schaudern horrēre *acc.*

schauen spectāre, conspi-cārī, vidēre.

Schauspiel spectāculum *n*.

Schauspieler histriō, -ōnis *m*; actor, actōris *m*.

Scheffel modius *m*.

Scheibe orbis, -is *m*.

Schein speciēs, -ēī *f*; unter dem ~ speciē; nur zum ~ durch simulāre.

scheinbar *durch* vidērī; er ist ~ krank aegrōtus esse vidētur.

scheinen vidērī; (*leuchten*) lūcēre.

Scheitel vertex, -icis *m.*

Scheiterhaufen rogus, -ī *m.*

schelten castīgāre, increpāre.

Schemel scamnum *n.*

Schenke taberna *f.*

Schenkel crūs, -ūris *n.*

schenken dōnāre, largīrī, praebēre; Glauben ~ fidem habēre; das Leben ~ (*leben lassen*) vītam concēdere.

Scherbengericht testulārum suffrāgia *n/pl.*

scheren tondēre (tondeō, totondī, tōnsus); rādere (rādō, rāsī, rāsus).

Scherz iocus *m;* im ~ iocō, per iocum.

scherzen iocārī.

Scheu verēcundia *f.*

scheu verēcundus.

scheuen: sich ~ verērī, timēre, metuere *inf. od.*

Scheune horreum *n.* [*acc.*

Scheusal mōnstrum *n.*

Scheußlichkeit atrōcitās, -ātis *f.*

schichten strúere.

schicken mittere; es schickt sich decet.

schicklich *adi.* decōrus *adi.*

Schicksal fortūna *f;* sors, sortis *f;* fātum *n.*

Schicksalsschlag cāsus, -ūs *m.*

Schiedsrichter arbiter, -trī *m.*

Schiff nāvis, -is *f;* nāvigium *n.*

Schiffbruch naufragium *n.*

schiffbrüchig naufragus.

Schiffchen nāvicula *f.*

Schiffer nauta *m.*

Schiffs... nāvālis, -e.

Schiffsmann nauta *m.*

Schiffsschnabel rōstrum *n.*

Schild *m* (*Langschild*) scūtum *n;* (*Rundschild*) clipeus *m;* im ~e führen mōlīrī.

schildern narrāre.

Schildkröte testūdō, -inis *f.*

Schilf(rohr) (h)arundō, -inis *f.*

schimmern micāre (*pf.* micuī), splendēre, fulgēre.

Schimpf contumēlia *f,* flāgitium *n.*

schimpfen increpāre.

schimpflich turpis, -e; inhonestus.

Schlacht pūgna *f,* (*Gefecht*) proelium *n;* aciēs, -ēī *f;* e-e ~ beginnen (*od.* liefern) proelium committere.

schlachten mactāre, necāre; Opfertiere ~ hostiās immolāre.

Schlacht|linie, ~ordnung, ~reihe aciēs, -ēī *f.*

Schlaf somnus *m.*

schlafen dormīre, dormītāre; ~ gehen cubitum īre.

Schlaffheit ignāvia *f.*

Schlaf|raum, ~zimmer cubiculum *n.*

Schlag ictus, -ūs *m;* plāga *f.*

schlagen verberāre, ferīre, pulsāre; caedere; (*besie-*

gen) vincere, pellere; völlig ~ dēvincere, fundere ac fugāre, ad internecīonem caedere; mit Ruten ~ virgīs caedere; Holz ~ ligna caedere; in die Flucht ~ fugāre, in fugam conicere; e-e Brücke ~ pontem facere (in flumine); zu Boden ~ afflīgere; ans Kreuz ~ crucī affīgere; e-e Entscheidungsschlacht ~ aciē dēcertāre; entscheidend ~ dēvincere, fundere ac fugāre.

schlagfertig: ~ sein paratissimē respondēre.

Schlamm līmus *m*.

Schlange anguis, -is, *m*, serpēns, -entis *f* (*selten: m*).

schlank prōcērus; grácilis, -e.

Schlappe (*Niederlage*) clādēs, -is *f*.

schlau callidus.

Schlauheit callidītās, -ātis *f*.

schlecht malus (~er pēior, ~este pessimus); improbus; *adv*. male.

Schlechtigkeit malitia *f*, improbitās, -ātis *f*.

schleppen portāre, rapere, trahere.

Schleuder funda *f*.

schleudern iactāre, iácere.

schlicht simplex, -icis; incultus.

schlichten: Streitigkeiten ~ controversiás compōnere (*od*. dīrimere).

schließen (*Tür*) claudere;

ein~ conclūdere; *fig*. in sich ~ continēre; e-n Bund, ein Bündnis ~ foedus inīre (ferīre, facere); Freundschaft ~ amicítiam facere (comparāre, iungere).

schließlich dēnique, postrēmō, tandem, dēmum.

schlimm malus.

Schloß turris, -is *f*.

Schlund faucēs, -ium *f*/*pl*.; angustiae *f*/*pl*.; saltus, -ūs *m*.

Schlupfwinkel latebra *f*.

Schluß (*Ende*) finis, -is *m*; (*Folgerung*) conclūsiō, -ōnis *f*; zum ~ postrēmō.

Schmach ignōminia *f*, infāmia *f*, dēdecus, -oris *n*, turpitūdō, -inis *f*, indignitās, -ātis *f*, contumēlia *f*.

schmackhaft iūcundus, suāvis, -e.

schmähen maledícere *dat*., rōdere (rōdō, rōsī, rōsus) *acc*.

schmählich turpis, -e.

Schmähung contumēlia *f*.

schmal angustus.

schmälern minúere; *fig*. obtrectāre *dat*.

schmecken placēre.

Schmeichelei blanditiae *f*/*pl*., assentātiō, -ōnis *f*, adūlātiō, -ōnis *f*.

schmeicheln blandīrī, adūlārī, assentārī.

schmeichelnd blandus.

Schmeichler adūlātor, -ōris *m*, assentātor, -ōris *m*.

Schmerz dolor, -ōris *m*; ~ empfinden dolēre.

schmerzen dolōrem capere;
mich schmerzt die Wunde
dolōrem capiō ex vulnere;
die Kunde schmerzt mich
dolōrem capiō *mit quod od.*
a.c.i.

schmerzvoll dolōrōsus.

Schmied faber, fabrī *m.*

schmieden fabricāre.

Schmuck decus, -oris *n,*
ōrnāmentum *n,* ōrnātus,
-ūs *m,* mundus *m.*

schmücken ōrnāre, deco-
rāre.

Schmucksachen ōrnāmenta
n/pl. {tum *n.*}

Schmuckstück ōrnāmen-}

schmutzig sordidus.

Schnabel rōstrum *n.*

Schnee nix, nivis *f.*

schneiden secāre; die Haare
∼ tondēre.

schnell *adi.* celer, celeris,
celere; vēlōx, -ōcis; *adv.*
citō, celeriter, vēlōciter.

Schnelligkeit celeritās, -ātis
f.

Schnupfen gravēdō, -inis *f.*

schnüren stringere.

schon iam; ∼ längst iam diū.

schön pulcher, -chra,
-chrum.

schonen parcere *dat.*, temperāre *dat.*

Schönheit pulchritūdō, -inis
f, fōrma *f.*

schöpfen haurīre.

Schoß gremium *n.*

Schranken: in ∼ halten
coërcēre.

Schrecken terror, -ōris *m;* ∼
einjagen terrōrem inicere.

schrecklich atrōx, -ōcis,
horribilis, -e, terribilis, -e.

Schrei clāmor, -ōris *m.*

schreiben scrībere.

Schreiber scrība *m.*

Schreibstift stilus *m.*

Schreibweise ratiō *f* scrībendī.

schreiten ingredī, gradī (*pf.*
gressus sum), vādere (*ohne
pf. u. P.P.P.*).

Schrift (*Buch*) liber, -brī *m;*
(*Abhandlung*) scrīptum *n;*
(*Darstellung, Ausarbei-
tung*) scrīptūra *f;* (*Schreibweise*) ratiō *f* scrībendī.

Schriftsteller scrīptor, -ōris
m.

Schriftzeichen littera *f.*

schrill acūtus.

Schritt gradus, -ūs *m;* passus, -ūs *m;* die ∼e lenken
gradūs ferre.

schroff asper, -era, -erum.

Schuld culpa *f,* crīmen,
-inis *n.*

Schulden *pl.* aes aliēnum
n/sg.; große ∼ māgnum
aes aliēnum; ∼ machen
aes aliēnum cōnflāre (*od.*
facere).

schulden dēbēre.

schuldig noxius, reus, sōns,
sontis.

Schule schola *f;* (*Elemen-
tar*2) lūdus *m;* in die ∼
gehen scholam frequen-
tāre.

Schüler discipulus *m.*

Schülerin discipula *f.*

Schulter umerus *m.*

schütteln agitāre.

Schutz praesidium *n*; ~
gewähren prōtegere.

Schutzbefohlener cliēns,
-entis *m*.

Schutzdecke teg(i)men, -inis
n, tegimentum *n*.

schützen tūtārī, tuērī, dēfendere, prōtegere (vor:
ā); praesidēre *dat*.

Schutzgeist genius *m*.

Schutzherr patrōnus *m*,
custōs, -ōdis *m*.

Schutzherrin custōs, -ōdis *f*.

schwach īnfīrmus, invali-
dus, dēbilis, -e, parvus.

Schwäche īnfīrmitās, -ātis *f*,
dēbilitās, -ātis *f*.

schwächen dēbilitāre, īnfīr-
mum reddere, laxāre; (*verringern*) minuere.

schwächer dēterior, -ōris.

Schwalbe hirundō, -inis *f*.

Schwamm spongia *f*.

schwanken dubitāre, nū-
tāre.

Schwanz cauda *f*.

Schwarm exāmen, -inis *n*.

schwarz (*als Farbe*) niger,
-gra, -grum; (*düster*) āter,
ātra, ātrum; Schwarzes
Meer Pontus Euxīnus.

schweben pendēre; vor Au-
gen ~ ob oculōs versārī;
in Gefahr ~ in perīculō
versārī (*od*. esse).

schweifen vagārī.

schweigen tacēre, silēre.

Schweigen silentium *n*.

Schwein sūs, suis *f*, porcus
m.

Schweiß sūdor, -ōris *m*.

Schweiz Helvētia *f*.

schwer (*zu tun*) difficilis, -e;
(*zu tragen*) gravis, -e; ~
daran tragen molestē (graviter) ferre.

Schwere gravitās, -ātis *f*.

Schwert gladius *m*; das ~
zücken gladium dēstrin-
gere; mit gezücktem ~
gladiō dēstrictō.

Schwester soror, -ōris *f*.

Schwiegersohn gener, -erī
m.

schwierig difficilis, -e.

Schwierigkeit difficultās,
-ātis *f*.

schwimmen nāre, natāre;
über den Fluß ~ fluvium
trānatāre.

schwinden dēficere.

schwitzen sūdāre.

schwören iūrāre.

sechster sextus.

sechzig sexāgintā.

See *m* lacus, -ūs *m*; *f* mare,
-is *n*; zur ~ fahren nāvigāre; in ~ stechen nāvigia
(nāvēs) solvere; auf die
hohe ~ hinausfahren in
altum prōvehī.

See... nāvālis, -e; maritimus.

Seefahrt nāvigātiō, -ōnis *f*.

Seekrieg bellum *n* nāvāle.

Seele animus *m*; (*Leben*)
anima *f*.

Seemann nauta *m*.

Seeräuber pīrāta *m*, praedō
m (maritimus).

Seeschlacht pūgna nāvālis *f*.

Seeweg iter maritimum *n*

Segel vēlum *n*.

segeln nāvigāre, vehī.

Segen salūs, -ūtis *f*; (*Nutzen, Gewinn*) ēmolumentum *n*.

sehen vidēre, spectāre, cernere, cōnspicere.

Seher(in) vātēs, -is *m, f*; augur, -uris *m, f*.

Sehne nervus *m*.

sehnen: sich ~ **nach** dēsīderāre *acc.*

sehnlich: ~ wünschen exoptāre.

Sehnsucht dēsīderium *n*.

sehr valdē, māgnopere; *durch den sup.*; so ~ tantopere, adeō.

sehr groß permāgnus.

sehr klein parvulus.

sehr oft persaepe.

sehr viele permultī, -ae, -a; plūrimī, -ae, -a.

sehr wenige perpaucī, -ae, -a.

Sehvermögen sēnsus *m* videndī.

sei: ~ es ... ~ es seu ... seu, sīve ... sīve.

sei!, seid! es!, este!

sein¹ (*Hilfsverb*) esse; ~ werden futūrum esse; fore.

sein² *poss. refl.* suus; *bleibt unübersetzt, wenn nicht betont; nicht refl.* ēius; **die Seinen** suī *m/pl.*

seit ab, ex *abl.*; ~ **langem** diū, prīdem, dūdum.

seitdem ex eō tempore; *rel.* ex quō (tempore); *als Konjunktion:* cum ind.

Seite latus, -eris *n*; (*im Buch*) pāgina *f*; (*Partei*)

pars, -tis *f*; **von allen** ~n undique, ab (ex) omnibus partibus; **auf beiden** ~n ab utrāque parte, utrimque; **auf der** ~ **j-s stehen** stāre ab (*od.* cum) aliquō; **j-m zur** ~ **stehen** adesse (auxiliārī) alcī; (ad)iuvāre alqm; **zur** ~ **j-s** iūxtā alqm.

Seitenweg trāmes, -itis *m*.

selb (*z. B. am selben Tage*) idem, eadem, idem.

selbst ipse; (*sogar*) etiam.

Selbstmord: ~ begehen mortem sibi cōnscīscere.

Selbstvertrauen fidūcia *f* meī (suī, nostrī, vestrī).

selten rārus; *adv.* rārō.

seltsam mīrus, īnsolitus.

Senat senātus, -ūs *m*; **aus dem** ~ **stoßen** senātū movēre.

Senator senātor, -ōris *m*; *pl. auch:* patrēs *m/pl.*

senatorisch senātōrius.

Senatsbeschluß senātūs cōnsultum *n*.

Senatssitzung: e-e ~ **abhalten** senātum habēre; **e-e** ~ **gewähren** senātum dare.

Senatsversammlung cūria *f*.

senden mittere.

Sessel sella *f*.

Sesterz (*kleinste römische Münze = 17½ Pfennige*) *m* sēstertius *m*.

setzen pōnere, (col)locāre; **sich** ~ (cōn)sīdere *abl.*; **einem die Krone aufs Haupt** ~ corōnam capitī alcis impōnere.

Seuche pestilentia *f, un-klassisch* pestis, -is *f; bisw.* morbus *m.*

seufzen gemere (gemō, ge-muī, gemitum).

sibyllinisch Sibyllīnus.

sich *dat.* sibi; *acc.* sē; *bei manchen Verben, sowie im Passiv bei fehlender, han-delnder Person bleibt es unübersetzt:* ~ nähern ap-propinquāre; ~ erfreuen dēlectārī; ~ erschrecken terrērī; mit ~ sēcum.

sicher (*gewiß, zuverlässig, bestimmt*) certus; (*ge-schützt*) tūtus; (*sorglos*) sēcūrus; *adv.* certē, tūtō, *nachkl.:* sēcūrē.

Sicherheit salūs, -ūtis *f*, sēcūritās, -ātis *f.*

sicherlich *adv.* certē, pro-fectō; *auch durch* certum est *a.c.i.*

sichern firmāre, mūnīre.

sichten cernere (cernō, crēvī, crētus).

sieben septem.

siebenmal septiēs.

Siedler colōnus *m.*

Sieg victōria *f.*

Siegel sigillum *n.*

siegen vincere.

Sieger victor, -ōris *m*; als ~ ausrufen victōrem prō-nūntiāre.

Siegespreis palma *f.*

Siegeszeichen tropaeum *n.*

Siegeszug triumphus *m.*

Signal signum *n.*

Silber argentum *n.*

silbern argenteus.

singen cantāre, canere.

sinken (*Sonne*) occidere.

Sinn (*Gefühl*) sēnsus, -ūs *m*; (*Gesinnung*) animus *m*; mēns, -ntis *f*; im ~e haben in animō habēre; mir kommt etw. in den ~ mihi alqd in mentem venit; von ~en sein dēsipere (*nur im Präsensstamm:* dēsipiō, dēsipiēbam, dēsipiam).

Sinnesart animus *m*, mēns, -ntis *f.*

Sippe gēns, gentis *f*; cognā-tiō, -ōnis *f.*

Sitte mōs, mōris *m.*

sittsam probus, modestus.

Sitz sēdēs, -is *f.*

sitzen sedēre, cōnsēdisse.

Sitzplatz sēdēs, -is *f.*

Sizilien Sicilia *f.*

Sizilier Siculus *m.*

Sklave servus *m.*

Sklaverei servitūs, -ūtis *f*, servitium *n*; in die ~ schleppen in servitūtem abdūcere; in die ~ verkau-fen sub corōnā vendere.

Sklavin serva *f.*

so (*beim Verb*) ita, sīc, hōc modō; (*beim adi. u. adv.*) tam; ~ beschaffen tālis; ~ groß tantus; ~ sehr tanto-pere; ~ viele tot; ~ wie ita ... ut, tam ... quam, tantus ... quantus; *das unbetonte „so" des Nach-satzes wird nicht übersetzt;* ~ weit im Übermut gehen, daß ... eō superbiae prōcē-dere (prōgredī), ut ... coni.

sobald ubi (prīmum), ut (prīmum), cum (prīmum), simulac, simulatque *alle mit d. ind. pf.*

sofort, sogleich statim, cōnfestim, īlicō, prōtinus, continuō.

sogar etiam, vel.

sogenannt quī (quae, quod) dicitur; quem (quam, quod) dīcunt.

Sohle vestīgium *n.* [fīli!]

Sohn fīlius *m;* mein ∼! mī fīli!

Söhnchen fīliolus *m.*

solange dum, dōnec, quoad, quamdiū *ind.*

so lange tamdiū; **so lange bis** dōnec.

solcher tālis, -e.

Sold stīpendium *n.*

Soldat mīles, -itis *m.*

Soldatenstiefel caliga *f.*

soldatisch mīlitāris, -e.

Söldner mīles mercennārius *m.*

sollen dēbēre; *durch das Gerundiv; durch den conj.;* (*Gerücht*) *durch* dīcī, ferrī, trādī; *in deliberativer Frage durch d. conj.:* wer sollte glauben? quis crēdat?; *durch das fut.:* du sollst nicht töten nōn necābis.

Sommer aestās, -ātis *f.*

sonderbar mīrus.

sondern sed; nicht nur, ∼ auch nōn modo (*od.* sōlum), sed etiam.

Sonne sōl, sōlis *m.*

Sonnenaufgang sōlis ortus *m,* prīma lūx *f.*

sonnenklar lūce clārior.

Sonnenschein: bei ∼ in sōle; ā caelō serēnō.

Sonnenwende sōlstitium *n.*

sooft ci. cum *ind.; adv.* totiēns.

Sophist sophistēs, -ae *m.*

Sorge cūra *f;* in ∼ schweben sollicitum esse; z/∼ bereiten magnae cūrae esse.

sorgen: dafūr ∼, daß cūrāre, ut; id agere, ut; ∼ für prōvidēre, prōspicere, cōnsulere *dat.;* für den Staat ∼ cūrāre rem pūblicam, reī pūblicae prōspicere (prōvidēre, cōnsulere).

sorgenfrei cūrīs vacuus, sēcūrus.

Sorgfalt cūra *f,* dīligentia *f.*

sorgfältig dīligēns, -entis.

sorglos ōtiōsus, sēcūrus.

Sorgsamkeit cūra *f,* dīligentia *f.*

soviel (*auch:* nur ∼) tantum; ∼ ich weiß quantum sciō.

sowohl: ∼ ... als auch et ... et; ∼ ... als auch ganz besonders cum ... tum.

Späher explōrātor, -ōris *m;* speculātor, -ōris *m.*

Spange fībula *f.*

Spanien Hispānia *f.*

Spanier Hispānus *m.*

spannen tendere (tetendī, tentus); pandere (pandī, passus).

Spannung (*Erwartung*) exspectātiō, -ōnis *f;* unter allgemeiner ∼ magnā exspectātiōne.

sparsam parcus.

Sparsamkeit parsimōnia *f.*

Spartaner Lacedaemonius *m,* Spartānus *m,* Spartiātēs, -ae *m (meist pl.:* Spartiātae *m/pl.).*

Spaß iocus *m;* es macht mir ~ mē iuvat

spaßig iocōsus.

spät: (zu) ~ sērō *adv.*

später *adi.* posterus; *adv.* posteā, post, posthāc; sērius; wenige (viele) Tage ~ paucīs (multīs) diēbus post.

spätere posterior.

spazierengehen ambulāre.

Speer pīlum *n.*

Speise cēna *f,* cibus *m;* Speisen epulae *f/pl.*

speisen *intr.* cēnāre; *(schmausen)* epulārī.

Speisezimmer triclīnium *n.*

spenden dōnāre, praebēre, largīrī.

Spiegel speculum *n.*

Spiel lūdus *m.*

spielen lūdere, lūdum (lūdōs) parāre (facere) *(so tun als ob)* simulāre.

Spielfeld campus *m* lūdī.

Spielzeug oblectāmentum *n.*

Spieß hasta *f.*   [*n.*]

Spion speculātor, -ōris *m.*

spitz acūtus.

Spitze acūmen, -inis *n,* summus *m;* ~ des Hügels summus collis *m;* ~ der Kolonne prīmum agmen *n;* an der ~ stehen praeesse *dat.;* an die ~ stellen praeficere *dat.*

Sporn calcar, -āris *n.*

Sportfeld stadium *n.*

Sporthalle palaestra *f.*

Sportschule gymnasium *n.*

Spott lūdibrium *n;* contumēlia *f.*

Sprache lingua *f,* sermō, -ōnis *m.*   [*m.*]

Sprachlehrer grammaticus)

sprechen dīcere, loquī, verba facere; ~ über disputāre dē (vor: apud *acc.,* cōram *abl.*); e-n dringend zu ~ wünschen magnopere velle aliquem.

Sprecher ōrātor, -ōris *m.*

Sprechweise ratiō *f* dīcendī.

Sprichwort prōverbium *n;* ein ~ sagt in prōverbiō est.

springen saltāre, salīre, sē praecipitāre.

spritzen spargere.

Sproß stirps, -is *f.*

Sprößling prōlēs, -is *f.*

Spruch prōverbium *n,* dictum *n.*

Sprung saltus, -ūs *m.*

Spur vestīgium *n;* e-e ~ von aliquid *gen.*

spüren *(aufspüren)* indāgāre.

Staat rēs pūblica *f;* (*Bürgerschaft*) cīvitās, -ātis *f;* von ~s wegen pūblicē; den ~ leiten rem pūblicam administrāre (gubernāre, regere, moderārī), reī pūblicae praeesse.

Staatsgeschäft negōtium *n* pūblicum.

Staatsgewalt: die ~ an sich reißen rērum potīrī.

Staatskasse aerārium (commūne) *n*, fiscus *m*.

Staatskosten: auf ~ dē pūblicō, pūblicē.

Staatslenker is, quī reī pūblicae praeest.

staatsmännisch: ~e Klugheit prūdentia *f* cīvīlis.

Staatsschatz aerārium *n*.

Stachel stimulus *m*.

Stadt oppidum *n*; urbs, urbis *f*.

Stadtbewohner, Städter oppidānus *m*; urbānus *m* (*beide bsd. im pl.*).

Städterin oppidāna *f*.

städtisch urbānus, oppidānus.

Stadtleben vita urbāna *f*.

Stadtmauer moenia, -ium *n/pl.*

Stadtstaat cīvitās, -ātis *f*.

Stadtteil tribus, -ūs *f*.

Stadttor porta *f* urbis.

Stadtviertel tribus, -ūs *f*; vīcus *m*.

Stall stabulum *n*.

stählen *fig.* exercēre.

Stalltür iānua *f* stabulī.

Stallung stabulum *n*.

Stamm gēns, gentis *f*, nātiō, -ōnis *f*.

stammen ortum (prōgnātum) esse.

Stand ōrdō, -inis *m*; Leute niedrigen ~es hominēs humilī locō nātī (ortī).

Standbild statua *f*, sīgnum *n*; (*e-s Gottes*) simulācrum *n*.

standhaft cōnstāns, -antis, fīrmus; *adv.* aequō animō.

Standhaftigkeit cōnstantia *f*.

standhalten resistere.

ständig *adj.* assiduus, perpetuus; *adv.* perpetuō, semper.

stark fīrmus, rōbustus, validus; ~ in salvēre.

Stärke rōbur, -oris *n*, fīrmitās, -ātis *f*, vīrēs, -ium *f/pl.*

stärken (cōn)fīrmāre, recreāre; sich ~ sē recreāre.

stationieren collocāre.

Statt: an Sohnes ~ annehmen adoptāre.

stattfinden esse, fierī, accidere, ēvenīre.

Statthalter prōcōnsul, -is *m*, prōcūrātor, -ōris *m*.

Statthalterschaft prōcōnsulātus, -ūs *m*.

stattlich amplus, pulcher, -chra, -chrum.

Statue statua *f*.

Staub pulvis, -eris *m*.

staunen stupēre (*pf.* stupuī) *abl.*; mīrārī *abl. od. acc.*

stechen pungere (pungō, pupugī, pūnctus).

steckenbleiben haerēre.

stehen stāre; esse; in Blüte ~ flōrēre; zur Seite ~ adesse *dat.*; in Flammen ~ ārdēre; im Wege ~ obstāre; zur Verfügung ~ non dēesse; auf vertrautem Fuß mit j-m ~ familiāriter ūtī aliquō; in gutem Ruf ~ bene audīre (ab aliquō); zum ♀ bringen morārī, dētinēre.

stehenbleiben cōnsistere.

stehlen fūrārī.

steigen ascendere; aus dem Schiff ~ ex nāve ēgredī.

steil arduus, praeruptus.

Stein lapis, -idis m, saxum n.

steinern lapideus.

steinhart lapide dūrior.

steinigen lapidibus obruere.

Stelle locus m (pl. loca n/pl.); (Ehren2) honor, -ōris m; (Spur) vestigium n; zur ~ sein adesse; die ~n (im Buch) loci m/pl.

stellen collocāre, pōnere, statuere, cōnstituere; sich ~ simulāre; sich ~ als ob nicht dissimulāre; sich ~ auf īnsistere; vor Gericht ~ ante iūdicēs dēstituere; sich als Vorbild e-n anderen vor Augen ~ exemplum alicuius sibi prōpōnere; an die Spitze ~ praeficere dat.

Stellung: geachtete ~ dignitās, -ātis f.

stellvertretend, Stellvertreter vicārius m.

stempeln signāre.

stenographieren notīs (od. breviter) scrībere.

sterben morī, animam (od. vītam) efflāre; diem suprēmum od. mortem obīre, dē vītā dēcēdere.

Sterben: im ~ liegend moribundus.

sterbend moribundus, moriēns, -entis.

sterblich mortālis.

Stern stēlla f, sidus, -eris n, astrum n.

Sternbild sidus, -eris n.

stets semper adv.

Steuer (direkte) tribūtum n, stīpendium n; (indirekte) vectīgal, -ālis n.

Steuermann gubernātor, -ōris m.

steuern gubernāre.

Steuerruder gubernāculum n.

Stich ictus, -ūs m; im ~ lassen dēserere, dēstituere, dēficere (all drei mit dem acc.); dēesse dat.

Stiefel calceus m.

Stiefsohn prīvignus m.

Stier taurus m.

still quiētus.

Stille quiēs, quiētis f, silentium n.

stillen (beruhigen) lēvāre, sēdāre; den Durst ~ sitim explēre.

stillschweigend silentiō.

Stimme vōx, vōcis f; (Meinung) sententia f; s-e ~ abgeben sententiam ferre; mit lauter ~ māgnā vōce.

Stimmung animus m; in trauriger ~ sein tristī animō esse.

Stirn frōns, frontis f.

Stock baculum n, baculus m, fūstis, -is m.

Stöckchen bacillum n.

Stollen cunīculus m.

Stolz superbia f.

stolz superbus, arrogāns, -antis, īnflātus.

Storch cicōnia f.

stören (per)turbāre.

Stoß ictus, -ūs m.

stoßen: vom Throne ~ régnō prīvāre; ~ aus expellere, ēicere.

Strafe poena *f*, supplicium *n*; mit e-r ~ belegen poenā afficere.

strafen pūnīre, poenā afficere.

Strahl radius *m*.

Strand lītus, -oris *n*.

Strapaze labor, -ōris *m*.

Straße via *f*.

Straßenräuber latrō, -ōnis *m*.

sträuben: sich ~ recūsāre, repūgnāre.

streben studēre (*nach etw. dat. bzw. inf.*); operam dare *od.* ēnītī *od.* contendere *od.* id agere (*od.* studēre), ut *coni.*; ~ nach appetere.

Strecke spatium *n*; zur ~ bringen prōflīgāre.

strecken tendere.

Streich ictus, -ūs *m*.

streicheln permulcēre (permulceō, permulsī, permulsus); *nachkl.*; dēmulcēre (*pf.* dēmulsī, *P.P.P.* dēmulsus *od.* dēmulctus).

streifen stringere; (*wandern*) migrāre (durch per).

Streit (*Streitigkeit*) līs, lītis *f*, contrōversia *f*, dissēnsiō, -ōnis *f*, rixa *f*; (*Wettstreit*) certāmen, -inis *n*; es gibt ~ certātur.

streitbar bellicōsus; ferōx, -ōcis.

streiten (*kämpfen*) certāre, contendere, pūgnāre; (*sich*

zanken) lītigāre; man streitet certātur.

Streitigkeit contrōversia *f*.

Streitkräfte cōpiae *f/pl.*, vīrēs, vīrium *f/pl.*

streitsüchtig rixae cupidus.

streng sevērus.

Strenge sevēritās, -ātis *f*; die alte ~ prīsca sevēritās *f*.

streuen spargere, dispergere, sternere.

streunen vagārī.

Stroh strāmentum *n*.

Strolch latrō, -ōnis *m*.

Strom (*großer Fluß*) amnis, -is *m*.

Strömung flūmen, -inis *n*, flūctus, -ūs *m*.

strotzen: von etw. ~ abundāre aliquā rē.

struppig horridus.

Stube: kleine ~ taberna *f*.

Stück (*Teil*) pars, -tis *f*; (*abgebrochenes* ~) fragmentum *n*; (*e-s Dichters*) opus, -eris *n*; fābula *f*; aus freien ~en ultrō.

studieren studēre, litterīs incumbere.

Studium studium *n*.

Stufe gradus, -ūs *m*.

Stuhl sella *f*, sēdēs, -is *f*.

stumpf *fig.* stupidus.

Stunde hōra *f*.

Sturm tempestās, -ātis *f*, procella *f*; im ~ angreifen oppūgnāre; im ~ nehmen vī capere.

Sturmbock ariēs, arietis *m*.

stürmisch rapidus, vehemēns, -entis, turbidus.

Sturmmaschine ariēs, arietis *m*.
Sturmwind procella *f*.
Sturz ruīna *f*.
stürzen (sich sē) praecipitāre, dēicere (vom Felsen ins Meer de saxō in mare); den Staat ~ ēvertere rem pūblicam; *intr.* cadere, dēcidere (*Schneemassen, Lawine*) ruere; sich ~ ruere, ferrī, sē inferre, sē inicere, sich auf j-n ~ petere aliquem; sich in Gefahren ~ perīcula subīre; j-n in Gefahr ~ alqm in periculum (in discrīmen) addūcere; zu Boden ~ concidere, corruere, praecipitāre; sich ins Unglück ~ in mala (in perniciem) irruere.
Stütze praesidium *n*.

stützen fulcīre (fulciō, fulsī, fultus); sich ~ nītī *abl.*
suchen quaerere; zu erreichen ~ petere; sein Heil in der Flucht ~ fugā salūtem petere; (*versuchen*) cōnārī.
Sucht cupiditās, -ātis *f*.
Süden merīdiēs, -ēī *m*.
südlich merīdiānus.
sühnen lūstrāre.
Sumpf palūs, -ūdis *f*.
Sumpfgebiet palūdēs, -um *f/pl*.
sumpfig, sumpfreich palūster, -tris, -tre.
Sund (*Meerenge*) sinus, -ūs *m*.
Sünde peccātum *n*; nefās *n indecl*.
sündigen peccāre.
süß dulcis, -e; suāvis, -e.
Süße (*Lieblichkeit*) suāvitās, -ātis *f*.

T

Tadel reprehēnsiō, -ōnis *f*.
tadeln vituperāre, reprehendere.
tadelnswert vituperandus, reprehendendus.
Tafel tabula *f*.
Tafellappen linteum *n*.
Tag diēs, diēī *m*; bei ~e interdiū; am ~e vorher prīdiē; von ~ zu ~ in diēs; am folgenden ~e posterō diē, postrīdiē; e-s ~es quondam; ~ werden (il)lūcēscere (*pf.* lūxī); in den ~ hinein in diem.
Tagesanbruch lūx, lūcis *f*;

bei ~ prīmā lūce; vor ~ ante lūcem.
Tageslicht lūx, lūcis *f*.
Tagesmarsch iter ~ ūnīus diēī.
täglich *adi.* cottidiānus; *adv.* cottidiē.
tags: ~ darauf postrīdiē; ~ zuvor prīdiē.
Tal vallis, -is *f*, convallis, -is *f*.
Talent ingenium *n*, indolēs, -is *f*; (*Geldbetrag = 4715 DM*) talentum *n*.
Talkessel convallis, -is *f*.
Tante amita *f*, mātertera *f*.

tanzen saltāre, exsultāre.

tapfer fortis, -e; animōsus.

Tapferkeit fortitūdō, -inis f; virtūs, -ūtis f.

Tat factum n, rēs gesta f; facinus, -oris n (oft „Un-tat"); ~en gerere; in der ~ profectō; rē vērā.

tätig strēnuus; agēns -entis.

Tätigkeit industria f; unermüdliche ~ maximus labor m.

Tatkraft industria f, virtūs, -ūtis f, cōnstantia f.

tatkräftig strēnuus, cōnstāns, -antis.

tatsächlich adv. profectō, rē vērā.

taub surdus.

Taube columba f.

tauchen (dē)mergere, tingere.

taugen: nichts ~ nihilī esse; ignāvum esse.

tauglich idōneus.

tauschen mūtāre.

täuschen fraudāre, fallere, dēcipere; sich ~ fallī, errāre; ich täusche mich in e-r Hoffnung spēs mē dēcipit (fallit).

Tausende: ~ von Menschen multa milia n/pl. homi-||

Teich stāgnum n. [num.|

Teil pars, partis f.

teilen dīvidere, partīrī.

teilnehmen: ~ an interesse dat.

Tempel templum n, aedēs, -is f; dēlūbrum n.

Testament testāmentum n.

teuer (lieb) cārus; (verkaufen) māgnō; so ~ wie tantī ... quantī; ~ zu stehen kommen, ~ sein māgnō cōnstāre (stāre, venīre).

Teuerung cāritās, -ātis f.

Teutonen pl. Teutonī m/pl.

Theater theātrum n.

Theben Thēbae f/pl.

Theorie ratiō, -ōnis f.

Thermen (warme Bäder od. Quellen) thermae f/pl.

Thron (Herrschaft) rēgnum n; den ~ innehaben rēgnāre.

Tiber Tiberis, -is m.

tief altus.

Tiefe altitūdō, -inis f.

Tier bēstia f, animal, -ālis n, fera f.

Tierchen bēstiola f.

Tierfechter vēnātor, -ōris m.

Tiergarten hortus m bēstiārum.

Tierhetze vēnātiō, -ōnis f.

Tierleiche cadāver, -eris n.

Tiger tigris, -is m od. f.

tilgen extinguere, dēlēre.

Tisch mēnsa f; bei ~e liegen accubāre (ohne pf. u. P.P.P.); sich zu ~e legen accumbere (accumbō, accubuī, accubitum).

Tischgenosse convīva m.

Titel nōmen, -inis n; titulus m.

toben furere (ohne pf. u. P.P.P.), saevīre.

Tochter fīlia f.

Töchterchen fīliola f.

Tod mors, mortis f; lētum n; gewaltsamer ~ nex,

necis *f*; zum ~e verurteilen capitis damnāre; den ~ finden mortem obīre; sich den ~ geben mortem sibi cōnscīscere, manūs sibi afferre; vom ~ hinweggerafft werden morte absūmī.

Todesstrafe supplicium *n*; die ~ verhängen über supplicium sūmere dē *abl.*

Todfeind inimīcissimus *m*, hostis *m* capitālis.

todgeweiht moritūrus.

Toga toga *f*.

toll (*rasend, verrückt*) insānus.

Tonkunst ars mūsica *f*.

Topf urna *f*.

Tor *n* porta *f*, ōstium *n*.

Tor *m* (*homō*) stultus *m*.

Torheit stultitia *f*.

töricht stultus, vānus.

tosen strepere (*pf.* strepuī, *P.P.P.* strepitum).

tot mortuus.

töten necāre, interficere, caedere, occīdere, interimere, ē (*dē*) mediō tollere, trucīdāre.

totschlagen necāre.

Trabant satelles, -itis *m*.

Tracht habitus, -ūs *m*.

trachten: ~ nach studēre *dat.*; cōgitātiōnēs cōnferre, animum intendere ad; id spectāre, ut; (ap)petere *acc.*; nach dem Leben ~ īnsidiās facere, vītae alcis īnsidiās parāre.

träge piger, -gra, -grum; iners, inertis.

tragen portāre, ferre; (*Waffen, Kleider*) gestāre, gerere; zur Schau ~ prae sē ferre; den Krieg ins Land ~ bellum īnferre *dat.*, bellō persequī *acc.*

Trägheit pigritia *f*, inertia *f*, ignāvia *f*.

Träne lacrima *f*.

Trank (*Getränk*) pōtiō, -ōnis *f*, pōtus, -ūs *m*.

tränken imbuere.

Traube ūva *f*.

trauen fidem habēre, (cōn)fīdere, crēdere.

Trauer dolor, -ōris *m*, luctus, -ūs *m*, tristitia *f*, maeror, -ōris *m*.

trauern lūgēre, maerēre, dolēre *acc.* od. *abl.*

Trauerspiel tragoedia *f*.

Traum somnium *n*; im ~ per somnium.

traurig tristis, -e; maestus.

Traurigkeit tristitia *f*, maestitia *f*.

Treffen (*Schlacht*) proelium *n*; ein ~ beginnen proelium committere.

treffen (*v. Pfeil*) ferīre, percutere, vulnerāre; (*erlangen*) nancīscī; (*finden*) venīre; (*auf j-n stoßen*) incidere; es trifft sich accidit (ut); ein Unglück trifft mich calamitās mihi accidit.

treffend acūtus.

trefflich bonus.

treiben agitāre, agere, pellere, impellere; Ackerbau ~ agricultūrae stu-

trennen 354

dēre; Geschäfte ~ negōtium gerere, negōtiārī.
trennen sēparāre, dīrimere,
dīvidere, sēiungere, sēgregāre, sēcernere; sich ~ discēdere.
treten (vor j-n) prōdīre (in
cōnspectum alcis).
treu fīdus, fīdēlis, -e.
Treue, Treuwort fidēs, -eī f.
treulos perfidus.
Treulosigkeit perfidia f.
Tribun tribūnus m.
Tribunat tribūnātus, -ūs m.
Tribus tribus, -ūs f.
Tribut tribūtum n, stīpendium n.
trinken pōtāre, bibere,
(ex)haurīre; Gift ~ venēnum haurīre.
Trinkgefäß pōculum n.
Triumph triumphus m; im
~ aufführen per triumphum agere; e-n ~ feiern
triumphāre, triumphum
agere; zum ~ gehörig
triumphālis, -e.
triumphieren triumphāre,
triumphum agere.
trocken āridus.
Trompete tuba f.
Trompetenzeichen signum
n tubae.
Tropfen gutta f.
tropfen stīllāre.
Troß impedīmenta n/pl.
Trost sōlācium n, sōlāmen,
-inis n.
trösten cōnsōlārī.
trotzdem (at)tamen, nihilōminus.
trotzen resistere.

trotzig ferōx, -ōcis, trux,
-cis.
trübe (Himmel) nūbilus;
(Wasser) turbidus.
trügerisch dolōsus.
Trümmer reliquiae f/pl.,
ruīnae f/pl.
Trunk (Trinken) pōtus, -ūs
m, pōtiō, -ōnis f, haustus,
-ūs m.   [(ēbrius.)
trunken (auch: betrunken)
Truppen cōpiae, -ārum f/pl.;
~ ausheben cōpiās cōnscrībere.
Truppenaushebung dīlēctus,
-ūs m; e-e ~ vornehmen
dīlēctum habēre.
tüchtig bonus, strēnuus,
fortis, -e, probus, frūgī
indēcl.
Tüchtigkeit virtūs, -ūtis f.
Tücke fraus, -dis f.
Tugend virtūs, -ūtis f.
tummeln agitāre, exercēre;
sich ~ festīnāre.
tun facere; agere; gerere;
so ~ als ob simulāre; so ~
als ob nicht dissimulāre;
s-e Pflicht ~ officium servāre, officiō fungī; alles ~
um ... zu nihil praetermittere, quīn coni.; Böses ~
male facere.
Tunika tunica f.
Tunnel cunīculus m.
Tür porta f, iānua f; (zweiflügelige ~) forēs, -ium
f/pl.; an der ~ stehen ad
iānuam stāre.
Türflügel foris, -is f.
Turm turris, -is f.
Tyrann tyrannus m.

U

Übel malum *n*.

übelnehmen molestē ferre, aegrē ferre (patī).

Übeltat facinus, -oris *n*, scelus, -eris *n*, maleficium *n*.

Übeltäter homō maleficus *m*.

übelwollend malevolus.

üben exercēre; sich ~ exercērī; Gerechtigkeit ~ iūstitiam exercēre (*od.* colere); sich in den Waffen ~ armīs exercērī.

über (*von, betreffs*) dē, super *abl.*; (*hinüber*) trāns *acc.*; (*über ... hin*) super *acc.*; (*oberhalb*) suprā *acc.*

überall passim, ubique; *auch:* ~, wo ubicumque; von ~ her undique.

überaus *durch sup.; auch:* maximē.

Überbleibsel *pl.* reliquiae *f/pl.*

überblicken: im Geiste ~ animō complectī.

überbringen dēferre.

überdrüssig: ~ sein taedēre; ~ werden paenitēre.

übereilt: ~e Maßnahmen praecipitāta cōnsilia *n/pl.*

übereinstimmen cōnsentīre, congruere.

Übereinstimmung cōnsēnsus, -ūs *m*.

Überfahrt trānsitus, -ūs *m*, traiectus, -ūs *m*.

überfallen opprimere.

überfließen (*Überfluß*) habēre abundāre *abl.*

Überfluß abundantia *f*, cōpia *f*; im ~ haben abundāre *abl.*

überführen trādūcere; (*vor Gericht*) coarguere, convincere; des Verrats ~ prōditiōnis convincere (coarguere).

überfüllt: ~ sein abundāre *abl.*

Übergang trānsitus, -ūs *m*.

übergehen mandāre; trādere, dēdere.

übergehen (*nicht berücksichtigen*) praeterīre, omittere.

übergießen perfundere.

übergroß *adj.* nimius.

überhaupt omnīnō.

überheblich superbus.

Überheblichkeit superbia *f*.

überlassen permittere, committere, concēdere, trādere.

überlaufen (zum Feind) trānsīre (ad adversārium), trānsfugere.

Überläufer trānsfuga *m*, perfuga *m*.

überleben superesse *dat.*

überlebend superstes, -itis.

überlegen 1. (*als Verb*) cōnsīderāre, dēlīberāre, cōgitāre; 2. *adj.* superior; ~ sein superiōrem esse *abl.*, superāre *acc.*, praestāre *dat.*

überlegt *adv.* cōnsultō.

Überlegung cōnsilium *n*, ratiō, -ōnis *f*, dēlīberātiō, -ōnis *f*.

überliefern trādere, memoriae prōdere; man überliefert trādunt.

Übermacht multitūdō, -inis *f*; vīs *f* (*im sg. nur noch:* vim *acc.*, vī *abl.*).

übermannen superāre.

übermäßig *adi.* nimius; *adv.* nimis.

Übermut superbia *f*.

übermütig superbus, petulāns, -antis.

übernehmen suscipere, subīre.

überragen superāre.

überraschen (*besetzen*) occupāre; (*überfallen*) opprimere; (*ertappen*) dēprehendere.

überreden persuādēre *dat.*, ut.

Überreste reliquiae *f*/*pl*.

überschauen (*überblicken*) animō complectī.

überschreiten trānscendere, trānsgredī, trānsīre; *fig.* superāre.

überschütten obruere.

überschwemmen inundāre.

übersetzen[1] (con)vertere; ins Lateinische ~ Latīnē vertere; aus dem Griechischen ins Lateinische ~ ex Graecō in Latinum vertere.

übersetzen[2] trānsportāre *trans.*, trādūcere *trans.*, trāicere *trans. u. intr.*;

trānsgredī, trānsīre *trans. u. intr.*

übersiedeln trānsmigrāre, sēdem trānsferre.

überspringen trānsilīre.

überstehen: Gefahren ~ perīculīs perfungī (*od.* dēfungī). [superāre.]

übersteigen trānscendere,]

überströmen abundāre *abl.*

übertragen (*anvertrauen*) mandāre, committere, trādere; (*Amt, Provinz*) dēferre ad *acc.*; die Leitung der Flotte dem Konsul ~ cōnsulem classī praeficere.

übertreffen antecēdere *acc. u. dat.*, superāre *acc.*, praestāre *dat.*, vincere *acc.*, antecellere *dat.*, praestāre *dat.*

übertreiben in māius efferre.

übertreten (*Gesetz*) violāre; (*zum Feind* ~; *überlaufen*) trānsīre.

übertrieben: ~ streng nimis sevērus.

überwachen custōdīre.

überwältigen opprimere, vincere, superāre.

überwinden superāre, vincere, opprimere.

überwintern hiemāre.

überzeugen persuādēre *dat. a.c.i.*; ich bin überzeugt mihi persuāsī, mihi persuāsum est, persuāsum habeō *a.c.i.*

Übles: ~ nachreden maledīcere *dat.*

übrig réliquus; ~ sein superesse.

übrigbleiben superesse, relinquī; es bleibt nichts anderes übrig nihil relinquitur nisī.

übrigen: die ~ (der Rest) réliquī m/pl.; (beim Vergleich) cēterī m/pl.

übrigens cēterum.

übriglassen relinquere.

Übung exercitātiō, -ōnis f; ūsus, -ūs m.

Ufer rīpa f; (des Meeres) lītus, -oris n.

Uhr (Stunde) hōra f.

um (herum) circum, circā; ~ ... zu (damit) ut (verneint: nē); durch causa mit dem Gerundiv od. Gerundium, durch ad mit dem Gerundiv, durch Sup., durch part. fut.; um etw. kämpfen pūgnāre dē aliquā rē.

umarmen amplectī, complectī.

Umarmung complexus, -ūs m, amplexus, -ūs m.

umbiegen flectere.

umbringen necāre, interfīcere; s. töten.

umdrängen stīpāre.

Umfang circuitus, -ūs m.

umfassen amplectī, complectī, comprehendere.

umfliegen circumvolāre.

Umgang: der ~ mit Freunden cōnsuētūdō, -inis f amīcōrum.

Umgänglichkeit cōmitās, -ātis f, facilitās, -ātis f.

umgeben circumdare; als part.: circumdatus.

Umgebung regiō, -ōnis f.

umgürten cingere.

Umhang vēlāmen, -inis n.

umhergehen ambulāre.

umherirren errāre.

umherstreifen vagārī.

um ... herum circā acc., circum acc.

umhüllen vēlāre.

umkommen perīre, cōnsūmī, necārī, interfīcī, occīdī.

umliegend (benachbart) vīcīnus, fīnitimus.

ummauern mūrīs fīrmāre.

umpflügen arāre.

umringen circumvenīre, circumstāre.

umschließen claudere, circumdare, circumclūdere.

umschlingen complectī.

Umsicht cōnsilium n, prūdentia f, dīligentia f.

umsichtig prūdēns, dīligēns, -entis, cautus.

um so (beim comp.) eō.

umsonst (vergeblich) frūstrā, nēquīquam; (kostenlos) grātīs.

Umstand rēs f, causa f.

umstehen circumstāre, circumsistere.

Umstehenden: die ~ circumstantēs m/pl., f/pl.

umstellen circumdare, circumsistere, circumvenīre.

Umsturz: auf ~ sinnen (od. bedacht sein) novīs rēbus studēre.

umstürzen dēicere, ēvertere.

Umweg circuitus, -ūs m.

umwenden (con)vertere.

umwickeln implicāre.

umzäunen saepīre.

umzingeln circumvenīre, circumsistere, circumstāre, circumdāre, cingere.

unabhängig suī iūris.

unablässig: *durch* non dēsistere *inf.*

unähnlich dissimilis, -e.

unangebracht intempestīvus.

unangenehm ingrātus, iniūcundus.

unaufhörlich *durch* nōn dēsistere *inf.*

unauflöslich inexplicābilis, -e.

unbändig ferōx, -ōcis.

unbebaut: ~ sein vacāre.

unbedenklich *durch* nōn dubitāre *inf. od.* quīn.

unbedeutend levis, -e; inānis, -e; exiguus.

unbegrenzt īnfīnītus.

unbeherrscht intemperāns, -antis.

Unbeherrschtheit intemperantia *f.*

unbekannt īgnōtus, īgnōbilis, -e.

unbekümmert: ~ um neglegēns *gen.*

unberührt integer, -gra, -grum.

Unberührtheit integritās, -ātis *f.*

unbeschadet (*wohlbehalten*) salvus; ~ der Pflicht (*besser:* ohne Pflichtverletzung) salvō officiō.

unbescheiden immodestus.

unbescholten integer, -gra, -grum.

Unbescholtenheit integritās, -ātis *f.*

unbesiegbar invictus.

unbesonnen temerārius; *adv.* temere.

Unbesonnenheit temeritās, -ātis *f.*

unbesorgt sēcūrus.

unbeständig incōnstāns, -antis, mōbilis, -e.

unbestattet inhūmātus.

unbeteiligt expers, -tis.

unbewußt īnscius.

unbillig inīquus.

Unbilligkeit inīquitās, -ātis *f.*

unbrauchbar inūtilis, -e.

und et; -que; atque (*enger verknüpfend*); ~ nicht neque; *final:* nēve, neu; und niemand neque quisquam; und nichts neque quicquam; ~ noch nicht nec dum.

undankbar ingrātus.

uneben inīquus.

unehrenhaft inhonestus.

uneigennützig innocēns, -entis.

Uneigennützigkeit continentia *f.*, abstinentia *f.*, integritās, -ātis *f.*, innocentia *f.* [-oris.]

uneingedenk immemor, *f.*

uneinig discors, -dis; ~ sein dissidēre, dissentīre.

Uneinigkeit discordia *f.*

uneins discors, -dis; ~ sein dissentīre.

unendlich īnfīnītus.

unerfahren imperītus, īgnā-
rus.

unermeßlich immēnsus, ingēns, -entis, permāgnus.

unermüdlich impiger, -gra,
-grum; ~e Tätigkeit maxi-
mus labor m.

unerschrocken impavidus,
intérritus.

unerschüttert stabilis, -e,
cōnstāns, -antis.

unerträglich nōn ferendus.

unerwartet adi. subitus,
inopīnātus; auf Personen
bezogen: inopīnāns, -antis;
~ früh (schnell) expectā-
tiōne prius.

unfähig: ~ sein, etw. zu tun
alqd facere nōn posse; ~,
etw. zu ertragen impatiēns
gen.

Unfall calamitās, -ātis f.

unfreiwillig invītus adi.

unfreundlich asper, -era,
-erum; trīstis, -e; dūrus.

unfruchtbar piger, -gra,
-grum.

ungebildet indoctus, rudis,
-e.   [ter.]

ungebührlich adv. indécen-]

ungebunden: ~ e Redeweise
prōsa ōrātiō f.

Ungebundenheit licentia f.

ungefähr adi. circā, circiter;
ferē (nachgest.).

ungehalten sein (über etw.)
aegrē ferre (alqd).

ungeheuer ingēns, -entis.

Ungeheuer mōnstrum n.

ungehorsam: ~ sein nōn
obtemperāre.

ungelegen intempestīvus.

Ungemach (Beschwernisse)
incommoda n/pl., mole-
stiae f/pl.

ungenutzt: ~ vorübergehen
lassen dīmittere, praetermittere.

ungerächt inultus.

ungerecht iniūstus, inīquus.

Ungerechtigkeit iniūria f,
inīquitās, -ātis f.

ungern invītus adi.; aegrē
adv.

ungeschehen infectus.

ungeschickt iners, -tis.

ungestraft adi. impūnītus;
adv. impūne.

ungestüm vehemēns, -entis.

Ungestüm impetus, -ūs m;
jugendliches ~ zeigen iuve-
nīliter exsultāre.

ungesund īnsalūbris, -e.

ungetan infectus.

Ungestüm mōnstrum n.

ungewiß adi. incertus.

ungewöhnlich adi. inūsitā-
tus; adv. ~ oft solitō
saepius.

ungewohnt īnsuētus gen.

ungewollt invītus.

unglaublich adi. incrēdibilis
(dictū od. audītū).

ungleich inīquus, impār,
imparis, dispār, disparis.

Unglück (Elend) miseria f,
rēs adversae f/pl.; (Un-
glücksfall) calamitās, -ātis
f, clādēs, -is f; im ~ in
rēbus adversīs; ins ~ ge-
raten in calamitātem incidere.

unglücklich miser, -era,
-erum, īnfēlīx, -īcis.

Unglücksfall calamitās, -ātis f, casus, -ūs m.

Unglückstag diēs āter m.

ungünstig adversus, inīquus.

Unheil malum n.

unhöflich inhūmānus.

Unkenntnis īnscientia f, īgnōrantia f; in ~ halten cēlāre m. doppeltem acc.; in ~ bleiben cēlārī, īgnōrāre.

unklar obscūrus.

unklug imprūdēns.

Unkraut herbae inūtilēs f/pl.

unkriegerisch imbellis, -e.

unkundig imperītus.

unmännlich virō indīgnus.

unmäßig adi. immodicus.

Unmäßigkeit intemperantia f.

unmenschlich inhūmānus.

unmittelbar: ~ vor (zeitlich) sub acc.; ~ vor der Nacht sub noctem; ~ nach der Schlacht sub ipsam pūgnam.

unmöglich: es ist ~ fieri nōn potest, ut coni.

unmündig: ~es Kind īnfāns, -antis m.

unmutig īrātus.

unnütz inūtilis, -e.

Unrecht iniūria f, nefās indecl.; ~ tun iniūriā; ein ~ begehen iniūriam facere (committere); erlittenes ~ iniūria illāta.

unredlich improbus.

Unruhe 1. allg. turba f, perturbātiō, -ōnis f; 2. (im

Krieg) rebelliō, -ōnis f; 3. (seelisch) mōtus (gen. mōtūs) m animī.

unruhig: ~ werden anxium sē praebēre, sollicitārī.

uns dat. nōbīs; acc. nōs; mit ~ nōbīscum.

unschicklich indecenter adv.

Unschuld innocentia f.

unschuldig innocēns, -entis.

unselig īnfēlīx, -īcis.

unser noster, -tra, -trum.

unsicher incertus.

unsterblich immortālis, -e.

Unsterblichkeit immortālitās, -ātis f.

Untat scelus, -eris n, facinus, -oris n.

untätig īgnāvus, piger, -gra, -grum; iners, -tis.

untauglich inūtilis, -e.

unter sub acc.; abl.; (zwischen) inter acc.

unterbrechen interrumpere, intermittere.

unterdessen intereā, interdum. [supprimere.]

unterdrücken opprimere,)

untere adi. īnferior.

untereinander inter sē.

unterer īnferior, -ōris.

Unterfeldherr lēgātus m.

Untergang interitus, -ūs m, perniciēs, -ēī f; (Sonne) occāsus, -ūs m; vor dem ~ retten ab interitū servāre.

untergehen interīre, perīre; (Sonne) occidere; (Schiff) submergi, dēmergi; das Schiff geht unter nāvis dēmergitur.

untergraben suffodere (z. B. mürum); *fig.* labefacere, subrúere.

unterhalb infrā *acc.*

unterhalten (*ernähren*) alere; *fig.* sich ~ (*im Gespräch*) disputāre, colloquī.

Unterhaltung colloquium *n*; (*Belustigung*) oblectāmentum *n*.

Unterhändler örātor, -öris *m*, lēgātus *m*.

unterirdisch subterrāneus.

Unterirdische *pl.* inferī *m/pl.*

Unteritalien Italia Inferior *f*, Māgna Graecia *f*.

Unterkleid: leinenes ~ tunica *f*.

unterlassen omittere, intermittere, praetermittere.

unterliegen succumbere, vincī.

unternehmen parāre; suscipere; mōlīrī; e-n weiten Streifzug ~ longē vagārī.

Unternehmung inceptum *n*, rēs gerenda (*od.* gesta) *f*; (*Feldzug*) expedītiō, -ōnis *f.*

unterreden: sich ~ colloquī.

Unterredung colloquium *n.*

Unterricht disciplīna *f*, ērudītiō, -ōnis *f.*

unterrichten docēre, ērudīre, īnstituere, īnstruere; (*benachrichtigen*) certiōrem facere, docēre.

untersagen interdīcere, vetāre (*pf.* vetuī, *P.P.P.* vetitus).

unterscheiden discernere,

distinguere; sēiungere; internōscere; sich ~ differre, discrepāre.

Unterschenkel crūs, crūris *n.*

Unterschied discrīmen, -inis *n*; es ist ein großer ~, ob ... oder māgnopere interest, utrum ... an.

Unterschlagung peculātus, -ūs *m.*

unterste īnfimus; īmus.

unterstützen adesse *dat.*, subvenīre *dat.*, auxiliārī *dat.*; (ad)iuvāre *acc.*, subleväre *acc.*

Unterstützung: ~ gewähren = unterstützen; *auch:* auxilium ferre.

untersuchen exquīrere, experīrī. [-ōnis *f.*]

Untersuchung quaestiō,

untertauchen (sub)mergere.

unterwegs in itinere.

unterweisen īnstituere *abl.*, īnstruere *abl.*

Unterweisung īnstitūtiō, -ōnis *f*, disciplīna *f.*

Unterwelt inferī *m/pl.*, Orcus *m.*

unterwerfen subicere, subigere, domāre, pācāre, in (sub) potestātem (*od.* sub diciōnem) redigere; sich ~ se subicere.

unterziehen: sich ~ subīre.

untreu īnfidus, pérfidus.

Untreue perfidia *f.*

untüchtig iners, -ertis; nēquam *indecl.*

unüberlegt *adi.* temerārius; *adv.* temere.

unüberwindlich inexsuperābilis, -e.

ununterbrochen perpetuus.

unverdrossen impiger, -gra, -grum.

unverletzlich sānctus.

unverletzt incolumis, -e.

unvermischt pūrus.

unvermutet (*nichts ahnend*) inopīnāns, -antis; inopīnātus; inopīnus; necopīnāns, -antis; *adv.* subitō, ex inopīnātō, praeter opīniōnem (exspectātiōnem).

unverrichteterdinge infectā rē.

unverschämt impudēns.

unversehens *adv.* ex (de) imprōvīsō.

unversehrt salvus, incolumis, -e, integer, -grī.

unverständig īnsipiēns, -entis.

unverzagt impavidus, intrepidus, animōsus, fortis, cōnstāns. [prōtinus *adv.*]

unverzüglich *adv.* statim,

unvorhergesehen *adi.* imprōvīsus.

unvorsichtig *adi.* incautus.

Unwetter tempestās, -ātis *f.*

unwichtig: es ist ∼ nōn interest.

unwillig invītus; ∼ sein aegrē ferre, indignārī.

unwillkommen ingrātus.

unwissend ignārus, īnscius, nescius.

unwürdig indīgnus.

unzählbar, unzählig innumerābilis, -e.

unzufrieden nōn contentus *abl.*

unzuverlässig perfidus, incertus, mōbilis, -e.

üppig luxuriōsus; laetus.

Üppigkeit luxuria *f.*

Ur... priscus.

uralt priscus.

Urgroßvater próavus *m.*

Urheber auctor, -ōris *m.*

Urne urna *f.*

Ursache causa *f.*

Ursprung origō, -inis *f.*

Urteil iūdicium *n.*

urteilen iūdicāre.

Urteilsspruch iūdicium *n.*

V

Vase vās, -is *n,* (*pl.* vāsa, -ōrum)

Vater pater, -tris *m.*

Vaterland patria *f.*

Vaterlandsliebe amor *m* patriae.

vaterlandsliebend amāns patriae.

väterlich patrius, paternus.

Vaterstadt patria *f.*

Vaterstelle: die ∼ vertreten prō patre esse.

Veilchen viola *f.*

verabscheuen dētestārī; taedet mē *gen.*

verachten contemnere, dēspicere, spernere, asper-]

verändern mūtāre. [nārī.]

Veränderung commūtātiō, -ōnis *f.*

veranlassen commovēre, impellere, addūcere (ut); cūrāre (*m. acc. des Gerundivs*).

Veranlassung: auf seine ~ eō auctōre; eō suādente.

veranstalten parāre, celebrāre, habēre.

Verb verbum *n.*

Verband *med.* fōmentum *n.*

verbannen exiliō multāre, ē patriā ēicere, expellere, relēgāre.

verbannt exul, -is.

Verbannter exul, -is *m.*

Verbannung exilium *n.*, relēgātiō, -ōnis *f.*; in die ~ schicken expellere, in exilium ēicere.

verbergen occultāre, abdere, dissimulāre.

verbessern ēmendāre, corrigere.

verbieten vetāre *a.c.i.*, interdīcere nē (*od.* ut nē) *coni.*

verbinden (con)iungere.

verborgen occultus; ~ sein latēre.

Verbot: ein ~ aussprechen vetāre.

verbrämt: ~ mit praetextus; mit ~er Toga praetextātus.

verbrauchen cōnsūmere.

Verbrechen scelus, -eris *n.*; ein ~ begehen scelus committere.

Verbrecher homō scelestus *m.*

verbrecherisch scelestus.

verbreiten diffundere; sich ~ percrēbēscere (*pf.* per-

crēbuī); sē diffundere; diffundī.

verbrennen *trans.* (con)cremāre, incendere, (comb)ūrere, exurere, incendiō dēlēre; *intr.* combūrī.

verbringen agere, dēgere; das Leben ~ vītam dēgere.

Verbündeter socius *m.*

verbürgen: sich ~ für j-n praestāre alqm.

verbüßen: e-e Strafe ~ poenam persolvere.

Verdacht suspiciō, -ōnis *f.*

verdächtigen suspicere, īnsimulāre.

verdanken dēbēre.

verderben (*bestechen*) corrumpere.

Verderben perniciēs, -ēī *f.*, exitium *n.*

verderbenbringend, verderblich pestifer, -era, -erum; perniciōsus.

verdienen (*würdig sein*) merēre, merērī; dīgnum esse (quī); sich verdient machen um bene merēre (*od.* merērī) dē *abl.*; Lob ~ laude dīgnum esse.

Verdienst *n* meritum *n.*

verdient dīgnus *abl.*; (*gebührend*) meritus; sich ~ machen (bene) merērī (dē).

verdientermaßen meritō, iūre.

verdingen locāre.

verdoppeln duplicāre.

verdrießen: mich verdrießt etwas piget mē alcis reī.

verdrossen piger, -gra, -grum.

Verdruß taedium *n.*

verdunkeln obscūrāre.

verehren colere, verērī, venerārī, celebrāre.

Verehrung cultus, -ūs *m,* venerātiō, -ōnis *f;* Gottes² religiō, -ōnis *f.*

Vereinbarung condiciō, -ōnis *f.*

vereinigen coniungere, commūnicāre, congregāre; sich ~ coalēscere, sē coniungere.

verfahren: ~ gegen j-n cōnsulere (animadvertere) in alqm.

verfassen (cōn)scrībere, compōnere.

verflossen praeteritus.

verfluchen dēvovēre, exsecrārī.

verfolgen persequī.

verfügen praecipere.

Verfügung: zur ~ stehen nōn deesse.

vergangen praeteritus, proximus.

vergänglich cadūcus.

vergebens, vergeblich *adv.* frūstrā, nēquiquam.

vergeblich *adi.* vānus.

vergehen praeterīre, diffugere; die Zeit vergeht *auch:* tempus intercēdit; *fig.* sich ~ (*sündigen*) peccāre.

Vergehen dēlictum *n,* crimen, -inis *n.*

vergelten: Gleiches mit Gleichem ~ pari pari referre.

vergessen oblīvīscī.

Vergessen oblīviō, -ōnis *f.*

vergeuden dissipāre, lacerāre; (*Zeit*) terere, perdere; Mühe ~ operam perdere.

vergießen profundere, effundere.

Vergleich comparātiō, -ōnis *f;* (*Kompromiß*) compositiō, -ōnis *f;* e-n ~ schließen pacīscī (pactus sum).

vergleichen comparāre, cōnferre, compōnere.

Vergnügen voluptās, -ātis *f,* gaudium *n.*

vergnügt laetus.

vergrößern amplificāre, augēre.

verhaften comprehendere, in vincula conicere.

verhalten: sich ~ sē habēre.

Verhältnis: im ~ zu prō *abl.*

Verhältnisse *pl.* rēs, rērum *f/pl.,* condiciō, -ōnis *f/sg.*

Verhältniswort praepositiō, -ōnis *f.*

verhandeln: ~ über agere dē *abl.*

verhängnisvoll fatālis, -e, perniciōsus.

verharren persevērāre, permanēre.

verhaßt odiōsus, invīsus; ~ sein *auch:* odiō esse.

verheeren vāstāre, populārī.

verheimlichen cēlāre *m. dopp. acc.* (j-m etw. alqm alqd).

verheiraten (*an e-n Mann*) in mātrimōniō collocāre, aliquam in mātrimōnium dare alci; sich ~ (*vom*

Manne) aliquam in mātrimōnium dūcere; (*von der Frau*) nūbere alci.

verherrlichen celebrāre, illūstrāre, exōrnāre, praedicāre.

verhindern prohibēre, impedīre.

verhöhnen illūdere.

verhüllen vēlāre, occultāre, tegere.

verirren: sich ~ errāre.

verjagen fugāre.

verkaufen vendere (teuer māgnō, wohlfeil *pass.* vēnīre; als Sklave ~ sub corōnā vendere.

verkauft vēnālis.

Verkehr commeātus, -ūs *m*; in freundschaftlichem ~ zu j-m stehen aliquō familiāriter ūtī.

verkehrt (*falsch*) *adv.* perperam.

Verknotung nexus, -ūs *m*.

verknüpfen cōnectere (cōnex[u]ī, cōnexus).

Verknüpfung nexus, -ūs *m*.

verkünden (prō)nūntiāre; (*wahrsagen*) praedicāre, praedīcere, portendere.

verlachen (ir)rīdēre, dērīdēre, illūdere.

verlangen postulāre, poscere, appetere, exigere; (*begierig sein*) cupidum esse.

Verlangen cupīdō, -inis *f*, cupiditās, -ātis *f*, dēsīderium *n*, appetītus, -ūs *m*.

verlangsamen tardāre.

verlassen relinquere, dēse-

rere, excēdere, exīre, dēcēdere, ēgredī; (*zu fehlen beginnen*) dēficere; e-e Stadt ~ (ex) urbe excēdere; sich auf j-n ~ (cōn)fīdere, crēdere *dat*.

verlassen *adi*. dēsertus, vāstus.

verleben agere, dēgere.

verlegen: in e-e Zeit ~ cōnferre in tempus; den Kriegsschauplatz nach Germanien ~ bellum trānsferre in Germāniam.

verleihen *fig.* praebēre.

verleiten commovēre, addūcere, indūcere, impellere (*ad acc.*); sich ~ lassen commovērī, impellī.

verlernen dēdiscere (*pf.* dēdidicī).

verletzen violāre, vulnerāre, laedere.

verlieren āmittere, perdere; prīvārī *abl.*; den Mut ~ an mō dēficere (*od.* cadere); das Augenlicht ~ oculīs prīvārī; e-e Schlacht ~ (proeliō *od.* in aciē) vincī, superārī.

Verlobung spōnsālia, -ōrum *od.* -ium *n/pl.*

verlocken allicere, pellicere (*pf.* pellēxī, *P.P.P.* pellectus); durch Geld ~ aurō corrumpere.

verloren: ~ gehen āmittī; ~ sein perīsse; āctum esse dē *abl.*

verlosen sortīrī.

Verlust damnum *n*, dētrīmentum *n*; ~e erleiden

clādem accipere; unter ∼en
cum dētrīmentō.

Vermächtnis testāmentum
n.

vermählen (mit e-m Mann)
aliquam in mātrimōnium
dare od. nuptum collocāre;
sich ∼ (v. e-r Frau) nūbere
dat.; (v. e-m Mann) in
mātrimōnium dūcere.

vermehren augēre.

vermeiden vītāre, ēvītāre.

Vermessenheit superbia f.

vermieten locāre.

vermindern minuere; sich ∼
minuī.

vermischen (com)miscēre.

vermissen dēsīderāre, re-
quīrere.

vermitteln conciliāre.

vermögen valēre, posse;
viel ∼ multum posse (od.
valēre).

Vermögen (Besitz) rēs familiāris f., opēs f/pl., fortūnae
f/pl.

vermuten suspicere, suspicārī, conicere.

Vermuten: wider ∼ inōpī-
nāns, -antis (Beziehung!);
praeter opīniōnem, prae-
ter exspectātiōnem.

vermutlich verbal durch putāre, rērī, exīstimāre.

Vermutung opīniō, -ōnis f.

vernachlässigen neglegere;
die Pflicht ∼ officiō dēesse;
vernachlässigt sein neglēc-
tum iacēre.

vernehmen (hören) accipere,
audīre, cognōscere.

verneinen negāre.

vernichten dēlēre, extinguere, perdere, ēvertere,
perniciem parāre dat.,
dīruere, populārī, cōnsū-
mere.

vernichtend exitiābilis, -e;
∼ schlagen fundere atque
fugāre.

vernichtet werden perīre,
interīre.

Vernichtung perniciēs, -ēī f.,
excidium n. interitus, -ūs
m.

Vernunft ratiō, -ōnis f.,
mēns, mentis f., cōnsilium
n., sānitās, -ātis f.

vernunftbegabt ratiōne
praeditus.

vernunftlos ratiōnis expers.

verordnen ēdīcere (ut coni.).

Verordnung ēdictum n,
dēcrētum n; e-e ∼ erlassen
sancīre; edictum ēdere (od.
prōpōnere).

verpflanzen trānsferre.

Verpflegung(swesen) rēs
frūmentāria f.

verpflichtet sein dēbēre.

verprügeln verberāre.

Verrat prōditiō, -ōnis f.

verraten prōdere; es verrät
Klugheit prūdentiae est
inf.

Verräter prōditor, -ōris m.

verreisen iter facere, proficīscī.

verrichten fungī abl., gerere,
tractāre acc.; e-e Tat ∼
rem gerere.

verringern (di)minuere.

verrückt insānus; ∼ sein
dēlīrāre.

Vers versus, -ūs *m.*

versagen (*ablehnen*) negāre, dēnegāre, abnúere.

versammeln cōgere, congregāre; sich ~ convenīre, congregārī.

Versammlung concilium *n,* conventus, -ūs *m,* coetus, -ūs *m;* (*Sitzung*) consessus, -ūs *m;* (*Volks*²) contiō, -ōnis *f.*

versäumen: die Pflicht ~ officiō dēesse, officium neglegere; die Gelegenheit ~ occāsiōnem praetermittere.

verschaffen: (sich) ~ (sibi) (com)parāre.

verschanzen: sich ~ sē mūnīre.

Verschanzung mūnītiō, -ōnis *f,* mūnīmentum *n.*

verscheuchen fugāre, pellere.

verschieben differre.

verschieden varius, dissimilis, -e, dīversus; ~ sein differre; verschiedene (*mehrere*) (com)plūrēs, -a, (*gen.* -ium).

verschiedenartig varius.

verschlagen (*schlau*) versūtus, callidus.

verschleiern dissimulāre.

verschließen claudere.

verschlingen dēvorāre.

Verschlingung nexus, -ūs *m.*

verschmähen repudiāre, spernere, aspernārī, contemnere, dēspicere, respúere.

verschnüren astringere.

verschonen parcere *dat.,* temperāre *dat.*

verschütten obrúere.

verschwenden cōnsūmere; effundere, profundere, prōdigere; (*Zeit*) tērere.

verschwenderisch prōdigus, sūmptuōsus, luxuriōsus.

verschwinden diffugere, discēdere.

verschwören: sich ~ coniūrāre.

Verschwörung coniūrātiō, -ōnis *f.*

versehen (mit) afficere *abl.;* *adi.* praeditus *abl.*

versenken (dē)mergere.

versetzen prōmovēre; (*in e-n Zustand*) redigere.

versichern affirmāre, cōnfirmāre.

versinken *intr.* (dē)mergī.

versöhnen plācāre.

versöhnlich plācābilis, -e.

versorgen: j-n ~ prōvidēre alicui.

verspeisen dēvorāre, ēdere.

versperren interclūdere, obstrúere; dem Feind den Weg ~ hostī viam interclūdere.

verspotten illūdere, dērīdēre, irrīdēre.

versprechen prōmittere, pollicērī; (*hoffen lassen*) vidērī *n.c.i.fut.;* diese Arbeit verspricht, gut zu werden hic labor bene ēventūrus esse vidētur.

Versprechen prōmissum *n;* sein ~ halten prōmissum facere (ōd. servāre).

Verstand ratiō, -ōnis *f*; mēns, mentis *f*.

verständig intellegēns, -entis; sapiēns, -entis.

verständige intellegēns, -entis; sapiēns, -entis.

Versteck látebrae *f*/*pl*.

verstecken abdere, occultāre; sich ~ sē abdere (*od.* occultāre).

versteckt abditus; sich ~ halten latēre.

verstehen scīre, intellegere, comprehendere; nicht ~ nescīre.

verstorben mortuus, dēfūnctus.

verstoßen repudiāre, ēicere.

verstreichen: ~ lassen praetermittere, intermittere.

verstummen obmūtēscere (*pf.* obmūtuī).

Versuch experīmentum *n*, cōnātus, -ūs *m*.

versuchen cōnārī, temptāre, experīrī.

vertauschen mūtāre.

verteidigen (vor, gegen) dēfendere (ā); (sich) vor Gericht ~ causam dīcere apud iūdicēs.

Verteidiger dēfēnsor, -ōris *m*.

verteilen (dis)tribuere, dīvidere, partīrī; (*ordnen*) dispōnere.

Vertrag foedus, -eris *n*; e-n ~ schließen foedus inīre (facere, iungere, īcere: īcō, īcī, ictus).

Vertragsabschluß foedus faciendum *bzw.* factum *n*.

Vertragsbruch foedus ruptum *n*.

vertrauen (cōn)fīdere, crēdere.

Vertrauen fidēs, -ēī *f*, fīdūcia *f*; im ~ cōnfīsus, frētus *abl.*; ~ schenken fidem habēre, (cōn)fīdere.

vertrauend frētus, cōnfīsus *abl.*

vertraut familiāris, -e; ~ machen assuēfacere, perītum facere.

Vertrauter familiāris, -is *m*.

vertreiben fugāre, prōpulsāre, (ex)pellere, exigere, ēicere, dēpellere, prōpellere, dēturbāre.

Vertretung: in ~ anderer Beamter aliōrum magisトrātuum vicem; in ~ des Befehlshabers imperātōris vicem; *aber:* in ~ deiner (unserer) Person meam, nostram (*a.* nostrum) vicem.

vertrödeln, vertun: die Zeit ~ tempus térere (*od.* perdere).

verunstaltet dēfōrmis, -e.

verursachen creāre, gīgnere, causam esse; Kosten ~ impēnsam facere.

verurteilen damnāre, condemnāre; zum Tode ~ capitis damnāre.

vervielfältigen multiplicāre.

verwalten administrāre, (per)fungī *abl.*; e-e Provinz ~ praeesse provinciae *dat.*

Verwalter (prō)cūrātor.

-ōris m; (e-s Landguts)
vīlicus m.
verwandeln mūtāre, (con-)
vertere; sich ~ mūtārī.
Verwandlung mūtātiō, -ōnis
f; durch mūtāre.
verwandt propinquus.
Verwandter cognātus m,
proximus m, necessārius
m; (Verschwägerter) affinis
m.
Verwandtschaft propinqui-
tās, -ātis f; cognātiō, -ōnis
f.
verwechseln cōnfundere
(cōnfundō, cōnfūdī, cōn-
fūsus).
verwegen impavidus, teme-
rārius.
Verwegenheit temeritās,
-ātis f, audācia f.
verwehren prohibēre.
verweichlichen effēmināre,
mollīre.
verweichlicht effēminātus,
mollis, -e.
verweigern dēnegāre, ne-
gāre.
verweilen morārī, versārī.
verwenden adhibēre; ūtī
abl.; Arbeit, Zeit auf etw.
~ labōrem, tempus imper-
tīre alicui reī; Geld für
etw. ~ pecūniam cōnsū-
mere in aliquā rē.
verwerfen repudiāre.
verwirren (per)turbāre,
cōnfundere.
verwirrt attonitus, perturbātiō, -ōnis f; in ~ bringen
perturbāre; in ~ geraten
perturbārī.

verwunden vulnerāre.
verwunderlich mīrus.
verwundert (ad)mīrātus.
Verwunderung admīrātiō,
-ōnis f.
verwüsten vāstāre, (dē)po-
pulārī.
verzagen dēspērāre.
verzehren dēvorāre, cōn-
sūmere, absūmere.
verzeihen ignōscere, veniam
dare.
Verzeihung venia f.
Verzögerung mora, -ae f.
verzweifeln: ~ an dēspērāre
dē abl.
Veteran mil. (mīles) veterānus m.
Vetter cōnsobrīnus m.
Vieh (Schafe) pecus, -oris n;
(ein Stück Kleinvieh) pe-
cus, pecudis f.
Viehhirt pāstor, -ōris m.
viel multus, -a, -um; adv.
multum (plūs, plūrimum);
viele multī, -ae, -a; vieles
multa (plūra, plūrima);
~ größer multō māior; ~
später multō post.
vielbesucht celeber, -bris,
-bre.
viele multī, -ae, -a; so ~
Menschen tot hominēs.
vielfach saepe; multum.
vielleicht fortāsse ind.; forsitan; haud sciō an coni.;
forsit, fors.
vielmehr potius; quīn
etiam; sed; ja ~, nein ~
immō.
vier quattuor.
viereckig quadrātus.

Viergespann quadrīgae *f/pl.*

viermal quater.

vierter quartus, -a, -um.

vierzig quadrāgintā; ∼mal quadrāgiēs *adv.*

Villa villa *f.*

Vogel avis, -is *f.*

Vogelflug: den ∼ befragen inaugurāre.

Vogelschau auspicium *n,* augurium *n;* e-e ∼ anstellen auspicārī. [-inis *f.*]

Vogelscheuche formīdō.]

Vöglein avicula *f.*

Vokabel vocābulum *n.*

Volk populus *m,* nātiō, -ōnis *f,* gēns, gentis *f; (die Volkspartei, niederes ∼)* plēbis *f; (der Pöbel)* vulgus, -i *n;* Mann aus dem ∼e homō dē plēbe.

volkreich (*belebt, stark besucht*) celeber, -bris, -bre.

Volksgenosse populāris *m.*

Volksmenge plēbs, -is *f.*

Volkspartei populārēs, -ium *m/pl.,* plēbs, -is *f.*

Volksstamm gēns, gentis *f,* nātiō, -ōnis *f.*

Volkstribun tribūnus *m* plēbis.

Volksversammlung contiō, -ōnis *f,* comitia *n/pl.*

voll (*von*) plēnus (*abl.*), refertus (*abl.*); ∼er Furcht timefactus.

vollbringen cōnficere, perficere, peragere, (*rēs*) gerere, patrāre.

vollenden perficere, peragere; (*Lebensjahr*) complēre; e-e Tat ∼ rem gerere.

vollendet perfectus.

vollends (*in der Tat*) vērō.

völlig *adv.* plānē, omnīnō, prōrsus; ∼ aus dem Felde schlagen fundere ac fugāre.

vollkommen perfectus.

Vollmacht potestās, -ātis *f,* auctōritās, -ātis *f.*

von (*aus, her; bei Lebewesen im Passiv*) ā, ab *abl.;* (*herab*) dē *abl.;* (*über*) dē *abl.;* einer ∼ ūnus ex *abl.;* ∼ neuem dēnuō; *oft bloßer abl. od. gen.*

von da an inde.

von dort inde.

von neuem dēnuō.

vonnöten sein opus esse.

vor ante *acc.;* (*für, zum Schutze von*) prō *abl.;* (*hindernder Grund, z. B. vor Furcht*) prae *abl.;* (*in Gegenwart*) cōram *abl.*

vor allem imprīmīs, praecipuē.

vorangehen anteīre *dat.*

voranstehen praestāre *dat.*

voranstellen (*ein Wort*) praepōnere.

vorantragen praeferre.

vorausgehen antecēdere *dat.,* praeīre *dat.*

voraussagen praedicere.

vorausschicken praemittere.

voraussehen prōvidēre, prōspicere.

Vorbedeutung ōmen, -inis *n.*

vorbeilenen praetercurrere.

vorbeifahren *intr.* praetervehī.

vorbeifliegen praetervolāre.
vorbeigehen praeterīre *acc.*;
an j-m ~ praeterīre alqm.
vorbereiten parāre, praeparāre, īnstituēre.
Vorbild exemplum *n*, exemplar, -āris *n*; als ~ dienen
exemplō esse; sich j-n als
~ vor Augen halten exemplum alcis sibi prōpōnere.
vorbrechen prōrumpere.
vorbringen disserere, referre.
vordere prior, -ōris.
vorderste prīmus; prīmōris, -e.
Vorderdeck (*Schiff*) prōra *f*.
vordringen īnstāre, prōcēdere, penetrāre.
Vorfahr prōavus *m*.
Vorfahren māiōrēs, -um
m/pl.
Vorfall cāsus, -ūs *m*, rēs, reī *f*.
vorfinden invenīre.
Vorgänge rēs gestae *f/pl*.;
rēs *f/pl*.
vorgeben simulāre.
vorgehen: gegen j-n ~
animadvertere (cōnsulere)
in alqm.
vorhaben in animō habēre;
umschriebenes fut.
Vorhaben prōpositum *n*;
(*Plan*) cōnsilium *n*; dein ~
auch: id quod tibi prōposuistī.
Vorhalle vestibulum *n*.
vorhanden: ~ sein esse;
manēre; noch ~ sein superesse, exstāre.
vorher anteā *adv*.

Vorherrschaft prīncipātus, -ūs *m*.
vorhersagen praedīcere.
vorhersehen prōspicere, prōvidēre.
Vorhut āgmen prīmum *n*.
Vorjahr prior annus *m*.
Vorkämpfer prōpūgnātor, -ōris *m*.
vorkommen fierī, accidere,
ēvenīre (*alle mit ut*).
vorlesen legere, recitāre.
Vormachtstellung prīncipātus, -ūs *m*.
vormals ōlim.
Vormarsch impetus, -ūs *m*.
Vormund tūtor, -ōris *m*.
vorn ā fronte; ~ empfangene
(*ehrenvolle*) Wunden vulnera adversa *n/pl*.
Vorname praenōmen, -inis
n.
vornehm nōbilis, -e.
vornehmen: sich etw. ~
alqd sibi prōpōnere.
vornehmlich *adv*. praecipuē.
Vorposten statiō, -ōnis *f*.
Vorrang prīncipātus, -ūs *m*.
Vorrat cōpia *f*.
vorrücken prōcēdere, prōgredī, signa ferre, proficīscī, castra movēre.
Vorschlag prōpositum *n*,
cōnsilium *n*; condiciō,
-ōnis *f*; e-n ~ machen cōnsilium dare; e-n ~ ablehnen condiciōnem respuere.
vorschreiben praecipere,
praescrībere.
vorschreiten prōcēdere.
Vorschrift praeceptum *n*,
ēdictum *n*.

vorsehen: sich ~ cavēre.

Vorsicht prūdentia *f.*

vorsichtig *adi.* cautus, prūdēns, -entis, diligēns, -entis; *adv.* cautē, prūdenter.

Vorsorge: ~ treffen prōvidēre, prōspicere, cōnsulere (*alle m. dat.*).

vorsprechen dictāre.

vorstehen praeesse *dat.*

vorstürmen, vorstürzen prōvolāre, prōruere, prōsilīre.

vortäuschen simulāre.

Vorteil ūsus, -ūs *m;* commodum *n;* ēmolumentum *n;* lucrum *n.*

vorteilhaft salūtāris, -e; ~ sein commodō (ūsuī; ex ūsū; ēmolumentō) esse (für j-n alci).

vortragen recitāre, disserere, referre; ein Gedicht ~ carmen canere.

vortrefflich praeclārus, ēgregius, eximius.

Vortritt: die Liktoren haben den ~ lictōrēs antecēdunt.

vorübergehen praeterīre; ~ lassen dīmittere.

Vorwand: unter dem ~ per causam.

vorwärtsschreiten prōdīre.

vorwärtstreiben prōpellere, prōpulsāre.

vorwärtsziehen prōtrahere.

vorwerfen: j-m etw. ~ alicui alqd crīminī dare (tribuere, vertere).

Vorwurf crīmen, -inis *n,* probrum *n;* zum ~ machen crīminī dare.

Vorzeichen augurium *n,* auspicium *n,* ostentum *n;* (warnendes ~) ōmen, -inis *n,* prōdigium *n.*

vorzeitig praemātūrus.

vorziehen anteferre, praeferre, antepōnere, praepōnere.

Vorzug virtūs, -ūtis *f;* als ~ anrechnen laudī tribuere (dare).

vorzüglich (*ausgezeichnet*) ēgregius, praestāns, -antis, eximius.

W

Wache cūstōdia *f,* vigilia *f;* ~ halten excubāre.

wachen vigilāre.

Wachhund canis vigilāns *m,* Molossus *m.*

Wachposten *pl.* praesidia*|*

Wachs cēra *f.* [*n/pl.|*

wachsam vigil, -is.

Wachsamkeit vigilantia *f.*

wachsen crēscere; (*Mut*) accēdere.

Wächter cūstōs, -ōdis *m.*

Wachtposten statiō, -ōnis *f.*

wacker probus, strēnuus; frūgī *indecl.*; (*selten für:* tapfer) fortis, -e.

Waffe (*Angriffs*) tēlum *n.*

Waffen (*Verteidigungs*) arma, -ōrum *n/pl.*; zu den ~ greifen arma capere.

waffenlos inermis, -e.

Waffenstillstand indūtiae f/pl.

Wagemut audācia f.

wagemutig audāx, -ācis.

wagen audēre (audeō, ausus sum).

Wagen m currus, -ūs m, carrus m, vehiculum n.

Wagenachse axis, -is m.

Wagenlenker aurīga m.

waghalsig audāx, -ācis, temerārius.

wählen (z. B. zum König) creāre; (auswählen) (dē)ligere; (e-n Platz für etw.) locum capere alicui reī.

Wahlplatz comitium n.

Wahnsinn āmentia f, dēmentia f.

wahnsinnig īnsānus.

wahr vērus.

während prp. inter acc., per acc.; ci. (zeitlich) dum ind. praes.; (adversativ) cum coni.; noch ~ der Nacht de nocte.

wahrhaft adv. vērē.

wahrhaftig vērus.

Wahrhaftigkeit vēritās, -ātis f.

Wahrheit vēritās, -ātis f; die ~ sagen vērum dīcere.

wahrnehmen (bemerken) animadvertere, cernere.

Wahrsager vātēs, -is m; (Eingeweideschauer) haruspex, -icis m; (Vogelschauer) augur, -uris m.

Wahrsagung vaticinātiō, -ōnis f, praesāgium n.

wahrscheinlich vērīsimilis, -e.

Wald silva f.

Waldgebirge, Waldschlucht saltus, -ūs m.

Wall vallum n.

wallend: ~es Haar prōmissus capillus m.

wälzen volvere.

Wand pariēs, parietis m.

wandeln mūtāre.

Wanderer viātor, -ōris m.

wandern migrāre.

Wanderung iter, itineris n; e-e ~ machen migrāre.

Wange gena f.

wankelmütig mōbilis, -e, anceps, -cipitis.

wanken labāre, lābī (lābor, lāpsus sum).

wankend: ~ machen labefacere.

wann? quandō?.

Ware merx, -cis f.

warm calidus, -a, -um.

Wärme calor, -ōris m.

warnen (ad)monēre (nē); ~ vor monēre alqm ut, caveat nē ...

warten exspectāre, opperīrī (opperior, oppertus sum).

warum? cūr?, quid?; ~ nicht? auch: quīn?

was? quid?; das ~ (id)quod; (ea) quae; ~ auch immer quodcumque, quaecumque, quidquid.

waschen lavāre.

Wasser aqua f; ~ holen aquārī; zu ~ und zu Lande terrā marīque.

Wasserleitung aquaeductus, -ūs m; aqua f.

wasserreich aquōsus.

Wasserrohr fistula *f.*
Wasserwaage libra *f.*
waten vādere (*ohne pf. u. P.P.P.*).
weben texēre (texō, texuī, textus).
Wechsel (*Verschiedenheit*) varietās, -ātis *f.*
Wechselfall cāsus, -ūs *m.*
wechselnd: ~es Glück varia fortūna *f.*
wechselvoll varius.
wecken (somnō) excitāre.
weder: ~ ... noch neque ... neque.
Weg via *f,* iter, itineris *n;* im ~e stehen obstāre; sich auf den ~ machen viam inīre, profīcīscī; j-n aus dem ~e räumen alqm ē (dē) mediō tollere; j-m aus dem ~e gehen alqm vītāre.
wegbringen asportāre, auferre.
wegen propter *acc.,* ob *acc.,* causā, grātiā *beide nachgest., gen.;* (= vor, *hindernder Grund*) prae *abl.*
wegfliegen āvolāre.
wegführen abdūcere, dēdūcere, asportāre.
Weggabelung trivium *n.*
weggehen abīre, abscēdere, excēdere, discēdere, dēcēdere, dīgredī, sēcēdere; von Hause ~ domō exīre.
Wegkreuzung trivium *n.*
weglaufen āvolāre.
wegnehmen adimere, dēmere (dēmō, dēmpsī, dēmptus), absūmere, rapere, tollere.

wegreißen āvellere (*pf.* āvellī, *P.P.P.* āvulsus), abripere (abripiō, abripuī, abreptus), abstrahere.
wegschaffen āmovēre, removēre.
wegschicken dīmittere.
wegschleppen raptāre, asportāre, abstrahere, auferre.
wegstellen dēpōnere.
wegtragen asportāre, auferre.
wegwandern dēmigrāre.
wegwerfen abicere.
wehe! vae!
wehen flāre.
wehren: sich ~ resistere, sē dēfendere.
Weib mulier, -eris *f.*
Weibchen fēmina *f.*
weiblich fēmininus.
weich mollis, -e; ~ machen mollīre.
weichen cēdere.
weichlich mollis, -e.
weiden *trans.* (*auf die Weide führen*) pāscere (pāscō, pāvī, pāstus); *intr.* (*fressen*) pāscī.
weigern: sich ~ recūsāre.
weihen dēdicāre, dēvovēre, cōnsecrāre, lūstrāre; sich dem Tode ~ mortī sē dēvovēre (offerre).
weil quod, quia; cum *coni.;* ~ ja (*bekannter Grund*) quoniam, quandōquidem.
Weilchen: ein ~ paulisper.
weilen (*sich aufhalten*) versārī, morārī.
Wein vīnum *n.*

Weinberg vīnea *f*, vīnētum *n*.

weinen flēre, lacrimāre.

Weingarten vīnētum *n*.

Weinstock vītis, -is *f*.

Weintrauben ūva *f*.

Weise (*Art*) modus *m*, ratiō, -ōnis *f*; auf diese ~ hōc modō, in hunc modum; auf welche ~ quō modō, quōmodō.

weise sapiēns, -entis; ~ sein sapere (sapiō, sapiī, -).

Weiser *m* sapiēns, -entis *m*, philosophus *m*.

weisen mōnstrāre, ostendere.

Weisheit sapientia *f*.

weiß albus, candidus; ~ sein albēre.

weissagen vāticinārī, praedīcere.

Weissager augur, -is *m*.

Weisung (*Befehl*) imperium *n*.

weit (*groß*) amplus; (*ausgedehnt, z. B. das Meer*) (*wüst*) vāstus; (*breit*) lātus; (*fern*) procul *adv.*; ~ entfernt longinquus *adi.*; *vor comp.*: multō; ~ anders als lange aliter atque (*od.* ac); ~ entfernt sein von procul (longē) abesse ā; ~ reisen longum iter facere; bei ~em multō, longē; ~ und breit longē lātēque; *passim*; so ~ in s-m Übermut gehen eō audāciae prōcēdere; zu ~ longius; ~er etw. tun pergere *inf*.

weitaus *m. sup.* longē.

weiterhin *durch* pergere, nōn dēsistere *inf*.

weitermarschieren iter pergere, pergere proficīscī.

welcher, -e, -es quī, quae, quod; ~ von beiden? uter?

Welle unda *f*.

Welt (*Weltall*) mundus *m*; (*bewohnte Erde*) orbis *m* terrārum; überall, nirgends auf der ~ ubīque, nūsquam terrārum; Ende der ~ novissima nox *f*.

wem? cui?

wen? quem?

wenden (con)vertere; sich zur Flucht ~ fugae sē mandāre; sich ~ an adīre alqm.

wenig *adv.* paulum, paulisper; ein ~ Wein paulum vīnī; ~ später paulō post; ~ kosten parvō (cōn)stāre; zu ~ parum; weniger minus; am wenigsten minimē; wie ~ quam nōn.

wenige paucī, -ae, -a.

weniges pauca *n/pl*.

wenigstens (*beschränkend*) quidem *nachgest.*, saltem; (*versichernd*) certē; ich ~ equidem.

wenn sī; ~ nicht nisī; sī minus; ~ auch etsī, etiamsī, quamquam; ~ doch (nicht)! utinam (nē)!; ~ so-oft, ~ cum *ind.*; ~ jemand (etwas) sī quis (quid); ~ nur (nicht) dum, dummodō, modo (nē).

wer? quis?; ~ auch immer quīcumque, quisquis; ~ von beiden? uter?

werden fierī, exsistere; Eigentum ~ fierī *gen.*; mein Eigentum ~ meum fierī.

werfen iácere, iactāre; ins Gefängnis ~ in vincula conicere; zu Boden ~ prōsternere (*pf.* prōstrāvī, *P.P.P.* prōstrātus); ans Gestade ~ ēicere ad litus.

Werk opus, -eris *n*; ins ~ setzen molīrī.

Werkstätte officīna *f.*

Werkzeug īnstrūmentum *n.*

wert (*würdig*) dīgnus *abl.*; ~ sein esse *gen.*

Wert pretium *n.*

wertlos vīlis, -e; levis, -e.

wertvoll pretiōsus.

Wesen in natūra *f*, vīs *f*; (*Lebe*ℓ) animal, -ālis *n.*

weshalb quā dē causā, quam ob rem.

wessen? cūius? *f.*

Westen occidēns, -entis *m.*

Wette spōnsiō, -ōnis *f.*

Wetteifer certātiō, -ōnis *f.*

wetteifern contendere.

Wetter caelum *n*, tempestās, -ātis *f.*

Wetterleuchten fulgur, -uris *n.*

Wettkampf certāmen, -inis *n.*

Wettkämpfer āthlēta *m*, gladiātor, -ōris *m.*

Wettlauf curriculum *n.*

wichtig gravis, -e; es ist ~ interest; etwas ℓes ist von mágnī mōmentī; rēs mágna *f.*

Wichtigkeit mōmentum *n*; es ist von ~ interest; refert.

Widder ariēs, ariétis *m.*

wider (*gegen*) contrā *acc.*

widerfahren accidere, contingere; mir widerfährt Unrecht iniūria mihi affertur; iniūriā afficior.

widerraten dissuādēre.

Widersacher adversārius *m.*

widersetzen: sich ~ resistere, repūgnāre.

widersetzlich rebellis, -e.

widersprechen reclāmāre *dat.*

Widerstand: ~ leisten resistere, repūgnāre.

widerstandsfähig (*gegen*) patiēns, -entis (*gen.*).

widerstehen resistere.

widerstreben obsistere, repūgnāre.

Widerwärtigkeit incommodum *n*, malum *n*, rēs adversae *f/pl.*

widerwillig invītus.

widmen: sich ~ studēre *dat.*, sē dare *dat.*, operam dare *dat.*, sē trādere *dat.*; incumbere (in *od.* ad alqd).

widrig adversus; ~e Verhältnisse rēs adversae *f/pl.* (*gen.* rērum adversārum).

wie (*bei m adi. u. adv.*) quam; (*bei Verben*) ut; (*gleichsam*) quasi; (*auf welche Weise*) quemadmodum, quōmodo; (*wie beschaffen*) quālis; (*wie groß*) quantus; (*wie viele*) quot; (*wie sehr*) quantopere; (*Frage*) quōmodo?; quī?; quā?; derselbe ~ ídem atque (ac od. qui); ~ es heißt dicunt, trādunt, ferunt a.c.i.; dicī n.c.i.; ~ auch immer utcumque; ~ wenn velut (sī); quasi; ~ zum Beispiel velut.

wieder rūrsus, dēnuō, iterum; immer ~, ~ und ~ iterum atque iterum.

wiederaufbauen restitúere, reficere.

wiederaufleben revivíscere (pf. revīxī).

wiederaufnehmen redintegrāre.

wiederbekommen recipere.

wiedereinsetzen restitúere.

wiedererlangen recuperāre.

wiedergewinnen recuperāre, reconciliāre.

wiedergrüßen resalūtāre.

wiedergutmachen: e-e schlimme Lage ~ rem perculsam restitúere.

wiederherstellen renovāre, recreāre, restitúere, reparāre; die Kräfte ~ vīrēs reficere.

wiederholen (zurückholen; von neuem beginnen) repetere.

wiederholt (oft) saepe, idéntidem.

wiederum rūrsus, iterum.

wiedervornehmen repetere, retractāre.

wiegen pendēre.

Wiese prātum n.

wieviel quantum.

wie wenig quantulus adi.

wild ferus, ferōx, -ōcis;

saevus; ~es Tier bestia f; fera f; von wilden Tieren ferīnus adi.

Wild (wilde Tiere) ferae, -ārum f/pl.

Wildheit ferōcia f, saevitia f.

Wille voluntās, -ātis f; gegen meinen ~n (hat er ...) mē invītō; um ... willen causā gen., grātiā gen. (beide nachgest.); göttlicher ~ nūmen, -inis n.

willens: ~ zu tun factūrus; ~ zu schaden nocitūrus.

willfahren (gehorchen) obsequī, oboedīre, obtemperāre, pārēre.

willig libenter adv.

willkommen grātus, iūcundus.

Willkür arbitrium n, licentia f.

Wind ventus m.

Winkel angulus m.

Winter hiems, hiemis f.

Winterferien fēriae hibernae f/pl.

Winterlager hiberna, -ōrum n/pl.

winterlich hibernus.

Wintersonnenwende brūma f.

Wipfel cacūmen, -inis n.

wir (betont) nōs.

Wirbel vertex, -icis m.

wirklich vērō, profectō (beide adv.).

Wirklichkeit rēs vēra f; in ~ rē vērā.

Wirt (Quartiergeber) hospes, -itis m.

Wirtshaus taberna *f.*

wißbegierig cūriōsus.

wisse! scītō!

wissen scīre; nōvisse; genau ~ nōn nescīre, nōn ignōrāre; nicht ~ nescīre, ignōrāre; fugit alqm; jeder weiß nēmō ignōrat, nēminem fugit (fallit, praeterit) *(alle mit dem a.c.i.).*

Wissen scientia *f*; ohne ~ j-s īnscius.

Wissenschaft litterae *f/pl.*; einzelne ~ doctrīna *f*; schöne ~en artēs bonae.

Witterung caelum *n*, tempestās, -ātis *f.*

Witwe vidua *f.*

witzig acūtus, facētus.

wo(?) ubi(?); ~ auch immer ubicumque; ~ auf der Welt? ubi terrārum?; von ~ aus (?)unde(?).

wodurch quā rē.

wofern: ~ nur (nicht) modo (nē) *coni.*

Woge unda *f*, flūctus, -ūs *m.*

wogen undāre.

woher? unde?

wohin(?) quō(?); ~ auch (immer) quōcumque.

Wohl salūs, -ūtis *f.*

wohl *adv.* bene; wer könnte ~ leugnen? quis dubitet (dubitāverit)?; *(vielleicht)* dies kann ~ (nicht) geschehen haud sciō an id fierī (nōn) possit.

wohlauf: ~ sein salvum esse.

wohlbefinden: sich ~ salvēre, salvum esse.

Wohlbefinden valētūdō, -inis *f*, salūs, -ūtis *f.*

wohlbehalten salvus, sospes, -itis, incolumis, -e, integer, -gra, -grum.

Wohlergehen salūs, -ūtis *f*, bona valētūdō, -inis *f.*

Wohlfahrt *(Wohl)* salūs, -ūtis *f.*

wohlgesinnt benīgnus; ~ sein favēre *dat.*

wohlgestaltet förmōsus.

wohlhabend opulentus.

Wohlleben *n* luxuria *f.*

Wohlstand opulentia *f.*

Wohltat beneficium *n*; j-m ~en erweisen beneficia cōnferre in alqm.

Wohlwollen benevolentia *f.*

wohlwollend benevolus.

wohnen habitāre *(intr.; unklass. auch trans.)*, incolere *(trans. u. intr.)*; ~ an, am ... accolere *acc.*

Wohnsitz domicilium *n*, sēdēs, -is *f*; e-n ~ verlegen sēdem trānsferre; einen ~ wählen domiciliō dēligere.

Wohnung domicilium *n*, sēdēs, -is *f.*

Wolf lupus *m.* [villa *f.*]

Wölfin lupa *f.*

Wolke nūbēs, -is *f*, nebula *f.*

Wolle lāna *f.*

wollen 1. velle; 2. *(werden)* durch das *fut.*; 3. durch das umschreibende *fut.*; 4. ~ wir! *(laßt uns ...!)* durch die 1. pers. plur. *coni. praes.*; lieber ~ mālle; nicht ~ nōlle.

Wonne dēliciae *f/pl.*, māgna voluptās *f.*

Wort verbum *n*, vocābulum *n*; (*Ausspruch*) dictum *n*; aufs ~ gehorchen dictō audientem esse; sein ~ brechen fidem frangere (*od.* laedere); ein ~ aussprechen vōcem ēdere; zum ~ stehen fidem servāre.

wörtlich ad verbum.

wortreich cōpiōsus.

Wuchs māgnitūdō corporis *f*.

Wucht vīs (*acc.* vim, *abl.* vī) *f*.

Wunde vulnus, -eris *n*; j-m e-e ~ schlagen alci vulnus īnfligere.

Wunder *n* mīrāculum *n*; es ist kein ~ mīrum nōn est *a.c.i.*

wunderbar mīrus, admīrābilis, -e.

wundern: sich ~ mīrārī.

Wunderzeichen ostentum *n*.

Wunsch vōtum *n*, dēsiderium *n*, voluntās, -ātis *f*.

wünschen optāre (ut); cupere (*a.c.i. bzw. inf.*); dēsiderāre (ut).

Würde dīgnitās, -ātis *f*, auctoritās, -ātis *f*, māiestās, -ātis *f*.

würdig dīgnus.

Würfel ālea *f*.

Wurfgeschoß tēlum *n*.

Wurfmaschine tormentum *n*.

Wurfspieß pīlum *n*, hasta *f*.

Wurfwaffe tēlum *n*.

Wurm vermis, -is *m*.

Würze condīmentum *n*.

Wurzel rādīx, -īcis *m*.

würzen condīre (condiō, condīvī, condītus).

wüst vāstus.

Wut furor, -ōris *m*, saevitia *f*, rabiēs (rabiēī) *f*.

wüten saevīre.

wütend saevus, īrātus.

wutentbrannt īrā incēnsus.

Z

zäh cōnstāns, -antis.

Zähigkeit cōnstantia *f*.

Zahl numerus *m*.

zahlen solvere, pendere, pēnsitāre.

zählen numerāre; ~ zu esse in numerō *intr.*

zahlreich numerōsus; *durch* multī, -ae, -a; ~er Senat frequēns senātus *m*.

zähmen domāre (*pf.* domuī, *P.P.P.* domitus); coērcēre.

Zahn dēns, dentis *m*.

Zahnschmerz dolor *m* dentium.

zanken: sich ~ rīxārī.

zart tener, -era, -erum.

Zauber... magicus *adi.*

zaudern cūnctārī.

Zaum: im ~ halten coērcēre, cohibēre.

Zaumzeug frēnum *n*.

zechen pōtāre.

zehn decem.

zehnmal deciēs.

zehnte decimus *m.*

Zeichen sīgnum *n*; es ist ein ~ von Klugheit prūdentiae (*od.* prūdentia *od.* prūdentis) est *inf.*

zeigen (dē)mōnstrāre, ostendere; s-e Kunst ~ artem prōferre; sich ~ sē praebēre *acc.*; sē praestāre *acc.* (*nur lobend!*); sē gerere *adv.*; (*erscheinen*) appārēre.

Zeile versus, -ūs *m.*

Zeit tempus, -oris *n*, tempestās, -ātis *f*; zu der ~, als eō tempore, quō; cum *ind.*; ~ verbringen mit etw. tempus cōnsūmere in alqā rē; ~ verschwenden tempus terere; zur ~ des Darius Darēī aetāte (*od.* temporibus); zur rechten ~ ad tempus, (in) tempore, suō tempore.

Zeitalter aetās, -ātis *f*, saeculum *n*, aevum *n.*

Zeitgenosse aequālis, -is *m.*

Zeitlang: eine ~ aliquamdiū.

Zeitpunkt mōmentum *n*, tempus, -oris *n.*

Zeitraum: spatium *n*; ein ~ von zwei Jahren biennium *n*; ein ~ von zwei Tagen bīduum *n.*

Zeitspanne spatium *n.*

Zeitvertreib oblectāmentum *n.*

Zelle cella *f.*

Zelt tabernāculum *n*, tentōrium *n*; ~e *pl.* castra *n/pl.*

Zensor cēnsor, -ōris *m.*

Zensoramt, Zensur cēnsūra *f.*

zerbrechen *trans.* frangere, rumpere; perfringere; *intr.* frangī, rumpī.

zerfallen dīlābī.

zerfetzen, zerfleischen lacerāre.

zermalmen obterere.

zerreiben conterere.

zerreißen (di)scindere, rumpere, dīrimere; (*zerfleischen*) lacerāre.

zerschlagen disicere.

zerschneiden (in)secāre (secuī, sectus).

zersprengen dispergere (dispergō, dispersī, dispersus).

zerstören dēlēre, vāstāre, dēstruere, dīruere, populārī, ēvertere.

zerstreuen dispergere, dissipāre; sich ~ animum remittere.

Zeuge testis, -is *m*; ~n benennen testēs prōdūcere.

zeugen (*von*) esse (*gen.*).

Zeugnis testimōnium *n*, documentum *n.*

Ziege capra *f.*

Ziegel tegula *f*; later, -eris *m*; aus ~n gemacht latericius.

Ziegenbock caper, -prī *m*; kleiner ~ haedus, -ī *m.*

ziehen (*schleppen*) trahere, dūcere; (*vor Gericht*) rapere; (*e-n Wagen*) vehere; (*gehen*) migrāre, permeāre, iter facere, proficīscī; in den Krieg ~ proficīscī ad bellum; das Schwert ~

gladium (dē)stringere; ans Land ~ subdūcere; Schlüsse ~ coniectūram facere; Nutzen (Gewinn) ~ frūctum capere.

Ziel destinātum *n*, destināta *n/pl.*; *im Zirkus*: mēta *f*; (*Absicht*) cōnsilium *n*, finis *m*; ~ meines Strebens id, quod expectō (*od.* petō *od.* mihi prōposuī).

ziemen: sich ~ decēre; es ziemt sich für j-n alqm decet; es ziemt sich nicht dēdecet.

ziemlich *durch comp.*; admodum; ~ viel aliquantum *gen.*

Zierde decus, -oris *n*.

zieren decēre, decorī esse.

Zimmer conclāve, -āvis *n*.

Zimmermann faber, -brī *m*.

Zinn plumbum *n* album.

Zirkus circus *m*.

Zirkusspiele (lūdī) circēnsēs, -ium *m/pl*.

zittern tremere (tremō, tremuī, −), trepidāre.

Zittern tremor, -ōris *m*.

zitternd tremēns, -entis; timidus.

zögern cessāre, cūnctārī, dubitāre.

Zögern mora *f*; ohne ~ sine morā.

Zorn ira *f*, īrācundia *f*; in ~ geraten īrāscī.

zornentbrannt īrā inflammātus, īrā incēnsus.

zornig īrātus.

zu ad *acc.*; *Begehrsatz*: ut; (*zu sehr*) *durch comp.*; ~

etwas machen facere (*doppelter acc.*; *pass.*: *dopp. nom.*), reddere *dopp. acc.* (*selten im pass.*); ~ sehr nimis; ~ spät sērō.

zubereiten apparāre.

zubringen: die Zeit ~ tempus agere (*od.* dēgere).

Zucht disciplīna *f*.

züchtigen (*mit Ruten*) verberāre; (*bsd. mit Worten zurechtweisen*) castigāre.

zücken (dē)stringere.

zudecken tegere, operīre.

zueilen (*auf*) accurrere (ad *acc.*).

zuerst *adv.* (*in der Aufzählung*) prīmō; (*zum ersten Mal*) prīmum; *adi.* (*als erster*) prīmus (*Beziehung!*).

Zufall cāsus, -ūs *m*; fors *f* (*nur noch im abl. sg.* forte!), temeritās, -ātis *f*; durch ~ cāsū, forte; durch ~ ereignet es sich, der ~ will es accidit, ut *coni.*

zufallen accidere.

zufällig *adi.* fortuītus; *adv.* cāsū, forte.

Zuflucht: s-e ~ nehmen perfugere; ~ suchen cōnfugere.

Zuflucht (sort, -stätte) refugium *n*, perfugium *n*, asȳlum *n*; Zuflucht finden bei j-m recipī tēctō (*od.* cōnfugere) apud (ad) aliquem.

zufrieden contentus *abl.*; damit ~ sein satis habēre; nicht damit ~ sein parum habēre *inf*.

Zufriedenheit animī tranquillitās, -ātis *f.*

zufügen afficere *abl.*; inferre, afferre *acc.*

Zufuhr commeātus, -ūs *m.*

Zug (*Heeres*≗) āgmen, -inis *n.*; (*Feldzug*) expedītiō, -ōnis *f.*; *fig.* viele vortreffliche Züge (*Charakterzüge*) multa praeclāra *n/pl.*

Zugang aditus, -ūs *m.*

zugeben (*zugestehen*) concēdere; (*gestehen*) confitērī, fatērī.

zugegen praestō *adv.*; ~ sein adesse (*part.* praesēns, -entis); praestō esse.

Zügellosigkeit intemperantia *f.*

zügeln coёrcēre.

zugestehen concēdere.

zugetan: ~ sein favēre *dat.*, amāre *acc.*

zugleich simul.

zu groß *adi.* nimius.

zugrunde gehen perīre, interīre.

zugrunde richten perdere, ēvertere.

Zugtier iūmentum *n.*

zu ... hin ad *acc.*

zuhören: j-m ~ aurēs praebēre alci.

Zuhörer *pl.* quī audiunt.

zukommen lassen praebēre, subministrāre.

Zukunft rēs futūrae *f/pl.*, tempus futūrum *n*; in ~ in posterum.

zukünftig futūrus *adi.*

zulassen sinere, patī; ~ zu etwas admittere.

zuletzt (*in der Aufzählung*) postrēmō; (*zum letzten Mal*) postrēmum; (*als letzter*) ultimus (*Beziehung!*).

zuliebe grātiā *gen.*, *nachgest.* [(*cum*).]

zumal (da) praesertim.|

zunächst prīmō.

zunehmen crēscere.

Zunge lingua *f.*

zurechtweisen castigāre.

zurichten parāre.

zürnen īrāscī, suscēnsēre.

zurück retrō.

zurückbehalten retinēre.

zurückbewegen remōvēre.

zurückbleiben remanēre.

zurückblicken respicere, retrō vidēre.

zurückbringen reportāre, referre, redigere.

zurückeilen recurrere.

zurückerlangen recipere, recuperāre.

zurückerstatten restitúere.

zurückfahren (*mit d. Schiff*) renāvigāre; mit dem Wagen ~ currū revehī.

zurückfallen recidere.

zurückfliegen revolāre.

zurückfordern reposcere *mit dem doppelten acc.*

zurückführen redūcere; etwas auf j-n ~ referre alqd ad alqm.

zurückgeben reddere, redōnāre.

zurückgehen remeāre, redīre.

zurückgewinnen reconciliāre, recuperāre.

zurückhalten retinēre, dētinēre; im Lager ~ castris retinēre.

zurückholen arcessere.

zurückkaufen redimere.

zurückkehren remeāre, redīre, revertī, remigrāre.

zurückklassen relinquere.

zurücklaufen recurrere.

zurücklegen: e-n Weg ~ iter cōnficere.

zurückrufen revocāre.

zurückschicken remittere.

zurückschlagen repellere, prōpulsāre.

zurückschrecken (vor) abhorrēre (ā abl.).

zurücktragen reportāre.

zurücktreiben repellere, repulsāre, redigere.

zurückweichen recēdere, pedem referre.

zurückweisen repudiāre, recūsāre, reicere, spernere, aspernārī, abnuere.

zurückwenden retorquēre (retorqueō, -torsī, -tortus).

zurückwerfen reīcere.

zurückziehen (*zurückwandern*) remigrāre; sich ~ sē recipere, pedem referre, sēcēdere.

zurufen acclāmāre *dat.*

zusammen: ~ mit ūnā cum.

zusammenbinden colligāre.

zusammenbrechen corruere, collābī, concidere.

zusammenfließen cōnfluere.

Zusammenfluß cōnfluēns, -entis *m.*

zusammenfügen cōnserere.

zusammenhalten continēre, cohibēre.

zusammenhängen cohaerēre.

zusammenkommen convenīre, concurrere.

Zusammenkunft conventus, -ūs *m*, concilium *n.*

zusammenrufen convocāre.

zusammenscharen congregāre. [nere.)

zusammenstellen compō-)

Zusammenstoß concursus, -ūs *m.*

zusammenstoßen cōnfligere, congredī.

zusammenstürzen concidere, corruere, collābī.

zusammentragen comportāre, cōnferre.

zusammentreffen: mit j-m ~ convenīre aliquem; *mil.* mit dem Feinde ~ congredī cum hostibus. [tāre.)

zusammenzählen compu-)

zusammenziehen: Truppen ~ cōpiās contrahere od. cōgere.

zuschauen spectāre.

Zuschauer spectātor, -ōris *m.*

zuschreiben tribuere. [m.)

zusprechen adiūdicāre.

Zustand status, -ūs *m*, condiciō, -ōnis *f*, rēs, rērum *f/pl.*

zustande bringen perpetrāre, committere.

zustande kommen fierī; (*Frieden*) convenīre; ~ lassen committere.

zustehen: es steht zu decet, licet.

zustimmen assentīrī, cōnsentīre.

zustoßen (*widerfahren*) accidere.

zuteilen (at)tribúere, impertīre.

zutragen: sich ~ accidere.

zuträglich secundus; ~ sein pródesse; condúcere; es ist ~ condúcit, pródest (*beide mit dem dat., inf. u. a.c.i.*).

Zutritt aditus, -ūs *m*; jd. hat ~ alicui aditus est.

zuverlässig certus, dīligēns, fīdus.

Zuversicht fidūcia *f*.

zuviel nimius *adi.*; nimium *adv.*; ~ Wildheit nimium ferītātis.

zuweilen interdum, nōnnumquam.

zuwenig parum.

zuwiderhandeln nōn obtemperāre.

zuziehen: sich e-e Krankheit ~ in morbum incidere; sich j-s Haß ~ ōdium alcis suscipere, in ōdium alcis venīre.

zwanzig vīgintī.

zwar quidem *nachgest.*; ~ ..., aber etsī (*od.* quamquam) ... tamen; ~ ut ... ita.; ~ tamen ..., aber doch nōn quidem ... sed tamen.

Zweck fīnis *m*; prōpositum *n*; einzelnen ~en dienen singulīs rēbus opportūna esse.

zweckmäßig ūtilis, -e, opportūnus, cómmodus.

zwei duo, duae, duo; ~ Jahre biennium *n*; ~ Tage bīduum *n*; je ~ bīnī; zum ~ten Male iterum.

zweifach duplex, -icis.

Zweifel: ohne ~ sine dubiō, procul dubiō; im ~ sein dubitāre, dubium esse.

zweifelhaft dubius, anceps, -cipitis.

zweifellos *adv.* sine dubiō, procul dubiō; *durch* nōn dubium est *od.* nōn dubitāre quīn *coni.*

zweifeln dubitāre; ich zweifele, daß dubitō, an *coni.*; ich zweifele nicht, daß nōn dubitō, quīn *coni.*

Zweig rāmus *m*, virga *f*.

zweimal bis.

zweiter secundus; ein ~ Marius alter Marius.

zwiefach duplex, -icis.

Zwiegespräch colloquium *n*.

Zwiespalt sēditiō, -ōnis *f*; discordia *f*; discidium *n*.

Zwietracht discordia *f*, sēditiō *f*, dissēnsiō *f*.

zwieträchtig discors, -dis.

Zwillinge geminī *m/pl*.

Zwillingsbruder geminus *m*.

Zwillingsbrüder *pl.* fratrēs geminī *m/pl*.

zwingen cōgere (cōgō, coēgī, coāctus); zur Übergabe ~ sē dēdere cōgere.

zwischen inter *acc.*

Zwischenraum intervallum *n*, spatium *n*.

Zwist dissēnsiō, -ōnis *f*, controversia *f*, discordia *f*.

zwölf duodecim.